AF125281

Adolf Rosenzweig

# Das Jahrhundert nach dem babylonischen Exil mit besonderer Rücksicht auf die religiöse Entwicklung des Judentums

Adolf Rosenzweig

**Das Jahrhundert nach dem babylonischen Exil mit besonderer Rücksicht auf die religiöse Entwicklung des Judentums**

ISBN/EAN: 9783743311619

Hergestellt in Europa, USA, Kanada, Australien, Japan

Cover: Foto ©ninafisch / pixelio.de

Manufactured and distributed by brebook publishing software (www.brebook.com)

Adolf Rosenzweig

# Das Jahrhundert nach dem babylonischen Exil mit besonderer Rücksicht auf die religiöse Entwicklung des Judentums

# Das Jahrhundert

nach dem

# babylonischen Exile

mit besonderer Rücksicht auf die

## religiöse Entwicklung des Judentums

von

## Dr. Adolf Rosenzweig,

Rabbiner der Cultus-Gemeinde Teplitz.

Berlin

Ferd. Dümmlers Verlagsbuchhandlung

Harrwitz und Gossmann

1885.

Druck von Löwy & Alkalay Pressburg.

orliegen... Anfang bereits teilweise in... populär-wissenschaft-
lichen Monats... ne gefunden hat, ist
die Frucht lan... leisses, stammt ihrer
Anlage nach... Zeit, da der 2. Band
von Grätz's e... eschichtswerke noch
nicht erschien... es mir gelungen ist,
das Jahrhund... ls das wichtigste in
dem geschich... s angesehen werden
muss, weil es... ad für die religiöse
Entwicklung... Judentums während
der Diaspora... n auch die künftige
Stellung Israe... ltnisse zum Völkerleben vorgeze... en und nach mancher
Richtung hin a... mögen Andere ohne
Vorurteil und... it entscheiden.

Ich will... lass mancher schele
Blick hüben... Arbeit fallen werde;
waltet doch... Studien von Seiten

jüdischer Theologen von vorneherein ein Unglücks-
stern: die christlichen Gelehrtenkreise gewinnen es
einmal schwer über sich, Arbeiten, die jüdischen Autoren
entstammen, Beachtung zu schenken und leider so sehr
wir dieses auch bedauern müssen, in puncto Bibelkritik
dürfen wir uns nicht einmal beklagen, da es als eine
ausgemachte Tatsache gilt, dass die biblische Wissenschaft leider in unseren Theologenkreisen keiner besonderen Beliebtheit sich erfreut — die biblische
Wissenschaft, die in unserem literarischen Schaffen den
ersten Platz einnehmen sollte, weil sie der Spiegel ist,
der unsere geschwundene Jugend einer alternden
Gegenwart in frischer Kraft vorführt; weil sie die
Urkundensammlung sorgfältig bewahrt, die, wenn
gelber Neid und dämonische Engherzigkeit den Lebens-
strom uns abzusperren beabsichtigen, wenn finsterer
Glaubenswahn und blinder Hass, auch heute noch die
Berechtigung unserer Existenz in Zweifel zu ziehen
wagen, unseren alten Adel erweist, dessen wir uns
rühmen dürfen, unsere unbestreitbaren Verdienste um
die Erleuchtung und Befreiung der in Ketten rasselnden
Menschheit laut kündet; weil sie die untrügliche Weg-
weiserin ist, die mit erhobener Hand uns den Pfad
kennzeichnet, den wir unbekümmert um Nacht und
Dunkel zu den Firnen der Zukunft schreiten müssen
— sie ist in dem eigenen Hause das Stiefkind geworden,
dem kein freundlicher Blick winkt, das Aschenbrödel,
auf das alle mit gleichgiltigem Achselzucken hernieder-
sehen.

Was aber ist's, das solches bewirkt? Ist's heilige
Scheu, welche die Priester ängstlich warnt, nicht vor-
zudringen am heiligen, umzäunten Berge, auf dem der
Herr sich kündet, auf dass keine Niederlage unter
ihnen angerichtet werde? Oder ist's dumpfe Resignation, die schwächlich verloren gibt, was sie nimmer
retten zu können glaubt? Oder wäre es Strausspolitik,

die nicht sehen will und dabei meint, nicht gesehen
zu werden?

Allein, was es auch immer sei, betrübend ist's
immerhin, dass der Quell, aus dem wir entsprungen sind,
verstopft wird, dass wir das helle, klare Wasser, das
ihm entsprudelt, Anderen überlassen, die dann mit
Recht sprechen dürfen: »Unser ist das Wasser«!
Warum sammeln sich nicht die Hirten, wälzen ab den
Stein von der Oeffnung des Brunnens und tränken die
Heerden? — Das düstere Mittelalter, das nur die gebrochene, verzerrte Knechtesgestalt des gebeugten und
darum klagenden und zürnenden Israel's zeigt, das
schmerzhafte und wehmütige Zucken der Ahnen im
schaurigen Dämmerlichte grell erscheinen lässt, wird
nach allen Seiten hin durchforscht — die frische Jugend-
zeit aber, in der Israel lachte und dachte, die Zeit der
heroischen Kraft, in der seine kühne Phantasie und seine
Liebessehnsucht mit schwellenden Segeln auf das Meer
der Menschheit sich hinauswagten, während engherzige
Anschauung alle Völkerschaften noch an die Scholle
fesselte, die Zeit seines Geisteslebens, das bereits frisch
wogte, da noch alles rings umher an der Materie und
dem Genusse haftete, die Zeit seiner Lichtverbreitung,
da alles um es im Dunkeln tappte — sie findet nur selten
eine schwache Hand, die den Pinsel führte, um kraft-
strotzendes Sein darzustellen; darum ist aber auch
in unserem Leben und Denken, in unserem Glauben
und — Geschick mehr das Mittelalter und sein banges
Dunkel vorherrschend; darum sind wir noch gedrückt
nach Aussen, herrisch nach Innen; darum stöhnen fort
Seufzer und Klagen in unseren Gotteshäusern; darum
haben wir für alte Schmerzensausbrüche neue Leiden;
darum verjüngt sich nicht das Licht, das einst in unseren
Gottesmännern geleuchtet hat, in unseren Gotteshäusern; darum sind wir so altersschwach und ohne
Geistesschwung selbst in Zeiten, da freudige Lieder
in unseren Herzen und Gotteshäusern enschallen sollten.

Aber auch sonst äussern sich gewaltig die unseligen Folgen dieser unserer Vernachlässigung der biblischen Wissenschaften.

Das in das Culturleben der Neuzeit eingetretene Israel hat einmal gleich den Anderen die Wasser des Scepticismus getrunken und sich gewöhnt, an alle Erscheinungen auf allen Gebieten in allen Wissenszweigen mit dem kritischen Blicke heranzutreten und nur das, was vor diesem besteht, hat Hoffnung auf Achtung und Beachtung. Je grösser nun das Schweigen unserer theologischen Kreise über die schwebenden Fragen der biblischen Wissenschaften ist: je beharrlicher man sich weigert, auch die Bibel zum Gegenstande kritischer Untersuchungen zu machen; je mehr man für sie das Recht der undiscutirbaren Autorität, eine Ausnahmsstellung in der Reihe der wissenschaftlichen Disciplinen beansprucht: desto mehr wird sie als dem modernen Leben entfremdet, als mit ihm unvereinbarlich betrachtet werden; desto stärker wird der Nihilismus auf religiösem Gebiete, desto geringer die Achtung vor diesem Wissenszweige in den Reihen der Gebildeten. Je mehr wir hingegen die heilige Schrift den allgemeinen, für alles Denken und Wissen giltigen Gesetzen unterordnen; je offener es wird, dass sie die Kritik nicht zu scheuen braucht — und sie, die das Wort Gottes in der Menschheit ist, hat menschlichen Scharfsinn nicht zu fürchten; denn mag auch an ihrer formalen Erscheinung manches strittig gemacht werden, ihr reales Sein ist so edel und stark, so klar und kräftig, dass Raum und Zeit ihr nichts anzuhaben vermögen —: desto grösser wird die Achtung werden vor dem uralten Stamme, dessen Samenkörnlein, auf semitischem Boden wurzelnd, im Osten schattige Wipfel ausgebreitet, unter denen still geborgen die Menschen ruhten, im Westen eine reiche Cultur geschaffen, im Norden den Kampf gebannt, der zwischen den verschiedensten Völkergruppen gewütet, im Süden wogendes Leben geweckt*).

Allein auch meine Stellung zur Pentateuchkritik dürfte bei Einzelnen Kopfschütteln hervorrufen: ich konnte mich einmal von der Redaktion des Pentateuch durch Esra oder in dessen Zeit nicht überzeugen. Nach meiner unmassgeblichen Meinung will die Pentateuchkritik zu viel bieten und bietet darum zu wenig; es dürfte nicht gar lange Zeit währen und auch in dieser Beziehung wird sich wol eine Reaktion geltend machen, wie eine solche erst vor kurzem betreff der Abfassungszeit des Deutronomium eingetreten ist.

Ich habe mit dem babyl. Exile begonnen, obgleich dieses strenge genommen nicht zu meiner Arbeit gehörte, weil nur die vorangegangene Entwicklung in Babel die spätere in Jerusalem erklärt. Hingegen habe ich das B. Esther nicht berührt, weil ich betreff seiner Historicität und seiner Abfassungszeit zu keinem bestimmten Resultate kommen konnte.

In der Behandlung der Frage über die Synagoga magna bin ich teilweise den Anschauungen meines verehrten Lehrers Dr. Lewy, gegenwärtig Seminarrabbiner in Breslau, gefolgt.

Für mein 4. Capitel, namentlich für meine Hypothese über die Nethinim erbitte ich die Geduld und ernste Prüfung der gesch. Leser.

Zum Schlusse noch ein Wort über die Schreibweise in vorliegender Arbeit, die der wissenschaftliche Beurteiler, weil sie hie und da etwas gehobener gehalten ist, nicht gut billigen dürfte. Ich muss es bekennen, es geschah dieses, so weit es anging,

---

*) Lesens- und höchst beachtenswert ist der Aufsatz meines geschätzten Freundes J. Goldzieher »über die biblische Wissenschaft und das moderne religiöse Leben« in der trefflichen, von Bacher und Bánóczy redigirten ungarischen Zeitschrift »Magyar Zsidó szemle«, Jg. 1884, Februar- und März-Heft.

mit Vorbedacht. denn sehr lieb sollte es mir sein,
wenn sich auch Laienkreise fänden, die meine Schrift
läsen — die Indolenz dieser Kreise gegen unsere
Literatur hat allenthalben jenen schaurigen Indiffern-
tismus erzeugt, der gleich Mehltau auf unserem Gemeindeleben ruht. Wahrlich, fänden sie Zeit für die
Kenntnis unserer Vergangenheit, ein frischeres, freieres
Sein erfüllte unser Glaubensleben; äusserlicher Formen-
kram — gleichviel entstamme er alter oder neuer
Zeit; denn auch die Gegenwart hat selbst in fort-
schrittlichen Kreisen nicht selten solchen geschaffen —
geistlos geübter Buchstabenglaube ohne Gesinnung
und Wahrheit verlören ebenso sehr an Boden, wie
vollständiges Negiren und leichtfertiges Abwerfen aller
heilgen Bande, die uns mit unserer Vergangenheit
verknüpfen; dann bildeten Orgelklang und gekünstelter
Chorgesang nicht den Inbegriff allen Fortschrittes in
unseren Gemeinden; man schlösse sich nicht eigenwillig
und schroff gegen jede Entwicklung in unserem religiösen Leben ab, stürmte aber auch nicht in Hast über
alle Grenzen hinweg; religiöser Friede in Zeit und
Individuum, zwischen Lehre und Leben wäre dieheilige
Frucht, die heiligem Streben entstammte.

Teplitz im August 1885.

Dr. Adolf Rosenzweig

# Inhaltsverzeichnis.

(Der Inhalt der Anmerkungen ist durch Sternchen bezeichnet).

### III.
### Das neue Heiligenleben.
### Esra und Nehemia.

Esra merkt, dass unter den Heimkehrenden keine Leviten zu finden seien; Gesandtschaft an Iddo. Der Zug langt in Jerusalem an. Lage daselbst, *Esr. 9, 1. — Esra's Entsetzen über die Corruption; Schechanja muntert ihn auf, die Lösung der Mischehen durchzuführen; Schwierigkeit der Frage; Gegner des rigorosen Vorganges. — *Esr. 10, 15, 16, 19, 44. — Die Erregung über das strenge Vorgehen findet ihren Ausdruck in den Bb. Jona und Rut. *Zur ·Exegese des B. Jona. — Tendenz des Buches. — Inhalt des B. Rut. Tendenz. — *Zur Exegese d. Buches. — Fernere Tätigkeit Esra's; der Gottesdienst ausserhalb des Tempels. *מפרש und תרגם; Beschaffenheit des Gottesdienstes ausserhalb des Tempels; Sabbat; *Siebenzahl.— ראש השנה.— *Durch welchen Umstand der יום תרועה zum ראש השנה wurde. — Versöhnungstag. — *Schwierigkeit der Annahme, dass der יו״כ auch im Salomonischen Tempel gefeiert wurde. — Esra's Tätigkeit betreff der Rechtspflege: das Recht ein Teil der Religion; jus scriptum; j. non scriptum; das Volk war Schöpfer des Rechts. *Rechtssprichwörter. — Das Wiedervergeltungsrecht; Blutrache; ערי מקלט; Bann; Kirchenbann. — Gotteslästerung; Modus der Gerichtspflege.

\*　　\*　　\*

Esra ist nur Reformator auf relig. Gebiete; Nehemia ergänzt ihn. *Abstammung Nehemia's.— Bericht über die Lage in Jerusalem; Nehemia beschliesst, dahin zu ziehen. Der König gewährt ihm die Bitte. — Verschiedene Stimmungen über seine Ankunft in Jerusalem. — *Tore der Stadt. Der Mauerbau. — *Neh. 3, 1, 3. — Ränke der Feinde. — *Neh. 3, 34; 4, 6. — Nehemia verdoppelt seine Wachsamkeit. *4, 17. — Ps. 102. — Die sociale Frage in der Gemeinde. das althebr. Gesetz zur Regelung der Frage; Lösung derselben. - Die Mauer wird vollendet. *Dauer des Mauerbaues. Ps. 147; Einweihung der Mauer. — *Das Zusammenwirken Esra's und Nehemia's und der Bericht über die Verlesung der Thora. — Neh. 9, 1. — Fernere Massregel für die Sicherheit der Stadt. — Esra's Lehrtätigkeit; Feier des Hüttenfestes. — *Neh. 8, 17. — Nehemia kehrt nach Susa zurück; die Verwirrung in der Gemeinde während seiner Abwesenheit. *Esra's Tod.— Neh. kehrt wieder nach Jerusalem zurück; sein Wirken auf religiösem Gebiete. *Neh. 13, 26.— Das neue Gemeindestatut. *Sabbatgesetz; die Stellen im Pentateuch, die das Sabbatgesetz illustriren, entstammen einer früheren Zeit; *Sabbat- und Jobeljahr; 1/3 Sekel; Holzlieferung für den Altar; die verschiedenen Abgaben. —

Opposition gegen dieses Gemeindestatut. Festere Gestaltung des Heiligenlebens und Anbahnung einer exclusiveren Richtung. Die verschiedenen Anschauungen Esra's und Nehemia's betreff der Priester. — Die Berechtigung zum Priesterdienste; die 2 Linien Elasar und Ithamar; durch Salomo wurde der Einfluss der Linie Elasar begründet; Nehemia nahm die Einteilung der Priestercohorten vor.— Kurze Darstellung der Entwicklung des Levitentums: Die Leviten vor Salomo, nach Salomo, im Exile; Ezechiel und die Leviten; Rangerhöhung derselben durch Scheidung der verschiedenen Geschäfte. — Die eigentlichen Leviten; die Sänger: Lied und Gesang bei den alten Hebräern; Frauen gehörten zum Dienstpersonale des Heiligtumes, ihre niedrige Stellung. — Esr. 2, 65. — Die Söhne Assaf's treten nach dem Exile in den Vordergrund. — *מִשְׁמָרוֹת. — Torhüter. — Charakteristik Nehemia's; Vergleich mit Esra. Die Tradition weiss nur wenig von Nehemia. *Esra und Nehemia seit Alters her ein Buch. — Esra in der talmudischen Tradition; bei den Kirchenvätern; bei den Juden in Arabien und im Koran; bei den Samaritanern: Die Syn. magna. Die Ansicht Krochmal's und Heidenheim's über diese Institution; sie hat nie existirt; Einwürfe gegen diese Ansicht.— Begriff und Ursprung der Tradition.— Der relig. Pragmatismus sieht in allen bibl. Persönlichkeiten Träger der Tradition. Berichte des Talmud über die Syn. m.; Charakterisirung derselben: neue Bedenken gegen die Historicität; Ab. 1, 1—3. *Der Name „Abot." *Ueber die Tendenz dieses Tractates. — Ab. 1, 2 fasst das Wirken Esra's zusammen. *סִיָּג לַתּוֹרָה. — Wie man zur Annahme von der Existenz der Syn. m. gelangte; noch ein Moment zur Erklärung dieser Frage. — Die Zahlenangaben des Talmud über die Syn. m. — Erklärung des Namens כְּנֶסֶת הַגְּדוֹלָה. S. 66—172.

## IV.

## Die ersten Keime des Parteiwesens im neuen Heiligenleben.

Jede Erscheinung wird lange vorbereitet; die Parteien treten plötzlich auf den Schauplatz. — Der Bericht in Ab. R. Natan über den Ursprung der Sadduzäer und Boëthosäer; Bedenken gegen die Historicität derselben. Die Namen sind unhistorisch. — Verdienste Geigers um die Aufklärung dieser Frage. Der Ursprung des Pharisäismus und Sadduzäismus fällt in die erste Zeit nach dem babyl. Exile, das die spätere Erscheinung bereits vorbereitet. Rückblick auf die Läuterung des Volkes in Babel; die Trauernden um Zion. — Nicht alle

werden gebessert; ein Teil derselben schliesst sich mehr dem
Heidentume an. — Das rel. Leben in Jerusalem. Elemente
der Gola; der Zwiespalt in derselben während der Zeit
Zerubabels. — *עם הארץ und Koh. 7, 16, 17. — Kohelet's
Stellungnahme zu den Zeitanschauungen. — Stärkung des
frommen Elementes in der Gola seit der Ankunft Esra's;
die Gegnerschaft der Priester und deren Ideengang. Nehemia's
Kampf gegen die Priester und seine späteren hierarchischen
Einführungen. Resultate. — Samaritaner und Sadduzäer. —
Einwürfe Derenbourg's gegen Geiger's Hypothese über den
Ursprung der Parteien.

\*　　\*　　\*

Dunkler noch ist die Vorgeschichte des Essenismus.
Die mannigfachen Versuche, den Ursprung und die Bedeutung
des Namens zu erklären. — *כנפים und טהרות. — Unhaltbarkeit dieser Erklärungen. Noch eine ungelöste Frage: über
die Bedeutung der נתינים in Esra und Nehemia. Unhaltbarkeit
der bisherigen Annahme. Betrachtung aller Stellen, in denen
sie genannt werden, namentlich Esr. 8. Die נתינים sind die
späteren Essener. — Innere Einrichtung der Genossenschaft
und ihre Stellung im Gemeindeleben. — Wohnung der
Nethinim und das Essenertor. — Die alte Mauer Jerusalem's.
— Das שער המפקד; die עליית הפנה; das שער הצאן; der Weg,
den die 2. תודה bei der Mauereinweihung (Neh. 12) einschlug.

Versuch einer Geschichte des essenischen Gedankens.
Der Grundzug des Judentums ist Optimismus, daher ist die
Ascese in Judäa etwas Fremdartiges. Anknüpfungspunkt für
den fremden Gedanken: Das menschliche Streben, das Wolgefallen Gottes zu erringen. Der Mosaismus und das Nasiräertum. — Die Verschiedenheit von Volk und Land im Norden
und Süden Palästina's. — Die Nasiräer tauchen im Norden
als Reaktion gegen die Fleischeslust auf. — Simson und
Samuel sind Nasiräer, d. i. Richter, Priester und Prophet in
einer Person. — Unterschied zwischen Beiden. Durch das
Königtum wird die weltliche Stellung der Nasiräer eingeengt;
Saul will nicht blos König, sondern auch Priester sein. David
wird von Samuel zum Könige gesalbt. — Salomo und das
Centralheiligtum; durch dieses wird wieder das Priestertum
von dem Nasiräertum abgebröckelt; Ahia und Semaja helfen
das Reich Israel begründen, welches das alte Recht Aller,
priesterliche Dienste verrichten zu dürfen, wahren will. — Elia
der Thisbite ein Nasiräer. — *Die Chronik kennt keinen der
alten Nasiräer. Elisa ist der durch die Erscheinung am Horeb
verjüngte Elia. *Erklärung von פי שנים ברוחך und עלה קרה.

# Berichtigungen.

Durch meine allzugrosse Entfernung vom Druckorte hat sich unliebsamer Weise eine grössere Anzahl von Druckfehlern, die der gesch. Leser entschuldigen wolle, eingeschlichen. Die sinnstörenden seien hier bemerkt:

| Seite | 13 | Zeile | 2 | lies | bemerkten st. bemerkte. |
|---|---|---|---|---|---|
| „ | 19 | „ | 3 | l. | etwas Imponirendes an sich. |
| „ | 20 | „ | 2 | l. | unübertroffen in st. von. |
| „ | 24 A. 1 | „ | 1 | l. | von st. vor. |
| „ | 25 A. 1 | „ | 14 | l. | seinen st. seine. |
| „ | 27 | „ | 8 v. u. l. | | ihn umsomehr. |
| „ | 29 | „ | 14 | l. | keinen st. keine. |
| „ | 33 | „ | 5 | l. | Volksstämme st. Völkerstämme. |
| „ | 38 | „ | 8 v. u. l. | | wol zu streichen. |
| „ | 39 | „ | 12 | l. | neue st. nene. |
| „ | 44 A. | „ | 13 | l. | cultuelle st. culturelle. |
| „ | 47 | „ | 12 | | ist die zu streichen. |
| „ | 52 | „ | 7 v. u. l. | | in die st. an ihre. |
| „ | 53 | „ | 14 | l. | Moder und Fäulnis. |
| „ | 56 | „ | 17 | l. | Himmel st. Hümmel. |
| „ | 59 A. | „ | 2 v. u. l. | | י״י. |
| „ | 61 | „ | 14 | l. | Jahrtausend st. Jahrhundert. |
| „ | 63 ' | „ | 10 | l. | Bösem st. Bösen. |
| „ | 63 | „ | 22 | l. | der st. die. |
| „ | 63 A. 1 | „ | 2 | l. | relatives st. demonstratives. |
| „ | 67 | „ | 3 v. u. | | fällt der Gedankenstrich weg. |
| „ | 72 A. 1 | „ | 8 v. u. l. | | er st. es. |
| „ | 81 A. | „ | 3 | l. | S. (Seite) st. R. |
| „ | 81 A. 1 | „ | 10 v. u. l. | | war der st. vor den. |
| „ | 90 | „ | 12 | l. | Geissel st. Geisel. |
| „ | 92 A. 1 | „ | 6 v. u. l. | | Anordnung st. Anwendung. |
| „ | 97 | „ | 10 | l. | der Einfluss Esra's auf st. den Einfluss, den E. u. s. w. |
| „ | 104 | „ | 2 | l. | schafft st. sichert. |
| „ | 108 A. | „ | 8 | l. | חצר st. הצה. |
| „ | 109 | „ | 17 | l. | Herdes st. Heerdes. |
| „ | 109 | „ | 19 | l. | hinter den st. hinter die. |
| „ | 111 | „ | 1 | l. | dem völligen Verluste st. des völligen Verlustes. |
| „ | 116 A. | „ | 1 v. u. l. | | dass der Verfasser dieses Buches nur die — beschreibt. |
| „ | 161 | „ | 17 | l. | noch so conservative kritische. |
| „ | 165 A. | „ | 15 | l. | Ber. 16 b. אין קורין אבות אלא לג׳. |

Seite 167  Zeile 2  lies ist e s s e i, das daselbst Z. 3 Anf. ge-
                 strichen werden muss, an den Anfang zu
                 setzen.

„  168 A. 1 „  7 v. u. l. e r f a s s t st. esfasst.
„  172 A. 1 „  3   l. ha — gedula.
„  180   „  1   l. »V ö l k e r  d e r  L ä n d e r« st. Völker
                 des Landes.
„  191   „  2 v. u. ist J e r. st. Jes. zu lesen.
„  193   „  11 v. u. ist d e r e n  N a m e n  zu lesen.
„  193   „  2   ist h e i m k e h r e n d e n  zu lesen.
„  198   „  10   l. s o n d e r n  st. aber.
„  206   „  3   l. a s s i m i l i r e n  st. assimuliren.
„  206   „  21   l. l e i c h t  K e i m e — — w e c k e n.
„  206   „  23   l. u n d  st. in.
„  207   „  7   l. Vegetation.
„  207   „  10   l. z e i t l i c h  st. ziemlich.
„  207   „  18   l. e i n g e e n g t  st. eingemengt.
„  208   „  19   l. nach P r o p h e t  die Worte: insoweit als
                 von einen solchen in jenen Zeiten die
                 Rede sein kann.
„  209   „  20   l. d i e  S t e l l e  st. der St.
„  209   „  24   l. e s  st. dieses.
„  212   „  16   l. i n  d e r  W ü s t e  st. in die Wüste.
„  214   „  9   l. d e m  st. den.
„  214   „  10   l. b e d u r f t e  st. bedürfte.
„  214   „  14   l. e b e n f a l l s  b e r e i t s.
„  219   „  5   l. d e m  Jahvetum st. den J.
„  221   „  4 v. u. l. E h e l o s i g k e i t  st. Ehrlosigkeit.
„  222   „  11 v. u. l. u n d  d e i n  H e r z  s p r e c h e  n i c h t
                 z u  s c h n e l l —.
„  222   „  7 v. u. l. B a n d e n  st. Bande.
„  226 A  „  3   l. A u s s p r u c h  st. Auspreuch.
„  226   „  14   l. f a s t e t e  e r  u n d  k a s t e i t e  s e i n e n.
„  226   „  20   l. T u e t  st. tut.
„  227   „  7 v. u. l. j o h a n n e i s c h. st. Johannesisch.
„  234   „  11   l. K e f a r  st. Kefer.
„  240   „  4   l. s e i n e r  st. seine.

# Das babylonische Exil.

## (586—537).

**D**ie Entwicklungsgeschichte des menschlichen Geistes ist eine Geschichte des Wachsens und Welkens, des Werdens und Schwindens, des Blühens und Verfalles, sowie des steten Neuauflebens geendeten Seins in verjüngter Gestalt und Form, die der jeweiligen Anschauung angepasst wird. Sitten und Anschauungen verschwinden nämlich nie ganz spurlos aus dem Kreise, in dem sie sich einmal eingelebt haben; jede neue Zeit nimmt den Gedankenfaden dort auf, wo die alte ihn verlassen und jede Morgenröte reiht sich, so lautet das ewige Gesetz in Natur und Geschichte, dem enteilenden Dunkel an. Es bleibt in gewisser Beziehung also immer ein Teil des alten Kernes zurück, wie im Lenze die alte Wurzel es ist, die sich verjüngt, um neue Blüten zu treiben. Die Vergangenheit ist stets die Mutter der Zukunft; denn nichts vermag sich des Zusammenhanges mit Raum und Zeit, den Urbedingungen alles Seins, zu entledigen — einem gewaltigen Strome gleicht die Entwicklung des menschlichen Geistes, der, seit Jahrtausenden dahinflutend, Vergangenheit und Zukunft in seinen Wellen trägt. Und nicht gleichmässig gestaltet sich der Lauf dieses Stromes. Bald rieselt er ruhig still in seinem Bette, bald stürzt er in stürmischer Eile über Feld und Stein, seine Dämme überflutend, bald wieder verliert er sich, gleich dem Steppenfluss, im sumpfigen Boden. Allein ob er auch nicht sichtbar ist, er hat nicht aufgehört — wie die Erde im Winter scheinbar in Ruhe und Todtenstille verharrt, in Wahrheit aber in ihrem Schosse volles Leben kreist, frische Säfte zum Neuaufleben bereitend, also wird der scheinbar sumpfige Boden die Pflege-stätte neuer Gestaltungen, neuer Formen; wir erkennen nur

nicht diesen ewigen Prozess, zumal nicht in der jeweiligen
Gegenwart, weil das menschliche Auge zu schwach ist, um
die Zeit der Umbildung sowie den Prozess derselben wahr-
zunehmen. weil der Schritt der Zeit heilig still ist, und der
Gedanke sich in majestätischer Ruhe verjüngt. Erst späteren
Generationen bleibt es vorbehalten, aus der Schichtenbildung
die Ablagerung der verschiedenen Zeiten zu erkennen und
zu sondern, dem geheimnisvollen Werden nachzuspüren und
die Wendepunkte in dem Leben eines Volkes zu bestimmen.

Und was von der Geschichte der Menschheit im Allgemeinen gilt, das gilt auch von der Geschichte Israels im
Besonderen. Allmälig erfolgte die Entwicklung des Volkes.
Seine Heroënzeit kündet mannhaften Mut, der die in einzelnen
Gauen zerstreut lebenden Stämme erfüllte, so oft es galt,
gegen Feinde zu Felde zu ziehen. Seine Blütezeit nennt
Herrscher, die aus dem zerschellten Stämmeleben einen
imponirenden, mit den mächtigsten Völkern Vorder-Asiens
rivalisirenden Staat schufen. Am herrlichsten aber gestaltet
sich die Geschichte dieses Volkes in seinem Welken. Da
erstanden Propheten und schufen ein durch eine Idee unver-
gängliches Volk, das seinen Staat in Trümmer brechen sehen
konnte, dennoch aber den Glauben an sich und seine Zukunft
nicht verlor.

Durch eingerissene Sittenlosigkeit und Feindschaft gegen
den Bruderstaat war das nördliche Reich Israel den wuchti-
gen Schlägen Salmanassar's, Sargon's und Essarhaddun's,[1]
der Könige von Assyrien, erlegen.

Samaria's Triften, wo einst frohe Schäferstimmen voll
beglückter, freudiger Lieder erklangen, deren Reste uns im
Hohen Liede[2] noch heute den Duft der Saronslilien ahnen
lassen; wo einst die ersten reckenhaften Prophetengestalten
kühnen Geistes einherschritten, wurden jetzt von assyrisch-

---

[1] Salmanassar (Salmuunasir) ist nach Oppert mit dem Hos. 10, 14
genannten Salman identisch. Zu Sargon (Sarruukin) vgl. Jes. 20, 1. Essarhaddun (Assour-ah-eddin), der Gründer des Palastes von Calah, wird auf
einem Cylinder des britischen Museums als derjenige bezeichnet, der Israeliten
deportirte. In einer Inschrift einer Löwenfigur in Bronze wird er als
Eroberer von Kusch und Mizraim genannt, D. M. G. VIII, 598, 673; X,
290. Vgl. Rosenzweig, zur Einleitung in die Bücher Esra und Nehemia,
Berlin, S. 42.

[2] In dem Hohen Liede erblicken wir Reste alter Volkspoesie, wie
sie kräftige Zeiten zeitigen; es sind Klänge einer und derselben Seele —

medischen Völkerschaften, die Furcht und Wahn theilweise
zu den Altären Jahve's trieben, den sie aber in Wahrheit
nie begriffen und erkannten, bevölkert. Etwa 200 Jahre
später endete auch Juda durch das Anstürmen einer neuen
Macht, die sich lawinenartig über Vorder-Asien ausbreitete,
durch Nebukadnezar,[1]) dem Babylon Ruhm und Grösse verdankte, und nach Babel zog das Waisenvolk, verlassen sich
wähnend von seinem Gotte, dessen Wohnung eine öde Stätte
geworden. Dort in Babels Fluren, von Palmen und Obst-
bäumen reich beschattet, wo die Kultur die glänzendste
Pflege gefunden und verfeinerter Luxus und entnervende
Sinneslust ihre Orgien feierten; dort an Babels Strömen,
umrahmt von Platanen- und Cypressenwäldern, in deren heiligen Hainen Begierde und Leidenschaft die ungeheuerlichste
Sinnlichkeit entfachten; dort ging ein merkwürdiger
Läuterungsprozess mit dem Leben des schwergeprüften Volkes
vor sich. Auf Abraham, „den Fels, aus dem Israel ward
gehauen" (Jes. 51, 1 f.), wiesen die Lehrer der Zeit hin und
dessen Auswanderung in die Fremde sollte das Wahrzeichen
für die künftige Grösse des Volkes werden. Und wenn der
Frühling anbrach und neues Leben in den Fluren erwachte,
dann weckte der Prophet auch im Herzen des Volkes, für
das so trüber Winter angebrochen war, die Hoffnung, dass
auch die Gräber Israels einst durch den erlösenden und auf-
richtenden Gottesgeist wieder geöffnet werden. (Ez. 36, 1 f.)
Das wirkte und schuf neue Kraft. Das „kleine Heiligtum" in Babel war erfolgreicher, als das grosse einst in
Jerusalem. Jerusalem war nach Babel verlegt und wie es
merkwürdigerweise später wieder geschah, so war's jetzt: das
Wort Gottes ging von Babel aus; dort erstand die Thora in
neuem Glanze. In Palästina war der Prophetenmund ver-
stummt, an Babel's Bächen aber klangen fort heilige Stimmen,

der Volkspsyche. Wahrscheinlich, ja es darf mit Bestimmtheit angenommen
werden, gehören sie dem Norden Palästina's an, wo heitere Lebenslust frisch
quillende Stimmen im Herzen des Volkes weckte. — Tirza blüht neben
Jerusalem, ja wird noch früher als dieses genannt 6, 4. Es wurde vielfach
versucht, das Buch, von dem schon Origines sagt, es sei in modum dramatis
geschrieben, zu dramatisiren, allein stets ergab noch das Resultat, die
Versuche seien vage Künstelei.

[1]) Nebukadnezar, in den Keilinschriften: Nabiurkudurriusur, daher
der Name in den biblischen Büchern bald Nebukadnezur Esr. 2, 1, bald
Nebukadrezur, Jer. 49, 28, lautet.

1*

lehrend und mahnend, Hoffnung und Heil verheissend. (Jes.
40—66.)

Wie das religiöse Leben des Volkes zur Zeit seiner
Exilirung beschaffen war, lässt sich schwer bestimmen. Das
Eine aber ist gewiss: in dem ganzen Laufe des geschichtlichen Lebens Israels ist nicht e i n Zeitpunkt aufzufinden, in
dem die volle Einwirkung der Thora auf das Volksleben sich
erweisen liesse;[1] früher und später war sie nur der weiche
Mutterboden für die Entwicklung neuer Gestaltungen, das
Ideal der Propheten und Lehrer, dessen Erfüllung allezeit
frommer Wunsch blieb. Das ist aber auch sehr natürlich;
denn jedes Volksleben entwickelt sich, namentlich in seinen
Anfängen, unabhängig von Gesetzen und Normen; Gewohnheit und Sitte, die Ursprünge aller Gesetze, waren stets
mächtiger, als Lehrer und Propheten. Ja, so sehr sich diese
auch nicht selten sträuben mochten, sie mussten die Gewohn-
heiten und Sitten des Volkes, wenn sie auch ihren Anschauungen widersprachen, mit gewisser Legitimität versehen
und als eigen anerkennen. Zudem müssen, wo es sich um
niedrigen Götzendienst handelt — und um solchen handelte
es sich stets bis zum babylouischen Exile — einzelne positive
Satzungen zurücktreten; wo es einen Kampf gilt gegen
heidnische Sittenlosigkeit, da können selbst Propheten auf
die stricte Beobachtung einzelner Ceremonien nicht das
Hauptgewicht legen. Dennoch aber fehlt es nicht an Anhaltspunkten, nach denen wir uns ein Bild von dem positiven
Satzungsleben der Gola — so heisst die Gemeinde des
Exils — zu entwerfen vermögen. Neben dem Sabbat wurde
von Alters her der Neumond geheiligt (vgl. 2. Kön. 5, 23;

[1] Selbst der Talmud, Chulin 17 a, berichtet, die Israeliten haben in
der Zeit während der Eroberung Palästina's die Speckseiten der Schweine
gegessen; während des heroischen Zeitalters des Volkslebens, in der Richterperiode, tritt der so wenig israelitische Charakter in den Trägern der Volks-
idee am offensten und deutlichsten in Jephta und Simson zu Tage und auch
die Feste, die mit dem Tempeldienste zu Silo in Verbindung standen,
bekunden wenig oder gar nicht den Einfluss der religiösen Ideen, wie sie
in der Thora Ausdruck gefunden. (Richt. 21, 19 f.) Es war eben eine Zeit,
»in der jeder tat, was gut dünkte seinen Augen« (ib. v. 25). Salomo baute
den Tempel nach freier Auffassung, sich wenig um die Masse und Formen,
wie sie im Exodus vorgeschrieben werden, kümmernd; Elia opfert noch
auf der Höhe (vgl. Jebam. 90 b) und unter Josia wird das »Bundesbuch«
gefunden, von dem weder Volk, noch König eine Ahnung hatten.

Jes. 1, 13; Amos 8, 8; 1. Sam. 20, 9; Ezech. 46, 1. 3;
20, 12. 13); während aber ersterer um die Zeit des Exils
bereits an Verinnerlichung gewonnen hatte (vgl. Ex. 35, 2
u. 3 mit Jer. 17, 19 u. Jes. 58, 13), scheint die Neumonds-
feier an Bedeutung verloren zu haben (1. Meg. 22 b, Raschi
z. St. Chagiga 18 a u. Tosaf. das.; Jer. Tanit 1, 6). In
dem Hause des Propheten versammelte sich das Volk an
Sabbaten und Festtagen (Ez. 8, 1; 14, 1; 20, 1) und lauschte
seinen Vorträgen. Durch das stille Uebereinkommen der
Gemeinde — eine officielle Behörde existirte in dem Exile
nicht — wurden die nationalen Unglückstage als Fast- und
Busstage eingesetzt (Sech. 7, 4; 8, 19; vgl. Jes. 58, 3). Die
Ehegesetze wurden strenge beobachtet (vgl. Jer. 3, 1; 23
u. ö. auch früher schon dasselbe Bild); allenthalben waren
Geschlechtsregister angelegt, um das Alter und die Reinheit
der Familien in Evidenz zu erhalten (vgl. Esra 2, 62);[1]) auch
die Satzungen über „Rein und Unrein" waren bereits in's
Leben des Volkes gedrungen (Ez. 18, 6; 22, 16; 36, 17);
ebenso war die Beschneidung allgemein eingeführt, war sie
doch das charakteristische Merkmal des Israeliten im Gegensatze zu dem „Unbeschnittenen", der mit dem Heiden
identisch war. (Vgl. Jer. 7, 10; Ez. 28, 10; 31, 18; 32,
20. 24, häufig auch blos symbolisch aufgefasst.) Feststehend
waren auch einzelne Trauergebräuche (Jer. 16, 6. Vgl. Redak.
z. St. Ez. 24, 17).[2]) Hingegen wurden Brach- und Jubel-

---

[1]) Grätz. Gesch. II. B. S. 425 schreibt die Einführung der Stamm-
register erst dem Nehemia zu, vgl. auch Wellhausen, Gesch. S. 220; allein
mit Unrecht! Die Vorliebe des Orientalen, das Alter und die Reinheit
seines Geschlechtes zu erweisen, ist uralt. Vgl. Euseb. h. eccl. 1, 7; Koran
Sure 49, 13; Hadschi Chalfa in Frähn's Antiquit. Muham. Monum. varia,
Petropoli 1824, II, 15—17. Diese genealogischen Tabellen boten zugleich
Anknüpfungspunkte für die Stammessagen und Lieder des Altertums und
bildeten die Grundlage für die spätere Geschichtschreibung. Namentlich
wichtig aber waren sie für ackerbautreibende Völker, da Erb- und Besitzrecht
nur auf Grundlage bestimmter Aufzeichnungen erwiesen werden konnten;
vgl. Jos. vita § 1. Uebrigens bemerkt Nehemia (7, 5) ausdrücklich, dass
er das היחש 'ס bereits vorgefunden habe. Auf solche Aufzeichnungen ist
der Ausdruck «Buch des Lebens» (Ex. 32, 32 f. Jes. 4, 3) und die «Schrift
des Hauses Israel» (Ez. 13, 9; vgl. Ps. 87, 6) zurückzuführen.

[2]) Alt scheint auch der Brauch zu sein, in den Eingängen der Wohnungen religiöse Zeichen (später Mesusot) anzubringen; vgl. והמזוזה הדלת ואחר
שמת וכרונך Jes. 57, 8.

jahr weder in agrarischer Beziehung, noch mit Bezug auf das Sklavenwesen früher beachtet (Jer. 34, 8, 11). Auch das Opferritual und der damit zusammenhängende Tempeldienst konnten im Exile nicht praktisch durchgeführt werden ; nur die Theorie war vorhanden. Daher die Widersprüche stammen, die bezüglich der Priestersatzungen im Buche Ezechiel, verglichen mit den Satzungen im Pentateuch, gefunden werden (vgl. Sabb. 13 b, Chag. 13 a und Men. 45 a). Die Religion befand sich eben im vollen Flusse ; es war noch keine T h o r a schlechthin vorhanden, es gab vielmehr T h o r o t; jeder Prophet kündete s e i n e T h o r a, die er durch Ueberlieferung erhalten oder die er als lebendiges Organ der Ueberlieferung geschaffen hatte.

Aber gerade durch den Umstand, dass der äussere Gottesdienst in Folge der veränderten Zeitlage unmöglich geworden war, dass der Opferdienst eingestellt werden musste — weilte doch Israel auf fremdem Boden, dem die Heiligkeit der Heimat fehlte — gewann das religiöse Leben, wie wir dieses noch deutlicher sehen werden, an Verinnerlichung und Vergeistigung. Das Volk gewöhnte sich allmälig neben dem Opferdienste, der vor dem Exile ausschliesslich das religiöse Leben ausmachte, auch dem G e b e t e religiöse Bedeutung beizulegen.

Ein Irrtum ist es, wenn die moderne Kritik nicht selten die Behauptung aufstellt, die Propheten seien Gegner des Opferdienstes gewesen. Durch eine solche Annahme wird der Stand der Propheten und ihre Bedeutung als Lehrer des Volkes entschieden verkannt. Allerdings bestand eine gewisse Divergenz zwischen Prophetismus und Priestertum ; der Priester hielt strenge auf die Form, aus der seine Berechtigung und Bedeutung hervorgegangen war ; der Prophet aber kündete mit Vorliebe vom Geiste, zu dessen Näherbringung und Verkörperung gleichsam die Form geschaffen wurde ; der Priester wollte die Gemeinde vertreten, der Prophet aber sie in Activität setzen ; der Priester legte das Hauptgewicht auf die Darbringung der Opfer zur bestimmten Zeit, in bestimmter Weise ; der Prophet aber auf die Hingebung des ganzen Menschen an den „Heiligen Israels", auf die Heiligung des ganzen Individuums ; jenem war in erster Reihe das Ceremonialgesetz das Gesetz Jahve's, diesem aber galten reine Hände und ein reines Herz als allein wahre Mittel, um die Nähe Gottes zu erringen ; der Priester stand auf dem Altare und von diesem engen Gesichtskreise sah er auf das

Volk; der Prophet hingegen stand auf hoher Warte und obgleich er mit aller Energie die nationale Idee festhielt — zeigt doch die Geschichte des Prophetismus eine lange Reihe grosser Kämpfe für das Volkstum; während die Priester nicht selten gefügige Werkzeuge der Könige waren, traten die Propheten mit aller Kraft für die Unabhängigkeit und Freiheit des Volkes ein — rang sich sein Blick von Israel los und ruhte auf dem Gottesberge, von dem die Universalität des Monotheismus, oder der ethische Monotheismus als neue Offenbarung ausgeht. Trotz alledem aber war der Opferdienst zu sehr mit dem Leben und der Geistesrichtung des Volkes verwachsen, als dass die Propheten dessen Gegner sein mochten oder konnten. — Das Opfer ist dem Herrn angenehm, so lehrten alle Propheten, nur darf es nicht ohne innere Gesinnung, ohne heiligen Drang dargebracht werden, vielmehr muss die Sehnsucht, Eins mit Gott zu werden, das Individuum zu dessen Darbringung treiben (vgl. Hos. 6, 6; 8, 13; 9, 3, 4; 14, 3; Am. 4, 4, 5; 5, 22, 24; Micha 6, 6; Jes. 1, 11; Jer. 6, 20; 7, 9, 11, 21—23 u. ö.). In diesem Sinne kündeten auch die Propheten des Exiles von dem Werte jeder äusseren religiösen Handlung (vgl. Jes. 58, 1 f.) und diese erhabene Anschauung des Prophetismus war es, die es ermöglichte, dass das Gebet allmälig Eingang ins religiöse Leben des Volkes fand; der gesunkene Geist suchte und erkannte bald in dem Gebete das kräftigste Stärkungsmittel und die gottsuchende Seele ihren erhabensten Aufschwung.[1]) Die Bedingungen zu dieser Erkenntnis waren durch die Verhältnisse von selbst gegeben. Der Tempel war gesunken, Opfer konnten nicht mehr dargebracht werden und hiermit war dem Wahne, als könnte durch eine Spende, wenn auch gedankenlos und ohne Reue

---

[1]) Vgl. Ps. 141, 2; 5, 3, 8; 138, 2; 28, 22 ö., namentlich Jer. 29, 7, wo der Prophet befiehlt, selbst für Babel zu beten. Aus dieser Zeit stammt wol der grösste Teil der Psalmen, die der Verzweiflung und Hoffnung des geängstigten Volkes, dem Spotte gegen die Götzenwelt und der Rache gegen die gottlosen Bedrücker Ausdruck verliehen. Der bereits in den Psalmen und Daniel erwähnte Brauch, täglich dreimal zu beten, ist späteren Ursprunges. Auch die Brahmanen und Ormuzdverehrer beteten bei Sonnenaufgang, des Mittags und bei Sonnenuntergang; vgl. Rosenmüller, IV. 54. Zu dem Gebete bei den Ormuzdverehrern mit der Richtung nach Osten vgl. Ez. 8, 16. Zum Gebete in nachexilischer Zeit vgl. Dan. 6, 11; Act. 3, 1; 10, 9; 2, 15; Luc. 1, 10; Tob. 3, 11. Zunz, Gottesdienstl. Vorträge S. 33, 366.

dargebracht, die zürnende Gottheit besänftigt oder deren Gunst errungen werden, ein Ende gemacht. Wer Gott nahen wollte, konnte es jetzt nicht anders, als sich in ihm und mit ihm im Gebete einigen.

Nicht minder bedeutungsvoll wurde aber auch das Exil für die künftige Stellung Israels innerhalb des Völkerlebens. Während Juda in seinem Grossmachtswahne häufig sich um die Bundesgenossenschaft der benachbarten Völker bewarb und ihnen in Sitte und Leben gleich zu tun sich bestrebte, suchte es jetzt durch völlige Abschliessung gegen die Aussenwelt Selbstständigkeit nach Innen hin sich zu verschaffen. Voll Verachtung sah es auf die eitle Götterwelt seiner Bedrücker und mit beissendem Spotte auf die nichtigen Idole, von Menschenhänden gezimmert (Jes. 40, 19; 50; 41, 6, 7; 45, 20; 46, 6, 7 u. ö.); hermetisch schloss es sich durch Formen von der äusseren Welt ab, zog Zäune und Wälle um den Gottesgedanken, um sein einziges und höchstes Gut rein und unversehrt für die Menschheit zu erhalten. So ward das merkwürdige Rätsel im Leben des Volkes angebahnt: einerseits die Möglichkeit, partikularistisch im strengsten Sinne des Wortes zu sein, sich durch sein Satzungsleben vollständig von der übrigen Welt loszulösen; anderseits aber, erfüllt von dem grossartigsten Universalismus, den seine Propheten gekündet, die höchsten Firnen, auf deren Gipfel der ewige Völkerfrühling lächelt, klar und fest im Auge zu behalten. Priestertum und Prophetismus, die zwei treibenden Kräfte des altisraelitischen Volkslebens, gingen in einander und vermälten sich zur innigen Harmonie.

Allein trotz dieser Abschliessung blieb die Berührung mit den über Asien sich ergiessenden Völkerschaften nicht ohne Einfluss auf das Judentum — der Geist kann eben nicht abgeschlossen werden; wie eine Springflut ergiesst sich der Gedanke über weite Flächen, wie ein Fluidum verteilt sich die Idee und schwängert die Luft, wo sie flutet. Im Umgange mit den fremden Völkern zog auch manches dem alten Glauben und Geiste Fremdartige in das Volksleben ein. — Die Namen der Engel und Monate schreibt schon der Talmud dem babylonischen Einflusse zu (Jer. R. Hasch. 56 d, Gen. r. 48 u. ö.). Der weite Horizont der babylonischen Ebene, sowie deren Einförmigkeit lenkte früh den Blick zu dem gestirnten Himmel und schon bei den Griechen stand Babel im Rufe, in der Astronomie allen andern Völkern voraus zu sein. Die Babylonier bestimmten das Jahr auf 12

Monate zu 20 Tagen und liessen dem 12., auch bei ihnen Adar genannt, 5 Zusatztage folgen. Dem Tage gaben sie nach der Zwölfzahl der Monate 12 Stunden, die Stunde teilten sie in 60 Teile und jedes dieser Sechzigstel wieder in 60 Teile. Gewisse astronomische Kenntnisse besassen wol alle semitischen Völkerschaften, weil sie allmälig aus der nomadischen Lebensweise, in der die Gestirne die einzigen Führer sind, zu sesshaften Kulturvölkern sich entwickelten — somit werden auch die Israeliten solche Kenntnisse besessen haben; dennoch aber ist es gewiss, dass die Astronomie Babels nicht ohne Einfluss auf die Juden geblieben war. So finden wir in dem älteren Schrifttum keine Bezeichnung für „Stunde"; in Daniel aber, dessen Sprachcharakter am deutlichsten die Spuren des Exils an sich trägt, — es wird wol auch hebräisch geschrieben, aber nur neben dem Aramäischen — finden wir zum ersten Male den Ausdruck: שעה (Dan. 4, 16) und während früher das Jahr mit dem Monate Abib begann und das Passahfest, als Fest der Volkswerdung Israel's, mit dem Beginne des Jahres gefeiert wurde, trat jetzt der יום תרועה im siebenten Monate als ראש השנה auf. Auch die Namen der Monate, wie sie heute noch gebräuchlich sind und wie wir sie auf den Inschriften, namentlich auf einer in Ninive aufgefundenen Monatstafel (Norcis Dictionary I, 50) lesen, sind nachexilisch.[1]

Ungleich wichtiger aber war für die Entwicklung des religiösen Bewusstseins der Umstand, dass die Exulanten in Babel Namen für Engel in ihren Ideenkreis aufnahmen.

Der Glaube an Boten Gottes, die in ungewöhnlichen Fällen den Menschen als Verkünder und Vollstrecker des göttlichen Willens, nicht selten in menschlicher Gestalt erscheinen, lebte schon lange vor dem Exile im Volke (Richt. 13, 6 u. ö.). In und nach dem Exile aber gewann dieser Glaube eine weitgehende Entwicklung, die von dem Parsis-

---

[1) Vgl. ניסן Neh. 2, 1; Esth. 3, 7; סיון Esth. 8, 9; אלול Neh. 6, 15; כסלו Sech. 7, 1; Neh. 1, 1; טבת Esth. 11, 36; שבט Sech. 11, 7; אדר Esth. 3, 7, 13 u. ö. Auffallend ist es, dass in Haggai (1, 1, 15; 2, 1, 18) die Monate nur durch Zahlen, in Secharja dagegen durch die später gebräuchlichen Namen (1, 7; 7, 1), zuweilen auch (1, 1; 7, 3, 5) durch Zahlen bezeichnet werden; ebenso verhält es sich mit Esra und Nehemia. Nach unserer Ansicht sind die Monatsnamen in Secharja später eingeschoben worden. Zu dem Ursprung der Monatsnamen s. Kimchi zu Sech. 1, 7; Nachmanides zu Ex. 12, 1.]

mus, wo die alten Naturgötter durch die Läuterung, die in der arischen Welt vor sich ging, zu gewöhnlichen Geistern degradirt wurden, abhängig war. Wie den Thron des persischen „Königs der Könige" (מלך מלכיא) sieben Räte, die höchsten Würdenträger des Reiches, umgaben (Esr. 7, 12; Esth. 1, 14), welche den sieben Amshaspands im Himmel entsprachen, so dachte man sich jetzt auch in Israel den Gottesthron von sieben Erzengeln umlagert, die nur des Winkes „des Königs der Könige aller Könige" (מלך מלבי המלכים, so wurde jetzt Gott im Gegensatze zu dem irdischen Könige genannt) harren, um seinen Willen zu vollführen, und wie jede Völkerschaft des weiten Reiches am Throne des persischen Königs ihren Vertreter hatte, also dachte man sich auch am Throne Gottes jede Völkerschaft durch bestimmte Engel vertreten. So wird in dem Buche Daniel „ein Fürst des persischen Reiches" und ein „Fürst Griechenlands" erwähnt, die von dem „Fürsten Israels", Michael (daneben auch Gabriel) genannt, besiegt werden;[1]) vgl. Dan. 8, 16; 9, 21; 10, 13, 20, 21; 12, 1. Hingegen konnte der Dualismus der persischen Religion in Folge der streng monotheistischen Anschauung, welche die Propheten unter schweren Kämpfen gegen das sinnliche Heidentum allmälig ins Volksbewusstsein hineingetragen hatten, keinen Eingang ins Judentum finden, obgleich auch er seine Spuren in der Vorstellung von dem Satan[2]) (vgl. Hiob. 1, 6, 7; 2, 15 u. ö. Sech. 3, 1 u. ö.; 1 Chr. 21, 1) zurückgelassen hat. Ein energischer Protest zieht sich durch die Schriften jener Zeit gegen die Annahme eines guten, im Lichte sich darstellenden (Auramazda, der Licht und Wahrheit und darum untrüglich ist) und eines bösen, in der Finsternis verkörperten Prinzipes

---

[1]) Vgl. Zend Avesta I, 283; II, 257; Brisson, de regno Persarum 1, 133; Eichhorn, Biblioth. III, 1; Sech. 3, 9; 4, 10; Tobit 12, 15; Henoch 9, 1; 20, 1; Targ. Jon. zu Gen. 11, 7; Offenb. 8, 2, auch Ev. Nicod. 22, wo charakteristisch einer der Teufel «archisatrapes» genannt wird. Interessant ist auch die Stelle in Meg. 23 a, wo R. Samuel b. Nachman die Siebenzahl der am Sabbat zur Thora Gerufenen mit den 7 Torhütern am persischen Hofe in Verbindung bringt; vgl. Raschi u. Tosaf. z. St.

[2]) In Hiob erscheint der Satan noch gottergeben, er nimmt gleich den anderen Kindern Elohims am göttlichen Rate teil; hingegen nimmt er in späterer Zeit eine gottfeindliche Stellung ein, er bekämpft und stört stets das Gute; vgl. Sech. 3, 1; 1. Chr. 21, 1.

(Angromainju, der Oede, Verderben und Tod an die Stelle
des Lichtes und Lebens setzt) — „Gott ist's, Jahve, er allein
und keiner sonst; er ist's, der das Licht bildet und die
Finsternis schafft, der Frieden macht und das Böse erschafft"
(Jes. 45, 7), „seinem Munde entstammt das Böse wie das
Gute" (Klgl. 3, 36).[1])

Nicht minder spiegelt sich der babylonisch-persische
Einfluss in den poetischen Schriften der späteren Zeit deutlich
ab. Wie die Schriftzeichen und Bauten jener alten Kulturvölker den Charakter des Gigantischen, Ungeheueren an sich
tragen, so erscheinen auch die Weissagungen und deren
Darstellungen dieser späteren Zeit riesenhaft, gigantisch. Die
Gesichte, die Ezechiel an den mächtigen Strömen des wasser-
reichen Babel geschaut, die dunklen Visionen Secharja's,
die pittoreske Apocalyptik Daniel's unterscheiden sich gewaltig
von der ruhigen künstlerisch geformten Poesie und dem
rhetorisch-dichterischen Schwunge in der Darstellungsweise

---

[1]) Vgl. ferner Jes. 41, 4 ; 44, 6 ; 48, 12 ; 45, 5, 6, 29 ; 46, 9 ; 42,
8 ; 48, 11 ; 45, 6, 7 ; zu «Jahve, der Schöpfer des Himmels und der Erde»
vgl. Jes. 40, 25 ; 42, 5; 44, 25. Demselben Proteste gegen den Parsismus
(welchem übrigens ein Teil der Exulanten besondere Achtung entgegen-
brachte, vgl. Jes. 50, 12 ; 59, 3—8, 14, 15 ; 57, 3—10 ; 65, 1—15 ; 66, 3,
namentlich 5, 10, 11) verdankt nach unserer Anschauung auch das sogenannte «Schild David's» (דוד מגן), dessen Bedeutung trotz der mannigfachen,
nicht selten drolligen Erklärungsversuche, nicht erhellt ist, seinen Ursprung.
Zerlegt man nämlich das Sechseck, — allerdings findet sich auch das M.
D. als Fünfeck, ersteres ist aber sicher das ältere, so findet es sich auch
auf älteren in Mysien geprägten Münzen, vgl. Wellenheim 5040, namentlich
Jalk. zu Ps. 84, wo auch die dreieckige Form des Schildes bekannt ist —
so ergeben sich 2 Dreiecke, von denen jedes, denkt man es sich ausgefüllt,
einen Keil darstellt. Der Keil galt bei den Persern als Zeichen der Einheit. Zerlegt stehen die 2 Einheiten, die beiden Prinzipe, sich feindselig
gegenüber — das Symbol des Dualismus im Parsismus. Die Juden aber
bekundeten ihren Protest gegen diesen Dualismus am deutlichsten dadurch,
dass sie die beiden Keile in einander gehen liessen, wodurch sie gleichsam
andeuteten, Gott der Eine ist's, in dem die im Parsismus sich bekämpfenden
Prinzipien in harmonischer Einheit sich darstellen. Dasselbe Zeichen findet
sich übrigens, wie ich irgendwo gelesen habe, auch auf den Kriegsfahnen
der Abessynier. Mein gelehrter und hochgeschätzter Freund Dr. I. Goldzieher in Budapest teilte mir mit, dass er es im Elsass und in der Schweiz
selbst als christliches Emblem gefunden habe.

—

der früheren Propheten[1]). Die Schwäche der Poesie sollte jetzt durch die Kraft der Symbolik ersetzt werden; der Donnerwagen, der Gottesthron, die Seraphim, alles erinnert unwillkürlich an die Riesenbauten zu Persepolis und Babel, an denen geflügelte Stiere, einherschreitende Löwengestalten mit Adlerköpfen, zuweilen auch mit Menschenköpfen und Flügeln die Ornamentik bilden.

Aber auch auf die Schrift[2]) und namentlich auf die Sprache[3]) des Volkes war das Exil nicht ohne Einfluss, — kein Volk vermag sich eben so abzuschliessen, dass nicht fremdes Sprachgut in sein eigenes dringe; Gedanken und Worte

---

[1]) Die spätere Agada kennt wol auch diesen Unterschied, führt ihn aber auf die individuelle Begabung der einzelnen Propheten zurück, vgl. Chag. 13 b; Sanh. 69 a; Lev r. 10; 15; Pesikta rabb. 11; 33; Jalk. Deutr. 812; Jalk.-Spr. 919 u. zu Jes. 40.

[2]) Nach rabbinischer Anschauung wurden die heiligen Urkunden nach dem Exile nicht mehr mit althebräischen, sondern mit assyrischen Schriftzeichen (der heutigen Quadratschrift) geschrieben, Mischna Meg. 1, 8 ; Jad. 4, 5; Tosefta Sanh. 4; Jer. Meg. 1, 9 : Sanh. 21 a, Sebach. 62 a; vgl. zu Jad. 4, den Mischnacommentar des Maimon., wo die hebräische Schrift mit der samaritanischen identificirt wird (s. die Ansicht R. Chisda's in Sanh. 21 b), vgl. auch dessen Mischnacommentar zu Ber. 8, 8. Nach Wilson (the lands of the Bible I, 75) nennen noch die heutigen Samaritaner ihre Buchstabenzeichen Ebri oder Ebreni, die Quadratschrift aber el-Aschuri vgl. auch Kirchheim, Karme Schomron S. 33 f.); Aschuri ist hier, wie auch im Talmud, wo von כ אשורי die Rede ist, statt Babel gebraucht; vgl. Esra 6, 22. Unsere Quadratschrift ist thatsächlich babylonischen Ursprunges, nur gewann sie nicht bald nach dem Exile offizielle Gültigkeit, sondern bürgerte sich erst allmälig im Schriftthume ein, möglicherweise durch den Umstand gefördert, dass die Samaritaner die althebr. Schrift beibehalten hatten. Noch im 3. Jahrhundert fand Origines in besseren Handschrift das Tetragrammaton mit althebräischen Schriftzeichen. S. über diese Frage: Meor euajim, ed. Wien, S. 276; Geiger, Zschr. V, 115; Levy, Gesch. d. jüd. Münzen, 145 f.; D. M. G. XIV, 615—618; Löw, Beiträge II, 53 f, Bleek Einleit. 734 f.

[3]) Aus Neh. 8, 8 wollten Einzelne mit Unrecht schliessen, das babylonische Exil habe die hebräische Sprache vollständig aus dem Volksleben verdrängt. Ein Volk gibt nur dann seine Sprache auf, wenn die Assimilationskraft eines anderen Volkstums so gewaltig ist, dass es in diesem gänzlich aufgeht. Dass dieses hier nicht der Fall war, dass vielmehr das jüd. Volk aus Babel gekräftigter heimkehrte, erweist sich mit Bestimmtheit aus der Geschichte der folgenden Zeit. Uebrigens beweist Neh. 13, 24 deutlich, wie sorgfältig über die Erhaltung der Sprache gewacht wurde.

schleichen sich still ein und verbinden sich mit fremden Volksindividualitäten, ohne dass diese es bemerkte. Mit dem Exile war es für das Volksleben Winter geworden, trübe und düster, Winter aber auch, der neue Säfte für den anbrechenden Frühling bereitete. Mit Recht dürfen wir gerade für diese Zeit eine frische Regsamkeit im Geistesleben voraussetzen; denn einerseits mahnte die Zerstreuung der Volksglieder an die Sammlung des National-schatzes, der des Volkes einziges Eigentum geblieben, da die Feinde ihm alles raubten, an die Sammlung der Literatur-schätze, die die Zeiten vergangenen Glückes aufgehäuft; andererseits aber schufen Not und Leiden, die heisse Sehn-sucht nach besseren Tagen ein verjüngtes Leben im Denken und Dichten der Volksseele. Bedeutsam wie der Tag des Auszuges aus Egypten für das Volkstum in politischer Beziehung gewesen, wurde das babylonische Exil als Scheide-grenze zweier grossartiger Epochen, des Prophetismus und Soferismus, durch seine Rückwirkung auf die nationale Geistesarbeit, deren unverwüstliches Denkmal in der Literatur sich erhebt. Der Volksgeist raffte, obgleich oder weil durch das Exil eingeengt, alle seine Kraft zusammen, um sich in seiner wahren Grösse, die auch Fessel nicht zu beugen ver-mögen, zu zeigen — eine Erscheinung, die wir übrigens auf einem Gange durch die Geschichte auch bei anderen Völkern wiederfinden. Der griechische Genius schuf gleichsam als Schlusspunkt seiner grossen volkstümlichen Bewegung und Entwicklung seinen unsterblichen Homer, die lateinische Kultur ihren anmutigen Virgil, der germanische Geist sein Nibelungenlied; der monotheistische Gedanke Israels aber schuf — seinen Hiob, die grosse Theodicee seines Glaubens und Denkens, das Buch, das Israels Begleiter gewesen in düsteren Zeiten, sein Lied in finsteren Nächten leiderfüllten Erdenwallens.

Die politische Lage der Exulanten war anfangs eine recht trübe. Aufgescheucht vom heimatlichen Boden, der ihr einziges Gut gewesen, bar jeder Kenntnis von irgend einer Kunstfertigkeit, die ihr Geschick in der Fremde zu erleichtern im Stande gewesen wäre, irrten viele, verzehrt von Hunger und Durst (Ps. 107, 4), preisgegeben der unwürdigsten Behandlung (Jes. 43, 28; 47, 6; 51, 13; 52, 17; Jer. 50, 7; Ps. 79, 4; 123, 3, 4; 129; 137, 1—3; vgl. Hiob 24, 1) ohne schützendes Dach umher, während andere im dunklen Gemäuer finsterer Kerker traurige Tage

fristeten (Jes. 41, 17; 42, 22; 50, 6, 7; Ps. 107, 14). Besser
erging es den Schwächlingen unter ihnen, die zu ohnmächtig,
dem Drucke zu trotzen, sich dem Heidentume in die Arme
warfen, zumal in dessen Siegen und Erfolgen für sie die
Aufforderung lag, sich den Altären seiner Götterwelt zu
nähern, die sich seit dem Falle Jerusalems mächtiger denn
der Gott Israels erwiesen; eine Anschauung, wie sie auch
die Exulanten in Egypten verrieten, welche die Propheten
als Grund alles Elendes hinstellten, das über sie gekommen
war, seitdem aufgehört wurde, der Himmelskönigin, gegen deren
Verehrung die Propheten eiferten, zu räuchern und Giessopfer
darzubringen. Jer. 44, 15. In dieser trübseligen Verwirrung per-
sönlicher und volkstümlicher Verhältnisse erwachte in den
Bessergesinnten mit doppelter Stärke die Anhänglichkeit an das
verlorene Vaterland und die heisse Sehnsucht nach den Fluren,
wo unter dem Feigenbaume und dem Weinstocke des Friedens
glückliche Lieder einst erklangen. Wilder Schmerz und nagende
Reue zerwühlten die Herzen und dazwischen fuhren gleich zwei-
schneidigen Schwertern in krankes Fleisch die wilden Ausbrüche
roher Sinnlichkeit übermütiger Heiden und der laute Spott feiger
Abtrünniger. In solchen Zeiten öffentlichen Unglücks, wenn
Frevler schamlos und ungestraft ihr freches Wesen treiben,
die Frommen aber zagen und zittern, demnach das Gleich-
gewicht zwischen persönlichem Verhalten und göttlicher
Gerechtigkeit aufgehoben zu sein scheint, erwacht auch in
frommen Seelen der Zweifel. In Babel litten Menschen-
herzen und die Frage über das Verhältnis des Uebels zum
sittlichen Wandel war daselbst ein oft behandeltes Thema
geworden. (Ez. 18, 25, 29; 37, 17): „Die Väter assen Her-
linge" — so äusserte sich der bereits zum Spotte geneigte
Zweifel in einem, wie es scheint, häufig gebrauchten Sprich-
worte — „und die Zähne der Kinder werden stumpf" (Jer.
31, 28; Ez. 18, 2). Die Kinder klagten die Väter an, die
gesündigt, aber nicht mehr sind, deren Strafe nun die Un-
schuldigen ereile (Klgl. 5, 7). Verzweiflung zitterte in den
Gemütern und selbst durch die hellen Stimmen jenes vom
Drucke am wenigsten gebeugten Propheten hallt trotz
Hoffnung und Begeisterung nicht selten banger Zweifel schrill
durch, der Zweifel, ob Gott wol seines Volkes noch gedenke
(Jes. 40, 27; 49, 4, 14, 15; 50, 6; 53, 2 f; 65, 15 f. vgl. Ez.
33, 10; 37, 11; Jes. 38, 14; 60, 3—5, 12; 74, 1; 118, 12).

Diesem allgemeinen Conflicte nun, in dem sich Religion
und Leben, die Organe des Volkes und das Volk selbst

befanden, verdanken wir die Entstehung des merkwürdigsten
Produktes des jüdischen Geistes, das Buch Hiob mit seinem Versuche, das undurchdringliche Rätsel speculativ zu durchdringen,
das Problem vom Menschenschicksal und göttlichen Walten zu
lösen — eine tiefsinnige Dichtung voll epischen Charakters mit
den glänzendsten Schilderungen aus dem Leben der Natur und
den tiefsten psychologischen Blicken in die Gedanken der Zeit.[1])
Ijjob der Angefeindete,[2]) ist ein Gerechter im Lande
Uz, der, obgleich seine Freunde, die ihn im Unglücke auf-
suchen um ihn zu trösten, an ihm Unrecht finden, keineswegs so schweres Leid, wie ihn getroffen, verdient.

Wie in dem Buche Rut mit den Namen zugleich auch
der Charakter und das Schicksal der Personen angedeutet
wird (vgl. Geiger, Urschrift, S. 50), so ist es auch hier mit
dem Namen Ijjob der Fall — nicht der Name, sondern der
Gedanke beherrscht die Geschichte,[3]) zumal in der theokratischen Geschichtschreibung der Einzelne nur insofern in

[1]) Vgl. Schlottmann, d. B. Hiob S. 42; Alex. v. Humboldt, Kosmos
II, Cassel, Gesch. d. jüd. Literat. I, 299 f.

[2]) Ewald's Erklärung des Namens »der sich wieder zu Gott Wendende«
ist abgesehen von sprachlichen Gründen schon deswegen unrichtig, weil
Hiob eigentlich nie von Gott abgefallen war, vgl. 42, 7.

[3]) Vgl. B. batra 15 a, wo es heisst: »Hiob hat nie existirt, sondern
ist eine dichterische Figur«, vgl. auch Gen. r. 57; Sota 11 a; Jer. Sota 20, 3; B.
batra 15 a; Gen. r. c. 9; 26; 27; 50; 57; 70; 80; Ex. r. c. 1; 11; 21; Num.
r. c. 14; 17; 22 Jalk. Anf. Job; wo in einzelnen Stellen das Exil als Zeitalter
Hiob's angenommen wird; vgl. More Neb. III. 22; Junilius, de partib. leg.
div. 1, auch Luther's Bemerkung, »dass alles so sollte geschehen und gehandelt
sein, glaube ich nicht.« Allerdings redet Ez. 14, 14 von Hiob neben Noa
und Daniel, die er als Musterbilder gerechter Männer hinstellt; allein aus
dieser Stelle folgt durchaus nichts für die Existenz Hiob's, zudem muss
jedenfalls das Leben Hiob's von der Abfassung des Buches dieses Namens
gesondert werden. Abgesehen von der aramaisirenden Sprachweise, die
das ganze Buch beherrscht und sonstigen Merkmalen von Einflüssen des
Exils, weist die ganze Situation auf diese Zeit hin. Hiob wohnte im Lande
Uz, 1, 1, eine Landschaft in Idumäa, das namentlich gelegentlich der
Eroberung Jerusalems durch Babel eine feindselige Stellung gegen Juda
einnahm (Klagel. 4, 21 und Obadja), also in einem Israel feindlichen Lande;
1, 13, 15 berichtet die festliche Stimmung im Hause Hiob's, die durch
die Nachricht unterbrochen wird, Sabäer — Sept. die Gefangennehmenden
— wären über sein Gut hergefallen und hätten seine Jünglinge getödtet —
es sind die räuberischen Nachbarstämme gemeint, Esau ist's, der stets auf

Betracht kommt, als er ein Glied des Volkes ist. In dem individuellen Leid ist hier ein Universalleid, in Hiob wird Israel in seiner Leidenszeit im Exil dargestellt. In den mannigfachsten Tonarten wird die Frage, die die Herzen schwer drückt, aufgeworfen. Hiob steht im Mittelpunkte des Dialogs und repräsentirt die rein menschliche Ansicht über die göttliche Weltregierung; seine Freunde') hingegen erscheinen als Organe theoretischer Speculation.

der Lauer stand, um Israel zu tödten (Obadja 1, 10; 2 Chr. 28, 17; vgl. damit Jes. 63, 1). Bald darauf berichtet ein anderer Bote, die Kasdim seien über seine Habe hergefallen und haben seine Jünglinge mit der Schärfe des Schwertes geschlagen. — Die Kasdim sind die Babylonier, die Israels Glück in den Staub traten. Nach 1, 19 zu schliessen, hat Hiob keine Kinder mehr; 19, 7 aber werden seine leiblichen Söhne erwähnt. Ijjob ist das Volk, das trotz aller Stürme und Leiden nicht zu Grunde geht. Uebrigens wird Hiob 42, 10 ausdrücklich ein Gefangener genannt, vgl. 12, 18 u. 19 mit Jes. 44, 28. Hiob 7, 6; 30, 9, wo von dem Spotte der Völker gesprochen wird, gibt mit Bezug auf den Mann aus Uz keinen Sinn, und erst auf das Volk bezogen, wird der Ausdruck verständlich. Zum Verhältnis unseres B. zu Jer. u. Klagel. vgl. Jer. 17, 1 mit Hiob 19, 24; Jer. 20, 14—18 mit Hiob 3, 3—10; 10, 18; Jer. 20, 7, 9 mit Hiob 12, 4; 19, 7; Jer. 44, 19 mit Hiob 9, 19; Klagel. 2, 15; Hiob 12, 4; 17, 6; 30, 1; Klagel. 2, 16 mit Hiob 16, 9, 10; 27; 23; Klagel. 3, 7—9 mit Hiob 19, 7, 8; Klagel. 3, 14 mit Hiob 30, 9; Klagel. 3, 15 mit Hiob 9, 18.

') Eliphas c. 4 u. 5; 15 u. 27, ein Idumäer aus Taiman, das wegen seiner Weisen berühmt war, Jer. 49, 7, Ob. 1, 9; Bar. 3, 22, 23 tritt besonders hervor. Bildad, c. 8, 18 u. 25 aus Schuach, ein arab. Stammgebiet, vgl. Gen. 25, 23; Jer. 49, 8; Zophar c. 11 u. 20 aus Naama — Sept. Minaios, aus Maon — wahrscheinlich ebenfalls ein arab. Landstrich und kaum mit Naama, einer Stadt in Juda Jos. 15, 14 zu identificiren, da alle in dem Buche genannten Gebiete ausserhalb Kanaan liegen. Hiob lebt in einem heidnischen Lande, ist aber ein Jahveverehrer. Weniger ist dieses aus den Reden seiner Freunde zu erkennen, die eher gläubigen, aber schlechten Philosophen gleichen. In ihren Reden werden die Gottesnamen El, Eloa und Schaddai promiscue gebraucht, während im Prolog und Epilog, in den Reden Gottes an Hiob und umgekehrt, 38, 1; 40, 1; 3, 6; 42, 1, 8, 12 und in den mittleren Reden Hiob's 12, 9, wahrscheinlich ursprünglich auch 28, 28 Jahve gebraucht wird. Möglicherweise wollte der Dichter neben seinem Hauptmotiv auch dem Gedanken Ausdruck verleihen, dass die Heiden, selbst die Weisesten derselben, Israel's Wesen und Geschick nicht zu begreifen vermögen; wahre Beruhigung in allen Lagen quillt nur aus dem Glauben an Jahve und seine Offenbarung.

Hiob spricht manchmal verbittert, zeigt aber Klarheit betreff dessen, was er beklagt und was er will; die Reden seiner Freunde hingegen erweisen sich als ungründlich; sie sind mehr sophistisch abschweifend, als tief auf die Klagen und Einwürfe des Schwergeprüften eingehend, dessen Unglück einzig und allein in ihm selbst seinen Grund hat, da nach ihrer Anschauung alle Leiden nur natürliche Folge der Schuld sind. Auch diesen Anklagen gegenüber behält Hiob Selbstbewusstsein und nachdem es seinen Freunden nicht gelingt, ihm sein Unrecht zu beweisen, noch ihm Trost zu verschaffen (vgl. 6, 22 ff.; 13, 1 ff.; 16, 2 f.; bes. V. 4; 19, 2 f., bes. V. 5; 21, 2 u. ö.), er aber bereits des Hörens und Widerlegens müde ist, erwacht in ihm das Bewusstsein geistiger Ueberlegenheit; er entwirft eine herrliche Schilderung seiner früheren Lage (C. 29) und als Gegenstück, um die Berechtigung manchen herben Wortes, das aus seinem Munde gekommen sein mochte, zu erweisen, eine ergreifende Darstellung seines jetzigen Zustandes (C. 30) und endlich (Cap. 31) das herrliche Glaubensbekenntnis wahren Israelitentums. Aber noch ist das Rätsel nicht gelöst. Nun tritt Elihu[1]) (Cap. 32—37) ein jüngerer Freund, stürmisch und übersprudelnd als Sachwalter der göttlichen Vorsehung auf. Leiden sind nach seiner Ansicht ein Erziehungsmittel der göttlichen Gnade, eine Art Offenbarung, durch die der Mensch Gott nahe gebracht werden soll. Die Wege Gottes sind geheimnisvoll in dem Leben des Individuums, wie in dem wunderbar herrlichen der Natur; Torheit ist es daher, wenn der Mensch die unergründlichen Pfade des Weltenmeisters zu ergründen sucht, törichter aber noch ist es, ihn meistern, oder gar gegen ihn murren wollen. Plötzlich erhebt sich ein Sturm und Gott offenbart sich (Cap. 38 ff.) Hiob unterwirft sich willig und still seinem Ratschlusse und als sollte die Anschauung Elihus in ihrer Wahrheit bezeugt werden, wird uns zum Schlusse gemeldet, der fromme Dulder habe schliesslich das verlorene Glück in erhöhtem Masse zurück-

---

1) Ob die Reden Elihu's von dem eigentlichen Verfasser des Buches herrühren, ist eine schwere bis jetzt nicht genügend beantwortete Frage der Bibelkritik. Nach der Anlage des Buches zu schliessen, dürfte sie aber entschieden bejaht werden — sie bilden gleichsam die epische Gerechtigkeit zu den Reden der andern Freunde, vgl. Smend in Stud. und Kritik. 1877, S. 155. Hingegen dürfte gegen die Echtheit des Prologs und Epilogs kaum eine Einwendung erhoben werden, weil ohne sie das ganze Buch unverständlich bliebe; vgl. Philippson's Bibelwerk, Einleitung zu dem Buche.

erhalten (Cap. 42) — der Epilog kehrt zum Prolog zurück
und zeigt Gott in seiner Gerechtigkeit und Liebe. — Ernste
Mahnung und lindernder Trost sollte den Exulanten aus dem
Buche entgegenklingen. Hiob leidet, er glaubt sich unschuldig
und doch, er schweigt und gibt sich nicht ganz dem Schmerze
hin (42, 3); also soll auch Israel harren und schweigen und
— glauben. Leiden sind nicht immer blos Strafen für
begangene Sünden, sondern auch geistige Läuterungsmittel;
demnach kann auch der Gerechte leiden. Hat er Sünden,
so schwinden sie, hat er keine, dann gilt es der Weisheit
Gottes, die Zukunft schöner und erhabener zu gestalten.
Hier leuchtet bereits durch den im Entstehen begriffenen
Skepticismus der grosse Heilsgedanke der Zukunft auf, derselbe
Gedanke, der im עבד ה' Jes. 40—66 zum Ausdrucke gelangt.
Der „Knecht Jahve's" ist namentlich der Prophet[1]) 40, 25 u.
26; 44, 1, geht aber auch über den Propheten hinaus, die
Gesammtheit des Volkes[2]) umfassend 49, 3 u. 4; 50, 10.
Der Knecht Jahve's schliesst alle in sich, welche den Bund
Gottes trotz der Leiden erhalten, gleich Hiob, der an mehreren
Stellen auch so genannt wird, vgl. Hiob 1, 8; 2, 3 u. ö., alle
die eine Sendung von Gott erhalten haben und sie zu vollführen anstreben. Aber nicht das empirische Israel, nicht das
Volk der Erscheinung ist der Knecht Gottes, sondern das Israel
der Idee, des Berufes, dessenwillen es leidet 44, 21; 53, um
als geläutertes Schuldopfer Rettungsmittel der Gesammtheit
zu werden 53, 10. Israel ist Ijjob, der „Knecht Gottes",
der zwar nicht ganz dem Willen Gottes entspricht (42), also
auch ob eigener Schuld leidet, dessen aber tatsächlich eine
frohe Zukunft wartet: Leid und Geschrei wird aufhören und
nach aller Erniedrigung soll ihm dauernde Freude, wahres
Glück werden, vgl. Hiob 42, 12; Jes. 42, 19, 25; 43, 10—21 u. ö.
Dieser Heilsgedanke schuf Elasticität im Drucke und
das Volk, einmal seiner Sendung sich klar geworden, fand

---

[1]) Zutreffend dürfte die Beziehung von c. 53, das die christologische
Anschauung auf Jesus bezog, auf Jeremia sein — die einzelnen Episoden
aus dessen Leben, verglichen mit dem Cap., dürften die Berechtigung dieser
Annahme erweisen. Vgl. Jer. 11, 19; 38, 14, 15 mit Jes. 53, 7; Jer. 12, 6
mit Jes. 53, 3; Jer. 20, 7 mit Jes. 53, 18. Jeremia galt später bei dem
Volke als der Prophet schlechthin, der neben dem Gottesthrone sitzt und
für das Volk bittet, 2. Macc. 15, 13.

[2]) Vgl. Sept. zu Jes. 42; A. Esra, Raschi, Kimchi, Abarb. zu Jes. 53;
Orig. c. Celsum lib. I., p. 42 ed. Spencer.

bald Selbstbewusstsein in der Erkenntniss geistiger Uebermacht gegenüber seinen Bedrückern. Stolz aber hat selbst in Sclavenketten etwas Imponirendes und so ward in den Siegern unwillkürlich Interesse für die Besiegten geweckt. In der Tat besserte sich auch späterhin die sociale Lage der Exulanten; sie wandten sich wieder dem Ackerbau zu und gegen das Ende des Exils erfreuten sich einzelne unter ihnen bereits eines ziemlichen Wolstandes (Jes. 58, 3—6, Esra 2, 46), so dass nicht Wenige leicht verlernten, sehnsüchtig den Blick nach Palästina zu wenden[1]).

Anders aber lebte Jerusalem im Herzen der treuen Gottesverehrer, in deren Mitte ein frisches Geistesleben herrschte. Namentlich war es ein Prophet — sein Name ist nicht bekannt; gewöhnlich wird er, weil seine Schrift dem älteren Jesaja angehängt ist, (Jes. 40—66) der babylonische oder kurz der 2., auch Deutero-Jesaja[2]) genannt — vielleicht ein Prophetenkreis, der den Prophetismus wieder, wie in den schönsten Zeiten des Reichslebens, zu einer bedeutenden Macht innerhalb des Volkslebens erhob. Mit festem Griffel und den lebendigsten Farben wird das Jerusalem der Zukunft in seiner grossen Ausdehnung und seiner wunderbaren Herrlichkeit gezeichnet. Ein stralendes Licht geht auf in Israel und dringt hin nach allen Erdenenden 60, 1 f, Israel ist das Volk der Gerechten — Israel und Gott werden Eins. Das Volk stirbt nicht; in ihm wurzelt die Vollendung der Menschheit — Israel und die Menschheit werden Eins (Jes. 44, 3; 49, 15; 54, 13; 56, 16; 19; 60, 3—10, 12; 61, 5, 6, u. ö.).

---

[1]) Nach Hitzig beabsichtigten sogar Einzelne, in Babel einen Tempel zu erbauen, wogegen der Prophet mit Jes. 66 geeifert haben soll.

[2]) Als zweifellos gilt es der vorurteilslosen Kritik, dass diese Capitel aus der Zeit des Exiles, (kurz vor Cyrus Auftreten, dessen Name auch genannt wird, vgl. Jes. 45, 1 mit 41, 27, 25; 44, 25, 45; 46, 11, 13,) stammen. Ob die Rabbinen dieses ahnten, da sie B. batra 14 b, wo die Reihenfolge der Bücher der h. Schriften angegeben wird, Jesaja nach Jeremia und Ezechiel setzen? Fraglich ist es, ob die Cap. von einem Verfasser oder von mehreren herrühren. Am einfachsten ist die Annahme eines Verfassers, der die verschiedensten Episoden der letzten Zeit des Exils behandelt. Nach Ewald (Gesch. IV, S. 56 a.) lebte der Verfasser in Egypten; allein die Art, wie der Prophet an den Leiden des Volkes teilnimmt, Cyrus als Gottgesalbten feiert, Babel und das Ende des Exiles vor Augen hat, widerlegt vollständig diese Annahme. Zur Frage über nichtjesajanische Bestandteile in d. B. vgl. Lev. r. 6; Jalk. Jes. 8.

Eine wunderbare Geistesfrische kündet dieses Gemälde der Zukunft, unübertroffen von allen Zeiten und Geschlechtern und um so merkwürdiger, als die damalige Gegenwart das trübsteDunkel über den Horizont des Volkes ausbreitete. Allein dieses grossartige Ahnen des prophetischen Geistes war die Frucht des Lebens, das Resultat innerer und äusserer Erfahrung. Nur wer dieSchmach der Zeit selbst mitgetragen, konnte die Zukunft so herrlich denken; nur wer den Beruf des Volkes so tief erfasst, so lebendig gefühlt und gelebt hat, konnte der Erlösung eine solch' grosse völkergeschichtliche Bedeutung beilegen. Dem Propheten war es Gewissheit, dass aus den Trümmern neues Leben, schöneres Sein sich emporringen müsse; der Gott, der seinem Knechte Hiob nach den Leiden der Zeit zu erhöhtem Glanze geholfen, er wird auch seinem Knechte Israel zu neuem Erwachen verhelfen, „die Erlösten Jahve's werden wieder zurückkehren und nach Zion kommen mit Jubel, ewige Freude schwebt dann über ihrem Haupte, Freude und Wonne treffen ein" (51, 10).

So schlummerte still im tiefdurchfurchten Boden des schwergeprüften Volkslebens der mit Tränen getränkte Keim belebender Hoffnung, des freundlichen Sonnenstrales harrend, der ihn an die Oberfläche fördern sollte.

Die Idee des „Knechtes Jahve's" war nun als neuer Heilsgedanke in das Volksleben gedrungen. An diese Idee knüpfte sich die Hoffnung auf Befreiung aus den Fesseln des fremden Bodens; diese Hoffnung nahm aber in dem tiefen Gedankenleben des Prophetismus einen universellen Charakter an und erweiterte sich zur Hoffnung auf allgemeine Lichterfüllung auf dem ganzen Erdenrund. Der Gedanke als solcher vermag sich zwar von Raum und Zeit vollständig loszulösen; allein er erfordert, wenn er tatsächlich realisirt werden soll, in erster Reihe einen Träger materieller Kraft, der ihm zum Durchbruche verhilft, sodann eine bestimmte Zeit, in der er als sich vollziehende Tatsache in's Leben tritt. Die Sehnsucht nun nach der die Erlösung herbeiführenden Kraft und Zeit weckte stärker die bereits früher im Volke wurzelnde Messiasidee, sowie die Vorstellung von dem ה' יום.

Schon in der Familiengeschichte des dritten Patriarchen tritt Juda durch Kraft und Energie unter seinen Brüdern hervor und wie der Ahne, so verstand es der Stamm in der Zeit des zersplitterten Stammlebens die Führerrolle an sich zu bringen. Seinen besten und bedeutendsten Vertreter aber hatte der Stamm in David gefunden, der durch seine kräftige

Regierung den Stämmen nach Innen zur Volkseinheit, nach Aussen zu einer achtunggebietenden Stellung im Völkerleben verholfen hatte; er war der Einzige, der eine grosse und mächtige Dynastie begründete, mit welcher die Erinnerung an die schönsten Zeiten des Staates verknüpft war und auch die Theokratie hatte allen Grund mit ihm zufrieden zu sein, namentlich da Jerusalem ihm und seinem Sohne die Stellung, die es im Leben des Volkes einnahm, verdankte. So wurde die Gestalt David's der Mittelpunkt aller Zukunftsgedanken des Prophetismus, der reale Boden, auf dem sich der Aufbau seiner idealen Gedankenwelt erhob. Schon Jesaja schwebte das Bild Hiskia's als des künftigen Messias vor (9, 5, 6), Jeremia kündete zu wiederholten Malen von David's gerechtem Sprosse, der Recht üben und alles Heil herbeiführen soll (23, 5, 6; 30, 1—11; 33, 14, 16, besond. 17) und auch Ezechiel hoffte, dass der Hirt und Gesalbte kommen werde, mit dem der ersehnte Friede wieder eintreten und alles Unglück schwinden soll (34, 23—30). Je trüber nun die Zeiten waren, je düsterer sich der Abend über das Volksleben ausbreitete und je weniger die Gegenwart dem Zukunftsideale entsprach: desto kräftiger lebte der Gedanke an dem hellen Morgen auf, der, von dem Erlöser herbeigeführt, neuen Glanz über Israel's Fluren ausgiessen soll.

Und mit dieser Hoffnung ging die Vorstellung von dem „Tage Jahve's", an dem er erscheint, um zu richten die Erde, Hand in Hand. Israel seufzt, aber nicht ewig zürnt Gott; der leidende Knecht soll einst der siegende werden, dann können aber die Bedrücker unmöglich dem Strafgerichte entgehen. Die Erfahrung hat es gelehrt und die Geschichte mit Consequenz zur Gewissheit erhoben, dass Uebermut und Unrecht der Züchtigung nicht entrannen; sollte Babel allein ungestraft bleiben? Nein, es kommt der „Tag Jahve's" als Offenbarung der Macht und Gerechtigkeit Gottes auch für Babel und gestraft werden am Tage des Zornes und des Schreckens die Sünder der Erde (in Babel und Israel geht jetzt nach der Anschauung der Propheten die ganze Welt auf) Jes. 13, 6, 9 u. ö., „und je nachdem vergilt er Zorn seinen Feinden, ihr Tun seinen Hassern, er vergilt den Ländern ihr Tun" Jes. 59, 18. Und die Tatsachen, die sich auf den Kriegsschauplätzen Asiens vollzogen, waren recht geeignet, diesen Vorstellungen Leben zu verleihen: der Erlöser rückte heran, der „Tag Jahve's" war nahe!

Etwa dreissig Jahre waren seit der Exilirung des Volkes verflossen, als Cyrus (Kurus, Koresh,) nachdem er den zerrütteten, im Bersten begriffenen Thron Mediens durch persische Kraft aufgerichtet hatte, an der Spitze eines mutigen, zumeist an die nomadisirende Lebensweise, daher an Ausdauer und Entbehrung gewohnten Heeres (vgl. Strabo Her. 7, 61 f., 11 p. 525, Cyrop. 2, 1, 7; Jerem. 50, 42), wie ein wilder Giessbach, Felsgerölle und stämmiges Geäste mit sich reissend, über Asien sich ergoss. Der Stern des Ostens war aufgegangen und Fürsten erbleichten. „Dem Staube gleich wird ihr Schwert, dem verfliegenden Spreu gleich ihr Bogen, er verfolgt sie und zieht sicher einen Pfad, den seine Füsse nie betreten". (Jes. 41, 4.) Krösus, Lydiens König, mit seinen tüchtigen, mannhaften Schaaren, denen sich das vereinigte Bundesheer der Tracier, Cyprier, Araber, Phönizier, Griechen und Kleinasiaten angeschlossen hatte (Cyrop. 6, 2, 10 f., vgl. Her. 1, 28, 69; 70, 77), wurde geschlagen; die reiche, mit Babylon im Glanze rivalisirende Hauptstadt Sardes fiel in die Hände der rauhen Meder (Her. 1, 84; Plato epp. 4 p. 320 ff. vgl. Xenophon, Cyri inst. VII., 2, 1; 1, 2, 1; Ktesias, Pers. c. 4.) Furcht zog vor Cyrus Schaaren einher. Die Bedächtigen in Babel, noch nicht benagt vom Wurm sittlichen Verfalles, scharten sich zusammen, besprachen den Ernst der Lage, sich gegenseitig ermutigend: „Einer hilft dem Andern und zu dem Nächsten spricht er: Sei stark!" und wie überall und allzeit trieb auch hier die Not zu den Göttern: „der Schmied ermutigt den Schmelzer, der Hammerglätter den Ambosschläger, meint von der Lösung, sie sei gut und heftet mit Nägeln, dass es nicht wanke". Nur Israel allein bangt nicht, in seinen Hütten weilt das Licht Gottes; sein Beschützer ist Jahve, der alle Ereignisse der Zeit in seinen Dienst stellt und zur Befreiung seines Volkes veranstaltet (Jes. 41, 5 ff.) Namentlich war das Heranrücken der Perser geeignet, diese Hoffnung, je mehr Babel fürchtete, zur festen Zuversicht im Herzen des Volkes zu gestalten, zumal alle Propheten nur von einer vorübergehenden Exilirung geweissagt hatten (vgl. Jer. 25, 11, 12; 31, 35—40; 33, 17—26, Ez. 20, 40; 34, 26 u. ö.); denn die Berichte über die ernste, strenge Religion der Eroberer, die jede bildliche Darstellung des Gottesgedankens gleich dem Jahvetum verwarf, mochte wenigstens den Schein gewisser Aehnlichkeit beider Religionen wecken; auch hatte der Volksmund seinen Liebling, für den so gewaltig der Erfolg sprach, mit besonderem Wolgefallen ausgeschmükt — Cyrus galt bald als König der Gerechtigkeit und Milde schlechthin (Her. 3, 89). Was Wunder, wenn das gedrückte Volk in ihm seinen Erlöser und Rächer glaubte, den Gott berufen, um das gesunkene Recht aufzurichten!

Die religiöse Idee entbehrte jeder Fessel und dogmatischer Fixirung; solche Zeiten kennzeichnet jugendliche Empfänglichkeit für mannigfache Einwirkungen. Das Volk harrte der Erfüllung der Messiasidee, deren Träger allerdings ein Sohn David's sein sollte; allein die Zeit war zu arm an Helden. „Gott sah sich allenthalben nach einem Manne der Tat um, fand aber keinen." (Jes. 63, 3 f. 50, 2; 59, 16—20; 23, 1—6, besond. V. 5); soll nun die Hoffnung des Volkes zu Schanden werden? Nein, es komme nur das Heil, wenn auch von keinem Sohne David's herbeigeführt, die Vollführung des Gedankens ist die Hauptsache, die Personenfrage tritt in den Hintergrund; sind doch alle Völker und Individuen Werkzeuge in der Hand Gottes! Die Zeit ist arm an Kräften inmitten Israel's, aber Gott ist nicht arm an Mitteln und ist es nicht ein Sohn David's, der die Botschaft vollführt, so wird Cyrus der Hirt, der alles göttliche Verlangen erfüllt, der Gesalbte, (משיח) den der Herr bei der Rechten gefasst, den er in Gerechtigkeit erwählte, um Völker vor ihm niederzuwerfen und Könige zu entgürten, er wird die Trümmer Jerusalems aufrichten und die Vertriebenen zur Freiheit führen (Jes. 41, 2, 3, 25; 44, 28; 45, 1, 4, 13; 46, 10, 13; 48, 14). Eine bedeutsame Entwicklung einer der bedeutsamsten Ideen des Judentums, bedeutsam für alle Zeiten! Schwindet auch der Träger aus dem Bewusstsein, der Glaube an die Person des Messias, der Messianismus aber, die messianische Idee lebt fort und wird ein Fels in den brandenden Wogen der Zeiten.

Je näher nun der Sturm kam, desto lebendiger ward die Hoffnung des „zertretenen und zerdroschenen Volkes"; seine Wächter stehen tags und nachts auf der Warte, um zu schauen, wann des Erlösers Schaaren heranrücken und Einer derselben sicht bereits „Reiter paarweise zu Ross, Reiter auf Eseln, Reiter zu Kameelen, die Mannen des medisch-persischen Heeres, die Silber nicht achten und Gold nicht schätzen" (Jes. 21, 1—10), und ein anderer wieder vernimmt „schallend Getös im Gebirg, gleich dem eines gewaltigen Heeres, ein Erbrausen der Reiche versammelter Völker — nahe ist der Tag des Herrn, als Gewalt vom Gewaltigen kommt er!" und darum befiehlt er: „auf kahlem Berge erhebet Panier, rufet ihnen (den herannahenden

Kriegern) mit lauter Stimme zu und schwenket die Hand, dass sie einziehen in die Tore der Zwingherren[1]) (Jes. 13). Allein nicht so nahe, wie das Volk es wähnte, war der Tag des Herrn; der Erlöser liess lange auf sich warten und Zweifelsucht und Kleinmut schlichen in die Herzen und regten die bange Frage an: „ob es wol überhaupt möglich sei, dem Gewaltigen die Beute zu entreissen" (Jes. 49, 24)? und die Propheten ermüdeten nicht, die Zweifel zu bannen und die Sänger hörten nicht auf im heiligen Liede zu künden, was Gott verheisse, „dass er Frieden sichere seinem Volke und seinen Frommen, dass sein Heil nahe und Ehre wieder wohnen werde in der Heimat". (Ps. 85, 9 ff.) Cyrus hatte allerdings ursprünglich geplant, bald nach der Niederwerfung Lydiens gegen Babel, das mit jenem verbündet gewesen, zu ziehen; allein die Bestrafung der nordwestlichen Vasallenländer, die in seiner Abwesenheit das persische Joch abzuschütteln versuchten, hinderte ihn in der Ausführung seines Planes, — Babel erhielt eine Fristverlängerung für seinen Bestand. Kaum aber hatte er Baktrien und Sogdiana, den ganzen Ländercomplex bis zum oberen Indus in seiner Gewalt, richtete er seine Heeressäulen gegen Babylon. Hier waren auf Nebukadnezar, dem eigentlichen Begründer der babylonischen Macht, die Könige, zumeist Schwächlinge, rasch auf einander gefolgt, und im Uebermute und Genusse hatten sie das verprasst, was jener durch Umsicht und Kraft errungen. Seit 555 sass der letzte, Nabonetos (Nabunahid, nach Herodot fälschlich Labynetos), auf dem morsch gewordenen Throne, den er dadurch zu stützen glaubte, dass er die Mauer, mit deren Aufbau Nebukadnezar begonnen, welche die Stadt im Westen und Osten des Eufrat gegen den Strom hin schützen sollte, vollenden liess. Im Jahre 539 nahm Cyrus den Kampf gegen Babel auf, Nabonid wurde geschlagen und mit den Trümmern seines Heeres, von der Hauptstadt abgeschnitten,

---

1) Dass Jes. 13 und 14, 1—23, sowie 21 nicht vor dem ersten Jesaja, sondern von einem späteren, im Exile lebenden Propheten herrührt, darf als feststehend angenommen werden; Jesaja I. hat es mit der assyrischen Weltmacht zu tun, während genannte Capp. Babel und die Exulanten im Auge haben. Auch die Sprache, die der Gemütsstimmung des Exils Ausdruck verleiht und stellenweise an Jeremia 50 und 51 erinnert, unterscheidet sich vielfach von der Jesaja's. Der Zeit nach fällt die Abfassung von c. 21 wol früher als die von 13. Vgl. Gesenius und Knobel z. d. St.; s. auch Bleek, Einleitung S. 460 ff.

in Borsippa eingeschlossen (vgl. Jes. 43, 17 ; Jer. 51, 31 ; Her.
1, 190). Indessen übernahm dessen erstgeborner Sohn Belsazar[1]) (Bilsar-Ussur vgl. Oppert, Exp. c. 1, 162, 163, Schrader,
Keilinschr. 202) den Oberbefehl über Babel, dessen Belagerung
Cyrus nun begann. Die leichtsinnigen Bewohner der Stadt
lachten ob der Perser Beginnen (Cyrop. 7, 5, 13, 14 ; Her. 1, 190)
und tatsächlich war es kühn und schwer; denn die Mauern
der Stadt waren hoch, so hoch, dass die Pfeile der Belagerer
kaum die Zinnen erreichen konnten und ebensowenig war
an eine Aushungerung Babel's zu denken, da die Stadt, abgesehen davon, dass sie reichlich — nach Xenophon auf
20 Jahre — mit Nahrungsmitteln versehen war, mit ihren
gewaltigen Mauern weite Ackergründe und Wiesenflächen
umschloss, welche als Weideplätze für das Schlachtvieh dienen
sollten. Allein auch die hohen Mauern vermochten nicht den
Mut Cyrus zu brechen. Was seine Macht nicht zu Stande
brachte, das vollführte sein Scharfsinn. Der Eufrat und Tigris
traten nämlich alljährlich, wie der Nil in Egypten, aus ihren
Ufern ; um die ausströmenden Fluten einzudämmen, war das
ganze Land von Kanälen und Seen ungeheuren Umfanges
durchschnitten (vgl. Heeren Ideen II. 655 ff.). Solche Wasser-
behälter fanden sich namentlich in und um Sepharwajim,

---

1) Besondere Schwierigkeit machte den Erklärern der Name Belsazar,
der im B. Daniel als der des letzten Königs von Babylon genannt wird.
Raschi hält B. für einen Sohn, A. Esra für den Enkel Nebukadnezar's. Jos.
arch. 10, 11, 2 identificirt ihn mit Nabonid und die meisten Erklärer folgten
dieser Annahme, durch die sie den Widerspruch, in dem sich Profan- und
Heiligengeschichte befanden, ausgleichen wollten. Vgl. Hengstenberg, Autentie des Daniel S. 48. Unsere Annahme, die die Keilinschriften bestätigen —
auf einem in Abu Schahrein (Niederchaldäa) gefundenen Cylinder wird
Nabonid's u. seines ältesten Sohnes u. Mitregenten Bilsar-ussur gedacht,
D. M. G. VIII, 598 — erledigt die Frage vollständig und ist somit indirekt
ein Beweis für die Historicität einzelner Angaben des Buches Daniel, wenngleich damit das für die moderne Kritik feststehende Resultat nicht erschüttert wird, dass das Buch — ein vaticinium ex eventu, mit dem der
Verfasser seine Zeitgenossen in dem Spiegelbilde einer trüben Vergangenheit Hoffnung auf einé bessere Zeit, in der die Tyrannen der verdienten
Strafe anheimfallen einflössen, zugleich aber auch ein mahnendes und
erhebendes Vorbild echter Glaubensstärke aufrollen wollte — seiner Abfassung
nach keinesfalls der Zeit des Exiles, sondern der weit späteren makkabäi-
schen angehört. Vgl. Bleek, Einleitung; Hitzig, Daniel und Grätz, Gesch.
II. B, 333 ff.

(Sipphara des Ptolem. V, 18). Diese Stadt nun zunächst ein-
zunehmen, den Eufrat in die sonst Sümpfen gleichenden
Kanäle zu leiten und hiedurch das Durchwaten des Stromes,
sodann den Sturm gegen die Stadt auf diesem Wege zu ermöglichen, war der Plan, der Cyrus beschäftigte und der
ihm auch vollständig gelang (Plin. h. 6, 30; Her. 1, 141;
Xenoph. Cyri inst. 7, 5, 15 ff. 26 ff. 29, 30).

An einem Feste, da dunkle Nacht über Babel ausgebreitet lag, seine Bewohner aber vom Taumel der Sinnlichkeit erfasst waren, „der Tisch gedeckt, die Decken ausgebreitet, sie essen und trinken" (Jes. 21, 5, vgl. Jalk. Jes. 420,
wo die Stelle ebenfalls auf Cyrus bezogen wird), stürmten die
rastlosen Schaaren der Perser in die leichtsinnige Stadt und
von Mund zu Mund ging die Schreckenskunde: Es fällt, es
fällt Babel! in Brand steckt man die Wohnungen, er-
brochen werden ihre Riegel (Jer. 50, 30), zerschmettert
sinken die Götzen zu Boden und Läufer um Läufer eilt,
Bote um Bote, Kunde zu bringen dem Könige von Babel,
dass seine Stadt erobert worden (der König weilte also zur
Zeit nicht in der Stadt), die Uebergänge sind eingenommen,
die Seen aufgezehrt vom Feuer (Beziehung auf das Ableiten
des Stromes) und erschrocken sind die Kriegsleute (Jer. 51,
31 f.)[1] Das stolze Babel war in der Feinde Hand, der

---

[1] Jeremia 50 und 51 sind Zusätze späterer Hand und stammen aus
der Zeit der Eroberung Babels. Ihren Schluss bildete wol ursprünglich 51,
58. Erwiesen wird die Annahme eines anderen Verfassers durch die topo-
graphischen Angaben 51, 27, 32; 50, 16 f.; auch kennt der Verfasser genau
Babels Götterwelt 50, 2, 38 und gehört nach 51, 10 zu den Exulanten,
Ebenso kündigt der lebhafte Ausdruck der Wünsche und Hoffnungen die
Aufregung in den Gemütern jener Zeit, vgl. 50, 14, 27, 26, 27, 29; 51.
11 ff., 27 ff. Es wird vielfach versucht, für die Capp. die Autorschaft Jeremias zu retten; allein bedenkt man, dass der Inhalt derselben in die Zeit
des Cyrus führt, Jeremia aber sein Prophetenamt bereits im 13. Regierungs-
jahre des Josia, um 627 antrat, diese Weissagungen also Jeremia in einem
Alter von 90 Jahren voraussetzen, so wird dessen Autorschaft kaum mehr
verteidigt werden, zumal seine Wirksamkeit ihn nie nach Babel führte.
Hingegen kann die Abhängigkeit der zwei Cap. von dem eigentlichen Buche
Jeremia nicht geleugnet werden, vgl. 50, 40 mit 49, 18, ferner 50, 41, 42
mit 6, 22, 23; 50, 44—46 mit 49, 19, 21 und 51, 15—19 mit 10, 12—16.
Jos. ant 10, 5, 1 spricht von zwei Büchern Ezechiel's; ob wir in Jer. 50 und
51 nicht Teile dieses zweiten Buches, von dem uns nichts bekannt ist, vor
uns haben?

glänzende Stern, der Morgenröte Kind, war gefallen, und
freier atmete Israel auf. Wie ein Wunder musste die in un-
gewöhnlicher Art erfolgte Einnahme der gewaltigen Stadt
auf die Exulanten wirken und je mehr die Tagesereignisse
besprochen wurden, desto geschäftiger zeigte sich die leicht
entzündbare Phantasie; die längst verschollenen Geschichten,
die über den Auszug aus Egypten im Munde des Volkes
lebten, verjüngten sich und mit ihnen die Gewissheit, dass
Gott die Kinder Zion's, wie einst die Ahnen, mit Wunder-
zeichen durch die Wüste nach Kanaan führen werde, (Jes. 63,
11 f. vgl. Jes. 40, 3, 4 ; 41, 17—20 ; 48, 20, 21 ; 49, 19, 20 ; 50,
2 ; 55, 12, 13) ; alle Elemente sollten sich wieder in den
Dienst des Volkes, der nach dessen Anschauung mit dem
Gottes zusammenfiel, stellen ; die Neuschöpfung des Himmels
und der Erde (Jes. 95, 17), eine Vorstellung, die mit der
Idee vom „Tag Jahve's" in Verbindung stand, sollte vor sich
gehen und auf dem Boden der neuverjüngten Welt das Volk
Gottes, das er sich aus den Trümmern der alten Welt rettet,
in neuem Glanze erstehen.

Mit dem Falle Babel's im Sommer 538, welches Jahr
als das erste der Regierung des Cyrus über Babel gilt
(Beros. Fragm. ed. Müller 15), war das Schicksal des Reiches, seiner Vasallenländer und Provinzen besiegelt: der
Despotismus hat noch nie Begeisterung für Heimat
und Dynastie in dem Herzen der Völker geschaffen ; nur
die Freiheit allein vermag ein Erglühen für Volksgüter zu
erzeugen ; darum hat der Despotismus nie wahres Volkstum in's Dasein gerufen: in Asien lösen sich Reiche und
Völkerschaften rasch ab, während die Freiheit lebendige, un-
verwüstliche Keime treibt. Der grösste Theil der Provinzen
unterwarf sich bald freiwillig ; nur Gaza stellte sich dem
mächtigen Sieger feindlich entgegen. Aber gerade die Länder
diesseits des Eufrat (עֵבֶר נהרא), von den Griechen Syrien
genannt, hatten für Cyrus besondere Wichtigkeit, da sie der
eigentliche Schlüssel zu den Pforten Egyptens waren, dessen
Besitz umsomehr reizte, als es nunmehr die einzige Macht
war, die, über ihre Selbstständigkeit auf's Eifrigste wachend,
seiner Eroberungslust Schranken setzte. Und dieser Umstand
mag wol namentlich auf den Entschluss Cyrus, den Israeliten
freien Abzug nach ihrer Heimat zu gestatten, eingewirkt
haben ; er wollte einen ziemlich grossen Volksstamm an der
Grenzscheide zwischen Asien und Afrika durch Dankbarkeit
an sich ketten, um in ihm eine sichere Basis für seine

beabsichtigte Operation gegen Egypten zu besitzen. Indess muss zum Ruhme der Völker des Altertums constatirt werden, dass ihnen der wilde, ungebändigte Fanatismus, die ungezügelte Rohheit, die die sogenannten Kulturvölker des Mittelalters charakterisirt, vollständig abging; vielmehr bekundeten die Eroberer jener Zeit eine merkwürdige Toleranz gegen die Kultur, den Glauben und die Volkseigentümlichkeiten der Besiegten. Zumeist begnügten sie sich mit der Huldigung und der Leistung des schuldigen Tributes, den die Unterworfenen häufig selbst bestimmen konnten; ja nicht selten unterstützten die Sieger die Heiligtümer der eroberten Provinzen, obgleich dieses zumeist in der Absicht geschah, sich die Gunst deren Götter zu erwerben.[1])

In den Wohnungen der Exulanten herrschte indessen fieberhafte Aufregung, denn noch war die Freiheit nicht verkündet. Die Führer des Volkes werden wol nicht untätig, vielmehr bestrebt gewesen sein, aus dem Umschwunge der Verhältnisse Nutzen zu ziehen[2]), allein die Verhandlungen mit dem ruhelosen König zogen sich in die Länge und sein Auftreten als Messias liess lange auf sich warten. Schon feuerte der ungeduldige Prophet das Volk an, die Gelegenheit zu benützen und sich selbst durch die Flucht die Freiheit zu verschaffen: „Ziehet aus Babel, fliehet aus Chaldäa! mit Jubelruf verkündet, tut es zu wissen, verbreitet es bis zum Ende der Welt, sprechet: Jahve hat seinen Knecht Jakob erlöst!“ (Jes. 48, 20; vgl. Jer. 50, 2, 28; 51, 10, 48). Doch das Volk harrte ruhig aus. Endlich nach langem Hoffen langte der Herold in dem Hauptwohnsitze der Juden mit dem Restitutionsedicte an: „So spricht Koresch, der König von

---

[1]) Vgl. das allerdings idealisirte Bild Xenophons von Cyrus in Cyri inst. 8, 8, 1; 8, 2, 7; die Inschrift eines Ziegels von Senkereh bezeichnet Kyros als Erhalter des grossen Tempels des Merodach in Babel, ebenso wird er als Erhalter des Nebotempels zu Borsippa gefeiert. Kambyses wird als Wiederhersteller des Neithdienstes zu Sais gepriesen, und Darius soll gleich nach seiner Thronbesteigung Boten nach Egypten gesandt haben, um für die Wohnung der Götter und deren Feste Sorge zu tragen. Vgl. Dunker, Gesch. IV 530 ff. Mit Unrecht bestreitet daher Grätz (a. a. o, II. B. 100 Anm. 1) die Autentie einzelner Stellen in dem B. Esra, Anstoss nehmend an den Berichten von der Freigebigkeit der Könige im Cap. 6 und ö. Das Nähere in meinem demnächst erscheinenden Commentar zu Esra u. Neh.

[2]) Nach Jalk. Esth. 949 verkündete Daniel dem Cyrus den ihm von J. verliehenen Messiasberuf: vgl. Meg. 12 a.

Persien: Alle Reiche der Erde hat mir Jahve, der Gott des Himmels, gegeben und mir befohlen, ihm ein Haus zu Jerusalem, das da ist in Jehuda, zu bauen. Wer unter euch von seinem Volke ist, Gott mit ihm! er ziehe nach Jerusalem, das in Jehuda liegt"[1]) (Esra 1, 2 f. vgl. 2 Chr. 36; 22, 23). Jubelerfüllt feiert der Prophet den Herold des Königs: „Wie lieblich sind auf den Höhen die Füsse des Freudenboten, der Heil verkündet, gute Botschaft bringt, Rettung verkündet und zu Zion spricht: dein Gott nimmt wieder die Herrschaft ein!" Und die Nachricht dringt weithin und die Wächter des Volkes erheben freudig ihre Stimme und jubeln, da „sie schauen Aug' um Auge, wie der Herr nach Zion zurückkehrt" und allenthalben klingt ihr Ruf: „Hinweg, hinweg! ziehet aus von dort, rührt keine Unreinen an; ziehet fort aus ihrer Mitte und reinigt euch, die ihr tragen sollt die Gefässe Jahve's; (Jes. 52, 7 ff.) ziehet fort, ziehet fort durch die Tore, bereitet den Weg dem Volke, bahnet, bahnet die Strasse, reinigt sie von Steinen, erhebet ein Panier den Völkern" (damit sie sich anschliessen)! Und Boten eilen dem Zuge voraus nach Juda, „Jahve lässt es verkünden bis zum Ende der Erde, sagt zur Tochter Zions: Siehe dein Heil (Heilbringer, Erlöser) kommt, sein Lohn ist mit ihm und seine Vergeltung geht vor ihm einher!" (Jes. 62, 10).

So war denn erfüllt die Verheissung der Propheten, der Tag des Heils war angebrochen, Israel hatte seine Heimat wieder.

---

1) Ueber das Verhältnis der Bücher Esra und Neh. zur Chronik vgl. Rosenzweig a. a. O. S. 9 ff. Die Differenzen in Esra 1, 2 f. und 2 Chr. 36, 22, 23 sind als Schreibfehler zu betrachten. Die Lesart יהי in Esra 1, 3 ist entschieden richtiger.

# Der neue Anfang in der Heimat
## (537—458).

ach langen Winterstürmen und bangen Leidens-
schauern brach für das schwergeprüfte Volk endlich
freundlicher Frühling an und wieder schimmerte der
Himmel in milder Bläue, kündend den Kindern der Gola,
dass der Herr seines Bündnisses und der Verheissungen
seiner Boten gedenke. Die kühnsten Hoffnungen Israels
schienen in Erfüllung zu gehen; der König bekundete ihm
offenes Wolwollen und schenkte für das zu erbauende Heiligtum nicht nur die h. Geräte, die Nebukadnezar als Beute
nach Babel mitgenommen hatte, wo sie im Tempel des Bel
aufbewahrt wurden, sondern forderte auch die Bewohner
seiner Gebiete auf, die heimkehrenden Exulanten mit Geschenken reichlich zu unterstützen.

Lauter Jubel herrschte in den Wohnungen der Juden,
und auch die Heiden, in deren Mitte sie sich angesiedelt
hatten, staunten nicht wenig über den Umschwung der Verhältnisse; von Mund zu Mund ging der Ruf der Verwun-
derung: „Grosses hat Jahve an diesen getan!" (Ps. 126,
2). Und wie zur Zeit, da Israel aus Egypten zog, eine grosse
Anzal der Landbewohner dem Zuge sich angeschlossen hatte,
also geschah es auch jetzt: „Die Fülle der Heiden kehrte
bei Israel ein, Kinder der Fremden wollten die Mauern Jerusalems aufbauen und Könige hierbei Dienste leisten." (Jes.
60, 5, 10). Der Prophetismus feierte seine grössten Triumphe,
nahe war nach der Anschauung der Gola die Zeit allgemeiner Lichterfüllung, und schon konnte der Prophet begeistert
künden: „nicht soll hinfort sprechen der Sohn des Fremden,

der sich Jahve angeschlossen : mich hat J. von seinem Volke abgesondert" !

Eine bedeutsame Bewegung, der näher zu treten wir noch Gelegenheit finden werden, fand in der heidnischen, wie auch in der jüdischen Welt statt; denn der Prophet verlässt den positiven Boden, auf dem sich das Judentum erhob, vor seinem Blicke fallen die Schranken, die die Kinder Ahron's von der übrigen Gemeinde sonderten — wir dürfen es nie vergessen, dass den prophetischen Anschauungen, waren sie auch noch so sehr von Idealen getragen, der reale Boden des Volkslebens, in dem sie wurzelten und für das sie wirkten, nie fehlte — der Stamm Levi, dessen Geschichte im Mittelpunkte der altisraelitischen Volksentwicklung steht, verliert merkwürdigerweise seine ursprüngliche Bedeutung; der Prophet kündet: „auch von ihnen (den Heiden) nehme ich mir Priester und Leviten, spricht Jahve." (Jes 66, 21).

Endlich war nach langen Vorbereitungen die Zeit zum Aufbruche herangerückt; beladen mit Geschenken, die des Königs und seiner Völker Wolwollen bekundeten, setzte sich der Zug in Bewegung. Der Umstand, dass die Erlaubnis des Königs, die Rückkehr nach der Heimat antreten zu dürfen, lange auf sich warten liess, dämpfte wol nicht wenig die ursprüngliche Begeisterung im Herzen Vieler, die früher sehnsüchtig den suchenden Bick nach Kanaans Fluren gesandt; auch hatte der Wolstand, zu dem einzelne im Exile gelangt waren, nicht selten eine Gleichgültigkeit gegen die alten Volksgüter erzeugt und viele mögen durch religiöses Denken, namentlich aber durch Worte, wie die des „grossen Unbekannten": „Der Himmel ist mein Thron und die Erde meiner Füsse Schemel; wo ist ein Haus, das ihr mir erbauen wolltet, wo eine Stätte für meine Ruhe?" (Jes. 60, 17), zu der Anschauung gelangt sein, dass Gott, weil an keinen Raum gebunden, auch in Babel mit ihnen sei. So kam es, dass nur an 40,000 zumeist Angehörige der ehemaligen Stämme Juda und Benjamin, unter denen sich an 1000 Priester und merkwürdig genug! nur an 140 Leviten befanden — eine Erscheinung, mit der wir uns später noch zu beschäftigen haben werden — nach 50 jährigem Exil[1]) Babel ver-

---

[1]) In Esra 1, 1. wird an die Weissagung Jer. 25, 11 f.; 29, 19 angeknüpft, nach der das Exil 70 Jahre lang dauern sollte. Strittig ist es, von wann an diese Zeit gerechnet wird. Die meisten Chronologen folgen dem Kanon des Ptolomäus und rechnen die 70 J. von der ersten Einnahme Jeru-

liessen, um nach Judäa zu ziehen. An der Spitze der Expedition stand Scheschbazar[1]), wahrscheinlich ein Perser, der vom Könige einstweilen zum Fürsten über Judäa eingesetzt wurde und

salems durch Nebukaduezar 606, somit fiele das Ende der 70 J. in das Jahr 536. Allein aus Sech. 1, 12 ergibt sich mit Deutlichkeit, dass die 70 J. erst mit d e r E r b a u u n g d e s 2. T e m p e l s zu Ende waren; es muss demnach der Anfang des Exils tiefer hinab, bis zur letzten Katastrophe, die über Jerusalem hereinbrach, gerückt und in das 18. oder 19. Regierungs-jahr des Nebukaduezar gesetzt werden. Die Verbannung durch Neb. erfolgte um 586, das erste Jahr des Cyrus aber war das Jahr 537; es ergibt sich demnach, dass das Exil 49 J. lang, gleich den 7 Jahrwochen des Daniel 9, 2 f. gedauert habe. So auch Seder Olam r. 28 mit Bezug auf Dan. 9, 25. Hiermit übereinstimmend sagt auch Jos. c. Ap. 1, 21; «es steht in unseren Schriften, dass der Tempel im 18. Jahr des Neb. zerstört wurde, 50 J. lang zerstört lag und im 2. Jahre des Cyrus wieder der Grund zu demselben gelegt wurde; vgl. dag. Ant. 11, 1, 1. Nach Seder Olam sutta ist das Jahr, in dem Esra nach Jer. zog, das 70. Vgl. auch Pesikta ed. Buber Absch. חדש, wo angegeben wird das eigentliche Exil habe nur 52 Jahre lang gedauert.

1) Gewöhnlich wird Scheschbazar als der chaldäische Name Zeruba-bels angesehen (Vgl. Ewald, Gesch. IV S. 114, A. 3; s. Hitzig zu Hag I. 1., der diese Annahme etwas bedenklicher findet); allein mit Unrecht, da es unerklärlich bliebe, warum der Chronist, der der Verfasser dieser Partie des Esrabuches ist, diesen unbekannten zu Zweifeln Veranlassung gebenden Namen gebraucht haben sollte, ohne auf die Identität beider, wie solches ähnlichen Falles Esth. 2, 7; 3, 7; Dan. 1, 7 geschieht, hinzuweisen. Auch ist auffallend, dass dem Namen Zerubabel, der zuerst Esra 2, 2 genannt wird, daselbst nicht, wie nach unserer Stelle und der üblichen Auffassung zu erwarten wäre, das Epitheton «Fürst von Juda» beigegeben wird. Nach unserer Ansicht sind die Namen nicht identisch. Scheschbazar — vgl. das pers. Djazabanazar, Feueranbeter war vielmehr der persische Bevollmächtigte, der für die Sicherheit der Exulanten zu sorgen hatte. Dass dieses notwendig war, erhellt aus Esra 6, 11 namentlich 8, 21; vgl. auch 3 Esra 5, 2. Er sollte die Verteilung des Bodens in Judäa vornehmen und die ersten, zum Tempelbaue erforderlichen Arbeiten anbahnen, was nach 5, 16 auch geschah. Nachdem er seine Mission erfüllt hatte, wurde er wahrscheinlich an den Hof des Königs zurückberufen. Zerubabel aber trat erst später, nachdem die ersten socialen Bedürfnisse geregelt waren, neben Josua in den Vorder-grund. Dass übrigens auch Josua erst später Hohepriester wurde, erhellt aus Esra 2. 63, vgl. Neh. 7, 65. Die Ansicht von der Verschiedenheit ge-nannter Namen wird auch durch 3. Esra und die Rabbinen unterstützt; vgl.

dem Mithredat¹), der königliche Schatzmeister, die Geräte und Geschenke für das zu errichtende Heiligtum übergab. Mit dem Heere, das auf Befehl des Königs dem Zuge beigegeben wurde, sollte er für die Sicherheit der Heimziehenden gegen die Ueberfälle von seiten jener Völkerstämme durch deren Gebiet der Zug sich bewegte, sowie für den Frieden in der Heimat gelegentlich der neuerlichen Verteilung des Gebietes sorgen. Mit schwellender Brust und gehobenem

---

3 Esra 2, 12 mit C. 3 und 4; s. Raschi zu Esra 1, 8, Jalk. Esra 1 und Meor Enajim ed. Wien S. 134, wo Scheschbazar mit Daniel identificirt wird (שעמר בשש צרות). Wo die Quelle für diese Deutung im Talm. vorkommt, konnte ich nicht ausfindig machen.

1) Mithredat ist ein altpersischer Name, den auch ein Satrap in Xenoph. Anab. trägt; vgl. D. M. G. II. 5, 35, im Neupersischen lautet der Name Muhradat; er wird Esra 1, 8 גזבר genannt; vgl. Dan. 3, 2, 5 גדברין, Administrativbeamte; Gesen. hält den ersten Teil des Wortes für semitisch, so auch Levy. Talm. Wb.; allein das ganze ist persischen Ursprunges: *gangwar*, neupers. *gengwar*, syr. גנזורא. Diese vollere Form finden wir noch Esth. 3, 9; 4, 7; Ez. 27, 24; Esr. 5, 17; 6, 1; 7, 20; 2 Chr. 28, 11 גנזך; s. hierüber D. M. G. XVIII, 299. Sadja, ed. Mattews z. St. erklärt das Wort mit גנזו בר.

Esr. 1, 9—11 werden verschiedenartige Gefässe erwähnt: 1) אגרטלים aus Gold und aus Silber. Das Wort wird im Jer. Joma 41 a, vgl. Sadja und A. Esra z. St. mit אגר und טלה, Gefäss zur Sammlung des Blutes von Opferlämmern erklärt. Im Rabb. (vgl. B. mez. 42 a, B. batr. 73 a) bedeutet קרטיל, Korb. Vielleicht dürfte man eher an das gr. *Kratér*, Krug denken. 2) מחלפים, nach der traditionellen Erklärung, Messer; vgl. Midd. 4, 7 Toseft. B. batr. VII. בית החליפות; vgl. Raschi zu Joma 36 a, wo er angibt, dass חילוף im Arab. Messer bedeutet, s. auch Sadja, a. a. O. der חלאפא anführt; Ewald, a. a. O. IV S. 102 A. 1 denkt an geflochtene, oben mit Flechtwerk verzierte Gefässe. 3) כפורים vgl. 1 Chr. 28, 17; Esr. 8, 17, mit Deckeln versehene Gefässe von כפר verdecken, daher כפ eine Gabe, die verdeckt, was sonst gesehen wird, als Tropus für Bestechung, Lösegeld. Nach Sebach. 93 b, Menach. 7 b, Raschi und A. Esr. z. St. Becken mit Rändern, die zur Reinigung vom Blute dienten, welche Erklärung wol auch die richtigere ist, da כפר (vgl. Ewald, Alt. 140 f.) eigentlich die Bedeutung »abkratzen, auslöschen» hat; Dunkel ist das Wort משנים, Raschi: Gefässe zweiter Ordnung, Sadja z. St.: משונים; Bertheau, z. St. nach Ewald, a. a. O. S. 102 denk an ein durch corrumpirte Lesart entstelltes Zahlwort, etwa אלפים. Die Gesammtsumme v. 11 entspricht nicht den einzelnen Zahlenangaben; möglich wäre es immerhin, dass nur die vorzüglichsten Gefässe einzeln aufgezählt wurden, die minderen aber in der Gesammtsumme enthalten sind.

Mut verliessen die Kinder der Gola das Land, in dem sie
lange und schwere Schmach getragen hatten. Aus dem Mund
der Sänger und Sängerinnen, die sich im Zuge befanden,
quollen gotterfüllte Heimziehlieder[1]) voll innigen Dankes und
freudiger Hoffnung zu ihm, der „nicht schläft˙ und nicht
schlummert, Hüter ist und Schirm zur Rechten“ der „Israels
Aus-˙ und Einzug bewachen wird.“ (Ps. 121). Und so oft
sich bei der Erinnerung an die Leiden der Vergangenheit
eine Träne in's Auge stahl, ward sie hinweggewischt von der
Zuversicht, dass Israel·Gottes Volk, daher in seinem Schutze
sei. „Genugsam drängten sie mich“ — also heisst es in einem
dieser Lieder — „von meiner Jugend an, doch sie überwäl-
tigten mich nicht. Auf meinem Rücken pflügten Pflüger,
zogen lange Furchen; aber Jahve ist gerecht, er zerschnitt
der Frevler Bande!“ (Ps. 129). „Wäre Jahve nicht mit uns
gewesen“ — so heisst es in einem andern — „da Menschen
sich gegen uns erhoben, lebendig hätten sie uns verschlun-
gen, da ihr Grimm wider uns entbrannte, Wasser hätten uns
hinweggeschwemmt, Ströme wären über uns gegangen. Gepriesen sei Jahve, der uns nicht zur Beute ihren Zähnen
gab.“ (Ps. 124).

Endlich waren sie am Ziele[2]). Die Kinder der Gola
konnten den heimatlichen Boden umfassen und mit Freuden-
tränen tränken. Die heiligen Gefässe und sonstigen Spenden
für das Heiligtum wurden abgegeben und das Volk schritt
an die Regelung des socialen Lebens. Zunächst galt es, in
den Besitz des Stammlandes zu gelangen, in dem sich jene

---

[1]) Dass die sogen. Stufenlieder — richtiger Heimziehlieder, vgl.
Esra 7, 9 — der nachexilischen Zeit angehören, darf heute als allgemein
anerkannte Tatsache ohne jede Beweisführung hingestellt werden.

[2]) Die Zeit des Auszuges aus Babel und der Ankunft in Jerusalem
ist in unserem Esrabuche nicht angegeben. Bertheau, Esra 1, 5 und 11
nimmt nach 3 Esra 5, 6 (vgl. Fritzsche z. St.) an, es sei am Ende von Esra
1 ein Stück, analog dem in 3 Esra, welches den Auszug aus Babel
beschrieb und die Zeit des Auszuges, der am 1. Nissan des zweiten Jahres
stattgefunden haben soll,˙ angab, ausgefallen. Allein kaum dürfte es berechtigt sein, nach 3. Esra Emendationen vorzunehmen, da der compilato-
rische Charakter des Buches als feststehend gilt. Uns genügt es, aus Esra
3, 1 zu erfahren, dass die neue Gemeinde mit dem Beginne des 7. Monats
an den Ausbau des religiösen Lebens schreiten konnte. Vgl Rosenzweig
a. a. O. S. 40.

heidnischen Völkerschaften, die zur Colonisation Samaria's verpflanzt wurden[1]), nach freiem Ermessen, als wären sie die
eigentlichen Besitzer des Landes, ausgebreitet hatten. Ohne
Kampf wäre dieses kaum möglich gewesen, doch da Scheschbazar im Namen des Königs auftrat, ward es leicht, die
Eindringlinge zu bewegen, den Exulanten ein Gebiet von
etwa 5 Meilen im Umfang von Nord nach Süd und eben so
gross von Ost nach West um Jerusalem zu überlassen. Die
Verteilung und Besetzung des Gebietes ging auf Grundlage
der auch im Exile fortgeführten Geschlechtsregister vor sich.
Die alte Einteilung, nach der sich die Gliederung des Volkes
in Babel vollzog, Ez. 14, 20, 1 wurde beibehalten. Die
Stammhäuser, an deren Spitze Familienhäupter standen, (Esra,
4, 2, 3), wurden nach altpatriarchalischer Sitte als selbstständige, unmittelbare Instanz für innere Angelegenheiten beibehalten und die Zwölfzahl, das Ideal des altisraelitischen
Volkslebens, wieder aufgenommen; (vgl. Esra 6, 17; 8, 16;
Apoc. 7, 5—8; vgl. auch Esra 2, 2 wo nach Neh. 7, 7 ein
Name ausgefallen ist). Die Ansiedelung als Ganzes, welche
מדינה die Provinz schlechthin genannt (vgl. Esra 2, 1; Neh.
7, 6) und in ככר Kreis und פלך Bezirk (Neh. 3, 22; 12, 28)
eingeteilt wurde, stand unter einem vom persischen Hofe
gewählten (Esra 4, 8; 5, 6; 6, 6; Neh. 2, 9), פחה der
auch den Namen תרשתא führte. (Hag. 1, 1, 4; 2, 2, 21;
Esra 2, 63; Neh. 5, 14, 18; 8, 9; 10, 2); Edle und Vorsteher, הרים neben סגנים, (Neh. 2, 16; 4, 19; 5 7), Bezirks-
beamte und Richter (Neh. 3, 9, 14, 15 und Esra 7, 25) bildeten die Verwaltungsorgane, zugleich die Vertretung der
Volksgemeinschaft.

---

[1]) Esra 4, 10 geben die dort genannten Völkerschaften an, sie seien
durch אסנפר nach Palästina verpflanzt worden. Wer war O.? Talm. Sanh.
94 a identificirt ihn mit Sanherib; vgl. Hitzig, Sprache Assyrien's S. 38.
Schrader hält das Wort für eine Corruptel von Esarhaddon. Berth. und Keil
z. St. meinen, es sei ein hoher Beamter des Esarh. Nach unserer Ansicht,
vgl. Rosenzweig a. a. O. S. 46, ist Osnapper kein anderer als Asurbanipal
(668–-626). Er war der Sohn und Nachfolger Esarhadun's der ihm, am
Gipfel seiner Macht angelangt, am 12. Yjjar 668 die Krone von Assur
(Schrad. Keilinschr. S. 210) übergab. Vergleichen wir nämlich die Esra 4,
9 erwähnten Völkernamen mit 2 K. 17, 24, so ergibt sich, dass in Esra
ganz andere Namen von Völkerschaften, die einer ganz anderen Gruppe,
der persisch-medischen, angehören, die erst unter Asurbanipal unter die
Botmässigkeit der Assyrer fielen, aufgezählt werden.

3*

Sobald die ersten socialen Einrichtungen getroffen waren, trat die Gemeinde zur Wahl der leitenden Organe zusammen. Die Kräfte, die den Mittelpunkt des vorexilischen Volkslebens bildeten, sollten wieder in den Vordergrund treten: das Haus David's, das in Zerubabel[1]) und das Haus Ahron's, das in Josua, der nunmehr Hoherpriester wurde, den Vertreter gefunden; weltliche und geistliche Macht sollten vereint das neue Leben anbahnen und ihm nach Aussen und Innen Festigkeit verschaffen. Inzwischen war der siebente Monat angelangt (Esra 3, 1 ff.) und das Volk versammelte sich zur gemeinschaftlichen Begehung der Festzeit. Auf altem Grund wurde ein Altar errichtet[2]) und das Laubhüttenfest nach vorgeschriebener Satzung gefeiert. Allerdings hatten sich die Kinder der Gola in der Verbannung von einer gemeinsamen Stätte der Gottesverehrung emancipirt und in Folge der Verhältnisse es gelernt, den Mangel an Opfern verschmerzen, dennoch aber trat in der neuen Gemeinde bald das Bedürfnis nach einem einigenden Bande hervor, welches das Bewusstsein der Zusammengehörigkeit — demselben Zwecke hatte einst auch das Salomonische Heiligtum seine Entstehung verdankt — nähren und festigen sollte. Auch weckte die Freude, da die Kinder der Gola sich nach langer Zeit durch einen gemeinsamen Gottesdienst geeint sahen, noch stärker die Sehnsucht nach dem Heiligtum und so traten bald die Vertreter der neuen Gemeinde mit den Tyriern in Unterhandlungen ein, die wieder wie zu Zeiten

---

[1]) Zerubabel = זרוע בבל der in Babel Erzeugte; eine andere unhaltbare Erklärung des Namens s. Hieronym. zu Hag. 1, 1. Nach Matth. 1, 24, 25 gehörte er dem Salomonischen, nach Luc. 3, 32 dem Nathan'schen Hause an. Hag. 1, 1, 12; 2, 1, 23; Esr. 3, 2, 8; 5, 2 wird er ein Sohn des Sealthiel: 1 Chr. 3, 17—19 hingegen ein Sohn des Pedaja genannt: Möglicherweise wurde er durch Leviratsehe der Sohn des Sealth., dessen בן דודו er eigentlich war, vgl. Richt. 10, 1; 2. Sam. 23, 9 S. Berth. und Keil. z. St.

[2]) Esr. 3, 3 ist statt כי באימה עליהם das keinen guten Sinn gibt, כי באים עליהם zu lesen. בא על hat die Bedeutung »gegen Jemand in feindlicher Absicht ziehen, Jemand überfallen«, vgl. Jes. 10, 28; Gen. 34, 25; Richt. 18, 27; der Sinn ist dann: sie richteten den Altar auf altem Grunde auf, weil sie aus Furcht vor den sie bereits beunruhigenden Nachbarvölkern jetzt zu keinem Neubau schreiten mochten. Zu beachten wäre noch die Lesart כי בא אימה עליהם vgl. Ps. 68, 18, wo gleichfalls statt בם סיני, anspielend auf Deutr. 33, 2, בא מסיני zu lesen ist.

Salomo's den Tempel bauen sollten. Schon im zweiten Monate des zweiten Jahres nach der Rückkunft aus Babel wurde der Grundstein zum Gotteshause gelegt. Die Priester, umgeben von der dienenden Levitenschar, hatten wieder ihre Prachtgewänder angelegt, die Sänger stimmten heilige Lieder mit dem immer wiederkehrenden Refrain: „danket dem Herrn, er ist gütig; ja ewig ist seine Gnade!" an, und die versammelte Menge fiel voll Jubel in den Gesang ein, den Herrn preisend, „der der Wunder so viele an seinem Volke getan, auch ihrer wieder in der Erniedrigung gedacht und sie den Feinden entrissen (Ps. 136). Jubel und heilige Begeisterung herrschten in der Versammlung und doch, die Freude war nicht ungetrübt. Auch Schluchzen und Weinen wurde mitten durch die Jubelrufe vernommen, denn die Zahl der Alten, die das erste Heiligtum in seinem Glanze geschaut, war ziemlich gross, und dürftig erschien ihnen die Gegenwart im blassen, kargen Strale der Wirklichkeit, sobald sie an die Herrlichkeit der alten Zeiten dachten. Zudem hatten sich bereits wieder dunkle Wetterwolken am Horizonte zusammengeballt. Die colonisirten Völkerschaften, die sich aus Furcht äusserlich wol dem Jahvetum angeschlossen, innerlich aber Heiden geblieben waren, hatten, vereinigt mit dem Rest der in Samaria zurückgebliebenen Israeliten sowie mit den Judäern, die in der Heimat zurückgelassen wurden, bald als alleinige Herren freien Spielraum im Lande gewonnen. Anders aber mussten sich jetzt, da die rechtmässigen Besitzer, unterstützt von der Gunst des Königs, zurückgekehrt waren, die Verhältnisse gestalten. Die Samaritanar — so werden wir die fremden Völkerschaften im Herzen Judäas nennen, wenngleich die Bezeichnung ihrem Ursprung nach erst einer späteren Zeit angehört — glaubten sich durch die neue Gemeinde in ihrem Besitze beeinträchtigt; zudem sagten sich jetzt einzelne Reste des Nordreiches und die im Lande gebliebenen Judäer, die sich ihnen, durch die Verhältnisse gezwungen, angeschlossen hatten, von ihnen los, da die ihnen näher stehenden Juden als selbstständige Gemeinde auftraten. Dadurch befanden sich die Samaritaner plötzlich in der Minorität und ohne jede Centrale, verschieden in sich selbst, ohne ausgesprochenen Charakter, weil verschiedenen Völkerschaften entstammend. So mochte es ihnen demnach wol ernstlich darum zu tun gewesen sein, in engere Verbindung mit der Gola zu treten, das Scheinleben, in dem sie ihr kümmerliches Dasein fristeten, zu verlassen und sich auf der breiten, festen

Grundlage des Judentums aufzubauen, da sie an die Vertreter der Gemeinde mit der Forderung herantraten: „Wir wollen mit euch bauen, denn gleich euch suchen wir euren Gott und ihm opfern wir[1]) seit den Tagen Esarhaddun's, der uns hieher gebracht." (Esra 4, 2).

Die Frage, die nun an die Gemeinde herantrat, war von grosser prinzipieller Bedeutung für die künftige Entwickelung und Weltstellung des Judentums. Die Frage war: Soll das Judentum die heidnische Welt ohne Umstände in sich aufnehmen, um das Ziel, das der Prophetismus gesteckt und als bereits vollzogene Tatsache mit seinem geistigen Auge geschaut, in der Gegenwart zu erreichen; soll es die Bekehrung der Heiden bedingungslos anstreben, um vielleicht in der Zukunft von diesen überwuchert zu werden; oder soll es das Eintreten der „Fülle der Heiden" der allmäligen Entwickelung der Zeit überlassen und einstweilen a l l e i n, aber s i c h e r seines Weges zum Ziele einherschreiten? Ideal und Wirklichkeit standen sich in schwerer Fehde gegenüber. Sollte man einer Völkerschaft, die unstreitig bereits seit längerer Zeit, wenn auch nur teilweise im Jahvetum stand, den Eintritt in die Gemeinde verwehren, nachdem der Prophetismus das Einziehen der „Fülle der Heiden" als des Gottesreiches Zukunft vorher verkündet und der Volkskörper in der Tat bereits eine vielleicht nicht allzugeringe Zal von Heiden in sich aufgenommen hatte? Und wäre es nicht ein politischer Fehler von eminenter Bedeutung, eine ziemlich grosse Völkerschaft, die sich im Herzen des Landes ausbreitet, in direkten Gegensatz zu sich zu bringen?

Auch in der Vertretung der Gola wurde die Frage wol von solchen Gesichtspunkten aus in Erwägung gezogen und nicht ohne Kampf mochte wol die Entscheidung herbeigeführt worden sein, die Zerubabel den Petenten zukommen liess: „Nicht ziemt es euch und uns, gemeinsam ein Haus unserm Gotte zu bauen!" (Esra 4, 3). Die praktische Anschauung hatte über den idealen Gedankenflug des Prophetismus den Sieg davon getragen. Juda war an Babels glühender Sonne gereift und zur Erkenntnis gelangt, dass sein religiöses Leben allein, ernst und kräftig erfasst, das erhal-

---

[1]) Das ist sicherlich die Bedeutung der fraglichen Stelle, deren Keri und Ketib verschiedene Deutungen zulässt; denn kaum haben die Samaritaner nach dem damaligen Stande ihrer religiösen Anschauung das Opfern so lange unterlassen; s. dag. Philipps, Bibelwerk z. St.

tende Element, das einigende Band werden könne. In der
messianischen Hoffnung lebte Israel nicht als politisches
Volk, nur das Volk Gottes zieht ein in das Reich der
Gerechtigkeit und der Liebe. Auch besass das Volksleben
nunmehr keine eigentliche politische Macht; das Haus Davids
fristete nur ein Scheinleben und eine Centralisation war
nothwendig, wenn die Gola nicht zum Spielball der benachbarten Völkerschaften werden sollte. Diese Einigung aber
konnte nur die Religion, ein konkretes religiöses Leben durch
vollständige Abschliessung der Volksindividualität gegen das
allezeit vordringende Heidentum herbeiführen. In politischer
Beziehung hatte die nene Gemeinde durch diesen Schritt, der
vom Standpunkte des Prophetismus aus ein Schritt nach
rückwärts zu sein scheint, einen argen Fehler begangen;
allein es war ihr um absolutes Leben zu tun und darum
musste sie mit Festigkeit und Energie für den einigenden
Gedanken eintreten. Wer sich eines sicheren Besitzes erfreut,
kann es vielleicht mit Zugeständnissen versuchen; wo der
Kern gewahrt ist, kann manches von der Schale fallen; wo
es sich aber um den Lebensnerv handelt, um Sein oder
Nichtsein, da muss jede Halbheit vermieden werden. Jedes
Einzelwesen hat zunächst einen Selbztzweck und nur auf
dem Grunde der Selbsterhaltung geht jede Selbstentfaltung,
die Erhebung und Vollendung des eigenen Seins, die wieder
junge Keime neuen Lebens weckt, vor sich. Der Grundzug
des Jahvetums war das Streben, das Individium von dem
Einen, Allgemeinen, das sein Gottesgedanke in sich verkörpert, vollständig abhängig zu machen. Dieses vollständige
Aufgehen in der Einheit konnte nur durch eine gewisse
Abgeschlossenheit, die in den verschiedenen Zeiten und Anschauungen bald mehr eingeengt, bald erweitert wurde, erreicht werden; stets aber lag diesem allgemeinsten Trieb als
Einzelwesen die höchste Universalität als leitender Gedanke
zu Grunde; denn die Einheit des Gottesgedankens schliesst
unwillkührlich die Einheit des Volks- und Menschentums in
sich ein; nicht Engherzigkeit oder Fanatismus war es daher, die
das Judentum bei der Ab- und Ausschliessung von den andern
Völkerschaften beeinflussten: die Samaritaner wurden nicht
abgewiesen, weil sie schlechte Jahvediener waren,
sondern weil sie im Götzentume staken, das stets die
grösste Gefahr für die Sittlichkeit und Heiligkeit des Lebens in
sich barg. Die Gola konnte es gestatten, dass einzelne Heiden,
sobald sie sich dem Jahvedienste anschlossen, als zur Ge-

meinde gehörig betrachtet werden, ja dass sie selbst levitische Dienste verrichten; allein sie durfte es nicht zugeben,
dass ganze heidnische Völkerschaften gleich einem kranken
Gliede die Gesundheit des Volkskörpers untergraben. Mit der
Abweisung der Samaritaner war für die Zukunft ein Grundsatz von grosser, prinzipieller Bedeutung ausgesprochen: Das
Judentum geht ruhig seines Weges auf der weiten Heer-
strasse des Völkerlebens, sieht es nicht als seine Aufgabe
an, durch Wort oder Schwert die Völker für
seinen Gottesgedanken zu gewinnen, zu bekehren,
sondern durch Verbreitung des sittlichen Bewusstseins das Individuum und erst durch die
Vertiefung dieses Bewustseins im Einzelnen
die Gesammtheit dem ethischen Monotheismus zuzuführen.

Die traurigen Folgen der Abweisung liessen nicht lange
auf sich warten. Scheschbazar war, sobald er seine Mission
erfüllt hatte, mit seinen Truppen, die der kriegerische König
nicht lang entbehren konnte, in die Heimat zurückgekehrt
und die neue Gemeinde blieb ohne Schutz gegen das ränke-
süchtige Volk, das in Sichem wohnte (vgl. Jes. Sirach 50,
25, 26), dessen stiller Grimm sich bald in offenen Hass ver-
wandelte. Sie, die Brüderrechte für sich in Anspruch nahmen,
wurden jetzt die grössten Gegner der Gola und liessen es weder
an List noch an Verschlagenheit fehlen, um bei der Regierung Verdacht gegen die Bestrebungen der Juden zu wecken[1].
In der Tat gelang es ihnen auch bald, die Fortsetzung des

---

[1] Ueber die Ränke der Samaritaner s. Tanch. וישב A. 2; Pirke R.
Elies. 28; Jalk. Proph. 234; Chul. 13 a und Raschi das. s. v. פית, wo berichtet wird, 180.000 Samaritaner hätten die Juden angegriffen und den
Weiterbau des Tempels gestört; vgl. Jos. ant. 11, 4. Namentlich bildete
der Aufbau der Mauern, der unbedingt erfolgen musste, sollte die Stadt
sich kräftig entwickeln, ein wichtiges Moment der Klage bei dem Könige,
den sie warnten, die Juden würden ihm die schuldigen Steuern nicht entrichten, sobald die Mauern aufgerichtet werden.

4, 12, 13 werden die verschiedenen Steuerarten genannt: 1) מנדה
gewöhnlich als aramäische Form des hebr. מדה vgl. ib. v. 20, Mass angesehen; vgl. Grätz a. a. O. 107, A. 3: Grundsteuer von dem Masse des
katastrirten Bodens; nach B. batr. 8 a, Gen. r. 64 und Esth. r. 1. מנת המלך
Nach unserer Ansicht ist das Wort mit dem in den Keilinschriften vorkommenden *madat, mandaatu*, Abgabe. Schrader a. a. O. 170 identisch. 2) בלו
B. batr. 8 a נילבלתא כסף Kopfsteuer. Esth. r. 1 פרונין nach Sadja's z. St.

Baues zu stören. Cyrus selbst, der für die Errichtung des
Heiligtums anfangs so viel Interesse an den Tag gelegt
hatte, befahl jetzt, um jede Unruhe im Lande zu verhindern
und seine Kriegskräfte nicht zersplittern zu müssen, den Bau
des Gotteshauses einzustellen. (Esr. 4, 4).

In der Not der Zeit wendet sich ein Dichter zu Gott,
bei ihm Hülfe suchend vor den Feinden, die Israel durch
trügerische und heimtückische Verleumdungen kränken und
befehden:

„Zu Gott in der Drangsal mein rufe ich und er er-
hört mich. O Jahve, rette meine Seele vor Lügenlippen,
vor trügerischer Zunge. Was wird er dir geben und ferner
dir werden lassen, du trügerische Zunge? Scharfe Pfeile
der Helden und glühende Ginsterkohlen[1]! Wehe mir,
dass ich wohnen muss mit Meschech, weilen neben Ke-
dar's Zelten. Genug hat meine Seele geweilt bei Frie-
denshassern; ich bin friedlich, doch wie ich spreche, sie
sind kriegsbereit." (Ps. 120).

---

mit בל in Dan. 6, 15 identisch; nach unserer Ansicht mit dem in den
Keilinschriften vorkommenden Stamme *balu* Jahr, Schrader, a. a. O. S. 11
verwandt; 3) הלך, Gewöhnlich Zoll der Reisenden; B. batr. ארינא *eranos*;
Raschi z. St.: Frucht und Viehzehnt; Tosaf. z. St.: Geschenke beim Durch-
zug des König's; Esth. r. אנגריא *angareia*; auf den Keilinschriften: alak, alaku.
        Besondere Schwierigkeit macht die Zeitbestimmung des in Esr. 4,
6 -23 Berichteten, da über die daselbst genannten Königsnamen, namentlich
über Ahasverus und Artachschasta Unklarheit herrscht. Wir folgen den
älteren Auslegern, die sich für Cambyses und Ps. Smerdes entschieden,
während Andere in ihnen Xerxes und Artaxerxes finden und den Esr. 4
zitirten Brief an den König auf den Mauerbau in den Zeiten Nehemia's
(das. 1, 3; 2, 13, 17 f.) beziehen wollten, sich darauf stützend, dass die
Feinde der Gemeinde des Tempelbaues gar nicht erwähnen und sich nur
gegen den Aufbau der Mauern wenden. Bedenkt man aber, dass der Bericht von den erbittertsten Feinden, denen kein Mittel zu schlecht war,
wenn sie die Gemeinde verdächtigen konnten, herrührt; dann werden wir
uns über diesen Umstand nicht wundern, es vielmehr begreiflich finden,
dass sie des Tempelbaues nicht erwähnen; vgl. Rosenzweig a. a. O. S. 46. Mit
Cyrus ist in Esr. 4, 5 der *terminus a quo*, mit Darius der *ad quem* gegeben;
in die Zwischenzeit fällt die Regierung des Cambyses und des Ps. Smerdes.
        [1]) Die Ginsterkohle aus dem Holze einer Buschart vom Geschlechte
der Genista, bei Linnäus: *Spartium junceum*, glimmt ungewöhnlich lange
fort und verursacht demnach leicht, wenn man ihr nahe kommt, empfindliche
Schmerzen; s. Rosenmüll., Morgenland IV, 106; vgl. B. batr. 74 b; Sabb. 37 b.

Und in einem andern Liede ermutigt der Sänger, erfüllt von Gottvertrauen, die zagenden Zeitgenossen:
„Die auf Jahve vertrauen sind wie der Zionsberg,
der nimmer wankt, auf ewig bleibt bewohnt! Jerusalem —
rings umher Berge und Jahve rings um sein Volk von jetzt
an bis in Ewigkeit; denn nicht wird ruhen des Frevels Stab
auf der Gerechten Los, damit die Gerechten nicht nach
Unrecht ihre Hände strecken. Tue wol, o Jahve, den Guten und den Redlichen in ihrem Herzen; doch die abbie-
gen in Krümmungen, führ' sie hin, Jahve, mit den Uebel-
tätern. Friede im Israel!" (Psalm 125).
Allein die Hoffnung erfüllte sich nicht; die Not endete
nicht. Am allerwenigsten war die folgende Zeit, die Regierung des Cambyses geeignet, das Düster, das sich über die
Fluren und Gemüter gelagert, zu verscheuchen. Cambyses
rüstete sich zum Zuge gegen Egypten und ging zu diesem
Zweck ein Bündnis mit den Stämmen des Sinaigebietes ein,
die ihm, weil der Wege kundig, Führerdienste leisten, zugleich auch für die erforderliche Munition Sorge tragen sollten. Die Schwachen litten, die Wehrlosen mussten zurückweichen. War schon früher die Lage eine trübe, so steigerte
sie sich jetzt bis zur Trostlosigkeit. Das persische Heer
wälzte seine Truppen gegen Egypten, wie Heuschrecken-
schwärme lagerten sie über Judäa, alles verzehrend, keinen
Rest zurücklassend — „ein Volk kam herangezogen, mächtig
ohne Zahl, seine Zähne — Löwenzähne, eines Löwen Gebiss
ist das seine" (Joel 1, 6)[1]) sie jagen wie Helden, wie Kriegs-
männer ersteigen sie die Mauer, jeglicher geht seines Weges

---

[1]) Gegen die Annahme eines hohen Alters des Buches Joël (vgl.
Credner, der Prophet Joel, Halle 1831, S. 38—52 Grätz, Gesch. II A. S.
89 f) macht sich jetzt eine ziemlich lebhafte und berechtigte Agitation
geltend, (s. Hilgenfeld, Zeitschr. f. wiss. Theologie 1870 und Merx, die
Prophetie des Joel und ihre Ausleger, Halle 1879; letztere Arbeit ist mir
nicht zu Gesichte gekommen,) deren Urheber bereits Vatke (die Rel.
d. a. T. Berlin 1835, S. 462, A. 7) war. Die Motive, die für eine spätere
Auffassung sprechen, werden sich uns deutlich ergeben, wenn wir die
politische Situation sowol, als auch die religiösen Zustände der Zeit in
Betracht ziehen, wie sie sich uns aus den zeitgenössischen Darstellungen ergeben; sie werden uns unwiderleglich zeigen, dass das Volksleben eine andere
Anschauung manifestirt, dass andere Motive aus dem Propheten sprechen, als dass
wir in ihnen die Weissagungen eines der ältesten Propheten sehen könnten. Als
gleichzeitig mit Joël werden von den meisten Exegeten Amos und Hosea

und nicht säumen sie auf ihrem Pfade" (Joel 2, 7). Aber das Unglück kam nicht all ein. Zu der feindlichen Invasion waren
noch Jahre des Misernte auf einander gefolgt; verödet war
der Weinstock, der Feigenbaum entblösst, blosgeschält, weg-
geworfen waren die Ranken (Joel 1, 7); wurde auch viel
gesäet, so doch wenig eingebracht, jeder Verdienst, jeder
Lohn wanderte in einen durchlöcherten Beutel (Hag. 1, 6);
alle Freude war von den Menschenkindern gewichen, auch
Gottes Dienst war armselig, fehlte es doch selbst an Speis-
und Giessopfern. (Joel 1, 13, 14). Den benachbarten Völker-

angesehen; vgl. Grätz, a. a. O. II A 436 a. Ewald, die Propheten I; wie
verschieden erscheinen aber die Zeiten, die Beide im Auge haben von der,
in die uns Joël führt!

Amos und Hosea führen uns in eine Zeit, in der reiche Kraft
am Volkskörper des Nordreiches strotzt, in der Könige und Fürsten,
im Vereine mit ihren Baalspfaffen wetteifern, das Volk zu ersticken
und in's Verderben zu bringen (Hos. 5, 1, 10, 17, 3, 5; 10, 3, 7); Macht
und Reichtum hatten allenthalben morgenländische Ueppigkeit grossgezogen,
«sie liegen auf Betten von Elfenbein und recken sich auf ihren Lagern; sie
verzehren Lämmer von der Heerde und Kälber von der Mastung; sie girren
nach dem Schalle der Harfe und ersinnen sich Gesangsinstrumente gleich
David» (nicht uninteressant ist es, dass David hier als weltlicher Lieder-
sänger erscheint); «aus dem Humpen trinken sie Wein und mit dem besten
Öle salben sie sich» (Am. 6, 4 f). Dieses Bewusstsein von Macht und
Reichtum war aber in Uebermut umgeschlagen — die jungen Kühe aus
Basan's Triften grasen auf dem Berge Somron und fragen nicht darnach,
wenn sie auch den Acker des Armen abfressen (Am. 4, 1); allenthalben
herrschte Rechtsunsicherheit und Gewalttat und der Gerechte ward des
Geldes wegen verkauft und ein Paar Schuhe wegen der Arme (Am. 2, 6,
7; vgl. 4, 1; 5, 10, 12); Grenzen wurden verrückt (Hos. 5, 10), dem Weine
wurde fleissig zugesprochen, und in frecher, schamloser Weise Unzucht
geübt (Am. 2, 7; vgl. Hos. 7, 4); «nicht Wahrheit und nicht Liebe und
nicht Gotteserkenntnis ist im Lande; falsches Schwören und Lüge, Morden
und Stehlen und Ehebrechen haben sich im Lande ausgebreitet und Blut
reiht sich an Blut» (Hos. 4, 1, 2); weswegen auch die Propheten ihren vollen
Ingrimm gegen das so tief gesunkene Volk, gegen die Verwilderung und
Verwarlosung, die um sich gegriffen hatte, ausschütten; wie Donnergrollen
tönt ihr Wort der Strafe, der finsteren Mahnung und der düstern Ahnung
(vgl. Hos. 5, 9; 7, 13; 9, 13 f.; 13, 2; Am. 2, 13, 6, 1 f. und ö.) Ganz
anders Joël! Des nördlichen Reiches wird nicht erwähnt, der Prophet kennt
nur Juda und Jerusalem (3, 5; 4, 16, 17, 18, 21), dessen Exulanten er
allein im Auge hat (4, 1, 6, 16); von einem Könige ist keine Rede mehr,

schaften und den Feinden der Gemeinde kam eine solche
Zeit heilloser Verwirrung sehr gelegen; sie fielen über die
Gemeinde her, schleiften die Mauern der Stadt, raubten und
plünderten nach Herzenslust und verkauften die Kinder Juda's und Jerusalem's an die Griechen (Joel 4, 4). Solche
Ereignisse waren wenig geeignet, die innere Kraft der Gola
zu stärken; in Jerusalem war die Begeisterung verrauscht,
statt ihrer Lauheit und Unmut in die Gemüter gezogen, so
dass der Tempelbau an 15 Jahre lang liegen blieb. Eine
stumme Resignation hatte sich aller bemächtigt und von

---

vgl. die syr. Uebersetzung, die diesem ihr auffälligen Umstande abzuhelfen
suchte, indem sie zu 1, 9 »der König« hinzufügt — auch Fürsten werden
nicht genannt; die Sekenim stehen im Vordergrunde des Gemeindelebens;
vgl. 1, 2, 14 — in letzterer Stelle ist זקנים als Vocativ zu nehmen — mit Esr.
10, 8, 14; vgl. noch Jes. 24, 23. Armselig erscheint die Zeit, gebrochen
durch Leid und Prüfung; darum straft nicht Joël, er zürnt nicht gleich den
ältern Propheten; er will trösten, erheben, beruhigen gleich Jes. II. Ein
Unglück, wie es die Väter und der Väter Väter nicht geschaut, bricht heran
(1, 2); ein Prophet in der Zeit Hosea's und Amos hätte sicherlich die
günstige Gelegenheit benützt, des Volkes Abfall und Sittenlosigkeit zu
geisseln — Joël tröstet.

Aber namentlich instructiv wird für unsere Frage der verschiedene
geistige und culturelle Standpunkt; Hosea und Amos eifern gegen den
sittenlosen Götzendienst, der Beth-El zu Beth-Awen macht und in Gilgal
und Ber-Seba das Volk zusammenführt (Hos. 2, 4; Am. 3, 14; 4, 4 und ö.);
namentlich trifft deren Zorn die Priester, die sich fett mästen an den Sünden-
opfer des Volkes (Hos. 4, 7), dabei ihm zum Fallstrick werden (ib. 5, 1),
den Aberglauben fördern, wenn nur der Opfer Menge auf den Altären raucht
(Hos. 4, 12; Am. 4, 4; 5, 5), die selbst vor Mord nicht zurückschrecken,
wenn es ihr Interesse heischt (Hos. 6, 9; Am. 2, 8); darum verkünden aber
auch die Propheten, dass zum Gräuel geworden sind Sabbat- und Festtage
und Opfergaben (Hos. 2, 13; Am. 5, 21). Hingegen wird in Joël des
Götzendienstes auch nicht mit einem Worte gedacht — das babyl. Exil
hatte das Volk geläutert — mit besonderer Rücksicht wird vom Tempeldienste gesprochen und namentlich ist die Stellung Joëls zu den Priestern
eine freundliche (4, 12), ihre Wichtigkeit wird durch den bestimmten Artikel,
der ihnen stets vorgesetzt wird, angedeutet. Das Opfer tritt zwar in den
Vordergrund, aber auch die durch das Exil in's Volksleben gedrungenen
Läuterungsmittel: Fasten vgl. צום, ein Ausdruck, der erst später gebräuchlich
wurde — und Gebet 2, 17 werden erwähnt. Zu dem Bussfeste 2, 15 vgl.
Neh. 9, 1. Die messianische Idee ist ganz unbestimmt gehalten, von einem
persönl. Messias aus dem Hause Davids ist nirgends mehr die Rede —

Mund zu Mund ging mit Gleichmut das Wort: „Die Zeit ist noch nicht gekommen, das Gotteshaus zu bauen!") (Hag. 1, 2) — eine Stimmung die sich selbst in solche Kreise schlich, die sonst nicht resignirten, wenn es galt, für Gottes Werk einzutreten. „Wenn Jahve das Haus nicht baut" so heisst es in einem Liede jener Zeit, „vergebens mühen sich

das Volk hatte sich allmälig gewöhnt, die Idee ohne Rücksicht auf die Person, wie wir dieses bereits beim Auftreten des Cyrus erkannten, im Auge zu behalten. Auch die Ausmalung des »grossen furchtbaren Tages Jahves« (vgl. Mal. 3, 23), die universelle Färbung des Zukunftsgedankens : »das Ausgiessen des Geistes über alles Fleisch«, selbst über Knechte und Mägde (3, 1, 2) führen uns zu dem Ideenkreise des Deutero Jesaja. Nicht minder zeigt die Sprache bei einzelnen Wortbildungen Spuren späterer Zeit, vgl. 1, 7, 17 ; 2, 6, 19 ; 4, 10, 17. Die Ansicht, dass im 1. Kapitel von keiner wirklichen Heuschreckenplage, sondern von einer Invasion feindlicher Völkerschaften gesprochen wird, ist die älteste und verbreiteteste ; vgl. den Ausdruck עלה על ארצי 1, 6, ferner das Bild, »seine Zähne — Löwenzähne« ibid., das auf Heuschrecken angewendet, ein Verstoss gegen das dichterische Gefühl wäre ; auch den Umstand, dass eine solche Landesplage wol einzelne Striche, nicht aber ganze Gegenden (1, 9, 12) verödet, endlich dass הצפוני keinesfalls auf Heuschrecken bezogen werden kann, da diese nicht vom Norden nach Jerusalem kommen, s. Hironym. z. St. Opp. VI 197, sondern immer das Unheil, das von Norden kommt — Babel — bedeutet vgl. Jer. 1, 4; 4, 6; 6, 22; 51, 48; Ez. 26, 7.; Sach. 2, 10; vgl. auch das Targum zu 2, 20, wo הצפוני mit »Volk, das aus dem Norden kommt«, wiedergegeben wird ; ähnlich Hieronymus, Theodoret und Cyrill von Alexandrien z. St. vgl. auch Luthers Werke, B. 6. ed. Walch S. 2068, vgl. auch 2, 25 f., wo der Zusammenhang auf grössere Verwüstungen und Plagen hinweist. Der Verfasser des Buches, wahrscheinlich ein priesterlicher Prophet, lebte vor Esra, etwa zur Zeit, da Cambyses den Zug gegen Egypten unternam. Der Tempel war noch nicht fertig, die Priester konnten nur zwischen אולם und dem מזבח 2, 17 weinen, weil möglicherweise der Bau des אולם schon wegen seiner Verbindung mit dem מזבח weiter gediehen war, היכל und דביר aber noch gar nicht vorhanden waren. Interessant ist die Stelle Jalk. Jes. 40 s. v. יאמר אלהיכם, wo 8 Propheten, unter ihnen auch Joël (vgl. Pesikta, ed. Buber A. נחמו und Anm. das., nach welcher Joël in einer Handschrift zu Parma nicht genannt wird ; auf diese Stelle machte mich Herr Prof. Bacher in Budapest aufmerksam) aufgezählt werden, die nach der Zerstörung weissagten ; nach Lattes, שערי ציון, ed. Buber S. 10 lebte J. in dem chaldäischen Zeitalter ; nach Raschi zu Meg. 14 a in der Zeit des Königs Manasse ; vgl. auch Midr. Ps. 8, wo Joël nach Ezechiel genannt wird.

1) Wir lesen mit dem Targ. Jon. z. St. לא עיד בא עת בית ה' להב.

seine Erbauer; so Jahve die Stadt nicht hütet, eitel ist des Wächters Mühen. Eitel ist's, die ihr früh aufsteht, späthin sitzet das Brod der Schmerzen esset: seinen Lieben gibt er's im Schlafe" (Ps. 127). Am deutlichsten und schärfsten ausgeprägt erscheint der Charakter jener Zeit in der Sprache des Propheten Haggai, die matt und dürr, arm an Bildern und Schwung, mühsam nach dem Ausdrucke ringt. Ohnmacht vermag oben nicht des Geistes Schwingen allzuhoch zu heben.

In dieser Zeit allgemeiner Erschlaffung traten Haggai und sein jüngerer Zeitgenosse Secharja für den darniederliegenden Tempelbau mit Eifer ein. „Ist's für euch Zeit," so spricht Ersterer, „zu weilen in eueren Häusern, wolverwahrt, und dieses Haus ist öde?" (1, 4). Denen aber, die die Geringfügigkeit der Mittel und die Trostlosigkeit der Zeit als Entschuldigung für ihre Lauheit vorführen, flösste er Mut ein, indem er auf die Zukunft hinwies, die, auch den Früheren verheissen, noch nicht eingetreten war. „Wer unter euch Uebriggebliebenen sah das Haus in seiner ersten Herrlichkeit? Und was sehet ihr heute? Wie nichts erscheint es euern Augen! Aber nur mutig Zerubabel, so spricht Jahve, und mutig, Josua, Sohn Jehozadak's des Hohenpriesters, und mutig, Volk des Landes, seid tätig, ich bin mit euch, spricht Jahve Zebaoth! Ich erschüttere alle Völker und es zieht heran die Lust aller Nationen, und ich fülle dieses Haus mit Herrlichkeit. Mein ist das Silber, mein das Gold, spricht Jahve Zebaoth! Grösser soll die Ehre dieses letzteren Hauses sein, denn die des ersteren und durch diesen Ort will ich Frieden geben. (Hag. 2, 3—9).

Und in ähnlicher Weise trat Secharja für die brennende Zeitfrage ein. In kühner, von lebendiger Phantasie getragener Sprache, die, wenngleich in engem Kreise sich bewegend, den Gedankenreichtum des Propheten kündet, ermutigte er die Schwachen und Zagenden: „Gott kehrt mit Erbarmen wieder nach Jerusalem und das Haus soll wieder gebaut werden, noch werden sich ausbreiten die Städte voll Glück; der Ewige tröstet Zion und Jerusalem wird er wieder liebgewinnen" (1, 16, 17).

Auch an die Furchtsamen in Babel, denen der Mut fehlte, nach Jerusalem zu ziehen, wo sehnsüchtig neue Kräfte erwartet wurden, wendet er sich: „Ha, ha, fliehet nur aus dem Lande der Mitternacht, so ist Jahve's Spruch; denn wie die vier Winde des Himmels breite ich euch aus, ist der Spruch Jahve's Ha Zion entrinne, die du wohnst bei der Tochter Babel's, so spricht Jahve Zebaoth, nachdem er mich gesandt zur Verherrlichung an alle Völker, die euch berauben; wer euch anrührt, der ist, als ob er anrührte meinen Augapfel."¹) (2, 10). Allein die Zustände in Jerusalem waren wenig geeignet, die Sehnsucht nach der Heimat zu wecken; denn ob auch die Juden in Babel in der Fremde weilten, so konnten sie doch unangefochten in Ruhe leben, ihrem Erwerb nachgehen und nicht selten gelangten sie zu bedeutendem Wolstande. Daher hatte der Aufruf weiter keine Folgen, als dass von Babel aus Geschenke nach Jerusalem gesandt wurden. Hier zweifelte man allerdings anfangs, ob man diese, weil sie die aus einem unreinen Lande stammen, und von Gebern, auf denen der Vorwurf lastete, dem Aufruf zur Rückkehr keine Folge geleistet zu haben, annehmen sollte, weswegen die Vertreter der Gemeinde die Geschenke erst dann übernahmen, da der Prophet dieses im Namen Gottes gestattete. (Sech. 6, 9 f.)

Hingegen blieb der woltätige Einfluss solch eindringlicher Reden auf die Wiederaufnahme des Tempelbaues nicht aus. Im zweiten Regierungsjahre des Königs Darius, am 24. Tage des 6. Monates²) schritt die Gemeinde wieder an die Arbeit. Die politische Situation war jetzt günstiger und auch Darius zeigte sich den Juden wolwollend und unterstützte den Bau mit Rechten und Geschenken. Manch ermutigend Wort ward von Sängern und Propheten gesprochen und die Arbeit ging rüstig von statten. Ein Lied aus jener Zeit führt uns lebendig die Seelenstimmung der Gemeinde vor: „O Jahve, wie viel sind meine Feinde, (es sind die Feinde Judas und Benjamins vgl. Esr. 4, 1), viele erheben sich gegen mich — du aber bist Schild mir, meine Ehre und der da erhebt mein Haupt." (Ps. 3.)³)

Endlich wurde der Bau im 6. Jahre des Darius ca. 516, 70 Jahre nach der Zerstörung des ersten Gotteshauses (vgl. Sech. 1, 12) vollendet⁴). Die Einweihung im 12. Monat ge-

¹) בבבת עין, so lautet der ursprüngliche Text. Zu קיקן סיפר ביים s. Geiger, Urschrift S. 308 f.

²) Die Stelle Hag. 1, 15, die in einigen Ausgaben als Anfang des 2. Kap. figurirt, gehört zum ersten als Zeitbestimmung für die Wiederaufnahme des Baues. Vgl. Tosaf. R. hasch. 3 b.

³) Die Ueberschrift des Psalmes ist späterer Zusatz; vgl. Schebuoth 15 b, Raschi z. St.; vgl. auch die Glosse der R. El. Wilna das.

⁴) Vgl. Jalk. Jer. 309, wo angegeben wird, die Zeit des Exiles sei erst jetzt als beendet anzusehen. Nach ih. hat der Bau des 2. Tempels im

staltete sich zu einem Freudenfeste, dem ersten seit langer Zeit. In dichten Schaaren drängte sich das Volk zu den Höfen, wo Priester und Leviten durch Opfer[1]) und Weihegesänge den Herrn verherrlichten, der auf's neue seine Gnade an Israel bewährte, und dem es getrost seine Hoffnung für alle Zukunft überantworten konnte. „Danket Jahve, denn er ist gütig, ja ewig währet seine Gnade!" so erklang es in heiligen Chören: „Also spreche Israel: ja ewig ist seine Gnade! Also spreche Ahrons Haus: Ja ewig ist seine Gnade! Also sprechen Jahve's Verehrer: Ja ewig ist seine Gnade! In der Not rief ich Jahve, mit Rettung erhörte mich Jahve. Jahve ist mein — ich fürchte nichts; was können Menschen mir tun?" Allerdings ist das Volk auch jetzt noch von heidnischen Feinden umgeben, allein in der Gemeinde lebt als Gewissheit das freudige Bewusstsein, dass Gott seinen Frommen hilft, ist doch der Jubel in den Zelten der Gerechten der sprechendste Beweis, dass „die Rechte Jahve's ist Macht". Jetzt beginnt der Einzug in den inneren Raum des Tempels und der levitische Sänger fordert auf: „Oeffnet mir die Pforten des Rechts, dass ich einziehe und Jahve danke; Jahve's ist dieses Tor, hier ziehen Gerechte ein!" Der Priester Segen und die Aufforderung, den Herrn zu preisen beschliesst den herrlichen Weihegesang. (Ps. 118).

Architektonische Angaben über den Tempel fehlen in unseren biblischen Büchern gänzlich. Höchst wahrscheinlich wird der Bau eine gewisse Aehnlichkeit mit den Bauten in Susa und Persepolis gehabt haben. Nach dem Edikt des Cyrus sollte seine Höhe 50, die Breite 60 Ellen betragen. (Esr. 6, 3, vgl. Joseph. arch. 15, 11, 1, wonach dem Zerubabel'schen Tempel im Verhältnis zum ersten an 60 Ellen Höhe fehlte). Auf einer Fläche von 500 Ellen erhob sich auf dem Berge Moria das Heiligtum mit seinen Mauern,

Ganzen 4 Jahre lang gedauert. Irriger Weise wird Joh. 2, 20 die Dauer des Baues auf 46 Jahre angegeben. Die Widerlegung der geistreichen aber falschen Ansicht Schraders über die Dauer des 2. Tempelbaues in den Theol. Stud. und Krit, 1867 S. 460 f. und in De Wette's Einleitung S. 235 s. Rosenzweig a. a. O. S. 38 f.

1) Das Einweihungsopfer Esra 6, 17, das mit keiner Verordnung im Pentat. stimmt — ein Beweis, das die Religion sich noch immer im vollständigen Flusse befand — wird Hor. 6. a; Temura 15, b; Jalk. I K. 192 als הוראת שעה d. h. als Gesetz, das nur für diese Zeit Giltigkeit hatte, angesehen.

Türmen, Vorhöfen und Hallen und den verschiedenen Ge-
bäuden. Die Mauern waren durch mehrere Tore unterbrochen.
Am Osttore, wahrscheinlich dem bedeutendsten, von den
Pilgern zumeist benützten, befand sich gleichsam als Reichs-
wappen die Abbildung der Hauptstadt Susa. (Midd. 1, 3 ; s.
Comm. d. Maim. z. St. R. hasch. 3 b, Tos. das.) Schritt man
durch eines der Tore, so gelangte man auf einen freien
Raum, welcher „Berg des Hauses" (הר הבית) hiess; dieser
galt im Gegensatz zu dem heiligen Raum für profan (הול
Midd. 1, 6, Ez. 40, 20) und durfte von Heiden und Juden
im Zustand der Unreinheit betreten werden (vgl. Midd. 1, 6;
Ez. 40, 20). Nach innen liefen an den Mauern weite Hallen,
deren Boden gepflastert war. (Jos. bell. 6, 16.) Von diesem
freien Platze aus konnte man nicht unmittelbar in den 2.
Vorhof eintreten, sondern man gelangte zunächst zu einer
Abzäunung (סורג), die Heiden und Juden im Zustande der
Unreinheit nicht überschreiten durften (Midd. 2, 2, Jos. bell.
5, 5, 2). Stieg man von hier aus 14 Stufen höher, so stand
man vor der Mauer, die den eigentlichen Vorhof des Heiligtums einschloss, und auf deren Terasse (היל Midd. 2, 3,
Jos. bell. 5, 5, 2) die levitischen Musiker ihren Platz einnahmen. Im östlichen Teile des Vorhofes befand sich „der
Frauenvorhof" (עזרת הנשים Midd. 2, 5), durch eine Mauer von
dem inneren Vorhof (עזרת ישראל später für die אנשי מעמד)
getrennt. Hier war bis zu einer gewissen Entfernung Laien
der Eintritt gestattet, der andere Raum aber war ausschliesslich für die Priester bestimmt. Daselbst stand nördlich der
grosse Altar, südlich das grosse Waschbecken, für das später ein
Mechanismus, vermittelst dessen das Wasser zur Höhe getrieben wurde, eingerichtet war (מוכני לכיור Joma 3. 10).
Etwa 6 Ellen höher als der Priestervorhof lag der Tempel
selbst, zu dem man durch eine Vorhalle (אולם Midd. 4, 7)
gelangte (Midd. 3, 6). Der vordere Raum des Tempels bildete das Heiligtum (היכל) das von dem hinteren kleineren
Raume, dem Allerheiligsten (דביר od. בית קדש קדשים) durch
einen Vorhang geschieden war. In der Mitte des Heiligtums
stand der goldene Rauchaltar (1 Macc. 1, 21; 4, 49; Jos. bell.
1, 7, 6); neben diesem gen Norden der goldene Tisch für
die Schaubrode (1 Macc. 1, 21; 4, 49; Jos. bell. 1, 7, 6;
7, 5, 5; ant. 14, 4, 4 vgl. 12, 28) und südlich der goldene
Leuchter (1 Macc. 1, 21; 4, 49; 50; vgl. Exod. 25, 31; 37,
17; 39, 37; Num 5, 5; 7, 5, 5; Jos. bell. 7, 5, 5; vgl. ant.
14, 4, 4 bell. 1, 7, 6 in der Mehrzahl, ebenso auch auf dem

Triumpfbogen des Titus vgl. Jos. bell. 7, 5, 7, nach welcher Stelle sie nach dem Triumphzuge in den Tempel der Pax zu Rom kamen). Hingegen fehlten im 2. Tempel nach Angabe der Tradition die heil. Lade, statt welcher sich daselbst ein Stein namens Sattija befand, der Deckel oberhalb der heil. Lade die Cherubim, das heil. Feuer, der heil. Geist, der Wurm Schamir, Könige aus dem Hause David's, Zufluchtsstädte und die Urim und Tummim[1]).

So fehlte denn dem zweiten Tempel trotz der Verheissungen der Propheten die alte Herrlichkeit selbst in den Augen derer, die vollen Glauben an die Zukunft der neuen Gemeinde in ihren Herzen trugen. Mit wenigen Worten berührt unser Esrabuch die Einweihung des nach schweren Kämpfen erbauten Gotteshauses, sowie die Feier des bald darauf fallenden Pessachfestes (Esra 6, 16 ff.). Stillschweigend übergeht das Buch die folgende Zeit und eine Kluft von 50 Jahren gähnt uns unüberbrückt entgegen. Nur Vermutungen sind es, die wir über diesen Zeitraum aufzustellen vermögen, allerdings Vermutungen, die ihre Berechtigung aus der Entwicklung späterer Ereignisse, wie sie sich aus der zeitgenössischen Schriften ergeben, beweisen.

Sang- und klanglos schwinden Zerubabel und Josua, die ersten Träger des öffentlichen Lebens in der neuen Gemeinde, von dem unrühmlichen Schauplatze ihrer Tätigkeit und beide lassen den Eindruck zurück, dass sie nicht im Stande waren, den Erwartungen und Hoffnungen, die ihnen

---

[1]) Vgl. Jer. Schek. 6, 19 c; Tosefta Schekal. 2; Sota 48 a und b; Jer. Sota 9, 13; Tosefta Sota 13, 2; Schebuoth 16 a; Joma 21 b, s. auch Tosaf. z. Stell; 52 b; 53 b; Tosefta Joma 2; Jer. Tan. 2, 1; Ketub 24 b, s. Raschi das.; Sanh. 11 b; Sebach. 24 b, s. Tosaf. z. St. Midr. Chasita אום אני חומה; Tauch. בהעלתך ; Num. r. 6 Ende; Josippon 3. A.; Kimchi, Anf. Zefanja; Abarb. zu Haggai; Jalk. Sam. II, 150.

Nach Tosafot zu Joma 21 b, waren die Urim und Tumim im 2. Tempel wol vorhanden, nur erteilten sie keine Aussprüche mehr. Auch Josephus berichtet, dass sie seit der Hasmonäerzeit ihren Glanz verloren hätten; s. auch Saadja a. a. O. zu Esra 2, 63. Jedenfalls fehlte später jede Kenntnis von ihrer Beschaffenheit, daher die verschiedenen Angaben bei Philo (de vita Mos. II 152 ed. Mangey) und Jos. (antiqu. 3, 9, vgl. auch Augustin. quaest. sup. Ex. 2, 116.) Unbekannt ist es auch, wo im 2. Tempel das Gesetzbuch, von dem Jos. bell. 7, 55 erzählt, dass es von Titus bei seinem Einzug in Rom zur Schau getragen wurde, verwahrt blieb, wenn die Bundeslade fehlte.

entgegengebracht wurden, zu entsprechen. Die Zeit brauchte
Männer, die mit Energie und Entschlossenheit, zugleich aber
auch mit Bedachtsamkeit und staatsmännischer Ueberlegung
die drohenden, jedem neuen Sein entgegentretenden Gefahren zu erkennen und zu überwinden verstanden und mit
festem, klaren Willen durch ein kräftiges und besonnenes
Vorgehen die innere Ordnung und die Achtung vor dem
Recht zu sichern vermocht hätten. Zerubabel aber fehlte trotz
des besten Wollens der felsenfeste, ungebrochene Mut seines
Ahnen Davids, jene Energie, die vor keiner Gefahr zurück-
bebt, wenn es gilt zu handeln und das einmal gesteckte
Ziel zu erreichen; ihm fehlte die aktive, schaffende Natur,
die selbst den Kampf nicht scheut, sobald er für die Gesammtheit notwendig wird. Haggai und Secharja, seine prophetischen Zeitgenossen, mussten erst ihre ganze Beredsam-
keit aufbieten, um ihn aus der Schlaffheit und Lethargie,
in die er versunken war, zum tatkräftigen Handeln aufzu-
rütteln (vgl. Hag. 1, 12 f.; 2, 4 f.; Sech. 4, 6 ff.) Noch weniger hören wir von seinen Kindern, keine Tat kündet ihren
Namen; unbedeutende Menschen gehören eben nicht der
Geschichte an. Das Haus Ahron's tritt in den Vordergrund
(vgl. Ps. 115, 10; 118, 3), das Haus Davids hingegen verliert immer mehr seine Bedeutung; es hatte nicht vermocht,
den schon durch die Ereignisse der Zeit im Volksleben
abgeschwächten Messiasgedanken neu zu beleben.

Tief drückt diese Erkenntniss einen Sänger, der voll
bitteren Schmerzes, ob der Dürre, die den gewaltigen Stamm,
aus einer grossen Vergangenheit in eine matte Gegenwart
hineinragend, in Armseligkeit erscheinen lässt, im Liede
Erhebung und Trost sucht: „Einst redetest du zu deinen
Frommen und sprachest: Ich habe Heil auf meinen Helden
gelegt, erhoben einen Jüngling aus dem Volke, David, meinen Diener, mit heiligem Oel gesalbt, mit dem meine Hand
soll fest bleiben, mein Arm wird ihn stärken — — —
Sein Samen soll auf ewig bleiben und sein Tron gleich der
Sonne von mir, dem Monde gleich bestehen ewiglich und
zuverlässig ist der Zeuge in lichter Höhe. — Und doch hast
du verachtet und verschmäht, gezürnt deinem Gesalbten,
verworfen deines Dieners Bund, entweihet tief zur Erde
seine Krone, durchbrochen alle seine Mauern, seine Vesten
zu Trümmern gemacht; ihn plündern alle, die des Weges
ziehen, zum Hohn ist er geworden seinen Nachbaren, hast
seiner Dränger Hand erhoben, sich freuen lassen alle seine

4*

Feinde; du lässest weichen seines Schwertes Schärfe und hast ihn im Kampf nicht bestehen lassen; sein Scepter hast du gebrochen[1]) und seinen Tron zur Erde geschleudert, verkürzt seiner Jugend Tage, mit Schande ihn bedeckt. Sela!" (Ps. 89.)

Und ein anderer Sänger, getrieben vom gleichen Schmerze wendet sich zu Gott mit der Bitte:

„Gedenke o Jahve, David's Mühen all' die er litt, da er schwur dem Herrn, gelobte dem Starken Jakobs: nicht will ich meines Hauses Zelt betreten, nicht meinen Augen gönnen Schlaf, bis ich einen Ort finde für den Herrn[2]). Um deines Dieners David willen weise nicht zurück das Antlitz deines Gesalbten!" (Ps. 132).

Gesunken war das Ansehen Zerubabels, über dessen ferneres Schicksal wir vollständig im Dunkeln bleiben. Die spätere Zeit wand einen wirren Sagenkreis um seine Person; die Tradition, veranlasst durch das Schweigen der Quellen, nahm an, er sei nach Babel zurückgekehrt und dort gestorben (vgl. Seder Ol. sutta ed. Amsterdam S. 21 a und Seder hador. ed. Karlsruhe 80 b.)

Nicht minder unbedeutend erscheint Josua, der Hohepriester. Nur die Passivität Ahron's, die Nachgiebigkeit und schwächliche Friedensliebe besass er, nicht aber auch dessen innere Hoheit, den unangefochtenen Seelenadel, der selbst mit Schwäche verbunden imponirt; Josua glich eher Eli, dessen geistige Ohnmacht sich am deutlichsten in seinen ungeratenen Söhnen zeigte. Die Zeit war recht geeignet, egoistischen und despotischen Naturen durch habgierige Ausbeutung des Amtes zur Ueberlegenheit zu verhelfen, zumal wo durch die Stellung von vorne herein eine gewisse Uebermacht an ihre Hand gelegt war. Tatsächlich strebten es die Söhne Josua's und mit ihnen wol das ganze Priestergeschlecht an, ihre ursprünglich dienende Stellung, die sie in der Gemeinde einnahmen, von der sie nach dem Gesetze in jeder Beziehung abhängig waren, in eine herrschende zu verwandeln. Rings umher breiteten sich die Feinde Juda's aus; es

---

[1]) Wir lesen mit unserem verehrten Lehrer Dr. Lewy, gegenwärtig Seminarrabbiner in Breslau, nach Versetzung des ר in V. 45 מטהו שברת; die bestehende L.a. gibt keinen guten Sinn, während unsere auch der Parallalismus schärfer hervortreten lässt. Das ה bei השבת ist von dem vorhergehenden במלחמה dittographirt.

[2]) Das kann sich nur auf Zerubabel beziehen, der den Tempelbau vollendete, da David keinen Tempel baute.

fehlte an einer kräftigen Hand, die fest und sicher die Zügel
führte, um die Selbstständigkeit und Souveränität der Gemeinde zu sichern. Diesen Umstand wollten die Priester für
sich ausnützen. Um an Festigkeit nach Innen hin zu gewinnen, verbanden sie sich mit den Feinden des Heiligtums;
die Kinder Josuas ehelichten heidnische Weiber und gewannen
so in den Fremden Stützen für ihre Machtstellung in der
Gemeinde. In den Häusern, die berufen waren, Träger des
Rechtes Jahve's zu sein, nährten fremde Weiber heidnisches
Leben und heidnische Sitten — das waren die schmutzigen
Gewänder, in denen Josua vor dem Herrn stand. (Sech. 3,
1 ff. vgl. Sanh. 93 a.)

Waren aber die Häupter des Volkes ohnmächtig und
schwach, wie wühlte erst der Moder der Fäulnis an den
Gliedern! Misslicher und trauriger noch gestalteten sich die
Verhältnisse, nachdem Zerubabel vom Schauplatze seiner
Tätigkeit abgetreten war. Wahrscheinlich folgten ihm heidnische Machthaber (vgl. Neh. 5, 15), die das Volk in schrecklicher Weise bedrückten. Die Kinder der Gola waren jetzt
nur scheinbar frei, tatsächlich aber gefesselt, auf eigenem
Boden Knechte, deren Einkommen im günstigsten Falle sich
blos für Diejenigen, die über Leib und Besitz nach Willkür
schalteten (vgl. Neh. 9, 36), mehrte. Schwer ruhte auf dem
Volke die Steuerlast, die ihm hartherzige, schwelgerische
Paschas, denen freche, übermütige Knappen (Neh. 5, 15)
zur Seite standen, auflegten; Brod und Wein, die einzigen
Erträgnisse des karg gewordenen Bodens (vgl. Hag. 1, 6;
2, 15), mussten in unerschwinglichen Quantitäten geliefert
werden, so dass Not und Elend in schrecklicher Weise überhand nahmen; dazu bemächtigten sich noch Habsucht und
Hartherzigkeit der Situation: die Reichen wurden Tyrannen
der Armen, die erst Ackerland und Weinberg, bald aber selbst
die eigenen Kinder an geizige Reiche und pflichtvergessene
Priester[1]) verpfänden mussten (Neh. 5). Das ganze Elend
des asiatischen Despotismus mit der noch unerträglicheren
Paschawirtschaft und deren unberechenbaren Launen, der
unersättlichen Geldgier und Verschwendung, der Verachtung
alles Rechts von Seiten ungerechter Richter waren über das
Land hereingebrochen (Koh. 8, 3, 4; 10, 4, 6; 3, 10, 4, 1
f.; 7, 7, 8, 9) und wie es noch allenthalben und stets der

---

1) Ueber den Sinn von Neh. 5, 12. s. Rosenzweig a. a. O. S. 21, s. auch
weiter unten.

Fall gewesen, mit der Corrumpirung der Spitzen nahm auch
das sittenlose, gottvergessene Treiben der Menge überhand
(vgl. Esra 4, 1; 9, 1 f.; Neh. 1, 3 f.; 2, 10, 19; 3, 33; 4,
1; 10, 10 f.) Was Wunder, wenn äusserer Druck, inneres
Elend, Abspannung und Erschlaffung in den Gemütern und
Lähmung in den Geistern erzeugte! Wie der moderne
Pessimismus Ausdruck der Trostlosigkeit wurde, die allenthalben den Mut lähmte, da der scheinbar anbrechende Völkerfrühling rasch zusammenbrach, ohne auch nur annähernd die
Hoffnung der Zeit zu erfüllen; so schuf jetzt der Widerspruch, in dem sich der Zukunftsgedanke des Volkes mit der
matten Wirklichkeit befand, eine gewaltige Versumpfung, in
deren allgemein gewordenem Elend die gebrochene Volksseele wild aufstöhnte. Das Volk hatte übernatürliche Hilfe
von Gott, ein Reich, in dem paradiesischer Segen und Friede
herrschen sollte, erwartet; es hatte gehofft, die heidnische
Welt werde sich ihm willig und freundlich in der Arbeit für
die Zukunft zur Seite stellen; wie elend und dürftig aber
war die Gegenwart! Ein Schrei wilder Verzweiflung entringt
sich der Tiefe des Volksgeistes, der in dem Buche Kohelet[1]),
dem grossen Monolog mit der endlosen Variation von der
Nichtigkeit und Ohnmacht des menschlichen Lebens und

---

[1]) Der skeptisch-realistische Charakter des Buches hat schon früh bei
den Rabbinen Anstoss erregt und beinahe dessen Ausscheidung aus der Reihe
der heil. Schriften bewirkt. S. Pesikta rabb. 18; Pesikta ed. Buber 68 a;
Lev. r. 28; Koh. r. zu 1, 3; Sabb. 30 a und b, 15 b; Meg. 7 a; Kelim
15 b; Jadaim 3, 5; Edujot 5, 3; Ab. de R. Nathan 1; ähnlich auch Hieronymus in seinem Comm. zu 12, 14, Sever. Binnii concil. gener. II 335 a,
537 a; Philastr. d. Class. III. haer. 83; Bibl. Patr. III. vol. 42. Barhebräus
(gest. 1286) nahm an, Salomo habe in Kohelet die Ansicht des Pythago-
räers Empedokles, es gebe keine Unsterblichkeit, verteidigt. Das Buch gibt
sich als Werk des Sohnes Davids, Königs von Jerusalem aus, (1, 1; 12, 9)
und wurde auch von alters her dem Salomo zugeschrieben, auf den allein
diese Bezeichnung, wurde sie wortgetreu genommen, bezogen werden konnte
(vgl. B. batra 14 b, auch Danto hist. revel. div. p. 515). Schon Luther
bestritt in der 1524 geschriebenen Vorrede zur deutschen Uebersetzung
und in seinen Tischreden ed. Erlangen S. 62, 128, die Autorschaft Salo-
mons: «Dieses Buch sollte völliger sein, ihm ist zu viel abgebrochen: es
hat weder Stiefel noch Sporen, es reitet nur in Socken, gleichwie ich, da
ich noch im Kloster war. Ich gläub nicht, dass Salomo verdampt sei, sondern dies ist geschrieben, Könige, Fürsten und Herren zu schrecken. So
hat er selbst das Buch, den Prediger, nicht geschrieben, sondern ist zur

Schaffens, nach Ausdruck ringt. Die ganze Wucht der Erkenntnis, dass alles Ringen und Jagen, alles Sehnen und
Suchen, alles Kämpfen und Wagen des Menschen nur eitel
sei, grinst dem skeptischen Denker in der hohläugigen Sorge
seiner Zeit entgegen, die Summe alles Denkens und Lebens
gipfelt für ihn in dem stets wiederkehrenden Refrain : „Alles
ist eitel! (1, 2; 12, 8.) Alle Tage sind eitel Schmerz und
unwert des Strebens! An der Stätte der Gerechtigkeit, da
ist Frevel, an der Stätte des Rechts Bossheit nur, Tränen
der Unterdrückten haben keinen Tröster vor der Hand der
Bedrücker!" (Koh. 4, 1 f.) Wie ein Mühlrad kreisend erscheint
ihm die ganze Welt; alles Leben und Schaffen ist zwecklos
und ohne Fortschritt (1, 6) wie es war, so ist's und so
bleibt's, und so muss es auch sein, denn alles tut Gott allein
(11, 5); alles ist notwendig, wie es ist und anders kann es
nicht sein — Zufall und Notwendigkeit fallen zusammen,
sind Eins. In dem ewigen Flusse der Dinge — und in einem
solchen begriffen erscheint ihm, gleich Heraklit dem Dunklen,
Welt, Leben und Geschichte — sucht er nach dem Blei-
benden, Beharrlichen, um das ihnen zu Grunde liegende
Wesen zu erkennen. (1, 3). Er bemerkt die allgemeine Be-

Zeit der Maccabäer von Sirach gemacht». (S. hingegen seinen lat. Comment.
Ecclesiastes Salomonis cum annotationibus ed. Erlangen 1532, lat. T. 21,
p. 1. ss.)

Hugo Grotius hat der althergebrachten Anschauung über die Autorschaft Salomo's in seinen annott. ad. Coh. praef., ferner zu Cap. 7, 26;
12, 4 durch wissenschaftliche Beweise die stärkste Bresche geschlagen; er
dachte sich Zerubabel als Veranstalter dieser Sammlung von Sentenzen.
Ebenso versuchte dies nach ihm Herm. v. d. Hardt (de libro Coheleth
1716), der Josua, den Sohn des Hohenpriesters Jojada (Neh. 12, 22), als
Verfasser des Buches annahm.

Tatsächlich dürfte es wenige Kritiker selbst in konservativen Kreisen
geben, die die Autorschaft Salomos, oder auch nur die Abfassung des Buches
in solch früher Zeit aufrecht erhalten wollten ; denn die Stimmung, die sich
durch diese Schrift zieht, ist eine solch trübe, wie sie in der Zeit Salomos,
in der Glanzperiode des jüd. Staatslebens, unmöglich vorhanden sein konnte;
auch wird bei der Aufzählung der Schwächen des Menschen der Götzendienst mit keinem Worte erwähnt; endlich ist der ganze Sprachcharakter
des Buches ein später, die Partikel häufen sich, die Satzconstruction ist
ziemlich ungefügig und «das Hebräische ist hier schon so stark vom Aramäischen durchdrungen, dass nicht blos einzelne häufige Worte ganz ara-
mäisch sind, sondern auch in dem feinsten Geäder der fremde Einfluss

klemmung, die den Atem der Herzen zusammenpresst; er
sieht die Not und die Gebrechen der Zeit, die dunklen Gestalten, die in dem allgemeinen Düster gleich Schattenbil-
dern einherhuschen; was wäre wol im Stande dem Menschen
Befriedigung zu verschaffen? Etwa die Weisheit? Die Weisheit ist kein eigentliches Gut, sondern eine Plage nur; je
mehr Weisheit, desto mehr Verdruss; wer an Wissen zu-
nimmt, nimmt auch an Schmerzen zu, denn nichtig sind die
Dinge und je tiefer sie erforscht werden, desto nichtiger
erscheint die Kenntnis derselben. (1, 18). Nun so wird es
der Besitz sein? Auch er ist kein Ersatz für die Plage und
Qual in der Unruhe, die sein Erringen und Erhalten schafft.
(5, 9 und ö.) Auch die Arbeit ist armselig, mehrt den
Schmerz, die Sorge bei Tag, die Schlaflosigkeit bei Nacht;
ihr Bleibendes, ist es etwas mehr als Eitelkeit? (2, 21—23).
Nichts gewährt die gewünschte Befriedigung, über alle Dinge
und Erscheinungen breitet sich der düstere Hümmel weitgehender Skepsis, ein erschlaffender Pessimismus aus, und
selbst wo einzelne Lichtstralen das Gewölk durchbrechen,
reichen sie nicht hin, den Weltschmerz, der sich der Zeit
bemächtigt hat, zu heilen. In kurzen abgerissenen Sätzen

---

vorbereitet ist», (Ewald, die Dichter d. a. B. II., 268, vgl. auch hiezu Keil. Einl.
S. 384). Nach Philipson a. a. O. Einleit. zu d. B. wäre die Abfassung in
eine geraume Zeit nach Esra und Neh. zu setzen, in der jedoch der Aufschwung zum Besseren, wie er durch Nehemia herbeigeführt wurde, die
düstere Stimmung, die das Buch beherrscht, schwer begreifen liesse. Noch
tiefer drückt es Grätz (Monatsschrift 1869 S. 481 s. dess. Comment. zu Koh.
1872 und Gesch. IV S. 252 f.) hinab. Er lässt es in der Zeit Herodes
gleichsam als Schmähschrift gegen ihn und seine Regierung, entstehen:
allein dann wäre zunächst unbegreiflich, wie dem Könige selbst die Schmä-
hungen gegen sich und sein Regiment in den Mund gelegt werden konnten;
auch sind Gräcismen eher hineingedacht, als wirklich vorhanden. Endlich
spricht der Umstand, dass in dem Buche der leiblichen Auferstehung, die
in Daniel als vollständig entwickelte Glaubensanschauung erscheint, nicht
gedacht wird, gegen die Annahme einer so späten Abfassung In dem
Buche herrscht derselbe Sprachcharakter, den wir in Esra, Nehemia und
Josua wiederfinden. Auch versetzt uns die ganze Situation in die Zeit, die
wir behandeln. Die Satrapenherrschaft, in der Knappen sich gleich Kö-
nigen geberden, (Koh. 10, 16 und Neh. 5) tritt uns in ihrer grässlichen
Gestalt entgegen, wie in Esra 4, Neh. 1, 1 ff., 2, 10, 19; 3, 33 ff., 4, 1,
6; der Tempelcultus befindet sich in dem Zustande, wie wir ihn aus Maleachi kennen, vgl. Koh. 4, 17; 5, 15 mit Mal. 1, 7 f.; 2, 17: Koh. 9, 2

schwanken die Gedanken, gepeitscht von Zweifel und Not
ohne sicheren Haltpunkt hin und her — das gewaltige Ringen einer vom Weltschmerz erfüllten Seele, die wol die
Nichtigkeit alles Seins erkennt, dennoch aber nicht alles
verlieren und aufgeben möchte, wird uns vorgeführt.
Allein nicht welterlösende Gedanken, die starke Charaktere, grosse Schöpfungen ins Leben zu rufen im Stande
sind, werden uns geboten, wenngleich Kohelet im Vergleich
zu Hiob einen Fortschritt im speculativen Denken bekundet;
das Welträtsel, das bereits im Hiob Gegenstand des Nach-
denkens war, wird auch hier nicht gelöst, es wird nur versucht, einen Hinweis zu geben, wie es möglich wird, auch
ohne die Lösung desselben glücklich zu leben. Kohelet sieht
um sich und findet allenthalben ein Wanken und Schwanken,
nur in der Natur erkennt er ein ewig feststehendes Gesetz,
in dem Gleich- und Ebenmass herrscht, ein Naturprincip für
alle Zeiten giltig (vgl. 1, 4 f, 3, 1 f.) Diese Gleichmässig-
keit nun wird der Schlüssel für seinen Hinweis: „Alles hat
seine Zeit und jedes Wollen seinen Zeitpunkt;" daher sind
alle Extreme gleich verwerflich, lächerlich ist der Geiz,
wertlos der äussere Glanz; sei nicht allzu fromm und sei

---

mit Mal. 1, 6; 2, 9; 3, 7; ebenso breitet sich über beide Bücher derselbe
trübe Gedankenkreis aus; vgl. Mal. 2, 17; 3, 14, 15; vgl. auch מלאך in
der Bedeutung Priester Mal. 2, 7, Koh. 5, 5.

Die Bedeutung des Wortes K o h e l e t ist noch nicht genügend erhellt; keinesfalls bedeutet es aber Sprecher, (vgl. das syrische *Kohlono*,
arab. *qâla, calare, clamare*) sondern Sammler *(congregare, concionari,*
daher schon bei Hieronymus in Eccl. 1, 1, *Coëleth i. e. Ecclesiastes,* vgl.
die Ueberschrift des arab. Uebersetzers, *liber collectanearum,* fälschlich auf
die Gedanken bezogen). Die meisten, auch die jüdischen Erklärer, wollen
die הכמה analog in Spr. 1, 20; 8, 1; 9, 1 (vgl. Delitzsch, Koh. und Hhl.
211 ff.) subponiren, was aber nicht notwendig ist — die Femininalform ist
hier, wie Neh. 7, 57 und Esra 2, 55, 57 als Bezeichnung für ein Amt,
eigentlich ein Neutrum, wie *doctissimum* statt *doctissimus,* ein *abstractum*
pro *concreto* angewendet. Im Texte wird das Wort stets männlich, nur 7,
27 femin. gebraucht.

Der Epilog wird von den meisten Erklärern als späterer Zusatz, sei
es des Verfassers (Herzfeld), sei es eines spätern Interpolators (Berth.
Knobel, Umbreit) angesehen; vgl. Krochmal, הומן נבובי c. 11 § S.
Ebenso hält Luzzato, Ozar nechmad Jg. 3, 17, vgl. Geiger. Zschr. I, 151 f.
die gläubig klingenden Sätze 11, 9; 12, 1, 7 als spätere Zusätze des Ka-
nonsammlers.

nicht zu gottlos; freue dich Jüngling in deiner Jugend, gedenke aber auch der Zeit des Endes. Geniesse das Leben in und mit der Welt, freue dich mit dem Weibe deiner Jugend in deinem Hause und grüble nicht viel über das Verhängniss. Fürchte Gott, halte seine Gebote, das ist die Summe aller Weisheit! Alles hat nur relativen Wert, benütze daher alles weise und mit Mass! (Vgl. 4, 8; 4, 13, 16 f 11, 4—12, 8; 2, 24; 3, 17—19; 22; 6, 1—9; 7, 14; 8, 15; 9, 7—10; 11, 9—10). Nüchterne Alltäglichkeit ist es, eine Philosophie, die mehr auf ein kluges Durchschlüpfen durch's Leben, als auf Vertiefung des ethischen Bewusstseins dringt.

Diese Mittelmässigkeit fand aber ihre Begründung in der traurigen Geistesrichtung der Zeit; denn gleich dem politisch-socialen Leben lag auch der sittlich-religiöse Zustand der neuen Gemeinde sehr im Argen. Wenn der Grund materiellen Seins wankt, dann sinkt auch die geistige Kraft der Seele, die sich in solcher Stimmung nicht an die Sprossen der Himmelsleiter wagt. Zeiten, in denen der Ruf nach Brot allgemein, die Kluft zwischen Besitzenden und Besitzlosen gewaltig ist, tun sich selten nach seelischer Labung um; ihnen dünkt es, Gott hätte ihrer vergessen und die Menschen erscheinen ihnen grausam; was bedeuten ihnen dann die Hochzwecke Beider?

Mit vieler Not und nach langem Kampfe war der Tempel erbaut (Koh. 4, 17), allein der Zeit fehlte der kindlich-naive Glaube; Widerspruch und Zweifel zerreissen manchen süssen Wahn. Und an diesem Verfalle des religiösen Lebens hatten die Priester nicht zum geringsten Teile Schuld; sie die Gottes Boten sein sollten (Mal. 2, 7; vgl. Koh. 5, 5), waren Mietlinge, denen der heil. Dienst zur Last geworden (Mal. 1, 13), Verächter des Gottesnamens, denen der eigene Nutzen höher stand, als die Heiligung Gottes, daher sie selbst in den Augen des Volkes verächtlich wurden, (Mal. 2, 9). Geraubtes kam auf den Tisch des Herrn, der Sabbat wurde entweiht, die Zehnte den Leviten nicht entrichtet, die sich daher auch immer mehr vom Heiligenleben zurückzogen. (Neh. 13, 10; 12, 44 vgl. Mal. 1, 6 f.) Deshalb wendet sich der Eliaseifer des Propheten Maleachi[1] namentlich gegen die Kinder Levi's, die das Gottesbündnis, mit den Ahnen einst geschlossen,

---

[1] Maleachi, durch Apocope aus מַלְאָכִיָה entstanden, nimmt den letzten Platz in der Reihe der kleineren Propheten ein; er wird auch von der Tradition als der letzte der Propheten bezeichnet. Den Namen nehmen einige (Alexandriner) appellativisch, andere (Venema, Hävernik, Hengstenberg)

frevlerisch verletzten. Wol traten die Bessergesinnten im
Volke hie und da zusammen, um zu beraten, wie dem gierig
um sich fressenden Verderben Einhalt zu gebieten wäre;
allein vergebens, nur Gott hörte auf sie, im Volke aber ver-
hallte fruchtlos ihre mahnende Stimme (Mal. 3, 16). Das
böse Beispiel der Priester griff gewaltig um sich und selbst
das alte Bollwerk des monotheistischen Gedankens, die Fa-
milienreinheit, fiel als Opfer der Schwäche und Gedanken-
losigkeit. Jerusalem war noch immer ohne feste Mauern
(Neh. 1, 3), Gott hatte verheissen, selbst eine feurige Mauer
um die Stadt zu sein (Sech. 2, 9); allein das Gottesbewusstsein war nicht mehr stark genug, um Zuversicht zu gewähren; ein Gefühl der Unsicherheit beherrschte alle Kreise
und gleich den Priestern suchte das Volk in den Nachbarvölkern Stützen, deren Töchter sie als Gattinnen heimführ-
ten. Und neben dieser Versumpfung durch Gedankenlosig-
keit machte sich noch im Volke eine skeptische, in krassen
Materialismus ausartende Lebensanschauung breit, mit besonderer Vorliebe sich mit dem Mantel einer Scheinaufklä-
rung umhüllend. Die Priester legten, um ihr religionswidri-
ges Treiben vor der Menge zu beschönigen, in sophistischer
Weise das Wort der Schrift aus, und da die Frommen gegen
die Ehen mit den Fremden eiferten, sprachen sie: „Haben

als Amtstitel, מלאך in der Bedeutung Priester; vgl. Mal. 2, 7. Doch wird
aus der Schrift keinesfalls ersichtlich, dass der Prophet dem Priesterstande
angehört habe, da sein Tadel sich zumeist gegen die Priester wendet. Meg.
15 a; Jalk. Mal. Anf. und Targum zu Meleachi 1, wird er mit Esra, in
ersteren zwei Stellen auch mit Mordechai identificirt, ähnlich auch Hieronym
ad Hagg. 1, 13 und prooem. in Maleach. Einige wollen seine Tätigkeit in
die Zeit Esra's, andere in die Zeit Nehemia's setzen. Allein bei keinem
derselben wird seiner gedacht, und die Art, mit der er 1, 8 von dem פחה
spricht, lässt nicht darauf schliessen, dass er zur Zeit Nehemias gelebt habe,
vielmehr zu einer Zeit, da ein fremder Pascha über die Provinz gesetzt
war, wie wir einen solchen für die Zeit zwischen Zerubabel und Esra annehmen, ähnlich Huetius, Hitzig, Herzfeld und Bleek.

Das Buch zerfällt in 3 Abschnitte: 1, 2—2, 9, sodann 2, 10—16
und 2, 7; 3, 21. Der Gesichtskreis des Propheten wird von der Ansiedlung
der neuen Gemeinde und dem Tempelkultus eingeschlossen. Durch seine
Weissagungen zieht sich die trübe Stimmung, die jene Zeit beherrschte. Die
Sprache ist matt, zumeist dialogisirend. Vgl. Geiger Zeitschr. V. 217 f. M. Sänger «der Proph. Maleachi», Jena 1867. Zum ersten Male tritt hier die Idee des
מלאך הברית (Bundesbote) auf, welcher dem יום ה' an dem die Läuterung der
Menschen durch Feuer vor sich geht, vorbereitet. (Vgl. Gen. r. 48); 3, 22-24 scheint
uns ein späterer Zusatz zu sein. Das ריי רבתא bei זכרו scheint darauf hinzuweisen.
Der Interpolator wollte dadurch den Passus als Interpolation kennzeichnen.

wir nicht alle einen Vater, hat uns nicht alle ein Gott geschaffen[1])?" (Mal. 2, 10 f. Geiger Zeitschr. V. 95 f.); und
gleich den Priestern gefiel sich auch das Volk in Selbst-
beschönigung und Selbstgerechtigkeit, da es sprach: „was
tun wir den Schlimmes?" obgleich landläufig das Wort geworden war: „Nichtig ist's dem Herrn dienen, welchen Gewinn bringt es, seine Satzungen zu beobachten?" (Mal. 3,
10). Es geht eben dem Volke wie dem Individuum! Wenn
es zu Jahren gekommen ist, genügt ihm nicht mehr der
kindlich-naive Glaube, der leicht und bestimmt auf alle
Fragen Antwort gibt; der Volksgeist erwacht zur Reflexion,
der Glaube ist dann nicht mehr stark genug, alle Zweifel zu
bekämpfen und zur Ruhe zu bringen. In Schuld und Not
werden Fragen aufgeworfen, Stimmen und Klagen vernommen, die nicht mehr durch irgend eine äusserliche
gottesdienstliche Handlung beruhigt werden können. Nur
wenige sind es, die in solchem Seelenzustande bescheiden
genug bleiben, die Schranken, die sich dem menschlichen
Geist in den Weg stellen, zu erkennen; der grössere Teil
der Menschen spinnt in seiner Schwäche Truggewebe, um
die Lücken des Könnens und Wissens zu verdecken.

Schon im Exile waren, wie wir dies in Hiob fanden,
laute Zweifel an eine gerechte Weltregierung und Gedanken
von der Wertlosigkeit des menschlichen Seins aufgetaucht.
Gewaltiger aber wurde jetzt der Skepticismus. Beide, Hiob
und Kohelet, kranken an demselben Gebrechen; Beide wissen
es nicht zu erklären wie es dem Gerechten gehen könne,
als hätte er Werke des Gottlosen und diesem, als hätte er
das Werk des Gerechten an sich. Beiden fehlt der sichere,
klare Ausblick auf eine befriedigende Lösung des Rätsels:
„Das ist das schlimmste Ding unter der Sonne, dass es dem
Einen wie dem Andern geht!" (Koh. 9, 3); allein in Hiob
wurde der Zweifel noch durch den Gedanken an den „Knecht
Jahve's", der jetzt leidet, um später in um so grösserem
Glücke zu leben, durch den Gedanken, dass die Leiden als
Mittel zur Läuterung und zur Erhöhung des Geisteslebens
notwendig seien, siegreich niedergekämpft. Anders war es in
der Zeit Kohelet's! Die Zeit der Verheissung war bereits
eingetreten. Israel war nach dem Exile wieder frei in die
Heimat zurückgekehrt, aber die Zeit der Erhöhung des
„Knechtes Jahve's" war nicht gekommen, vielmehr war das

---

[1]) Ib. ist ברית אלהינו st. ברית אבותינו zu lesen; vergl. Abrabanel z. St.

Elend grösser denn je, die Leiden hatten sich bis zur Unerträglichkeit gesteigert. Die Einfachheit der Verhältnisse war gestört, die Ungleichheit des Besitzes hatte eine allgemeine Verworrenheit der Verhältnisse herbeigeführt, die rechtschaffenen Armen erbleichten vor den reichen Tyrannen; die Feinde der Gola triumphirten, die Gemeinde Gottes aber seufzte in bitterem Elend. Der Volksgeist war nun wieder genötigt, wenn er nicht ganz sinken sollte, nach einer Ausgleichung dieses Rätsels sich umzutun, die Kluft zwischen Menschenleben und Gottes Vorsehung zu überbrücken. Der traurige Druck socialer Ungleichheit aber barg zu allen Zeiten den besten Keim für den Gedanken an ein ewiges Leben im Jenseits. „Der Armen ist das Himmelreich!" mit diesem Satze wurde ein halbes Jahrhundert später die halbe Welt des Heidentumes für den monotheistischen Gedanken gewonnen und in dem Gedanken eines L e b e n s d e s I n d i v i d u m s n a c h d e m T o d e ward auch jetzt der Widerspruch zwischen dem äusseren Zustande und dem inneren sittlichen Verhalten aufgehoben. Je mehr das Volksleben zum Scheinleben ohne Selbstständigkeit gesunken, je geringer die Hoffnung für die politische Existenz des Volkes geworden war; desto mehr zog es sich vom Boden des Universallebens zurück und versenkte sich in das Einzelleben, für das eine Ausgleichung in dem Lebensrätsel immer leichter zu finden ist.

Man hat nicht selten die Ansicht ausgesprochen, der Unsterblichkeitsgedanke sei aus dem Parsismus in's Judentum hinein getragen worden, weil in den vorexilischen Schriften nur ein unbestimmtes, nicht genau präcisirtes Ahnen des jenseitigen Lebens in Ausdruck gebracht wird, während in den nachexilischen Stücken der Unsterblichkeitsgedanke als im Volksbewusstsein liegend erscheint; vgl. Hiob 11, 19, 20; 22, 19; Psalm 92, 8; Jes. 57, 2; Allein mit Unrecht! — Es gibt Gedanken, die jeder Volksseele gleichsam angeboren sind, die in jedem Volke schlummern und nur des geeigneten Momentes harren, um aus dem Dunkel an's Tageslicht zu treten. Bei grundlegenden, aus dem Leben der Natur stammenden Gedanken braucht an keine Entlehnung gedacht zu werden; es sind gleichsam selbstständige Offenbarungen, die jedem Volksgeiste geworden sind.

In allem Kämpfen und Ringen des menschlichen Geistes erwacht ein dunkles Sehnen und Sinnen nach dem, was überweltlich und übermenschlich; die Empfindung vertieft

sich, und das bedrückte Gemüt sucht das Rätsel der Vergäng-
lichkeit zu ergründen. So lebte sicherlich seit alten Tagen in
den Höherstehenden der dem Menschen innewohndnde Gedanke an die Unsterblichkeit; jetzt aber drang er als Ausgleichung des Schicksals und der göttlichen Gerechtigkeit in's
Volksleben. Was früher „d e r  K n e c h t  J a h v e's" für den
Volksgedanken war, das wurde jetzt die U n s t e r b l i c h-
k e i t s i d e e; die Tugend der Einzelnen sollte als Solidar-
mittel der Gesammtheit zu Gute kommen (Ps. 49, 15, 16).
Allein, wie allenthalben, blieben auch im Gefolge dieser Idee
die Schattenseiten nicht aus. In dem Kämpfen und Ringen
wird wol die Menschenseele gestärkt, häufig aber auch verwirrt. Die Grenze zwischen Religiosität und Schwärmerei
ist allezeit schwer zu bestimmen. Nur ein Schritt und man
gelangte mit dem Unsterblichkeitsgedanken ungefähr zu
demselben Resultate, zu dem auf anderem Wege der skeptische Rationalismus gelangt war. Epikuräismus und Stoi-
cismus begegnen sich in dem Gedanken an die Wertlosigkeit
des Lebens. Hatte sich dort ein zügelloser Sinnengenuss
entwickelt, so gewann hier die Askese das Ansehen von
Frömmigkeit. Tatsächlich nahm Fasten und Beten, Gelübde-
ablegen und Opfern, das bald wieder zu leeren, geist- und
inhaltlosen Menschenwerke sank, überhand; schwärmerische
Gemüter kehrten dem Gemeinwesen den Rücken und ver-
senkten sich in einen Mysticismus, der jedem Menschen gefährlich erscheinen musste. Wie nun später König Ptolemäus
Philadelphus die Unsterblichkeitsidee als staatsgefährlichen
Gedanken erklärte, weil die Selbstmorde der mit dem irdischen Leben Unzufriedenen sich häuften; also bekämpfte
auch Kohelet den Unsterblichkeitsgedanken wegen der Askese,
die sich in dem bereits damals im Entstehen begriffenen
Essenismus[1]) entwickelte. „Ich dachte in meinem Herzen",
so spricht er mit nachsichtsloser Konsequenz „den Gerechten
wie den Frevler wird Gott einst richten; eine Zeit kommt
für jede Sache und für jedes Tun. Und ich sprach dabei zu
mir wegen des Gerede der Menschen, Gott habe sie erkoren,
dieses sei nur, um ihnen zu zeigen, dass sie Vieh sind;
Menschenschicksal und Tierschicksal — eins ist es; wie
Dieser Tod, so Jener — alle haben einen Geist, der Vorzug
des Menschen vor dem Tiere ist nichts; denn alles ist eitel.
Alles geht an einen Ort; alles ward aus Staub; alles kehrt

---

[1]) Das Nähere über die Entstehung des Essenismus im 4. Capitel.

wieder zum Staube. Wer weiss es, ob der Menschengeist
aufwärtszieht; ob der Geist der Tiere niedersinkt[1]) (3, 18,
21)?" „Alles wie allen — ein Geschick[2]) ist dem Gerechten
und dem Frevler, dem Guten und dem Reinen und dem
Unreinen, dem der da opfert und dem der da nicht opfert,
dem Guten und dem Sünder, der leicht schwört und dem,
der den Schwur fürchtet — das ist das Uebel in Allem,
was da geschieht unter der Sonne, dass Ein Geschick für
alle ist und darob füllt sich das Herz der Menschenkinder
mit Bösen, und Wahn ist in ihrem Herzen während ihres
Lebens und nach diesem zu den Toten! Denn wer noch
verbunden ist dem Leben, hat Hoffnung; ja einem lebendigen Hunde ist's besser als einem toten Löwen, denn die
Lebenden wissen, dass sie sterben werden, aber die Toten
wissen nicht das Geringste und ihnen wird kein Lohn, denn
ihr Angedenken wird vergessen; sowol ihre Liebe, als ihr
Hass, als ihr Eifer ist längst verloren und keinen Anteil
haben sie an dem, was da geschieht unter der Sonne (Koh.
9, 3—6)!"

Und mit gleich energischer Konsequenz wendet er
sich gegen die dunklen Ausgeburten des Mysticismus und
die Askese: „Bewahre deine Füsse, wenn du zum Gotteshause gehst; sich nahen, um zu hören, ist besser, als dass
die Toren Schlachtopfer geben, weil sie nicht wissen, dass
sie Böses tun (4, 17). Sei nicht vorschnell mit deinem
Munde und dein Herz sei nicht beeilt, etwas auszusprechen
vor Gott; denn Gott ist im Himmel, du aber bist auf Erden,
darum seien deiner Worte nur wenig (5, 1). Lass deinen
Mund nicht zum Sündigen verführen dein Fleisch und sprich
nicht zum Gottesboten[3]): es war Versehen (5, 5)! Wolle
nicht übermässig fromm sein und nicht übermässig klug;
warum sollst du dich selbst zu Grunde richten?" (7, 17).
Der Askese gegenüber empfiehlt er den Lebensgenuss:

---

[1]) Ueber die ursprüngliche Lesart dieses Satzes, in der das ה ein
fragendes ist, später aber in ein demonstratives geändert wurde, s. Geiger,
Urschr. 175.

[2]) מקרה bedeutet nicht: *Fatum*, die *heimarmené*, sondern Geschick,
Schicksal im Allgemeinen, s. dag. Gelbe, Beitrag z. Einleitung in d. a. T.
Leipzig 1866 S. 131.

[3]) מלאך ist hier identisch mit Priester, vgl. Hag. 1, 13; Mal. 1, 3,
ferner Offenb. 1, 20; 1, wo *angelos* in demselben Sinne gebraucht wird;
nach Philippson a. a. O. z. St. „Engel" mit Bezug auf das Gewissen.

„Siehe da, was ich als gut ersehen habe, dass es schön sei, zu essen und zu trinken und Gutes zu geniessen in aller seiner Mühe, womit einer sich abmüht unter der Sonne, die Zahl der Tage seines Lebens, die ihm Gott gegeben; denn das ist sein Teil. Denn ein jeder Mensch, dem Gott Reichtum gegeben und Schätze, und ihn ermächtigt, davon zu essen und sein Teil zu nehmen und fröhlich zu sein und seiner Arbeit sich zu freuen: das ist eine Gabe Gottes!" (5, 17, 18). Aber nicht sinnliche Trinkgelage, die den Leichtsinn erwecken und die schrankenlose Lust als Ziel des Lebens hinstellen, predigt er, sondern wieder den Weg der Mitte: „Besser ist es zu gehen in ein Leichenhaus, denn in ein Haus des Zechgelages" (7, 12).

Kohelet ist das Produkt einer verworrenen, zerrissenen, in Nüchternheit sich hinziehenden Zeit. Der sich bewusst gewordene Menschengeist blickt mit offenem Auge in die Welt, die ihm der Rätsel zahllose aufwirft; er sucht Welt und Leben zu begreifen, indem er ihren Gesetzen nachgeht, um sie mit ihrem eigenen und seinem Wesen in Einklang zu bringen.

Kohelet ist der Ansatz der althebräischen חכמה zur Philosophie; die Grundsätze und Ansichten dieser Spekulation verknüpfen sich schwer zu einem abgerundeten System mit innerer, strenglogischer Folgerichtigkeit und einem obersten Satze, sondern sie stellen sich lose nebeneinander, die innere Wahrheit aus sich selbst und nicht aus einem Prinzip erweisend. In Hiob ist bei der Spekulation mehr das Gemüt, die Poesie beschäftigt; in Kohelet tritt der denkende Geist, unbeirrt um jede Fessel, mit strenger unerbittlicher Logik auf und auf dem Wege reinen Denkens versucht er es, von dem Einzelnen, Wechselnden, Mannigfaltigen zu dem Einen, Erhabenen und Unveränderlichen emporzustreben, Selbstbewusstsein mit Offenbarung in den Erfahrungen der Zeit und des Lebens zu vermitteln. Diese althebräische חכמה ist kein leeres Abstraktum, geht nicht im Denken auf, sondern sie eröffnet Allen ihr höchstes Gut; sie nimmt den Menschen, wie er ist, mit Leib und Seele, das Leben, wie es sich darstellt, mit seinen Leiden und Freuden und sucht in der harmonischen Ausbildung aller im menschlichen Wesen ruhenden Kräfte und in dem vernünftigen Erfassen alles dessen, was das Leben bringt, ihr Ideal. Der Standpunkt ist ein skeptischer, denn das Leben lehrt zweifeln; aber in jedem Schlage hört man doch das weite Herz, das nur durch die drückenden Verhältnisse der Zeit eingeengt und zusammengepresst wird; einen f a u s t i s c h e n Drang führt uns das Buch vor, der ruhelos durch die Tragik des Lebens einherschwankt und schliesslich nach langer Irrfahrt in der „g o l d e n e n M i t t e" das Heil der menschlichen Natur und des menschlichen Lebens, in der unbedingten Hingabe an Gott und Menschen das ewig befreiende Glück zu finden wähnt.

In sich selbst zerklüftet endet die Zeit, von der so vieles erhofft und erwartet wurde. Mit Begeisterung und Jubel hatte sie begonnen, mit Schmerz und innerem Siechtum nimmt sie Abschied, des rettenden Geistes harrend, der das Dunkel lichtet.

# III

# Das neue Heiligenleben.

## Esra und Nehemia.
### (458—430).

Der scheinbar sumpfige Boden des Exils wurde für
Israel die Stätte neuer Entfaltung seines religiösen
Lebens. Was in den schönsten Zeiten politischer
Selbstständigkeit nur von den grössten Geistern begriffen
wurde, was früher ein Jesaja, ein Jeremia im Herzens-
schrein verborgen trugen, das wurde durch die Zeit des
Elends Gemeingut des Volkes; der Monotheismus hatte über
das Heidentum den Sieg davon getragen — von dem babylonischen Exile an wird die Sünde des Götzendienstes in
Israels Mitte nicht mehr erwähnt. Die Jugendfehler waren
gebüsst, der Ernst des Mannesalters war angebrochen.

Allein als sollte es Israel immer und immer wieder in's
Bewusstsein gerufen werden, dass nicht die Scholle, auf der
sich seine politische Geschichte, die Geschichte seiner weltlichen Macht abspielte, der geeignete Ort für die Erhaltung
und Befestigung seiner Culturmission sei — ein Gedanke, den
Romantiker in und ausser Israel selbst in unserer Zeit noch nicht
zu erfassen vermögen, da sie von einer neuerlichen Koloni-
sation Palästina's durch Juden das Heil der Zukunft erwarten
— in Jerusalem wollte das Gottesleben nicht recht gedeihen.
Zweifel und dumpfe Resignation sind eben schlechte Mittel
zur Erweckung religiösen Lebens; wo Koheletgedanken die
Volksseele zerwühlen, da gedeiht nur schlecht die stille Saat
des Gottesgedankens. In Jerusalem herrschte ein Mangel an

tüchtigen Kräften; die besten Elemente weilten seit der
ersten Deportation unter Jojachin (2 K. 24, 10—17) in
Babel, weswegen dies auch später noch bedeutenden Einfluss
auf die Entwicklung der Dinge in Judäa übte. Von Zeit zu
Zeit kamen wol einzelne Nachzügler von Sehnsucht getrieben
nach Jerusalem; allein sie blieben ohne Einfluss auf das
Leben daselbst. Einer allein war es, der religiöse Begeisterung mit der erforderlichen Geistesschärfe besass, um dau-
ernden Einfluss auf die künftige Gestaltung und den Ausbau
des religiösen Gedankens in Israel gewinnen zu können —
Esra war es, der Gottesmann, in dem sich ein kindlich frommes
Gemüt mit voller Energie einigte und bekundete, sobald es
galt, für Gott einzutreten. Mit scharfem Blicke drang er in
das Wesen der Zeit, sowie in deren Conflicte und unbeirrt
um diese auf die Einheit, die sich aus dem Kämpfen entwickeln sollte. Die beklemmenden Zustände der Zeit und
der Volksgenossen aber als endlich und vorübergehend, als
Uebergänge zum Besseren zu betrachten, in allem Ringen
und in allen Widerwärtigkeiten den ungebrochenen Mut,
ja den festen Glauben an eine schönere Zukunft sich zu
retten — dazu gehört eine Kraft des Gedankens, ein un-
erschütterliches Glaubensbewusstsein, wie sich deren nur
wenige Erdenkinder zu rühmen vermögen. Nur die kräftigsten Geister vermögen es, sei es in Folge unmittebarer Gabe
von Oben, sei es als Folge angestrengter vollendeter Selbst-
bildung sich so in sich selbst zu vertiefen, dass in ihnen die Gesammtheit der Zeitkräfte geeint erscheint: mitten in dem Ringen
und Kämpfen schwingen sie sich zur Höhe, die scheinbar weit
über die Gegenwart hinausragt, in Wahrheit aber im eigentlichen
Mittelpunkte derselben steht und werden so einerseits D o l-
m e t s c h e r  d e r  G e d a n k e n  d e r  Z e i t, denen sie Ausdruck und Gestaltung verleihen, anderseits aber wieder S c h ö p-
f e r  d e r  Z e i t, indem sie ihr mit Bewusstsein das eigene
Geistesstempel aufdrücken und somit B a h n b r e c h e r  f ü r  d e n
E n t w i c k l u n g s g a n g  k ü n f t i g e r  G e n e r a t i o n e n  werden.

Mit Esra stehen wir an der Schwelle  d e s  J u d e n-
t u m s  im Gegensatz zur Geschichte Alt-Israels. Dieses ist
von Babel vernichtet worden. Die Entwicklung des Judentums — Juda allein im Vereine mit dem kleinen Benjamin,
die Reste des altjudäischen Reiches, haben den zweiten Tempel
errichtet; daher der Name Juda-Jude — an die Stelle Israels,
der Bezeichnung für das ehemalige Nordreich, von dem nur geringe Reste der Gola sich anschlossen, tritt — begann mit dem

babylonischen Exile; Esra aber hat mit Bewusstsein dessen Ausbau unternommen. Mit Esra stehen wir an der Schwelle des r a b b i n i s c h e n J u d e n t u m s, dass in ihm seinen Begründer feiert. W a s das Judentum geworden und w i e es geworden, das hat es ihm zu verdanken. Er hat die Bahn gezeichnet für den R a b b i n i s m u s, der ihn nicht ohne Grund seinen zweiten Moses nennt. Samuel's klarer Blick und Elias rücksichtsloser Eifer schienen sich in Esra neu verjüngt, geeint zu haben.

Nicht selten ist die Behauptung aufgestellt und verteidigt worden, der Rabbinismus befände sich im direktesten Gegensatze zu dem altisraelitischen Glaubensleben der mosaischen und prophetischen Zeit. Allein diese Behauptung beruht auf vollständiger Unkenntnis oder Nichtbeachtung jenes ewigen Gesetzes, das nicht blos in der sichtbaren Weltordnung, sondern auch in der Entwicklung des Gedankenlebens zu Tage tritt. Hier wie dort sind Ursache und Wirkung unlöslich mit einander verbunden und jedes Ereignis stammt in direkter Linie von vergangenen Geschehenissen ab.

Der Prophetismus hatte sich überlebt. In dem matten Flügelschlage, der seine letzten Vertreter trug, erkannten wir bereits seinen im Verenden begriffenen Geist. Seine Hauptaufgabe, der Kampf gegen das Heidentum, war beendet. Die Nichtigkeit der Götterwelt jener Völkerschaften, mit denen Israel in Berührung gekommen war, hatte den Schleier, der so lange seine Augen umhüllte, zerrissen; das Volkstum, dessen wärmsten Vertreter gegen tyrannische Macht die Propheten waren, konnte dieser jetzt um so leichter entbehren, als das politische Leben eigentlich nur eine Scheinexistenz fristete, dem der Nerv, die Freiheit, fehlte; auch war in Babel kein Heiligtum vorhanden, in dem die äussere Observanz den innern Geist erdrücken konnte; dieses Moment war es aber, welches dem Prophetismus die herrlichsten und erhabensten Gedanken eingegeben. Zu dem wirkten noch andere Umstände mit, die den Verfall dieser grossartigen Epoche herbeiführen mussten. So lange der Schwung der Rede noch zündete und der Pinsel der Propheten das grosse Gemälde der Zukunft mit den lebendigsten Farben malen konnte, horchte das Volk in Schmerz und Leid gerne auf die frohe Botschaft; sobald aber die verheissene Zeit eingetreten war, die jedoch bei weitem nicht jenen idealen Vorstellungen, die im Herzen des Volkes ge-

nährt wurden, entsprach, musste auch notwendigerweise
das Ansehen der Propheten, sowie der Wert der freien Rede,
in der die Kraft der Propheten lag, sinken. Je mehr dieses
der Fall war, desto höher stieg das Ansehen des tradirten
Wortes aus der Urvergangenheit des Volkes, — die תורת משה
gewann allmälig im Gegensatz zu den T h o r o t d e r P r o -
p h e t e n mehr an Boden im Volksleben. So war nicht vergeblich das Testament des letzten Propheten gewesen: „Ge-
denket der Thorat Mosche, meines Dieners, die ich ihm geboten
am Horeb für ganz Israel!" (Mal. 3, 22).

Allein abgesehen von diesen Momenten war auch sonst
die ganze Richtung des Prophetismus wenig geeignet, die
Zukunft des Volkslebens zu begründen. Je idealer der Gedanke, je abstrakter die Anschauung; desto weniger ist sie
als Erziehungsmittel für die Masse geeignet, die in dem
Ringen nach dem Ideal leicht auf Irrwege gerät und sodann
mit dem inneren auch das äussere Leben verliert. Die grossartige Universalität der welt- und menschenumfassenden Idee
des Prophetismus für die Zukunft der Menschheit war für
das Volk nicht fassbar und so konnte sich z. B. gerade aus
der Verheissung der Propheten von dem „Eingehen der
Fülle der Heiden" leicht jener verhängnissvolle Zustand
entwickeln, den Esra bei seiner Ankunft in Jerusalem vorfand, und der das ganze religiöse Leben des Volkes leicht in
Frage stellen konnte.

So hatten es die natürlichen Verhältnisse herbeigeführt, dass der Prophetenmund verstummte; der breite Strom
des freien, aus der Begeisterung für Volkswol und Herzensfrömmigkeit quillenden Wortes, war eingedämmt; allein er
hatte nicht aufgehört, er nahm nur einen anderen Charakter
an. Strömte er früher brausend über Steingerölle hinweg,
so vertiefte er sich jetzt mehr, um in dem fest aufgeworfenen Bette sicherer, wenn auch stiller einherzufliessen. Der
Soferismus, später Rabbinismus genannt, ist nichts anderes,
als die Fortsetzung des Gedankenfadens, den Mosaismus
und Prophetismus für die Geschichte des jüdischen Geistes
aufgenommen, ist nichts anderes, als die Entwicklung der
תורת משה zum Erbgute folgender Zeiten und Geschlechter in den verschiedensten Lebensverhältnissen, als die Anpassung der alten Lehre an das ewig junge Leben in allen
Zonen und Klimaten, unter allen Völkern, in allen Ländern.

Allerdings ist es unleugbar, dass das Judentum durch
den Rabbinismus ein in mannigfacher Beziehung vom Pro-

phetismus verschiedenes Gepräge erhalten habe; allein das
ist die natürliche, unabänderliche Folge wahrer Gedankenarbeit! Denn die Verwirklichung eines gegebenen Gedankens
kann und darf nicht mechanische Ausführung desselben —
vorausgesetzt dass in dem Tun Geist herrscht — sein; vielmehr ist mit jeder neuen Betätigung notwendigerweise auch
eine N e u s c h ö p f u n g verbunden. Darum kann kein folgendes Geschlecht die Entwürfe des vergangenen strikte
ausführen und erscheint jede noch so hohe Offenbarung in
jeder Zeit als eine andere. So bedingt es der menschliche
Geist, hierin liegt seine ewige Verjüngung, die stete
Erneuerung der Welt, d e r F o r t s c h r i t t d e s M e n s c h e n -
g e s c h l e c h t e s.

Somit erscheint der Rabbinismus, haften ihm auch hie
und da, wie allem, was von Zeit und Raum abhängig in die
Welt der Erscheinung tritt, Schwächen an; fehlt ihm namentlich nach Aussen hin jener ideale, universelle Gedanken-
schwung, der dem Prophetismus eigen war, als eine Phase,
die die Consequenz in der Geschichte herbeigeführt hatte
und muss als geschichtliche Erscheinung geachtet und gewürdigt werden. Die Geschichte schafft nicht ewig Neues,
die Gedankenarbeit des Menschengeschlechtes bleibt zuweilen
scheinbar stille stehen, in Wahrheit aber verarbeitet sie die
gewonnenen Säfte, damit diese in allen Gliedern gleichmässig
strömen. Der Rabbinismus hat nie aufgegeben den Gedankenkreis der Propheten, er hat ihn blos mit einer Hülle um-
kleidet, die den Kern im Kampfe gegen die Welt wol zu
verwahren berufen war. Es würde uns zu weit führen, wollten wir näher darlegen, wie der Rabbinismus die grosse
Erbschaft angetreten und nur gelegentlich wollen wir in dem
folgenden darauf hinweisen.

Ehe wir aber an die Geschichte Esra's und seiner Zeit
schreiten, erscheint es notwendig, einen Blick auf die weitere Entwicklung des religiösen Lebens der Juden in Babel
zu werfen; denn Babel gab den Impuls zu der neuen Gestaltung — d i e F r e m d e f ü r d i e F r e m d e! Nie hätte
Jerusalem eine solche Umbildung, wie sie vor sich gegangen, zu Wege gebracht, weil es sich für den ewigen
Mittelpunkt des jüdischen Lebens hielt, weil es ohne sich
kein Judentum zu denken vermochte. Nur die Fremde
konnte eine neue Richtung anbahnen, weil in ihr die Notwendigkeit für die Anpassung der alten Lehre an ein Leben
in veränderten Verhältnissen erwachte. Schon gelegentlich

unserer Besprechung des Einflusses, den das Exil auf die Juden hatte, fanden wir, dass in Babel ein frisches Geistesleben herrschte. Dieses hörte auch in der Folge nicht auf, vielmehr fand es in der Freiheit, deren sich das Volk in Handel und Wandel erfreute, namentlich aber in der blühenden Kultur, die in Persien und Babel heimisch war, kräftige Nahrung, so dass gerade das Exil und mit ihm das darauffolgende Jahrhundert mit Recht das g o l d e n e Z e i t a l t e r des jüdischen Geistes, d i e B l ü t e z e i t d e r a l t h e b r ä i s c h e n L i t e r a t u r genannt werden darf. Die Politik absorbirte keine Kräfte, sie konnten sich alle mit Eifer und Ruhe in den Dienst des religiösen Lebens stellen; zudem scheint es, als ob in Israel tatsächlich nur der Druck Elasticität des Geistes zu schaffen vermöchte!

Die Liebe zum Volkstum hatte naturgemäss besondere Liebe zur Sprache der Ahnen geweckt (vgl. Neh. 13, 23—25) — die Sprache ist eben des Volkstums ureigenstes Leben — zugleich aber auch das Streben, die nationale Geschichte aus den Trümmern der Zeit zu retten und ihre Erhaltung durch Verbreitung im Volksleben zu sichern. Aus Kriegsverzeichnissen (ספר מלחמות ה׳ vgl. Num. 21, 14), die aus alter Zeit herrührten, aus Geschlechtsregistern (ס׳ היחש s. ob. S. 5, A. 1) aus älteren Aufzeichnungen, die theils Lieder (ס׳ הישר vgl. Jos. 10, 13; 2 Sam. 1, 18; s. Bacher in Stade's Zschr. 1885 S. 163 vgl. hiezu Gen. r. 6), teils geschichtliche Berichte enthielten (vgl. ס׳ דברי שלמה 1 K. 11, 41, das aber auch dem Chronisten kaum mehr vorlag, der 2. Chr. 9, 29 nur דברי נתן הנביא, חוות יעדו החוזה השילוני und נבואת אחיה vgl. auch 2 Chr. 12, 15, דברי שמעיה הנבי ס׳ דברי הימים למלכי יהודה nennt, ferner וישראל vgl. 2 Chr. 25, 26; 27, 7 und ö. dem Jes. 36—39 entnommen zu sein scheint), entstanden die historischen Bücher, die uns unter dem Namen „erstere Propheten" bekannt sind. Es sind Ueberarbeitungen älterer geschichtlicher Berichte, die durch logische Verbindung den Anschauungen jener Zeit angepasst wurden.

Allein auch an selbstständigen Schöpfungen fehlt es nicht, namentlich entwickelte das alles durchdringende Gottbewusstsein mit seiner Tiefe und Innigkeit die Lyrik in der Psalmdichtung, deren meisten Stücke diesem Jahrhundert angehören, zur höchsten Blüte (vgl. Geiger nachgel. Schriften IV. 169), in der der Davidische Geist, verklärt durch die Geschicke der Zeit und durch die Hoffnung der Zukunft, in neuem Glanze aufleuchtete.

Naturgemäss herrschte unter den Juden in Babel ein in religiösen Dingen rigoroser Geist, der schon durch die Pflicht der Selbsterhaltung der festen Masse des Heidentums gegenüber bedingt war. Das Ansehen des Priestertums und des Opferwesens war durch die Verhältnisse in's Wanken geraten; wodurch sollte sich nun das Volkstum erhalten? In der Zeit des Prophetismus absorbirte der Kampf gegen das Heidentum der Kräfte zu viel, als dass noch Zeit und Kraft für positives Satzungsleben übrig geblieben wäre und N i c h t - G ö t z e n d i e n s t w a r s c h o n J u d e n t u m. Jetzt aber sollte die Gesammtheit durch bestimmte Formen gebunden werden, die religiöse Zeremonie sollte das Einigungs- und Erhaltungsmittel für das Volkstum bilden. Was früher als Metapher, als bildlicher Ausdruck galt, das wurde jetzt nach und nach als reale Forderung des Gesetzes angesehen.

Von diesem Geiste erfüllt gewöhnte man sich allmälig die תורת משה[1]), die jetzt die תורת ה' schlechthin wurde und in der man den Urwillen für jede fernere Entwicklung des Volkstums glaubte, zu lesen.

---

[1]) Auf die Zeit der Abfassung des Pentateuch hier näher einzugehen, ist nicht gut möglich. Gewiss ist es, dass Esra bereits im Besitze der Thora war, als er nach Jerusalem zog, vgl. den bereits feststehenden Ausdruck Thora in Jes. 42, 4, 21; 51, 4, 7; Thr. 2, 9, Ez. 7, 26. Der besondere Nachdruck, den Wellhausen, Gesch. S. 421 auf die Phrase דת אלהך די בידך Esr. 7, 14 legt, und von der er mit Bestimmtheit auf Esra als den Redaktor des Pentateuch, namentlich des Priestercodex schliesst, ist unberechtigt. Dass die Thora nicht in der Zeit Esra's und Nehemia's redigirt werden konnte, erhellt deutlich, wenn man die religiösen und politischen Verhältnisse jener Zeit ein wenig mit in Betracht zieht. Eine Zeit, in der Priesterdünkel und Genussucht sich im Tempel breit machten, war durchaus nicht geeignet, eine Einflussnahme der Priester bei Fixirung der Satzungen, ebensowenig eine solche Beachtung des Priesterstandes, wie er im Priestercodex gefunden, zu ermöglichen, vgl. Rosenzweig a. a. O. S. 19 f.; denn selbst in Esra überwiegt der Sofer den Priester und angenommen, es hätte dennoch der Priester Recht in solch hohem Grade vertreten wollen, so war Nehemia wenigstens in der ersten Zeit seines Wirkens nicht priesterfreundlich genug, um eine solche Gesetzgebung zu fördern. Auch der Umstand, dass den Leviten im Priestercodex eine ziemlich untergeordnete Stellung angewiesen wird — vgl. auch die Gesch. Korachs Num. 16 — während man in der Zeit Esra's deren Stellung sicherlich heben wollte, vgl. Grätz, Gesch. II. B. S. 129, spricht gegen die Annahme. Aehnlich äussert sich auch Prof. Riehm in Halle in einem an mich ge-

Diese Thora wurde jetzt Gegenstand allgemeinen Studiums. Das „kleine Heiligtum", welches an die Stelle des Heiligtums auf Zion trat, nahm mehr den Charakter der Schule an, in der Gebet zumeist aber Belehrung das Opfer vertreten sollte. Nicht als ob das Opfer für überflüssig erklärt worden wäre — und auch hierin folgte man den Fussstapfen der Propheten — man suchte nur in der Beschäftigung mit dem Gottesworte einen Ersatz für den Opferdienst. Neben den Priestern und Leviten trat ein neuer Stand in den Vordergrund, der sich nur in Babel entwickeln konnte nämlich der Stand der Mebinim, die Dolmetscher der Offenbarung, und dadurch Prophetenjünger wurden. War es nämlich früher der Beruf des Prophetismus, das lebendige Organ der Offenbarung, die mit Moses begonnen, Verkünder des göttlichen Willens innerhalb des Volkslebens zu sein, die Gegenwart im Spiegel einer von Gott geführten Vergangenheit darzustellen, das Organ der Volkstraditionen von Geschlecht zu Geschlecht in sich zu verkörpern (vgl. 2 Chr. 29, 30; Nch. 12, 46; 2 K. 4, 24; Jer. 26, 2; Hiob 5, 8; 15, 17—19; Ps. 78, 3; 22, 31 und ö.); so machten es sich jetzt die Schrifterklärer zur Aufgabe, das religiöse Bewusstsein, den religiösen Inhalt, der teils in den Schriften, teils im Volksleben schlummerte, zum Volksbewusstsein, zum Gemeingut der Gemeinde zu machen; das Wissen sollte Volkswissen, die Intelligenz Volksgut, der Kultus sollte Kultur werden; die Weisheit beschränkte sich jetzt nicht mehr auf die Kammern der Weisen; „sie ruft auf den Strassen und auf den Märkten erhebt sie ihre Stimme, an den Ecken geräuschvoller Wege ruft sie, in den Eingängen der Tore in die Stadt spricht sie ihre Reden." (Spr. 1, 20, 21; vgl. 8, 2—3). Der Standpunkt aber, auf dem die Religion Bildung wird, erhebt sich unwillkürlich über jene Anschauung, in der die Form alles ist; das Gottesbewusstsein durchdringt und durchbricht die Schale und wird rein, allgemein. So trat jetzt der Weisheit Rede, die Spruchdichtung[1]) einen Teil der Erbschaft des

---

richteten Schreiben. Die Bemerkung Wellhausens a. a. O. S. 402 über das angeblich aramaisirende הקם ברית statt des ursprünglichen כרת ברית ist einfach unrichtig, denn letzteres bedeutet »ein Bündnis schliessen«, ersteres aber ein bereits bestehendes neu bestätigen.

[1]) Kaum bei noch einem Buche der heiligen Schrift wäre es so schwierig, die Zeit der Entstehung zu bestimmen, wie bei den Sprüchen, die den Namen Salomo's an ihrer Spitze tragen — Sprüche sind der Aus-

Prophetismus an. Nicht das Volk Israel ist hier die Hauptsache, sondern der Mensch. „Wol dem Menschen der auf
mich (Weisheit) hört, vor meinen Toren wachet Tag um
Tag, die Pfosten meiner Türen hütet; denn wer mich findet,
findet Leben und erlangt Wolgefallen vor dem Ewigen; wer
aber wider mich sündigt, der frevelt gegen sich selber. Alle,
die mich hassen, lieben den Tod." (8, 34—36); durch mich
regieren Könige und beschliessen Edle das Recht, durch
mich üben Fürstenmacht die Fürsten und Hochgestellten,
alle Richter der Erde (ib. 15--16). Ja, gross und schätzens-
wert ist die Weisheit, den alles Streben und Handeln findet
in ihr den Masstab des Wertes; „wenn du die Einsicht
rufest, zur Vernunft erhebst deine Stimme; wenn du sie
suchest wie Silber, gleich verborgenen Schätzen ihr nach-
gräbst, dann wirst du des Ewigen Furcht verstehen und
Gottes Erkenntnis finden" (2, 3—6). Gleich den Propheten,
die auf die Verinnerlichung der Religion durch die Reinheit

druck momentaner Stimmungen und Empfindungen des Volkstums, die stets
das Eigentümliche an sich haben, dass, obgleich verschiedenen Zeiten
und Strömungen angehörig, neben einander gehalten sie dennoch Klänge einer
und derselben Seele zu sein scheinen; — allein gerade bei diesem Buche
ist das Bewusstsein allmäligen Werdens durch die verschiedenen Auf-
schriften, die es in mehrere Teile teilen, erhalten geblieben. Das משל
ist in Israel sehr alt (vgl. Num. 21, 7; I Sam. 10, 12; 24, 14), es ist die
Erfahrung des Volkslebens, die theils als geschichtliche Ueberlieferung,
teils aus dem Privatleben sich erhalten hat. Durch I K. 5, 12 (zur Zahl der
dort erwähnten Sprüche und der in unserem Buche s. Pesikta c. 14; Num.
r. 19; Jalk. z. I K. 5, 12) hat Salomo den idealen Grund zu dem Buche
gelegt, die späteren Geschlechter aber haben bewusst und unbewusst Beiträge ihm geliefert.

Das Buch zerfällt in 3 Hauptteile, denen sich kleinere Anhänge an-
schliessen: 1) c. 1—9 mit der Aufschrift משלי שלמה בן דוד מלך ישראל;
I, 1—7 bildet gleichsam die Einleitung zum ganzen Buche. Dieser Teil
scheint der jüngste der Hauptteile zu sein und seiner Abfassung nach in
die von uns behandelte Zeit zu fallen. Namentlich wird in ihm öfters vor
Unzucht, diesem Grundschaden, der an Babel haftet (vgl. Jes. 47, 12; 57, 3;
Ez. 20; Mal. 3, 5 s. hiezu Rappop. hebr. Briefe ed. Gräber, S. 32), gewarnt; vgl.
Grätz, II. B. 382, vgl. Midr. und Jalk. Spr. 1, 20—23, wo einzelne Sentenzen auf
die Zeiten Hosea's, Jeremias und Ezechiels bezogen werden. Die Darstellung
ist abgerundet und die Sprache klar, wenn auch bereits ziemlich breit und
nicht frei von Eigentümlichkeiten; vgl. 8, 4 אשים st. אֲנָשִׁים; 1, 9 לויה; 9, 1
חכמות u. s. w. Diese Capitel bilden eine Lobrede auf die Weisheit, die

des Herzens, durch Demut und Liebe dringen, wird in den
Sprüchen das Leben in Liebe, Milde und Grossmut empfohlen: „verweigere nicht dem die Woltat, dem sie gebührt,
wenn es in der Macht deiner Hand ist, sie auszuüben; sage
nicht zu deinem Nächsten: gehe hin und komme wieder,
morgen will ich es dir geben, wenn du es doch hast" (3, 27);
denn „nicht nützen die Schätze des Frevels, aber Almosen
rettet vom Tode" (10, 2); „wer sich des Armen erbarmt, der
leiht Jahve und sein Woltun wird er ihm vergelten" (19,
17 vgl. 11, 26; 24, 11; 28, 27 und ö.) Sanftmut legt den
Zorn (15, 1), vom Streite fern bleiben, macht dem Manne
Ehre (20, 3) und der Ruhm des Menschen ist, über Vergehen
hinweggehen (19, 11). Sprich nicht: ich will Böses vergelten
— hoffe auf Gott, er wird dir helfen! Wenn dein Feind
fällt, freue dich nicht und wenn er strauchelt, juble nicht
dein Herz — Gott könnte es sehen, es misfiele ihm und er

hier personificirt wird und auf welcher Grundlage später die weitere
Hypostasirung (im n. T. *logos, Hagia sophia* als selbstständige göttliche
Person) vor sich ging. Mit besonderer Vorliebe finden sich in diesem Teile
Anlehnungen an Hiob, vgl. 8 mit II. 28; 3, 14 mit II. 28, 18; 5, 3, 4 mit II
20, 12; 8, 25 mit II. 38, 5; 8, 29 mit II. 38, 10 s. dag. Stade's Zschr. 1882,
S. 219, 240 ff.

2) 10, 22, 16 mit der Ueberschrift משלי שלמה war wahrscheinlich
der älteste und ursprünglichste Teil der Sammlung mit späteren Nach-
trägen 22, 17 und 24, 23 f.; vgl. Ibn Esra z. St.; Elia Wilna, Com. zu 24, 23
und 30, 1; vgl. auch R. Tam in Tosaf. zu Erub. 17 a s. v. חפתה.

3) c. 25—29 mit der Ueberschrift גם אלה משלי שלמה אשר העתיקו
(Grätz a. a. O. המתיקו) יהודה מלך חזקיה אנשי. Nicht selten werden hier
einzelne Sprüche aus dem 2. Teile wiederholt, vgl. 25, 24 mit 21, 9; 29, 3
mit 10, 13; 26, 15 mit 19, 29; 26, 6 mit 19, 1; 28, 19 mit 12, 11; 26, 22 mit
18, 8; 27, 12 mit 22, 3; 27, 13 mit 20, 16; 27, 15 mit 19, 13; 27, 21 mit 17, 3.

Nachträge aus späterer Zeit sind 30 und 31, 1—9; vgl. v. 2 ברי st.
בני v. 3 die Endung ין st. ים; vgl. übrigens Lev. r. 12, wo schon die Rabbinen auf aramäischen Einfluss in der Sprache dieser St. aufmerksam machen;
31, 10—31, eine Lobrede auf das biedere Weib, ist entschieden späteren
Ursprunges, wie dieses die alphabetische Aufeinanderfolge der Verse, der
Anfang einer poetisirenden Spielerei in Folge des Verfalles der Poesie, wie
sie später bei Juden, Arabern und Persern gebräuchlich wurde, beweist.

In Agur 30, 1 und Lemuel 31, 1 wollen jüdische Ausleger und nach
ihnen Hieronymus eine Umschreibung des Namens Salomo's, andere eine
symbolische Bezeichnung finden, vgl. Jalk. Spr. 30; Jalk. Hhl. 980; Tanch.
Anf. וארא; Num. r. 10; Ab. R. Nat. 39. Vgl. Ibn Esra z. St. Pes. 87 a;
Jalk. u. Midr. Spr. z. St. Zu dem Ganzen vgl. Philipps. Bibelw.

lenkte von ihm seinen Zorn ab (und lenkte ihn auf dich) 24, 17—18. Namentlich aber wird Redlichkeit im Handel und Wandel empfohlen: „falsche Wagschalen sind ein Greuel Gottes, aber volles Gewicht ist sein Wolgefallen" (11, 1); „verrücke nicht die alte Grenze, die deine Väter gemacht haben (22, 28) und komme nicht auf das Feld des Waisen" (23, 10); „wer sein Vermögen mehrt durch Zins und Wucher, der sammelt es für den, der den Armen Gutes tut" (28, 8). In jedem Spruche tritt die Hoheit der Tugend, ohne welche alle Gaben und Güter nichtig sind (vgl. 11, 22; 31, 30 und ö.), in vollem Masse hervor. Die Religion erscheint hier als dynamische Macht, die von dem Individuum Selbstüberwindung und Beherrschung jeder Leidenschaft, die Unterordnung des Ich dem Willen Gottes (vgl. 14, 30; 18, 1; 11, 23; 14, 29; 12, 18; 16, 5; 13, 10 und ö.) fordert; sie ist aber weit entfernt, die Vernichtung des eigenen Seins zu verlangen — und auch hier zeigt sich der reale Boden, auf dem sich das Judentum aufbaut — sie dringt vielmehr auf Geltendmachung der eigenen Existenz, „es tut wol seinem Leben der Fromme und nur der Grausame härmt ab seinen Leib," weswegen Weisheit und Tugend es auch nicht scheuen, langes Leben, Reichtum und Kraft denen zu verheissen, die sie erwählen und sich auf sie stützen (8, 18; 11, 28; 2, 21; 3, 16 und ö.)

So werden in kurzen Sätzen, in Gleichnissen und bildlichen Sachwendungen Kerngedanken der Sittlichkeit und Wahrheit in einer dem Volke zugänglichen Weise vorgeführt; was als Trefflichstes von dem Trefflichen sich erhalten hatte, das sollte jetzt in dem Volke von Mund zu Mund leben — das ist die erste Anlage zu jenem Blumengarten, den wir Agada nennen, zu jenem Teile des Midrasch (vgl. 2 Chr. 13, 22; 24, 27), dessen Anfänge wir schon in der Ausschmückung des „Tages Jahves" wie ihn der Prophet Maleachi (3, 19) kündet, in der Anschauung, das vor dem grossen Tage Jahve's der מלאך הברית (Bundesbote), der Prophet Elia wieder kommen werde, um die neue Zeit durch den Frieden einzuleiten, finden, vgl. Mal. 3, 1 und 21. Die Weisheit ist aber nicht blos theoretisch, sondern auch praktisch; denn durch sie soll Gottesfurcht und Gotteserkenntnis erlangt werden. (Spr. 2, 5); die praktische Weisheit führte wieder zu den Anfängen der Halacha, deren erste Spuren ebenfalls bereits in den letzten Prophetenbüchern zu finden sind, (vgl. Mal. 2, 8 und Hag. 2, 11). Die תורת משה als תורת ה' galt bald als allein massgebend für die Entwickelung des religiösen Lebens und wie es früher die Propheten als ihren Beruf ansahen, das Wort zu beleben; so strebten es jetzt die Mebinim, die Vorläufer der Soferim, an, dass nicht das Wort, sondern der Geist herrsche. Wie das Erwachen des Humanismus, das Eindringen in das klassische Altertum die Reformation des kirchlichen Lebens im Mittelalter vorbereitete; wie das Streben Mendelsohn's, in das abgeschlossene Leben des Judentums Bildung hinein-zutragen, die innere Umbildung des Glaubensbewusstseins anbahnte; also wurde die Verinnerlichung des Gotteswortes durch die Mebinim gefördert, die die Schrift nicht blos er-klärten und erläuterten, sondern, in ihr tieferes Verständnis eindringend, ihre Anwendung für die Verhältnisse ihrer und der folgenden Zeiten ermöglichten. So nur lassen sich Vor-schriften, wie sie in Neh. 10, dem Rechtsstatut der neuen Gemeinde, hingestelt wurden, neben dem Vorhandensein der Thora, die jedenfalls selbst nach der weitgehendsten Kritik in der Zeit Nehemia's bereits als allgemein anerkanntes Gesetz in der Gemeinde lebte, begreifen. Daselbst wird V. 31 die Ausschliessung fremder Frauen, V. 32 die Heilighaltung das Sabbats und 33 die Verpflichtung, alljährlich ein Drittel Sekel für das Heiligtum zu entrichten, geboten.

Das pentateuchische Verbot der Eheverbindung mit fremden Völkerschaften gilt blos den sieben kanaanitischen Nationen, (vgl. Ex. 34, 11, 16. Deutr. 7, 3); hingegen ist nach Deutr. 21, 10 vgl. Rut. 1, 4; 4, 13; Num. 12, 1; 1 Chr. 2, 17; 1 K. 3, 1 sogar gestattet, eine Kriegsgefangene als Gattin heimzuführen. Ebenso wird daselbst 23, 8 und 9 ausdrücklich verboten, den Edomiter zu verabscheuen „denn er ist dein Bruder", so auch den Egypter, „denn in seinem Lande warst du ein Fremdling" und ist es deren Kindern im dritten Geschlecht gestattet, in die Gemeinde des Herrn zu kommen. In Esr. 9, 1 werden nun gelegentlich der Ausschliessung der fremden Frauen nur fünf der alten Völkerschaften Kanaan's (vgl. Ex. 13, 5) und neben ihnen gegen Deutr. 23, 8 und 9 die Ammoniter, Moabiter und Egypter genannt. Es war ein kühnes Beginnen Esra's und später Nehemia's, der mit Neh. 10 in dessen Fusstapfen trat, und um so bedeutsamer, als es tatsächlich gegen das Wort der Thora unternommen ward (vgl. Jeb. 23 a; Kid. 68 b, Maim. Issure bia 12, 1; Tur Eben ha-eser §. 44, Targ. Jon. zu Lev. 18, 21; vgl. Rappop. a. a. O. S. 47) und nur ein Grund bleibt uns für seine Recht-fertigung übrig, nämlich: er kümmerte sich weniger um das

Wort, als um den Geist des Gesetzes; denn was mochte wol das pentateuchische Gesetz mit dem von ihm gebotenen Vernichtungskriege gegen die Völkerschaften des Landes bezwecken? Nichts anderes als die Reinerhaltung des Volkslebens, dass, solange es sich inmitten des Heidentums befand, gefährdet war! Ist aber, geht man von dieser Grundidee des Gesetzes aus, ist dann ein Unterschied zwischen Ammon und Moab, Jebusiter und Egypter zu machen? Sicherlich nicht! Das Heidentum ist in religiöser und sittlicher Beziehung der vollständige Gegensatz des Judentums und hätte dieses, liesse man es gewähren, sicherlich entwurzelt oder gar vernichtet. Von diesen Gesichtspunkten betrachtete man wol die Frage und wir werden die Lösung, mag sie uns auch rigoros und verhängnisvoll für die Zukunft Israels erscheinen, begreifen und billigen.

Gleicherweise verhält es sich mit dem 2. Punkte, der Sabbatheiligung. Der Pentateuch kennt nur das Verbot jeglicher Arbeit, des Feueranzündens, des Sammelns von Manna und Holz, sowie den Wohnort am Sabbat zu verlassen. (Ex. 20, 8 f.; 23, 12; 31, 12 f.; 35, 2 f.; Num. 15, 32 und ö.) Allerdings setzt schon Amos 8, 5, ebenso Jer. 17, 21, namentlich aber Jes. 58, 13 eine weitere Entwicklung des Sabbatgesetzes voraus; dennoch bleibt es vom Standpunkte des pentateuchischen Gesetzes aus ungerechtfertigt, wenn Nehemia (13, 17) es tadelt und mit aller Energie zu verhindern sucht, dass von den Phöniziern am Sabbat gekauft werde, und wird die Anordnung nur dann verständlich, wenn wir auf den eigentlichen Zweck des Sabbatgesetzes, auf dessen ethische Bedeutung Gewicht legen.

Ebenso widerspricht die dritte Verpflichtung, alljährlich ein Drittel Sekel zur Erhaltung des Heiligtums beizutragen, der Anordnung Ex. 21, 13, nach welcher von jedem Israeliten ein halber Sekel zu diesem Zwecke gefordert wurde[1]) und ist wahrscheinlich nur durch die Verhältnisse jener dürftigen Zeit zu rechtfertigen. Es waren eben Ver-

1) Auch die Feier des Hüttenfestes ward in Esra's Zeit nicht ganz nach pentateuchischer Anordnung begangen. Nach Lev. 23, 40 sollte am 1. Tage des Festes die Frucht vom Baume Hadar u. s. w. genommen werden, wahrscheinlich um durch Schwenken der Pflanzengattungen die Festfreude zu bekunden (vgl. 2 Makk. 10, 6; Jos. ant. 3, 10, 4; 13, 13, 5; Mischna Sukka 3, 1 f.) ein Brauch, der nebenbei bemerkt auch bei anderen Völkern gelegentlich des Herbstfestes wiedergefunden wird, wodurch es erklärlich wird, wie Plutarch Symposs. 4, 6, 2 dazu kommen konnte, den

ordnungen, die mit Ernst das Ziel anstrebten, das Leben dem Gottesworte und das Gotteswort dem Leben anzupassen. Welch ein Irrtum es daher ist, von der Zeit des „starren Gesetzes", der „Zuchtrute Israels" im Gegensatze zum Prophetismus zu sprechen, erhellt gerade aus der Tatsache, dass in den massgebenden Organen des religiösen Lebens jener Zeit das Streben vorherrschte, das Gesetz seinem Geiste nach zu erfassen. Diese geistige Bewegung hat allerdings nicht immer Erleichterung betreff der Uebung religiöser Observanzen geschaffen — wie es auch ein Irrtum ist, der unsere Zeit beherrscht, wenn von Freund und Feind mit der Reform auf religiösem Gebiete stets der Begriff laxerer Befolgung der Ceremonien verbunden wird — allein die wahre Reform besteht durchaus nicht in dem Abstreifen aller religiöser Formen, die ewiglich für den Menschengeist unentbehrlich bleiben werden, sondern in der Verinnerlichung und Flüssigmachung des religiösen Gedankens, in dem Streben, Zeit und Glaubensanschauung in vollkommene Uebereinstimmung zu bringen, in dem religiösen Leben das Zeitbewusstsein zu verkörpern. Und in diesem Sinne darf auch Esra ein Reformator genannt werden.

Allein trotz dieser selbstständigen Entwicklung blieben die Juden in Babel dennoch in steter Verbindung mit dem Mutterlande; Jerusalem blieb nach wie vor der Mittelpunkt der schönsten Erinnerungen, wie auch der Brennpunkt der erhabensten Hoffnungen auf eine bessere Zukunft. Häufig schickten sie Gesandschaften dahin, reich mit Geschenken für das Heiligtum versehen, vielleicht auch um Entscheidung in religiösen Fragen einzuholen, wie solches früher bereits geschah, da im vierten Regierungsjahre des Darius eine Anfrage von Babel aus an die Priester und Propheten — wir finden also auch die Priester bereits als Ausleger des Gesetzes — gerichtet wurde, ob auch jetzt noch, nachdem der Tempel bereits errichtet ist, der Fasttag des fünften Monats in alter Kraft bleibe (vgl. Jalk. Sech. S)? Der Prophet Secharja behandelte die Anfrage nach mannigfachen Rich-

Juden den Bacchusdienst zuzuschreiben. Anders aber war dieses Gebot in der Zeit Esra's aufgefasst worden; man brachte es nämlich mit dem anderen, sieben Tage lang in Hütten zu wohnen (Lev. 23, 42 f.) in Verbindung und verkündete in allen Städten und in Jerusalem: »Gehet hinaus in's Gebirge und bringet Olivenblätter, Blätter von Oelbäumen u. s. w., um eine Sukka zu machen« (Neh. 8, 15; vgl. Sifra c. 17).

tungen hin und verkündete sodann den Ausspruch, dass die
Fasttage des vierten, fünften, siebenten und zehnten Monates
dem Hause Juda zur Wonne und zu Festtagen werden sollen,
nur mögen sie Wahrheit und Frieden lieben (Sech. 7, 1—8,
19)[1]). Anfrage und Antwort sind gleich merkwürdig, denn
sie bekunden den freien und befreienden Geist, den das
Studium des Gotteswortes in Babel schuf.

Auch sonst zogen fromme Wallfahrer nach Jerusalem
(vgl. Jos. arch. 17, 2, 2) um die Festtage im Heiligtume des
Herrn in der Brüder Mitte zu feiern, oder auf den Grä-
bern der Ahnen zu weinen (Nch. 1, 2). So kam es, dass
man in Babel genaue Kenntnis von dem Verfalle des socialen und religiösen Lebens in Judäa besass. Wie mochte
wol das Herz Esra's und seiner Gesinnungsgenossen pochen,
wenn fromme Pilger seufzend von dem dort herrschenden
Elende berichteten! Anders sollte es in und mit der Gottes-
stadt werden! Das war der Gedanke, der ihn beschäftigte.
Sein Entschluss war gefasst, er wollte Babel verlassen und
nach Jerusalem ziehen.

Esra, der Priester (Esr. 7, 11, 21; 10, 11, 16; Neh. 8, 2,
9; 12, 26) entstammte dem Geschlechte des Pinchas, dem
für den Eifer um die Reinheit des Gottesglaubens in einer
Zeit, in der allgemeine Ohnmacht die Signatur der Lage
war, das ewige Priestertum verheissen ward; er war ein
Enkel Seraja's, der durch das Schwert Nebukadnezar's fiel
(vgl. 2. K. 25, 18—20; 1 Chr. 5, 40[2]). Sicherlich stand er

---

[1]) Schwierigkeiten macht in Sech. 7, 2 namentlich בית אל das als
Acc. genommen, als Bezeichnung für das Gotteshaus, ungebräuchlich ist; die
Worte als Subjekt zu nehmen und an das zum chemaligen Nordreiche ge-
legene Städtchen Bethel zu denken, befriedigt ebensowenig wie die folgenden Namen als Subjekt zu betrachten. Am einleuchtendsten ist die Erklärung
Raschi's und anderer jüdischer Kommentatoren: »man (die Juden in Babel)
sandte zu dem Gotteshause (statt בית אל ist בית אלהים zu lesen) den
Sarezer und Regem-melech, welche Namen auf babyl. Ursprung hinweisen.
(vgl. 2 K. 19, 37). So auch Hieronym. und Michaelis z. St.

Ib. v. 3 ist האזור statt הנזר zu lesen.

[2]) In Esra 7, 1—5 fehlen vgl. 1 Chr. 5, 29—41 und 6, 35—38 fünf
Namen, ein Umstand, der unsere Annahme, dass ursprünglich nur Esr. 1—6
zur Chronik gehörten, die folgende Kapitel aber, die sich sowol in Sprache,
als in Tendenz von den ersteren wesentlich unterscheiden, aus der Feder
eines anderen Schriftstellers flossen und das eigentliche Buch Esra (verbunden mit Nehemia) bildeten, bestätigt (vgl. Rosenzweig a. a. O. S. 16 ff.)

bereits in Babel unter seinen Zeitgenossen in hohem Ansehen; denn nur so wird sein Einfluss auf die durch ihn herbeigeführte Umgestaltung in Jerusalem begreiflich; namentlich galt er als bedeutender Kenner des alten Schrifttums, dessen Pflege er alle seine Kräfte widmete, weswegen ihm auch der Ehrenname Sofer[1]) (Esra 7, 11, 21; Neh. 8, 4, 9, 19; 21, 26, 36) beigelegt wurde.

---

Noch drei andere Namen fehlen im 3. Esra. Irrtümlicher Weise hat man Esra zu den Hohenpriestern gerechnet. Juchasin ed. Krakau 13 b, Meor Enajim R. 37.

[1]) סופר wird bald mit Schriftsteller, bald mit Schreiber erklärt. Zunz, Gottesdienstl. Vorträge S. 27 meint, es bedeute beides zugleich. Wol wahr, aber nicht in einer und derselben Zeit! Etymologisch wird das Wort gewöhnlich von ספר kratzen, schaben (von Thierhäuten), das mit צפרן Nagel, vgl. Jer. 17, 1 verwandt ist, abgeleitet, vgl. Lengerke, Kanaan XXIX, Löw, Beiträge I. 115. Allein ספר als *Verbum* wird niemals in der Bedeutung »schreiben«, sondern stets in der von »zählen, erzählen«, so auch in den verschiedenen verwandten Dialekten, gebraucht; *safar* bedeutet im Arabischen *scripsit librum, composuit rem, illuxit aurora*, davon ספיר Ex. 28, 19; Hiob 28, 6 und ö., ebenso bedeutet *sippar* im Zabischen: Buch und Morgen und im Aram. werden wir es nicht von צפר kratzen, sondern צפר Morgen, Klarheit (vgl. ערב Abend und vermengen) ableiten; ספר als verb. bedeutet demnach etwas klar machen, davon ספר eine zusammenhängende Schrift und סופר wird derjenige genannt werden, der irgend ein geistiges Erzeugnis liefert. Die Richtigkeit dieser Annahme wird am besten durch 2 Chr. 26, 11 bestätigt, wo neben dem סופר auch der שוטר genannt wird. Ersterer ist der Schriftsteller, letzterer der Abschreiber (שטר hat in allen semitischen Sprachen die Bedeutung schreiben, so auch im Assyrischen, vgl. Schrader a. a. O. S. 62, ebenso das späthebr. שטר. Löw. a. a. O. nimmt ספר in seiner ersten Phase in der Bedeutung von Lohnschreiber, als zweite ספר od. מוכיר und zuletzt als Schriftsteller. Richtiger wird die Entwicklung des Wortes wol so dargestellt werden müssen: der Vorläufer des סופר vor den שוטר, der Schreiber, dem die Zählung des Volkes oblag. Der Name סופר kam erst in Gebrauch, als das literarische Leben einen besoneren Aufschwung nahm (vgl. Ps. 45, 2; s. auch Levita, Masoret hamasoret Sulzbach S. 7). In diesem Sinne gibt auch die chald. Paraphrase נביא"ם mit ספריא wieder, s. Targ. zu 1. Sam. 10, 5; 11, 12; Jer. 26, 7 Deutr. 33, 1, ebenso kommt der Ausdruck im Talm. in der Bedeutung von Lehrer vor, Mischn. Sota 9, 15; B. batra 21 a; Jer. Demai 7, 4; Jer. Meg. 1, 4; 3, 3, 5. Vgl. auch Ber. 45 a, wo סופר als gleichbedeutend mit חכם im Gegensatze zu בור steht. Erst in späterer Zeit, da der Name סופר nach und nach verschwand und der חכם an seine Stelle trat, wurde das Wort

Auch König Artachschasta (Artaxerxes Longimanus[1]) der von 464—423 auf dem Throne Persiens sass und gleich seinem Grossvater Darius den Juden wolwollend war, schenkte Esra volles Vertrauen und unterstützte ihn kräftig in seinem Vorhaben. Er händigte ihm eine Urkunde ein, die von seinen sieben Räten unterzeichnet war, zufolge welcher Alle, die nach Jerusalem ziehen wollten, der Führung Esra's sich unterordnen sollten. Er selbst gab ihm Geschenke für das Heiligtum mit und zugleich das Versprechen, auch Unterstützungen aus Staatsmitteln für es gewähren zu wollen. Den Satrapen aber und sonstigen Beamten der Provinz ward in der Urkunde strenge ans Herz gelegt, alles von dem König Verheissene seinem vollen Inhalte nach zu erfüllen, den Priestern und Leviten, sowie Allen, die dem Heiligtume Dienste leisten, Steuerfreiheit zu gewähren, Esra aber sollte das Recht gewahrt bleiben nach Gutdünken Richter einzusetzen und die strenge Handhabung des Gesetzes selbst durch Verhängung schwerer Strafen zu sichern[2]) (Esra 7, 12—26).

Mit Mitteln und Rechten reich versehen, trat nun Esra an der Spitze von etwa 1500 Männern — die Zahl der Frauen und Kinder ist nicht angegeben — am 1. Nissan[3])

---

in der Bedeutung als Lohnschreiber, der Thorarollen und sonstige zum rituellen Gebrauche erforderliche Schriften verfertigte, genommen, in welchem Sinne es auch heute noch gebräuchlich ist; vgl. Kid. 30 a; Schekal. 5, 1; Sukka 20 a; Sanh. 21 b, und ö., vgl. auch die Bezeichnung des Tractates סופרים.

[1]) Jos. ant. 11, 5, 1 nennt fälschlich Xerxes als Freund Esra's, unter dessen Regierung er nach Jerusalem gezogen sein soll, welcher Annahme auch Michaelis und Fritzsche zu 3 Esr. 8, 1 folgten. Aeltere Erklärer dachten an Artaxarxes Mnemon, neuerdings auch de Saulcy (étude chronol. des livres d'Esdras et Neh. Paris 1868 p. 40). Einzelne Rabbinen R. hasch. 3, b dachten an Darius Hysdaspes. Der Name spricht für Artaxerxes s. Kleinert in Dorpat'schen Beitr. 1, 24 f.

[2]) An die Autentie des Ediktes zu zweifeln, liegt kein Grund vor, wenngleich zugegeben werden muss, dass das Schriftstück judäisch gefärbt sei. Wahrscheinlich liessen die Könige Schriftstücke an die einzelnen Provinzen von Schreibern, die diesen angehörten und die dem Hofe zugeteilt waren, ausfertigen. S. dag. Grätz, Gesch. II. B. 128 A. 3.

[3]) Nach Erachin 13 a, s. Tosafot z. St. ist Esra am 23. Adar von Babel abgereist. In Esra 7, 9 macht הוא יסד המעלה Schwierigkeit, denn יסד als st. constr. und הוא als nachdrückliche Hinweisung auf das folgende

im siebenten Regierungsjahre des Artaxerxes die Reise nach Jerusalem an. Am Strome Ahawa[1]) sollten sich die heimwärts Ziehenden sammeln. Dort liess er Halt machen. Während der dreitägigen Rast untersuchte er die Geschlechtsregister derer, die sich dem Zuge angeschlossen hatten (Esr. 8, 15). Bei dieser Gelegenheit fand er zu seinem nicht geringen Staunen und Schmerze, dass sich unter diesen auch nicht ein Levite fand. Allsogleich schickte er eine Gesandtschaft nach Chasifja an Iddo — über den Mangel an Leviten, die Person des Iddo und die Nethinim S. unten in Cap. 4, — die ihn ersuchen sollte, er möge seinen Einfluss geltend machen, dass sich auch Diener für das Heiligtum am Heimzuge beteiligen sollten. Iddo willfahrte seinem Wunsche und bald schlossen sich noch 38 Leviten und 220 Nethinim dem Zuge an. Nicht ohne Bangen mochten sie die ihnen liebgewordene zweite Heimat, in der eine gütige Regierung ihnen Schutz und Sicherheit gewährte, verlassen und die Reise, die schon an und für sich in Folge der in jener Gegend häufigen Ueberfälle von Seiten räuberischer Nomadenstämme nicht gefahrlos war, angetreten haben, zumal Esra sich weigerte, um sein Gottvertrauen bei dem Könige nicht in schiefes Licht zu stellen, von ihm zur Sicherheit seines

---

Nomen zu nehmen, ist unzulässig; auch die Ansicht Derenbourg's (Journal asiatique vgl. Geiger, Zschr. V. 229), nach der die Punktatoren den Ketib יסד ein Keri «neruz» substituirten, das im Persischen den ersten Monat des neuen Jahres bezeichnet (vgl. Jer. Ab. sara 1, 2) befriedigt so wenig, wie in יסר ein corruptel von ניסן zu suchen. Am einfachsten ist die Annahme, die ursprüngliche Lesart sei הוא יָסַר; diese fanden aber die Masoreten anstössig, weil יסר einen strengen Befehl involvirt, sie aber die Rückkehr als aus freiem Willen erfolgend nicht aber als erzwungen hinstellen wollten. In Meg. 16 b, wird die Frage aufgeworfen, warum Esra nicht unter Zerubabel nach Jer. gezogen sei und damit beantwortet, er habe Babel nicht verlassen wollen, so lange sein Lehrer Baruch b. Nerija lebte und lehrte. Die Stelle daselbst ist corrumpirt und soll heissen לא היתהו לעורא לעלות. Nach Seder Olam war das Jahr, in dem Esra nach Jer. zog, das 70. nach der Zerstörung.

[1]) Nach Rosenmüller Morgenl. I. 1, 93 ein Ort im südwestl. Babel im nordöstlichen Assyrien. Le Clerc zu Esra 8, 15 meint, Esra habe um die heissen Gegenden des südlichen Mesopotamien und das wüste Arabien zu vermeiden, den Sammelplatz im nördlichen Assyrien bestimmt und die Heimkehrenden durch Syrien nach Judäa geführt. Chasifja ist ein sonst unbekannter Ort in Babylon (Philipps. z. St.)

Zuges Geleitstruppen zu verlangen. Er ordnete daher vor Aufbruch einen Busstag an, um im heissen Gebete den schwerbeladenen Herzen Erleichterung zu verschaffen (Esr. 8, 21). Sodann wurden die heiligen Gefässe und sonstigen Spenden für das Heiligtum 12 Priestern und eben so vielen Leviten[1]) übergeben und am 12. Nissan setzte der Zug sich in Bewegung. Die Reise ging glücklich von statten, ungehindert zogen die von Sehnsucht Getriebenen ihres Weges und nach einer viermonatlichen Reise blinkten ihnen die Zinnen Jerusalems entgegen. Das Herz hob sich vor Freude, die Stadt aber war still und traurig.

Nach dreitägiger Rast übergaben sie die Geschenke und brachten Dankopfer dem Herrn für die gnadenreiche Führung dar, zugleich ihn anflehend, dass er ihnen Gunst schenke in den Augen der Beamten, denen das Edict des Königs zugestellt werden sollte

Wol kannte man in Babel teilweise den Zustand der heiligen Stadt; allein was Esra vorfand, war mehr, als er ahnte. Er glaubte Ohnmacht und Schwäche zu finden; was sich aber seinem Blicke darbot, war morsches Trümmerwerk, auf dem nur Nachtschatten gedieh. Die Kinder der Gola besassen wieder einen Tempel und mit ihm glaubten sie sich im Besitze all dessen, was Gott gefällig; was Wunder, wenn das Leben zerwühlt und zerfressen war!

In Folge der mit Heidinnen eingegangenen Ehen hatte allenthalben heidnisches Wesen um sich gegriffen; die Sprache der Ahnen war verdrängt (Neh. 13, 24) und mit dem Schwinden derselben war auch der Volksgeist in Siechtum verfallen; einerseits hatte sich ein seichter Rationalismus eingenistet, der um so unerträglicher und gefahrvoller war, als er sich mit Unwissenheit paarte, anderseits aber war wieder bei der Masse des Volkes das Opferwesen zum leeren Formalismus gesunken, der stets jede bessere Regung verdrängte; ist es ja eben der Fluch, der dem geistlos geübten Formenwesen entkeimt, das es die dumpfen Geister im Selbstgenügsamkeit einlullt und den besseren Stimmen, die hie und da sich regen, Schweigen gebietet! Wol mangelte es nicht an Einzelnen, welche die Corruption und deren unausbleiblichen

---

[1]) שרביה und חשביה (8, 24) sind Leviten und nicht Priester; vgl. Neh. 9, 4 — den 12 Priestern standen 12 Leviten zur Seite. Esra übertrug das Amt den Leviten, um ihre Stellung moralisch zu erhöhen, s. weit. unt. St. לשרביה ist ישרביה zu lesen.

# 5

Folgen erkannten, allein es fehlte an wahrer Kraft und
Energie; die Klugen glichen ihren Gesinnungsgenossen
aller Zeiten, sie wollten es mit keinem verderben; die anderen
wieder fühlten sich machtlos gegenüber den höheren Kreisen,
in denen die Verderbtheit besonders um sich gegriffen hatte.

Da traf Esra ein. Bald ahnten die besseren Elemente,
dass es nun an der Zeit sei, sich in den Riss zu stellen
und dem Verderben Halt zu gebieten. Sie traten auch bald
vor Esra mit der Anklage, dass Volk und Priester und Leviten sich nicht von den Völkern des Landes und deren
Gräuel abgesondert hätten[1]) (Esr. 9, 1). Schreck und Entsetzen ergriffen den Gottesmann, da er die Kunde von dem
Verfalle des religiösen Lebens vernahm; er zerriss seine
Gewänder, zerraufte sein Haar und gleich dem klagenden
Jeremia stand er da ein Bild des Jammers, das in Jedem, der
ihn sah, Teilnahme und die Erkenntnis wahren, tiefgefühlten
Schmerzes, der sein Herz zerwühlte, wecken musste. Es
währte nicht lange, da sammelte sich um ihn eine Menschenmenge und bald keimte in Einzelnen das Bewusstsein schwerer Schuld. Esra aber, als hätte der Schmerz seine Zunge
gelähmt, blieb stumm und still; er wich nicht von der Stelle,
ohne Speise und Trank zu nehmen verharrte er daselbst
bis zum Abend. Erst als die Zeit des Opfers genaht war,
erhob er sich und mit zum Himmel gehobenen Händen
suchte er Trost im Gebete, indem er dem Volke die schwere
Sündenlast, die des Unheils schon so viel über es gebracht,
sowie die unendliche Gnade Gottes, die ihm so oft zuteil
geworden und die ihnen wieder in der Gunst des Königs
entgegen leuchtet, vorführte; er sprach ernst und eindring-
lich von dem Verbote der Vermengung mit den fremden
Völkerschaften und schloss bewegt mit den Worten: „Herr,
Gott Israels, du bist gerecht, denn du hast uns Errettung
gewährt, wir aber stehen da vor dir in unserer Schuld,
darob wir nicht bestehen können" (9, 6—15)! Das Volk
war ergriffen und ein lautes Schluchzen und Weinen er-
zitterte in der Luft. Jetzt trat Schechanja, der Sohn Jechiel's,
ein angesehener Mann aus dem Volke, zu Esra und munterte

---

[1]) Esra 9, 1 ist הַשָּׂרִים, vergleicht man hiezu v. 2, wo es ausdrücklich heisst, die Fürsten seien in erster Reihe an dem Abfalle beteiligt
gewesen, ziemlich verdächtig, da es unbegreiflich erscheint, dass diese
gerade mit der Anklage hervorgetreten sein sollen. Besser am Platze wäre
an seiner Stelle מִישָׂרָאֵל, vgl. 10, 1.

ihn auf, mit Energie an die Wiederherstellung des Gotteslebens in der Gola zu schreiten, zahlreiche Kräfte harren
nur der Anregung und des Augenblicks und auch er sei
bereit, zu helfen. Esra, in dem erhebenden Bewusstsein,
nicht allein zu sein, schritt nunmehr, begleitet von den
Vornehmsten des Volkes dem Gotteshause zu, um über
Mittel und Wege zur Lösung der Frage zu beraten.[1]
    Schwierig und bedeutsam war die Frage; die Folge,
die sich aus der Lösung der Frage ergab, hat es erwiesen;
es handelte sich um das Geschick eines ganzen Volkes, zugleich aber auch um die Erhaltung des Monotheismus für
die Culturentwicklung der Menschheit. Wieder war wie in
den Zeiten Zerubabels der praktische Gedanke des realen
Lebens gegen den idealen, universellen des Prophetismus in
den Kampf getreten und wieder hat jener über diesen den
Sieg davon getragen. In welchem Sinne die Frage entschieden wurde, wissen wir bereits: Vollständige Loslösung
von allem Heidnischen! war die Losung. Allein nicht der
eng confessionelle Gedanke war hiebei ausschliesslich massgebend, denn wäre das der Fall gewesen, dann durfte und
konnte die Frage nur nach dem pentateuchischen Gesetze
gelöst werden; Esra ging vielmehr auf den Geist des Gesetzes ein und fasste in erster Reihe das psychologisch-
ethische Moment in's Auge. Mit scharfem Blicke erkannte
er, dass das Glück der Ehe unmöglich in einer so losen
Vereinigung gefunden werden kann, in einem Leben, das
schon seiner Grundlage nach gespalten, weil eine Verschmelzung der Ideen, ein inniges Ineinandergreifen bei
Gegensätzen, wie Judentum und Heidentum vollständig
undenkbar ist. Zudem behielt er die Zukunft des Gottesgedankens, der sich in Israel in und aus dem Hause
entwickelte, im Auge; dass aber an eine gesunde Fortentwicklung des von den Ahnen überkommenen Geisteslebens
nicht zu denken sei, wenn heidnische Mütter in Israels
Häusern heidnisches Wesen pflegen, das bekundeten ihm
deutlich die traurigen Zustände, die er in dem Lande der
Väter vorgefunden hatte; darum schritt er mutig und consequent auf dem bereits von Zerubabel betretenen Wege
vollständiger Loslösung von der heidnischen Welt weiter;
er sah nicht nach rechts, nicht nach links, nicht auf die Gefahren, die die harte Entscheidung voraussichtlich herbei-

---

[1] St. שם וילך ist Esra 10, 6 b שם וילן zu lesen.

führen musste, nicht auf die Vornehmen des Volkes, die in
ihrem Egoismus die Vermengung mit dem Heidentume gerne
förderten, der Gottesgedanke und das Sittengesetz, die Zukunft Israels und seine Aufgabe, sie waren ihm allein massgebend, da er für Israels Häuser die Satzung proklamirte:
In dem Zelte Abraham's soll kein heidnisch Weib schalten!
Eine für's Judentum für alle Zeiten bedeutungsreiche Frage
war gelöst! Die Entscheidung Zerubabel's hatte Israel Feinde
an den Nacken gehetzt, die Entscheidung Esra's hatte diese
Gegnerschaft nur noch verschärft und auch nach Innen hin,
wie wir dieses später zu sehen Gelegenheit haben werden,
eine langwährende Kluft erzeugt; die Entscheidung Zerubabel's
galt mehr dem Volksleben in der Politik, die Esra's
aber galt dem Hause, dem eigentlichen Lebensnerv, der Existenz Israels.

Bei der Beratung über die Frage mögen wol Einzelne
ein Schwanken betreff der zu ergreifenden Massregeln bekundet haben, nicht alle waren für das energische Zer-
hauen des Knotens; allein am Ende drang die Anschauung
Esra's doch durch: an die Gemeinde der Gola erging der
Befehl, alles Volk solle sich binnen drei Tagen behufs Regelung der Angelegenheit in Jerusalem versammeln; diejenigen aber die sich dieser Anordnung zu folgen weigern
sollten, wurden mit der Strenge des Gesetzes, ja mit der
Ausschliessung aus der Gemeinde bedroht. Die Energie
wirkte. Am 20. desselben Monates versammelte sich das
Volk in Jerusalem auf dem freien Platze vor dem Tempel-
hofe. Es war ein trüber Herbsttag. Kalter Regen ergoss
sich in Strömen vom dunklen Himmel. Das Volk zitterte
vor Kälte, zugleich vor Aufregung ob des wichtigen Beginnens, von dem das Wol und Wehe so Vieler abhängig
war. Esra erhob sich und legte den Versammelten in einer
Ansprache an's Herz, sich von den Völkern des Landes los-
zusagen und die mit ihnen eingegangenen Ehen zu lösen. Das
Wort, dem heiligen Eifer und der Begeisterung für die
Religion der Väter entstammt, zündete und einstimmig sprach
das Volk: „Es ziemt uns nach Deinen Worten zu handeln"!
Nur äusserten Viele ihr Bedenken über die Möglichkeit, die
Frage augenblicklich zu lösen, da das Verderben zu sehr
in der Gemeinde verbreitet, zudem auch die Witterung der
Jahreszeit zu ungünstig sei. Sie beantragten daher, Esra
möge zunächst durch Vertrauenspersonen all diejenigen er-
mitteln lassen, die Mischehen eingegangen waren und erst

nach den notwendigen Vorarbeiten die Lösung dieser Ehen vornehmen, um den Zorn Gottes von der Gemeinde abzulenken. War dieser Vorschlag ernst gemeint, oder entstammte er der Eingebung derer, die, mit der Strenge Esra's unzufrieden, durch den Aufschub Zeit gewinnen wollten, um die erste Aufwallung der Gefühle, geweckt von der Macht der Persönlichkeit, erfolglos vorübergehen zu lassen? Immerhin wäre letzteres möglich; denn der rigorose Vorgang Esra's, der die bestehenden Verhältnisse gar nicht in Berücksichtigung zog, fand ziemlich viel Gegner und zumeist in jenen Kreisen, die nicht ohne Einfluss auf das Volk waren[1]) (vgl. Esr. 10, 15; Neh. 6, 18). Allein was half's! So wenig Esra auch mit diesem Vorschlage zufrieden sein mochte, er musste mit dem Volke rechnen und ihm diesbezüglich nachgeben; er konnte nichts anderes beginnen, als Männer namhaft machen und deren Händen die weitere Entwicklung der Angelegenheit überlassen.[2]) Die Untersuchung begann am 1. des 10. Monates und währte bis zum ersten Monate des folgenden Jahres. Auf der Liste, welche die Namen derer verzeichnete, die fremde Frauen heimgeführt hatten, fanden sich die Glieder der angesehensten Familien; selbst Kinder Josua's, des Hohenpriesters, der an der Spitze der ersten Expedition stand, fehlten nicht. Einige entliessen bald die fremden Frauen und brachten in Erkenntnis ihrer Schuld Sühnopfer[3]) dar, andere entliessen sogar Frauen mit Kindern[4]);

---

[1]) Nur das kann der Sinn von Esr. 10, 15 sein, den אך hat stets eine einschränkende, entgegenstellende Bedeutung (s. Ewald, Ausführl. Lehrb. 341 a und b), in diesem Sinne fasste es auch bereits Raschi auf; ebenso bedeutet עמד על sich gegen etwas oder Jemand erheben, vgl. Rosenzweig, a. a. O. S. 19. Die in diesem V. genannten Namen kommen sonst nicht vor, nur wird Neh. 6, 18, wo der Einfluss Tobijja's erwähnt wird, ein Meschullam b. Berekhja genannt, dessen Tochter mit einem Sohne des Tobijja verehelicht war. Der hier genannte Meschullam dürfte mit Meschull. b. Berek. identisch sein. Nach Geiger Urschrift S. 43 waren die Neh. 6, 18 Genannten Nachkommen Zerubabels, vgl. 1 Chr. 3, 20, wofür aber kein Beweis zu erbringen ist.

[2]) Statt ויבדלו v. 16 muss ויבדל לו gelesen werden; לדרוש ib. ist nach dem bei Zeitbestimmungen öfters gebrauchten Königsnamen (vgl. Esr. 5, 5; Dan. 9, 1; 11, 1) statt לדרוש verschrieben.

[3]) St. וְאָשֵׁמִים v. 19 muss, wie Grätz richtig bemerkt, וַאֲשֵׁמִים gelesen werden.

[4]) Statt ויש מהם נשים וישימו בנים, das keinen Sinn gibt, muss v. 44 gelesen werden: ויש מהם נָשְׂאוּ נשים ובנים, d. h. viele hatten Frauen heim-

nicht Wenige aber widersetzten sich wol den Anordnungen Esra's, erfüllt von einem finsteren Grolle gegen den Mann, der so rücksichtslos gegen sie vorging.

Die Erregung der Volksseele ob der neuen, von Esra angebahnten strengen Richtung ist nicht spurlos an unserem Schrifttum vorüber gegangen; zwei Büchlein, jedes eigentümlich und merkwürdig in seiner Art, Jona und Rut, verdanken ihr ihre Entstehung.

In Jona,[1]) dem Sohne Amitai's, wird in einer künstlerisch angelegten Erzählung Israel in seinem V e r h ä l t n i s s e z u G o t t u n d d e r M e n s c h h e i t dargestellt, zugleich die Kluft gezeigt, die zwischen dem I s r a e l d e r I d e e und dem der W i r k l i c h k e i t vorhanden ist. Jona-Israel wird zum Träger des göttlichen Wortes berufen; allein wie unprophetisch handelt der Prophet! Anstatt seinem erhabenen Berufe zu folgen, meint er dem Herrn entfliehen zu können, wenn er das Schiff der Heiden besteigt, um fortan mit ihnen zu segeln — trefflich ist hiermit die Armseligkeit der Zeit und ihre krankhafte Geistesrichtung charakterisirt, die, anstatt

geführt, die Kinder in die Ehe mitbrachten. Die Emendation Bertheau's z. St.; der גרשים statt נשׂא liest hat um so weniger Berechtigung, als der radix גרשׂ hier sonst nicht vorkommt und auch der Text der Sept. auf eine Lesart wie die unsere schliessen lässt. Das Gesetz, Kinder, die einer Nichtjüdin entstammen, aus der Gemeinde auszuschliessen, findet keine Begründung im Pentateuch. Ueber den Grundsatz; הולד כמותה s. Kid. 66 b; 68 b; Jeb. 45 a.

[1]) Dass das Buch Jona keine rein geschichtliche Erzählung aus dem Leben und Wirken des Propheten gleichen Namens ist, der nach 2 K 14, 25 ein Zeitgenosse Jerobeam II war, dürfte als allgemein anerkannt vorausgesetzt werden, da sich gegen die buchstäbliche Glaubwürdigkeit der in demselben berichteten Ereignisse selbst für die gläubigste Anschauung die schwersten Bedenken erheben; denn abgesehen davon, dass es unbegreiflich ist, wie Jona trotz des tobenden Sturmes in einen tiefen Schlaf sinken und in ihm verharren konnte (1, 4, 5), wie das von den Schiffsleuten geworfene Los gerade ihn, den Schuldigen, treffen sollte (1, 7), dass alles, was Jona zum Heile oder Verderben gereicht, unmittelbar von Gott geschaffen wird: er schickt den Fisch, der ihn verschlingt und in dessen Bauch er drei Tage lang lebt (2, 1); er lässt einen Wunderbaum rasch wachsen, der ihm Schatten gewährt (4, 6) und sendet wieder den Wurm, der ihn sticht, dass er verdorrt (4, 7) und das alles, um ihm die Lehre 4, 10, 11 zu geben — bleibt es unerklärlich, wie Ninive, dessen König nicht genannt wird und das zur Zeit, da das Buch geschrieben ward, nicht mehr existirte (vgl. 3, 3 »und Ninive w a r eine grosse Stadt«) auf die Rede eines ihm sonst völlig unbe-

selbstbewusst in der Mission des Prophetentums inmitten
des Völkerlebens zu verharren, sich ihrer durch Verbindung
mit dem Heidentume gerne entledigte, jene Richtung, über
die Esra so entsetzt war, weil er in ihr die herannahenden
Vorboten der Auflösung des Volkstums erkannte. Die Folgen
dieses unprophetischen Beginnens lassen natürlich nicht lange
auf sich warten. Der Sturm grollt, das Schiff, auf dem Jona
sich befindet, wird von den brandenden Wogen ergriffen —
die Heiden rufen in der Not ihre Götter an; Jona-Israel
aber liegt stumm und still da, es hat den Weg zu seinem Gotte
verloren. Ist es dann zu verwundern, wenn die Heiden die
Geisel in der Hand Gottes werden? Können sie denn tatsächlich Jona nicht beschämen? Ihnen hat Gott keine Boten
und keine Botschaft gesandt, zu Israel aber sprach er unaufhör-
lich! Wahrlich, hätte er ihnen, wie er es für Israel getan, die
Gnadenanstalt seiner Offenbarung eröffnet, sie hätten sich ihm
in Busse, gleich Ninive, der grossen Heidenstadt, zugewendet.[1]

kannten Mannes hin seinen Wandel geändert hätte (3, 5 f.) Schon Luther
meinte daher, «Jedermann würde die seltsame Schiffahrt für ein Mährlein
halten, wo sie nicht in der Schrift stände»; vgl. Mischna Tan. 15 a, wo
dem Buche der Charakter der «Kabbala» abgesprochen wird. Schon Kimchi
zu Jona 1, 1 betonte daher den didaktischen Zweck des Buches, welcher
Ansicht von christlicher Seite zuerst Semler (Apparatus ad liber. V. T.
interpr. p. 271) beitrat, dem dann Herder, Hengstenberg — Letzterer hält
auch die Geschichtlichkeit aufrecht — u. A. folgten.

Die Abfassung des Buches wird von Einigen dem Jona selbst zugeschrieben; Hitzig, exeg. Handbuch zu den kleinen Propheten S. 126, meint,
das Buch sei in der Zeit Alexander's verfasst worden. Nach unserer Ansicht
stammt das Buch aus jener Zeit, in der sich die erste Opposition gegen
Esra's Strenge bemerkbar machte, einer Zeit, in der das Gebet bereits
tiefere Wurzel im Volksleben geschlagen hatte (vgl. 2, 2; 4, 2). Es trägt
aber auch so deutlich die Spuren des Sprachverfalles an sich (vgl. den
Gebrauch des Praefix ש, die Form בשלמי, בשלי 1, 7, 12; 4, 10, ספינה 1, 5;
טעם 3, 7 u. a.), dass es nur Voreingenommenheit für ein Produkt der
prophetischen Zeit halten kann. Hingegen wird ihm mit Unrecht der ein-
heitliche Charakter abgesprochen (vgl. Nachtigall in Eichhorn's Bibl. IX,
2 p. 221—273). Das 2, 2—10 eingeschaltete Gebet, das keine Bitte um
Errettung, sondern ein Dankgebet nach überstandener Gefahr ist, besteht
aus Reminiscenzen an einzelne Psalmenstellen; vgl. v. 3 mit Ps. 18, 7; v.
4 mit 42, 8; v. 6 mit 31, 23; v. 6 mit 18, 5 und 69, 2; v. 8 mit 142,
9 und 18, 7, 8; v. 9 mit 26, 7 und 42, 5 und 50, 14, 23.

[1] Interessant war es mir, nachträglich dieselbe Anschauung über die
Tendenz des Buches in Bachja's כד הקמח, ed. Lemb. S. 24 f. zu finden.

So ist das Buch ein lauter Protest gegen den Verfall des Gotteslebens in Israel in seinem Verhältnisse zu Gott. Allein das Buch berührt auch die Sünde des Volkes in seinem Verhältnisse zur Menschheit: in der drastischen Darstellung der Flucht des Propheten klingt ein ernster Mahnruf an die Engherzigkeit der neuen Richtung im Verhältnisse zur universalistischen des Prophetismus. Schon die Träger der Zeit, wie verschieden sind sie von den Propheten der Vergangenheit! Diese hörten blos die Stimme in ihrem Innern (vgl. Am. 7, 15 u. ö.) und sie gehorchten; eine weite Kluft trennte sie von der heidnischen Welt, sie aber folgten der Stimme ihrer Brust und kündeten von der Zeit, da die ganze Erde voll wird der Gotteserkenntnis und die Fülle der Heiden einzieht in die Gemeinde Gottes. Wie ganz anders aber die Männer der Gegenwart! Gleich Jona hören sie die laut rufende Stimme Gottes: „Mache dich auf und gehe nach Ninive, der grossen Stadt, und predige ihr" (Jona 1. 2)! Die Zeit ist günstig, die Heiden wendeten sich jetzt leicht zu Israel, da viele die Verbindung mit ihm suchen; was aber tut Jona-Israel? Es zieht sich engherzig zurück, bannt sich in seinen Particularismus, legt sich hin, um auf des Schiffes Boden zu schlafen. Allerdings handeln die heidnischen Genossen unedel an Jona, sie nehmen keinen Anstand, ihn dem Verderben preiszugeben; allein hat er nicht von vorneherein sich gegen sie versündigt, da er sich weigerte, dem Befehle Gottes zu folgen und ihnen seine Botschaft zu künden? Und welche Schuld trägt Ninive, wenn einige Schiffsleute an Jona Unrecht begehen? Am Schlusse des Buches wird der grosse menschen- und völkerfreundliche Gedanke, der im schroffsten Gegensatze zur engherzigen Gegenwart stand, geoffenbart: „Du schonst des Kikajon, mit dem du dich nicht gemüht und den du nicht gross gezogen, der in einer Nacht entstanden und in einer Nacht zu Grunde gegangen ist — und ich sollte nicht Ninive verschonen, die grosse Stadt, in der mehr als 12 Myriaden Menschen sind, die zwischen rechts und links nicht zu unterscheiden wissen"? (4, 10, 11)

Der Verfasser des Buches steht somit teilweise auf dem Standpunkte Esra's und das Sichflüchten vor Gott, um mit den Heiden zu segeln, ist auch ihm ein Auflehnen gegen Gott; allein er protestirt anderseits eben so sehr gegen die allzuschroffe Strenge bei der Lösung der Frage aus ängstlicher Fürsorge für die eigene Erhaltung; namentlich aber scheint ihm hart und unprophetisch die Entscheidung in Bezug auf die unschuldig Leidenden, auf „die Menschen, die nicht zu unterscheiden wissen zwischen rechts und links," — es sind die Kinder, die durch die Strenge besonders hart getroffen wurden.

Ungleich lauter und offener aber mahnt gegen die vollständige Abschliessung von den fremden Völkerschaften der Verfasser der lieblichen Idylle Rut[1]), in der das moabitische Weib dieses Namens den Mittelpunkt einer herrlichen, in dem engen Rahmen des Hauses sich abspielenden Novelle bildet. Elimelech und Noëmi, ehrbare und wolhabende Leute aus Beth-Lehem in Juda, wanderten zur

---

[1]) Der didaktische Zweck des B. Rut ist am richtigsten von Umbreit, St. u. Krit. 1834, II, S. 308 erkannt worden; Geiger, Urschr. 49 ff, nahm dessen Ansicht wieder auf und erweiterte sie, vgl. auch Grätz, Gesch. II A 137 f. Die Deutung der Namen nach dem Geschicke ihrer Träger ist alt, vgl. B. batr. 91 b; Jalk. Rut 1 u. Rut r. 2, 4, wo R. Meir angibt, Orpa sei die Stammmutter Goliat's gewesen. Ueber die Zeit der Handlung, sowie der Abfassung des Buches gehen die Ansichten weit auseinander. Keil, Einl. S. 414 setzt die Abfassung nicht vor die letzte Zeit David's, vielleicht erst nach David; Bertholdt, Einl. S. 2352 und Meyer, Gesch. der poet. Nationallitr. S. 500 in die Zeit nach dem Exile. Ewald, Gesch. I, 207 in das Exil. Die stark mit Chaldaismen durchsetzte Sprache, vgl. 2, 8, 21; 2, 9; 3, 3, 4; 1, 20, sowie die Redewendung 3, 18 vgl. Esr. 7, 20 weist auf die nachexilische Abfassung hin. Die Frage, warum die genealogische Notiz 4, 18—22, die übrigens unvollständig ist, nur bis David reicht, wird dadurch erledigt, dass der eigentliche Zweck des Buches mit der Nennung David's als Nachkomme der Moabiterin Rut erreicht ist; B. batr. 14, b nennt Samuel als den Verfasser des Buches; Abarbanel meint, Rut und Richter stammten von einer Hand, andere halten Hiskia, noch andere Esra für den Verfasser; vgl. Carpz. introd. I p. 198; Jos. ant. 5, 9, 1 setzt die Handlung in die Zeit nach Simson, während der Priesterschaft Eli's. Nach Melito, Bischof von Sardes (vgl. Euseb. Kirchengesch. IV, 26), Origines (ib. VI, 25) und Hieronym. (Prolog. galeat. in libros Regum) gehörte Rut ursprünglich zu dem B. der Richter und nahm, eng mit diesem verbunden, an dessen Seite seinen Platz im Kanon ein. Dieses wäre auch nicht unmöglich, weil bei der ursprünglichen Anwendung der heil. Schriften, die Chronologie, wo dieses anging, mit in's Gewicht fiel. Erst durch den späteren Brauch der Synagoge, das Buch am Wochenfeste zu lesen, dürfte es in die Reihe der 5 Megillot, deren Reihenfolge im Kanon nach den verschiedenen Zeiten, an denen sie gelesen wurden, erfolgte, also zu der Ketubim, versetzt worden sein.

Zeit einer Hungersnot mit ihren 2 Söhnen, Machlon und Kiljon, nach Moab aus, woselbst diese sich moabitische Frauen : Orpa und Rut nahmen.

Allein bald starben dort Elimelech und seine beiden Söhne und Noëmi kehrt mit Rut, die von ihr nicht lassen will, nach Betlehem zurück, während Orpa sich wieder ihrer Heimat zuwendet. Rut kämpft anfangs mit Not und Entbehrung, hängt aber stets mit Liebe und Hingebung an ihrer Schwiegermutter und wird zuletzt das Weib Boas', eines angesehenen Mannes und Verwandten der Noëmi, und so die Stammmutter David's.

Die Tendenz des Buches ist wie in Jona eine zweifache, nur wird hier das häusliche und Volksleben in's Auge gefasst, während es sich dort um den prophetischen Beruf Israel's handelt.

Der Verfasser des B. Rut tadelt es, wenn Einzelne die Heimat, die unter dem Schutze Gottes ruht, selbst in trüber Zeit leichten Herzens verlassen, um sich fremden Völkern anzuschliessen (vgl. B. batr. 91 b); Heil ist nur unter Judäa's Himmel zu finden, die Fremde bringt im besten Falle — Elend und Tod : Elimelech, Machlon und Kiljon sterben in Moab; Noëmi, die reich dahin gezogen war, kehrt arm wieder zurück (1, 21) und erst in der Heimat findet sie wieder das verlorene Glück.

Aber so sehr auch der Verfasser gegen den fremden Boden, durch den man sich gleichsam von dem Gotte der Heimat lossagt, eifert, er tritt nicht minder dagegen auf, dass man alles Fremde, namentlich Moab, das in dem pentateuchischen Verbote über die Ehen mit fremden Völkerschaften gar nicht inbegriffen war (vgl. Deutr. 7, 11) vollständig von sich abwehrt; Gottesfurcht und fromme, kindliche Liebe sind auch in Moab zu finden (Rut 1, 16; 2, 11, 12), Rut, die Moabiterin, ward ihrer Tugend wegen gewürdigt, die Stammmutter David's zu werden. Mögen sich auch unter den Fremden Einzelne finden, die gleich Orpa leicht die Bande lösen, die sie mit Israel verknüpfen, weil ihrem Gemüte Härte (עָרְפָּה) innewohnt, so finden sich anderseits auch edle Gestalten unter ihnen, voll opferfähiger Hingebung und unversiegbarer Liebe, die nur Hart- und Engherzigkeit von sich stossen kann[1]).

1) Vgl. dagegen die spätere Ansicht, welche die Ursache der Kinderlosigkeit der beiden Söhne Elimelech's in dem Umstande findet, dass sie moabitische Frauen geehelicht hatten, B. batr. 91, b u. Targ. Rut 1, 4.

So wird die freundliche Idylle eine ernste Mahnung gegen das rigorose Vorgehen, das bewusst jede Annäherung der Völker von sich weist. Die Tradition, die über die Verwandtschaft David's mit Moab, mit dem er tatsächlich in einem freundschaftlichen Verhältnisse stand (vgl. 1 Sam. 22, 3), im Volke sich erhalten hatte, bot dem Verfasser willkommenen Stoff und Gelegenheit, in schlichter Form ein ernstes, kräftiges Wort an seine Zeitgenossen zu richten.

Mit dem kurzen Berichte über die ersten Massnahmen Esra's betreff der Mischehen schliesst das Buch Esra. Die Bücher Esra und Nehemia sind Fragmente aus den Tagebüchern der beiden Männer, die erst von einer späteren Hand verarbeitet und zu einem Ganzen verbunden wurden[1]; wir dürfen daher mit Recht voraussetzen, dass der vorhandene Bericht die Tätigkeit Esra's keinesfalls erschöpfe, zumal wir in Nehemia 8—9 die ausführliche Beschreibung einer Volksversammlung besitzen, in der Esra die Vorlesung aus der Thora vornahm[2]. Diese wird wol nicht die erste und einzige gewesen sein, vielmehr dürfen wir in ihr den Typus für alle gottesdienstlichen Versammlungen jener Zeit (Ps. 107, 32 versetzt uns in eine solche) sehen. Auf einem freien Platze im Südosten des Tempelraumes, in der Nähe des Wassertores (Neh. 8, 1 vgl. 3 Esr. 5, 16; Joma 69, b) versammelte sich das Volk. In der Mitte des Platzes erhob sich eine Rednerbühne aus Holz, von der aus der Vortragende, zu dessen beiden Seiten je 6 Männer[3] standen, das Volk leicht überblicken konnte. Sobald Esra die Erhöhung bestieg und die zum Vorlesen der Thora bestimmte Rolle öffnete, erhob

---

[1] Ueber die Abfassung der Bücher s. Rosenzweig, a. a. O. S. 9 f.

[2] Nach Neh. 8, 1 verlangte bereits das Volk nach der Thora, mit der es also offenbar schon vertraut gewesen sein musste. Der Bericht über die Vorlesung aus der Thora unter Esra und der darauf folgende über die Feier des Hüttenfestes wurde deswegen daselbst eingeschaltet, weil der Schluss von Neh. 7 (Vgl. Esr. 2, 70 u. 3, 1) willkommenen Anknüpfungspunkt für die Darstellung bot, vgl. Rosenzweig, a. a. O. S. 28 f; vgl. auch weiter unten.

[3] Nach Neh. 8, 4, vgl. auch Sept. standen 7 Männer zur Linken; 3 Esra hingegen nennt 7 zur Rechten und 6 zur Linken. Dennoch ist es kaum zu bezweifeln, dass zusammen nur 12 assistirten, gleichsam als Repräsentation der 12 Stämme des Volkes; vgl. Meg. 23 a u. Jalk. zu Neh. 8, 4, wo ebenfalls von 12 die Rede ist und die zuletzt genannten וברית und משלם als Namen e i n e r Person genommen werden.

sich die versammelte Gemeinde und lauschte dem Gebete,
das er zur Einleitung sprach. War dieses beendet, dann
erhoben alle ihre Hände gen Himmel und fielen auf ein
gegebenes Zeichen, mit dem Antlitze sich zur Erde neigend,
mit Amen! Amen! ein[1]). Nun folgte die Vorlesung aus
der Thora. Alles horchte gespannt auf das Wort der
Schrift, welches sodann die von Esra bestimmten Mebinum
(Schrifterklärer), die einzelnen Gruppen zugeteilt waren,
erläuterten und erklärten[2]). So entwickelte sich allmälig eine
zweifache Art des Gottesdienstes: im Innern des Tempels herrschte der Opferdienst, draussen aber
vor dem Tempel versammelte sich das Volk
und lauschte dem lebendigen, befreienden
Worte; in dem Tempel waltete der Priester seines Amtes,
draussen aber der Nachfolger der Propheten, der Volkslehrer;
drinnen Form, draussen Geist! Der Opferdienst war nur noch
der repräsentative Ausdruck der Gottgehörigkeit, der Gottesdienst der jüdischen Nationalität; Gebet und
Belehrung aber wurden der Gottesdienst des Individuums, durch welchen es in innigere Verbindung mit
Gott trat, während es der Opferdienst zu Passivität verurteilte. Tatsächlich wuchs auch das Ansehen des Gottesdienstes
ausserhalb der Tempelhallen immer mehr in den Augen
des Volkes und der aus der soferischen Zeit stammende Ps. 119
preist in mannigfachen Wendungen das Heil derer, die sich

---

[1]) ויענו bedeutet: einen Gesang im Chore anstimmen, vgl. 1 Chr.
16, 36; Neh. 11, 17 wird ein Chordirigent genannt.

[2]) Das ist die eigentliche Bedeutung von מפרש (Neh. 8, 8); vgl.
Esr. 4, 18, wo dasselbe Wort ebenfalls »verdeutlicht«, nicht aber »übersetzt«
bedeutet; פרש, das im Kal und Hifil die Bedeutung »absondern« hat, erhält in Piel und Pual die: »genauer bestimmen, deutlich ausdrücken«, daher
das deutlich ausgesprochene Tetragrammaton שם המפורש genannt wird.
Sanh. 7, 5; Sota 7, 6; Tam. 7, 2, Sifri zu Num. 6. 23 u. ö. Dieselbe
Bedeutung hat auch der Ausdruck תרגם. So wird Makk. 11, 9, derjenige, der
dem Volke die Schrift erläutert מתורגמן (Dragoman) genannt, während die
Mischna Sabb. 16, 1 von dem Uebersetzen der 70 nicht תרגם, sondern
כתבו gebraucht; daher der von den Rabbinen Meg. 3 a u. Ned. 37 b auf-
gestellte Satz מפורש זו תרגום richtig ist, wenn תרגום nicht in dem späteren
Sinne als chald. Paraphrase, sondern in der Bedeutung von Erklärung genommen wird. תרגם ist die Tafelform von רגם steinigen in privativer
Bedeutung: entsteinigen, leicht machen; vgl. סָקַל und שָׁקַל, ebenso im
arab.: ragama, lapidibus jecit und targama, interpretus fuit et alia
lingua reddidit.

nach der Lehre sehnen und ihr gerne folgen. Nicht uner-
wähnt darf es bei dieser Gelegenheit bleiben, dass das Gebet,
das in jener Zeit noch keine fixirte Form besass, sondern
als freier Erguss des Herzens, der Eingebung des Augenblicks entstammend, wenn auch in einzelnen Fällen an
Psalmstellen sich lehnend oder aus solchen sich zusammen-
setzend (vgl. Jona 2, 2 f.), keinesfalls das Wesen der Gottesdienste im eigentlichen Sinne ausmachte; n i c h t  d a s
G e b e t  w a r  d i e  H a u p t s a c h e,  s o n d e r n  d i e  B e-
l e h r u n g;  m a n  b e t e t e  i n  j e n e r  Z e i t  w e n i g,
l e h r t e  a b e r  v i e l,  die Vertiefung in den Lehrinhalt
des Gesetzes, das Erfassen und Ergründen seines Willens
als Willen Gottes, als Richtschnur und Massstab für das
ganze Leben (Neh. 8, 13 f., 10, 1—10), das war's, was als
Ziel und Zweck der gottesdienstlichen Versammlungen im
Geiste Esra's und derer, die ihm folgten, lebte; daher
auch die eigentümliche Richtung, die der jüd. Gebetcultus
in späteren Zeiten eingeschlagen hat: die Gebete Israel's
waren weniger Ergüsse des flehenden oder dankenden, des
aufjauchzenden oder seufzenden Herzens, als Schilderungen
von Ereignissen vergangener Tage, Paraphrasen einzelner
Satzungen, Wiedergabe agadischer Stoffe, kurz: W i s s e n,
d a s  a u f  d a s  L e b e n  e i n w i r k e n  s o l l t e.

Selbstverständlich wurden die Sabbate, für deren
Heilighaltung Esra, namentlich Nehemia mit aller Energie
eintrat (Neh. 13, 15 f.), sowie die Wallfahrtsfeste, an denen
die Opfergaben nach Satzung der Thorat Mosche im Heiligtume
dargebracht wurden (vgl. Esr. 3, 4 u. ö. in d. Chr.), dazu
benützt, das Gotteswort zu verkünden und ihm eine sichere
Stätte im Leben des Volkes zu bereiten. Der 1. Tischri
wurde als Tag des Lärmblasens gefeiert; auch war er schon
als Neumondstag des 7. Monates — die Zahl 7 hatte schon
im Pentateuch nachdrückliche Betonung erhalten[1]) — durch
besondere Opfergaben ausgezeichnet. Hingegen war der
Versöhnungstag auch in dieser Zeit noch nicht annähernd
seiner späteren Bedeutung in's Volksleben gedrungen; Neh. 8
berichtet von der oben bereits erwähnten Volksversammlung

---

[1]) Die Zahl 7 findet sich bereits in der Natur als Grundschema
mannigfacher Erscheinungen, so in verschiedenen Krankheiten, als Zeit der
Entwicklung beim Zahnen, der Mannbarkeit u. s. w., vgl. Lengerke, Kanaan,
XX., vgl. den rad. שבע mit seiner doppelten Bedeutung: sieben und
schwören, Sabbäismus, Verehrung der 7 Gestirne. Ueber die Heiligkeit
der Siebenzahl bei den Südarabern s. D. M. G. XXVII., 407, 422.

am Neumond des 7. Monates[1]), erzählt umständlich von der
Feier des Hüttenfestes, gedenkt aber auch nicht mit einem
Worte des Versöhnungstages. Aus diesem Umstande aber
zu schliessen, dass dieser noch gar nicht bekannt gewesen
sei, ist unstatthaft — höchst wahrscheinlich wurde der Tag
blos in den inneren Räumen des Tempels durch Darbringung der für denselben vorgeschriebenen Opfer, bei
denen sich das Volk bekanntlich nich beteiligen konnte,
gefeiert[2]).

Folgereich war namentlich der Einfluss, den Esra auf
die Entwicklung der Gerichtspflege, die in Folge der miss-
lichen Verhältnisse, in welche die Gola bald geriet, sehr
darnieder lag: die Priester hatten ihr Ansehen in der Gemeinde eingebüsst, die Leviten, von jenen verdrängt, zogen

---

[1]) Durch welchen Umstand und wann der 1. Tag des 7. Monates
zum ראש השנה wurde, ist nicht bekannt. Jedenfalls ist die Feier nachexilisch, obgleich schon das mosaische Gesetz diesen Tag durch die für
ihn (Num. 29, 1—6), gleichwie für den Versöhnungs- (ib 8—11) und den
Schlusstag der Jahresfeste (ib. 36—38) bestimmten Opfergaben, durch einen
höheren sabbatlichen Charakter ausgezeichnet hat vgl. Philo, de septen. et
festis p. 1183. Nach unserer Anschauung hängt die Creirung der ר"ה
Stellung von der Erkenntnis des Aufschwunges, den das religiöse Leben
seit der Rückkehr aus Babel genommen hatte, ab. Schon Jer. 16, 14—15
hatte darauf aufmerksam gemacht, dass die alte Zeitrechnung, die auf den
Auszug aus Egypten Bezug nimmt, hinfällig werden wird durch das wichtigere
Ereignis der künftigen Befreiung, und tatsächlich mochte das Volk, zumal
das Satzungsleben noch immer flüssig war und der Anschauung der Zeit
Rechnung getragen wurde, betreff des Passafestes, als Fest der Befreiung
aus Egypten im Verhältnisse zur Befreiung aus Babel, eben so gedacht
haben, wie dieses bezüglich der Fasttage (Sach. 7 u. 8) der Fall war. Hingegen
ist wahrscheinlich der 7. Monat schon durch den Umstand, dass die Exulanten am 1. Tage desselben auf dem neu errichteten Altare opfern konnten
(Esr. 3, 6) und später in Neh.'s Zeit die Vorlesung des Gesetzes ebenfalls am 1. Tage des Monats Tischri stattfand (Neh. 8, 2), immer mehr in
den Vordergrund getreten.

[2]) Jedenfalls macht die Annahme, es sei auch im Salomonischen
Tempel das Opfer des יו"כ dargebracht worden, Schwierigkeit, da dort
das Allerheiligste durch Flügeltüren, die vermittelst Ketten gesperrt wurden
(1 K. 6, 21 u. 31), abgegrenzt war, demnach der Vorhang, der bei dem
Opfer des יו"כ eine bedeutende Rolle spielte (Lev. 16, 12 f.), gefehlt hat.
Sicherlich ist es aber falsch, den am 24. des 7. Monats (Neh. 9, 1) ge-
feierten Busstag mit dem יו"כ identificiren oder an dessen Stelle setzen
wollen.

sich vom Heiligen- und Gemeindedienste zurück und auch in den Besseren der Laienwelt herrschte in Folge der Ungunst der Zeit eine Misstimmung, die auf die Pflege des Rechts lähmend wirken musste. In dem Dekrete, das Artaxerxes dem Esra ausfertigte, wurde ihm die Berechtigung zuerkannt, nach Gutdünken Richter einzusetzen und Recht zu sprechen (Esr. 8, 27); nach welchen leitenden Momenten versuchte es Esra, die Rechtspflege zu ordnen? Hierüber fehlt es uns an authentischen Nachrichten; doch werden wir kaum fehl gehen, wenn wir uns die Entwicklung auf diesem Gebiete ebenso denken, wie wir sie oben S. 77 f. betreff des religiösen Lebens erkannten. „D e r  E w i g e  l i e b t  d a s  R e c h t" (Ps. 37, 2) war alte allgemein gültige Anschauung in Israel; wer daher in den Wegen Gottes wandeln will, muss Heiligkeit und Gerechtigkeit anstreben. S o  w u r d e  d a s  R e c h t  e i n  T e i l  d e r  R e l i g i o n. Wie nun diese alle Seiten des menschlichen Lebens in seinem Wollen und Wirken mit schützenden Wällen umgab, um die Heiligkeit des ganzen Menschen, des äusseren wie des inneren Lebens zu erziehen und zu erhalten, also suchte das Recht, Billigkeit und Gerechtigkeit in allem Schaffen und Tun zu erzielen und zu festigen

Dieser Grundsatz des altisraelitischen und des späteren jüdischen Rechtes ist aber nicht etwa die Schöpfung einer Behörde, die den Ausfluss ihres Geistes, ihrer sittlichen Lebensanschauung, ihrer entwickelteren ethischen Idee als Gesetzesnorm für die Menge decretirte; denn älter als das geschriebene Gesetzesrecht (j u s  s c r i p t u m) ist bei allen Völkern das ungeschriebene (j. n o n  s c r i p t u m) oder das Gewohnheitsrecht (j. c o n s u e t u d i n a r u m) — kein Volk besass in seiner Jugend feststehende Rechtsnormen, das Gewohnheitsrecht ist der Ausdruck des Rechtsbewusstseins, wie es seinen Individuen innewohnt — die Häuser, Familien und Stämme, das Volk, geeint durch die gleiche Rechtssitte und Rechtsanschauung, begründete das alte Recht Israels — aus der Familien- und Stammestugend entstand das Volksrecht. In den ältesten Zeiten patriarchalischer Einfachheit waren die Familienhäupter die natürlichen Richter in Streitsachen zwischen ihren Angehörigen; später wurde das Richteramt weisen und gerechten Männern übertragen, stets aber lebte das Recht im Herzen des Volkes, von Mund ging es zu Mund, von dem Vater vererbte es sich auf den Sohn;[1] daher

---

[1] Hand in Hand mit der mündlichen Tradition des Rechts gehen die Rechtssprichwörter (Rechtsparömie), kurze, häufig vieldeutige

konnte es auch später in kein abgerundetes System gebracht
werden, daher wird aber auch die Strenge einzelner Satzungen des alten Rechtes leichter begreiflich — das Gesetz
musste in weniger entwickelten Zeitverhälnissen, wollte es
nicht den Beschädigten oder Gekränkten Zeit lassen, sich
selbst Recht zu verschaffen, rasch und mit aller Strenge
gehandhabt werden. Natürlich hatte die fortschreitende Cultur
und das immer mehr sich versittlichende Rechtsbewusstsein
auf die Entwicklung des Rechts ungeheuren Einfluss, ebenso
wirkten auch neue Lebensverhältnisse unbedingt auf seine
Umgestaltung und Fortbildung ein. Durch die allgemeine
Geltung, zu der die Thorat Mosche durch Esra gelangte,
trat auch an die Organe der Rechtssprechung die Pflicht
heran, das im Pentateuch niedergelegte Recht mit den Lebensverhältnissen und der Rechtsanschauung der Zeit in Einklang
zu bringen. Sowol das sociale, als auch das private Leben
war durch die Verhältnisse umgestaltet; die Regelung der
neuen Lebensformen aber konnte nur auf der Grundlage des
alten Gesetzes vor sich gehen, das nun, wo es nicht mehr
genügte, durch sorgfältiges Erforschen und Deuten erweitert
und ausgedehnt werden musste.

Das war auch der Weg, den Esra's Schriftgelehrsamkeit
für die Entwicklung des Rechts eingeschlagen hat. Moses
fragte, um mit Sorgfalt und Bedächtigkeit Recht zu sprechen,
Gott an (Lev. 24, 12; Num. 27, 5); nach Esra aber fragte
man bei der Schrift an, man deutete, umdeutete sie und
suchte Analogien auf; so fand die Schriftgelehrsamkeit, verbunden mit dem Rechtsbewusstsein der Zeit, das gesuchte
Urteil.

Sätze, die nicht immer Ausdruck des bei Entscheidungen als Norm geltenden
Rechtes sind, sondern häufig d e s Rechtes, wie es sich in der Volksanschauung jener Zeit abspiegelt. Wir wollen hier nur einige von den vielen,
die sich uns in dem B. der Sprüche erhalten haben, herausheben : über
den Brauch, beim Gerichte durch das Loos zu entscheiden Spr. 16, 33 ;
18, 18; körperliche Züchtigung der Kinder 19, 18 ; Rücksichtnahme bei
Verurteilung eines Diebes, der um seinen Hunger zu stillen gestohlen hat
6, 30, 31; Kinder zu Pfande nehmen 20, 16 ; 27, 13; vgl. dag. Ex. 22,
25 ; Deutr. 12, 6; 24, 10; Sklaven den Kindern des Hauses gleichstellen
17, 2; 30, 23 vgl. 1 Chr. 2, 34 f, Gen. 15, 2 f. Ueber die Wichtigkeit
und Gefährlichkeit von Bürgschaftleistungen 11, 15, 17, 18 ; 20, 16 ; vgl.
6, 1 ; 22, 27 u. ö. Ueber Lösegeld nehmen 13, 8; 19, 19; 17, 26 vgl.
Num. 35, 31; Ex. 21, 24 ; 23, 3; Deutr. 1, 17.

7*

Sehen wir uns einmal einzelne Fälle genauer an! So begreiflich auch das Wiedervergeltungsrecht[1]) (j u s t a l i o n i s), das in dem Satze: „Aug um Aug"! (Ex. 21, 24; vgl. Lev. 17, 19, Deutr. 29, 21) seinen härtesten Ausdruck gefunden, bei wenig entwickelten Naturvölkern erscheinen mag, so hat es doch strenge genommen die grössten Schwierigkeiten — das „wie du mir, so ich dir" wird in der Ausführung kaum möglich; denn wie soll z. B. der Beschädigte das Auge des Schlägers so verwunden, wie es ihm geschehen? Und zugegeben, das heiss wallende Blut des Naturmenschen werde sich mit dieser Art der Wiedervergeltung zufrieden geben, wird sich nicht die, wenn auch nur wenig entwickeltere Sittlichkeitsanschauung gegen solche Wiedervergeltung sträuben, zumal durch eine derartige Bestrafung des Schädigers dem Beschädigten nicht der geringste Nutzen erwächst?

Tatsächlich dürfte man daher in dem Ausspruch: „Auge um Auge"! in gewissem Sinne eher ein Rechtssprichwort, als ein Gesetz finden; denn schon aus der Vergleichung einzelner Pentateuchstellen ergibt es sich, dass in Wahrheit auch das alte Gesetz bereits den pecuniären Ausgleich bei verübtem Schaden kennt und gestattet. Num. 35, 31 wird die strenge Ahndung eines Mordes mit den Worten eingeschärft: „Nehmet kein Lösegeld für die Person eines Mörders, der des Todes schuldig ist, er muss getödtet werden!" Ein schärferes, logisches Eingehen auf diese Worte wird ergeben, dass nur v o n d e m M ö r d e r ein Lösegeld zu nehmen verboten sei, keinesfalls aber in einem anderen Falle, wie diese Ansicht auch aus Ex. 21, 19 deutlich wird. Aus diesem Umstande dürfen wir mit Recht schliessen, dass später tatsächlich auf Grundlage des Gesetzes Vergleiche zu Stande kamen und das Wort der Schrift dem Geiste derselben wich, wol auch weil der Geschädigte kaum die strenge Vollziehung des Gesetzes forderte, vgl. Spr. 13, 8.

Was aber früher nur in einzelnen Fällen geschah, das erhob Esra nach dem Geiste des Gesetzes und in Folge der im Volke lebenden Rechtsanschauung zur allgemeinen Norm. Anders gestaltete sich der Einfluss der Zeitverhältnisse auf das Gesetz d e r B l u t r a c h e, Num. 35, 9 f. vgl. Jos. 20.

Das Gesetz bestimmte ursprünglich 6 Städte an verschiedenen Punkten des Landes, die Zuflucht bieten sollten

---

[1]) Ueber jus talionis bei anderen Völkern, s. Knobel, Handbuch zu Ex. 21, 24.

cinem Mörder, der ohne Vorsatz ein solcher geworden war.
In diesen Städten sollte er vor der Rache des נואל (Blutlöser
oder Rächer), vgl. Num. 5, 8; 2 Sam. 3, 26 – 30; 2, 23, geschützt
sein. Offenbar lebte diese Institution als Gewohnheitsrecht
im Volke und der Mosaismus musste, so wenig er mit der Anschauung übereinstimmen mochte, mit der Macht der Gewohnheit rechnen — stillschweigend wurde dem Goël das Recht
gelassen, nur sollte die Milderung der harten Sitte durch
die Heiligung der Zufluchtstädte herbeigeführt werden.

Wie gestaltete sich nun diese Frage in den Zeiten
Esra's? Gab es auch jetzt ערי מקלט? Nirgends werden
solche erwähnt, sie werden auch kaum mehr existirt haben;
denn zunächst war das von den Juden eingenommene Gebiet
bedeutend kleiner, als das ehemalige Reichsgebiet, sodann
war aber auch das Recht des Goël, das zu einer Zeit, in
der der Staat ein nur loses Gefüge besass, bestand, in Folge
der fortgeschrittenen Anschauung der nachexilischen Zeit
bereits erloschen (vgl. übrigens auch 2 Sam. 14, 5 f.) Welchen
Weg schlug nun die Rechtsanschauung Esra's bei derartigen
Vorkommnissen ein? Sicherlich den bereits vom Mosaismus
angebahnten: die Strenge des Gesetzes sollte durch Schwierigkeiten, die der Anwendung in den Weg gelegt wurden,
gemildert werden; das wurde auch das Grundprinzip, nach
welchem die Entwicklung der jüngeren Rechtspraxis vor
sich ging; vgl. Makkot 7 a, Sanh. 71 a u. ö.

Allein nicht destoweniger sprach auch Strenge das
Recht, wo es die Zeitverhältnisse erforderten. So verlangte
jetzt die Autorität des Gesetzes ein strengeres Vorgehen im
Falle der Nichtbeachtung und Befolgung gewisser Verordnungen; daher bestimmte Esra, dass Jeglicher, der sich
weigerte die von ihm im Einvernehmen mit der Gemeinde
erlassene Anordnung zu befolgen, mit dem Banne seines
Vermögens, ja selbst mit der Ausschliessung aus der Gemeinde
bestraft werde,[1] Esr. 10, 7, 8 — ein Vorgang, wie er in
früheren Zeiten nie gehandhabt wurde.

[1] Wenn Einige den Ursprung des Kirchenbannes in dieser »Ausschliessung
aus der Gemeinde« finden wollen, so ist dagegen zu bemerken, dass der
Unterschied zwischen beiden Arten denn doch ein ziemlich bedeutender ist:
in Israel wurde diese Bestimmung nur bei Auflehnungen gegen ein heiliges
oder profanes Gesetz, dessen Verbindlichkeit von der ganzen Gemeinde
anerkannt wurde, getroffen, während der kirchliche Bann nur Privatinteressen,
die sogar häufig mit den Interessen des Volkes im vollsten Widerspruch
standen, diente.

Strenger wurde jetzt auch das Verbot der Gotteslästerung behandelt: Lev. 24, 13 lautet die Bestimmung: „Jeder
der seinen Gott flucht, trägt seine Schuld; wer aber den
Namen Gottes lästernd ausspricht (נקב), soll getödtet werden".
Unter נקב verstand man früher nichts anderes, als lästern,
schmähen, vgl. Spr. 11, 26; 24, 24; Hiob 3, 8 (s. dagegen
Saalschütz, mos. Recht S. 496, vgl. Allg. Z. d. Jud. 1883
S. 787 f.); in der nachexilischen Zeit hingegen, in der sich
allmälig eine Scheu verbreitete, das Tetragrammaton auszusprechen, für welches man אדני las (vgl. Sota 37 b, Sanh. 7, 5,
vgl. auch die Sept, die Jahve immer mit „kürios" wiedergibt) wurde dem entsprechend auch נקב umgedeutet und in
dem Sinne „das Tetragrammaton deutlich aussprechen"
genommen; vgl. Sanh. 56 a, Sifra ed. Weiss 104 b, Jos. ant.
2, 14, 4; Philo, de vita Mos. III. pag. 670, 683; de nomin.
mutat. p. 1045 f. ed. Hösch; s. auch Targ. Jon. zu Deutr.
32, 39; Targ. zu Lev. 24, 13, Raschi u. A. Esr. zur St., vgl.
Geiger, Urschr. 273. Von grosser Bedeutung und Wichtigkeit
für die Entwicklung des Rechts war noch eine andere Einrichtung, die wahrscheinlich erst nach Esra allgemein wurde:
nicht Priester und Leviten allein sollten das Recht zu sprechen
berufen sein, auch die Laienwelt sollte daran tätigen Anteil
nehmen (vgl. Esr. 10, 4; Neh. 10, 36, 40; 12, 49; 13, 13).
In Rom war Rechtsprechen ein Privilegium der Patrizier, in
Egypten der Priester, in Israel aber sollte das freie Bürger-
tum an den Entscheidungen über Recht und Unrecht teilnehmen. Verständige, würdige Männer versahen unbesoldet
das Richteramt. Der Einführung in dasselbe ging eine
Belehrung über die Wichtigkeit der Würde, sowie eine Er-
mahnung voraus, in Unbestechlichkeit und Parteilosigkeit
das Recht zu sprechen.[1]) An jedem Orte mussten mehrere
Richter sein, einer allein durfte kein Urteil fällen (vgl. Ex.
21, 6; 22, 8 u. ö., wo stets von „Richtern" die Rede ist).
In den Toren der Stadt oder auf dem freien Platze wurde

---

1) Nach 2 Chr. 19, 9. Wenn der Chronist dieses bereits von Josafat
berichtet, so anticipirt er damit jüngere Geschehnisse, um ihnen das Siegel
des Altertums aufzudrücken; anderseits entspringt dieses seinem Streben,
das Wirken der frommen Könige in Juda zu glorificiren; vgl. Rosenzweig,
a. a. O. S. 11 f. In ähnlicher Weise wird auch dem David die Bestellung von
6000 Richtern (1 Chr. 23. 4; 26, 29—32) zugeschrieben; dass aber ein
Staat, in dem der König noch Recht spricht (1 K. 3, 19), kaum über eine
solche Schar von Richtern verfügt, dürfte leicht einleuchten.

das Recht öffentlich gesprochen[1]) (Deutr. 21, 19, 22; Hiob 5, 4; Spr. 22, 22; Sech. 8, 16; Neh. 8, 1; 2 Chr. 32, 6). Die höchste Instanz über die executive und richterliche Gewalt vertrat der Gerichtshof zu Jerusalem, an dessen Spitze wol Esra, so lange er lebte, stand.[2])

\* \* \*
\*

Allein so sehr auch Esra mit aller Kraft für das gesunkene Volksleben eintrat, es gelang ihm doch nicht, es vollständig aufzurichten; nur wenig Früchte seines Strebens sah er reifen; Samenkörnlein hatte er gestreut, die aber erst in der Zukunft aufgehen sollten. Esra war ein Reformator auf religiösem Boden, in dem die Keime lange schlummern, ehe sie an's Tageslicht treten; für das reale Leben fehlte ihm der praktische Blick. Was kümmerten ihn feste Mauern, was waren ihm starke Wälle? Was sind dem Mann des Geistes die gewaltigsten Wurfgeschosse den Funken des Geistes gegenübergestellt, die gleich dem Blitze allenthalben zünden? Seine Welt ist der ideale Gedanke, der wol lange auf seine Verwirklichung warten lässt, zuletzt aber doch über alle Kräfte und Mächte der materiellen Welt als Sieger hervorgeht.

Diese Welt der Idee genügt aber nicht für das reale Leben, das stündlich genötigt wird, den Kampf gegen die feindlichen Gewalten, die sich allem Sein in den Weg stellen, aufzunehmen; das reale Leben bedarf des kräftigen Armes, der den felsigen Boden für die Gedankensaat bereitet, Sicher-

---

[1]) Später wurde das Recht in der Gazithalle im Tempel gesprohen, Midd. 5, 4; Jer. Sanh. 19 c, ob.; Jer. Hor. 46 a unt. u. ö.; vgl. Selden, de Synh. p. 805. Nach Jos. arch. 4, 8, 14, 33 sollte jede Stadt 7 Richter und 2 Leviten als Schreiber haben.

[2]) Von dem Synhedrium ist um diese Zeit noch nirgends die Rede; vgl. Neh. 10, 1; 2 Chr. 19, 8; über die Gerusia vgl. 1 Macc. 7, 33; 5, 42; 12, 35; 13, 36; 2 Macc. 1, 10; 4, 44. Jud. 4, 8; 15, 8. Die Zahl 70 beim Synhedr. ist Ex. 24, 1, 9; Num. 11, 16, 17, 24 nachgebildet. Uebrigens ist diese Zahl gleich sieben eine heilige; vgl. 70 Sprachen bei den 70 Völkerschaften; die 70 der Sept.; die 70 Schüler Jesus bei Lucas; die 70 Gelehrten in Sura und Pumbedita; die 70 Bücher, die Esra geschrieben haben soll; vgl. 4 Esra 14, 24; Thilo zu Ev. Nicod. 28 u. Cod. apocr. N. J. p. 791. Ueber die 70 der Synh. s. Onk. Deutr. 22; Targ. Hhl. 6, 12, zu Jes. 28, 6. Ueber die Tätigkeit des Synh. s. Maim. tract. Sanh.; Abarb. zu Ex. 18, 22; 25, 26.

heit nach Aussen und Festigkeit nach Innen für die Entwicklung sichert. Wie Moses im Kampfe gegen Amalek nur
die Hände heben konnte, wenn Israel siegen sollte, Josua
ihm aber zur Seite stehen musste, um den Streit des Volkes
zu führen, also bedurfte Esra eines Nehemia, der, ein trefflich
Vorbild jenes vielgerühmten Ulrich v. Hutten, mit dem
Schwerte in der einen Hand die Feinde abwehrte, mit der
Kelle in der anderen die eingerissenen Mauern des Volkstums wieder aufrichtete.

Nehemia war ein ganzer Mann, trefflich geeignet, das mehr
nach Innen gekehrte Wesen Esra's zu ergänzen; er besass
alle Eigenschaften, die politische Tätigkeit erfordert: Um-
sichtigkeit im Entwerfen von Plänen, Mut und Tätigkeit im
Verfolgen gesteckter Ziele, ein lebhaftes, feuriges Naturell,
eine Selbstaufopferungsfähigkeit, die zur Nachahmung be-
geisterte und dabei ein frommes, wenn auch selbstbewusstes
Gemüt, das mit innerer Befriedigung gerne auf das Voll-
brachte blickt, um aus dem Erfolge neue Kraft zur frischen
Tat zu schöpfen (vgl. Neh. 5, 19 s. dazu Sanh. 93 a).

Tiefes Dunkel breitet sich über die Abstammung Nehemia's aus[1]. Nur der Name seines Vaters Chakalja ist uns
erhalten; sonst wissen wir nichts von ihm, als dass er am
Hof des Königs Artaxerxes, desselben Königs, dessen für die
Juden wolwollende Gesinnung vor Jahren bereits Esra
erfahren hatte, das Amt eines Mundschenks versah. Im 20.
Regierungsjahre des Königs (445) kamen Hanani, ein Bruder
Nehemia's (vgl. Neh. 7, 2) und Andere, die in der Absicht,
die Herbstfeste in Jerusalem zu feiern, eine Wallfahrt dahin
unternommen hatten, nach Susa, der Residenz des Königs,

---

[1] In der arab. Uebersetzung wird er »Hohepriester«, ähnlich 2
Macc. 1, 21 „sacerdos" genannt. Euseb. und Hieronym. zählen ihn zum Stamme
Juda; andere (vgl. שני בית מלבי דברי beigedruckt dem Seder o. r. ed Amst.
69 a, wo der eine Stab, Noam (Sech. 11, 7 f.), auf das Prinzipat Zerubabel's
und Nehemia's bezogen wird), machen ihn zu einem Nachkommen David's.
Auch letztere Annahme entbehrt jeder Begründung und wurde wahrscheinlich nur dadurch veranlasst, dass der Talmud die Zeit Zerubabel's von der
Nehemia's nicht auseinander hält, ja nicht selten die beiden Träger der
verschiedenen Zeiten mit einander identificirt. Vgl. R. hasch. 3, b; Juchas.
ed. Warschau S. 12; Josipp. A. 3 und Meor euajim c. 18. Auch mochte
der Ausdruck אבת קברות בית (Neh. 2, 3), der leicht auf die Königsgräber
in Jerusalem bezogen werden könnte, die Annahme, Neh. stamme von könig-
lichem Geschlechte, begünstigt haben.

wieder zurück und brachten die betrübendsten Nachrichten über die Lage, in der sich die heil. Stadt befand, mit. Seitdem Esra die strengen Massregeln gegen die Mischehen getroffen, hatten sich die Verhältnisse daselbst nur noch verschlimmert. Eine tiefgehende Spaltung im Innern hatte jedes bessere Wollen ertödtet, jede Tatkraft gelähmt. Die Mauern der Stadt waren noch immer verfallen,[1]) die Tore waren niedergerissen, Hohn und Spott und Unsicherheit von Aussen, Zank und Ohnmacht und Gesinnungslosigkeit im Innern! Sanballat, der Choronite, Tobia, der ammonitische Knecht, und deren Helfershelfer waren Faktoren geworden, mit denen man bei jeder Gelegenheit rechnen musste, zumal sie selbst im Innern der Gemeinde über zahlreichen und mächtigen Anhang verfügten (6, 18).

Nehemia, vom tiefsten Schmerze über diese Nachricht ergriffen, weinte und trauerte gar sehr, enthielt sich Tage lang, im Gebete versunken, jeder Nahrung. Der Gedanke an die früheren Sünden seines Volkes, an das Elend, das es darob getroffen, weckte in ihm fromme Entschlüsse für die Zukunft und indem er Gott an die alten Bande, die ihn mit Israel verknüpfen, erinnerte, flehte er um ein glücklicheres Geschick für seine gesunkenen Brüder (Neh. 1, 5—11). Und im Gebete fand er, was er suchte : Trost und Kraft! Der Plan für die Zukunft war geschaffen! Die erste günstige Gelegenheit wollte er dazu benützen, den König für seine Brüder und sich zu gewinnen. Vier Monate schweren Bangens, die nicht spurlos an dem sonst frischen Antlitze des jungen Mundschenks vorübergingen, verflossen, ehe sich ihm der erwünschte Augenblick darbot.

Es war im Monate Nisan desselben Jahres, da er nach langer Zeit wieder zur Hoftafel befohlen wurde. Der König

---

[1]) Grätz, a. a. O. S. 140 stellt den Hergang der Begebenheit so dar, als ob die Juden nach der j e t z t erfolgten Zerstörung der Mauer eine Deputation an den Hof gesandt hätten, um beim Könige, resp. bei Neh. Hilfe zu suchen, wofür aber durchaus kein Grund zu finden ist. Die Mauern wurden n i c h t j e t z t zerstört, sondern waren n o c h i m m m e r zerstört, vgl. Esr. 4, 12; Sech. 1, 16; 2, 9, was auch aus dem Berichte an Nehemia deutlich hervorgeht; denn wäre die Zerstörung eine neuerliche, dann lautete der Bericht unvollständig und unklar. Nicht der Bericht über den Zustand der Mauern machte auf Neh. den beschriebenen Eindruck, sondern der Gesammtbericht über die Lage der Stadt und Gemeinde. Auch ist Arstachsch. Esr. 4, 7 keinesfalls mit Artax. in Neh. Zeiten zu identificiren; vgl. die verschiedene Schreibung der Namen, s. Rosenzweig a. a. O. S. 46; ob. S. 41.

und seine Gemalin sassen vergnügt beim heiteren Mahle und Nehemia, bleich und traurig, wie wenn geheimer Kummer am schwerbedrängten Herzen nagt, kredenzte still den feurigen Trunk. Dem Könige fiel das traurige Wesen seines Mundschenks, dem er auch sonst gewogen war, auf und freundlich fragte er ihn, welche Sorge ihn drücke. Wie wenn schwerer Alp sich löset vom beladenen Herzen, frischer das Blut in den Adern kreist, also belebte sich das bange Antlitz Nehemia's, dem der Augenblick als von Gott gesandt erschien, und warm und lebendig quoll die Schilderung von der traurigen Lage seiner Brüder und seines Heimatlandes aus seinem Munde. Es war im Morgenlande, wo auch heute noch das Wol und Wehe weiter Länderstrecken von einem Augenblicke, von der weinseligen Laune des Alleinherrschers abhängig sind: Artaxerxes hatte eine frohe Stunde, er wollte gnädig sein; für Nehemia aber und Jerusalem war es eine glückliche Stunde, denn der König zeigte sich bereit, sobald ihm bestimmte Vorschläge unterbreitet würden, dem Notstande abzuhelfen. Im stillen Gebete gekräftigt fand Nehemia bald das rechte Wort und sprach: „O, wäre es doch dem König gefällig, mich nach Judäa zu schicken in die Stadt der Gräber meiner Väter, ich möchte sie wieder aufbauen!“ (Neh. 2, 5.) Der König gewährte ihm die Bitte, erteilte ihm allsogleich einen Urlaub auf bestimmte Zeit, versah ihn mit einer Zuschrift an den Statthalter von Syrien, der ihm das Paschalik Judäa übergeben, sowie mit einer andern an den Verwalter der königlichen Forste, der ihm das zu etwaigen Bauten erforderliche Holz verabreichen sollte. So war ihm alles, herrlicher als er es abnte, gelungen! Als Pascha mit Ansehen und Macht ausgestattet, von königlichen Truppen, die für seine Sicherheit einstehen sollten, begleitet, trat er bald — es duldete ihn nicht länger in Susa — seine Reise nach Jerusalem an.

Dort wurde er mit gemischten Gefühlen aufgenommen. Die Kinder der Gola warteten schon lange vergeblich auf den Gottesboten, der kommen sollte, um den Weg des Herrn zu bereiten und Frieden zu schaffen in den Gauen Judäa's (vgl. Mal. 3, 1). Uebeltäter gab es rings umher genug, aber das Feuer wollte nicht erscheinen, das sie verzehrte, den Gerechten wollte die verheissene Sonne nicht aufgehen, die Heilung auf ihren Fittigen bringen sollte (ib. 3, 19, 20). Da kam Nehemia. Vielleicht ist er der Gottesbote, so dachten die Einen und atmeten wieder freier auf. Anders aber wirkte

die Nachricht von seiner Ankunft auf die Feinde Judäa's.
Spott und Groll erfüllte sie bald gegen den Mann, der
unversehens voll Kühnheit in ihre Kreise trat und vielleicht
sich gar mit der Absicht trug, die Trümmer Jerusalem's
wieder aufzurichten. Nehemia aber verhielt sich ruhig. Er
sprach wenig von dem, was er zu tun beabsichtigte und
selbst den Priestern gegenüber beobachtete er ein nur allzu
gerechtfertigtes Schweigen. Nach dreitägiger Rast machte
er sich des Nachts in Begleitung einiger vertrauter Männer
auf, um die Befestigungswerke der Stadt in Augenschein zu
nehmen. Es war ein einsamer, stiller Ritt. Draussen angelangt, welch ein Anblick! Soweit das Auge reichte, nichts
als Trümmer, niedergerissene Tore, zerstörte Mauern![1])
Betrübt kehrte er heim, fest entschlossen, rasch und kräftig
Hand an's Werk zu legen. Er berief eine Volksversammlung,
der er in eindringlicher Weise die traurige Lage der Stadt,
sowie die unseligen Folgen, die aus dieser Unsicherheit der
Existenz entstehen mussten, vorführte; zugleich wies er
aber die Gemeinde auf die günstige Situation der Gegenwart
hin, da der König für sie Interesse an den Tag lege und
allerlei Hilfsmittel zugesagt habe. Das Wort zündete. Das
Volk nahm die Aufmunterung beifällig auf und alles zeigte
sich bereit, die langjährige Schmach, die durch den Egoismus
der Vornehmen und durch die Schwäche und Gleichgiltigkeit
der Geringeren herbeigeführt wurde, von sich abzuwälzen
und bald konnte Nehemia den Aufbau der Tore[2]) in Angriff

---

[1]) Das offene מ bei הם פרוצים Neh. 2, 13 rührt wahrscheinlich von
dem ohne He quiescens geschriebenen הֵם her.

[2]) Die Stadt hatte folgende Tore: a) im Osten: 1) שער המים, das
Wassertor. Neh. 3, 26; vgl. Succa 3, 3 und ö.; 2) ש' הסוסים, Rosstor, am
Tempel, Neh. 3, 28; 3) ש' הדגים, Fischtor, in nordöstlicher Richtung, Neh.
3, 3; 12, 39; Zef. 1, 10; 2 Chr. 33, 14, s. auch Targ. zur letzten St.; b) im
Norden: 4) ש' הישנה, das alte Tor. Neh. 3, 6; 12, 39; 5) ש' אפרים, das
Tor Efraim oder Benjamin, das zu dem Gebiete beider Stämme führte,
Neh. 12, 39; Jer. 38, 7; 37, 13; 2 Chr. 25, 23; 6) ש' הפנה, das Ecktor,
auf der Nordwestecke in der Gegend des Ofenturmes (מגדל התנורים) Neh.
3, 11; 12, 38; 2 Chr. 26, 9; 2 K. 14, 13; Sach. 14, 10; c) im Westen:
7) ש' הגיא, Taltor, das in das Gihontal und zur Drachenquelle (עין התנין)
führte, Neh. 2, 13; 3, 13; 2 Chr. 26, 9, am Tyropoion, vgl. Haneberg,
Altert. 275 A.; d) im Süden: 8) ש' האשפות, Misttor, Neh. 2, 13; 12, 31;
9) ש' העין südöstlich beim Königsteich (ברכת המלך); Neh. 2, 14; 3, 15
und 10) ש' הצאן Schaftor, fälschlich nordwärts in die Gegend des heutigen

nehmen. Eljaschib und seine Brüder, die Priester,[1]) feuerten durch ihr Beispiel die Reichen und Vornehmen der Gemeinde an und Alle, die über Kräfte verfügten, folgten ihnen, um die Aufrichtung der Mauern zu fördern. Mit Missmut sahen nun die Feinde Nehemia's und Jerusalem's, dass die Arbeit rascher, als sie es ahnten, von statten ging, sie planten daher, dem Beginnen tückisch entgegen zu treten. Loyalitäts-heuchelei machte den Anfang: „Was beginnt ihr", so sprachen die Feinde, „wollt ihr euch etwa wider den König empören?" Nehemia aber antwortete unverzagt: „Uns wird der Gott des Himmels Glück senden, wir, seine Knechte, werden uns erheben und bauen, ihr aber habt nimmer Anteil und Recht und Gedächtnis in Jerusalem!" (Neh. 2, 20.)

Solcher Mut weckte neue Kraft; wo noch vor Kurzem alles traurig darniederlag, wurde jetzt begeisterter Wetteifer in der Arbeit für die Selbständigkeit der Gemeinde entfaltet und bald mussten Sanballat und Genossen zu ihrem Aerger sehen, dass hohe und feste Mauern aus langjährigem Schutte sich erhoben. Die Bosheit nährte den Zorn. Hatte die Berufung auf Loyalität den willensstarken Nehemia nicht einzuschüchtern vermocht, so holten die Feinde anderes Gerät des Verderbens, giftige Pfeile des Spottes, aus ihren Rüstkammern hervor: „Was machen da die verkümmerten Juden, sprach Sanballat, wollen sie sich etwa befestigen?[2]) oder

---

Stephanstores versetzt, südwestlich am Ophel, Neh. 3, 1, 32; 12, 39. Jer. 19, 2 wird noch ein החרסית 'ש, Töpfertor, das in's Hinnomtal führte, genannt, wahrscheinlich mit dem העין 'ש identisch. Jos. bell. jud. 5, 4, 2 nennt auch ein Essenertor, davon im 4. Cap. Das המטרה 'ש Neh. 12, 39 (Haneberg ib. 276 vermutet in טרי eine Abkürzung aus מטרה), das Grätz, II. B. 399 als Stadttor bezeichnet, war ein zu der südwestlichen Tempelarea gehöriges, zum Ostabhange des Zion führendes Tor, vgl. Neh. 12, 40; Jer. 32, 2, 8, 12 und ö., wo ein חצר המטרה, in dem Jeremia in Gewahrsam gehalten wurde, genannt wird. Ebenso ist das המפקד 'ש (Neh. 3, 31, Vulg.: porta judicialis), von Munk, Lewy, Palästina 1, 107 als Stadttor bezeichnet, ein Tempeltor, wahrscheinlich in der Nähe der Xystusbrücke.

[1]) קדשוהו Neh. 3, 1, aus dem die Ausleger fälschlich den Schluss zogen, dass die Priester vor Beginn ihrer Arbeit eine Weihe der Mauer-strecke vornahmen, ist vgl. 3, 3, 6 קרהו (so schon Herzfeld) zu lesen. V. 20 wäre st. החרה, das keinen Sinn gibt, nach der Vulgata: in monte ההרה zu lesen. Grätz, 144 A. 1 hält das Wort für eine Dittographie des folgen-den החזיק.

[2]) Besondere Schwierigkeit macht v. 34, zunächst היעזבו, dessen ge-wöhnliche Wiedergabe: »wird man es ihnen überlassen?» schon deswegen

wollen sie etwa nur opfern? wollen sie nun alles an einem
Tage vollenden, die Steine beleben, die im Schutte verbrannt sind?" Nur Tobija, sein treuer Gesinnungsgenosse,
fand auf solche spöttische Frage, aus der der verhaltene
Grimm durchklang, eine beruhigende und trostreiche Antwort,
da er sprach: „Ob sie auch ihr Werk aufbauen, ein Fuchs
wird doch die Steine ihrer Mauern durchbrechen!" (Neh. 3,
35). Nehemia aber blieb ein Fels, an dem auch diese Pfeile
wirkungslos abprallten. Da nunmehr die Feinde sahen, dass
mit Worten nichts zu erreichen sei, beschlossen sie, im
offenen Kampfe gegen das Beginnen Front zu machen.
Diese Nachricht entmutigte nicht wenige in der Gemeinde,
zumal täglich wolmeinende Schwächlinge und übelgesinnte
Vornehme den Arbeitern neue Berichte von den Plänen
und Vorbereitungen der Feinde zutrugen und ihnen rieten,
von der Befestigung der Stadt zu lassen und lieber an die
Verteidigung des eigenen Heerdes zu denken.[1]
Nehemia allein blieb stark und verdoppelte Eifer und
Wachsamkeit. Hinter die Mauern stellte er Tags und
Nachts Wachposten mit Waffen versehen auf, und auch
die Arbeiter wurden bewaffnet, um jedem Angriffe ge-
rüstet entgegen treten zu können. Er selbst kannte keine
Ruhe. Begleitet von einem Posaunenbläser, der in der Gefahr das Signal zur Sammlung der Zerstreuten geben sollte,
überwachte er am Tage die Arbeit und des Nachts die
Sicherheit der Stadt. Vor Jerusalem herrschte ein rühriges

nicht befriedigt, weil in allen Fragesätzen die Juden das Subject sind; auch
Bertheau's »ob sie anheimgeben für sich« ist gezwungen. Am befriedi-
gendsten ist die Annahme Ewald's a. a. O. S. 200, A. 1, der das Wort
nach dem Vorgange der jüdischen Commentatoren mit dem talmudischen
מעזיבה vgl. B. mez. 116 b; 117 a; B. batra 3 b; Midd. 4, 6 und ö. vgl.
auch das arab. *azaba*, befestigen in Verbindung bringt. Diese Annahme
lässt auch den Spott, der in dem folgenden היבוה ausgedrückt wird, deutlicher hervortreten, und der Sinn wäre dann: ich sehe Zurüstungen zu
einem Baue, dessen Bestimmung schwer zu erkennen ist: wollen sie sich
befestigen oder nur einen Altar bauen? Hiedurch wird aber auch die
Antwort Tobijja's v. 35 verständlicher, der da sagt: ob sie auch wirklich
bauen, ihre Arbeit ist schwach, so schwach, dass ein Fuchs u. s. w.

1) Dunkel ist der Sinn von 4, 6; auch die Emendation Herzfeld und
Grätz's, die תשבו st. תשובו lesen, befriedigt nicht. Statt des fraglichen
Wortes ist יבואו zu lesen; zu בא על vgl. S. 36, A. 2; der Sinn des Satzes ist:
man sprach von verschiedenen Orten, von denen sie uns zu überfallen
gedachten.

Treiben; alles regte die Hände und selbst die Ruhe der Nacht war für die Eifrigen nebensächlich, entbehrlich geworden[1]).

In dieser Zeit der Not wendet sich ein frommer Sänger, der selbst mit Nehemia die *Mühseligkeiten der Reise nach Jerusalem durchgemacht hatte, (Ps. 102, 24) im heissen Gebete zu Gott, ihm das Elend anvertrauend, das durch seinen Zorn und den Spott der Feinde und die Verschwörung der Wüteriche (vgl. Neh. 2, 36; 4, 2 mit Ps. 102, 9) über das Volk gekommen war; karg ist das Essen, das Seufzen ohne Ende und dabei auf der Wache stehen, einsam wie der Vogel auf dem Dache (vgl. v. 5 mit Neh. 4). Doch das Morgenrot des Gottvertrauens durchbricht den Schmerz ob der trüben Gegenwart, „ja du wirst dich erheben, Zion's dich erbarmen, die Zeit ist's, es zu begnaden, gekommen ist die Frist, denn es haben Gefallen deine Knechte an seinen Steinen und der Staub sie jammert (vgl. Neh. 3, 24; 4, 4), fürchten sollen die Völker den Namen Jahve's und alle Kinder der Erde deine Herrlichkeit; ja, es baut auf Jahve Zion, er erscheint wieder in seiner Ehre" (Ps. 102).

Diese ununterbrochene Gegnerschaft von Aussen blieb, wenngleich Nehemia keinen Augenblick in seinem Eifer wankend wurde, doch nicht ohne Einfluss auf das innere Leben der Gemeinde: in den armen Schichten der Bevölkerung, die in Folge ihrer traurigen materiellen Lage schon seit längerer Zeit mit den bestehenden Verhältnissen unzufrieden waren, regte sich plötzlich die Schreckgestalt d e r  s o c i a l e n  F r a g e. Diese Frage ist jung und doch alt, uralt wie die Cultur des Menschengeschlechtes; sie ist die ewige Frage der Menschheit, in der nichts so leicht, wie die Verschiebung des Besitzes vor sich geht. Seitdem es Menschen gibt, die da hungern, während andere vom Geschicke begünstigt, sorgloser leben, existirt die sociale Frage. Das althebräische Gesetz hatte durch seine Agrar-Verfassung dieser Frage allerdings beinahe jede Spitze und Schärfe genommen: in Israel sollte es weder ewige Knechte, noch ewig Enterbte geben; der allwöchentlich wiederkehrende Ruhetag, an dem auch der Knecht ruhen sollte, das Sabbat- und Jubeljahr und ähnliche aus derselben Idee herrührenden Satzungen

---

[1]) 4, 17 ist statt המים, das keinen Sinn gibt, ימים zu lesen und שלחו wie in V. 12 in der Bedeutung «Waffen» zu nehmen. Der Sinn ist dann: Jeder stand ununterbrochen zwei Tage lang unter Waffen.

sollten der gänzlichen Verarmung der Familie und des
völligen Verlustes der persönlichen Freiheit vorbeugen:
Allein bekanntlich sind Gesetze allenthalben nur dazu da,
dass sie umgangen werden, und sie werden niemals leichter
umgangen, als wenn pflichtvergessene Priester mit der
Aristokratie — heisse sie nun Geburts- oder Geldaristokratie
— Hand in Hand gehen, wie dieses in jener Zeit der Fall
war. Bereits der dem jüdischen Optimismus so schoff gegen-
überstehende Pessimismus des Buches Kohelet, in dem das
Weh der Gedrückten, die vor nicht gar langer Zeit mit
geschwellter Brust Babel verlassen hatten, um das auf-
blühende Glück in der Heimat zu geniessen, die lebendige
Stimme der Offenbarung in Natur und Geschichte übertönt,
hat uns das sociale Elend in der Gola gezeigt. Und die Not
war seit jener Zeit nur noch gewachsen. Die Priester wett-
eiferten mit den Reichen in der Bedrückung der Armen,
die erst ihre Aecker und Weingärten, bald aber die eigenen
Kinder[1]) verpfänden mussten, um nur Brod zu erhalten und
das Leben fristen zu können. Nehemia's Eifer für den
Aufbau der Mauern weckte wol auch den Eifer der Reichen,
wahrscheinlich aber nützten diese jetzt die Arbeitskraft ihrer
Schuldner aus. Die Armen hungerten und doch mussten
sie ununterbrochen arbeiten, arbeiten für hartherzige Brüder,
die aus ihrer Not schnöden Gewinn zogen Da regte sich
plötzlich in den Enterbten der Gemeinde, zumal sie sich
jetzt im Dienste des Gemeinwesens wussten, angeeifert durch
das milde menschenfreundliche Wesen Nehemia's, der im
Gegensatze zu den Machthabern früherer Zeiten dem Volke
nicht nur keine Lasten auflegte, sondern es selbst von einzelnen zu liefernden Abgaben befreite, ja nicht wenige an
seiner eigenen Tafel speiste[2]), das Bewusstsein ihres Men-
schenrechtes. Der Zeitpunkt schien ihnen für die Lösung
der Frage, die sie so lange beschäftigte, geeignet. Die Ver-
besserung ihrer Lage sollte jetzt Staatssache werden. Von
bitterer Not getrieben, traten die abgehärmten Gestalten vor

---

[1]) 5, 2 ist nach V. 3 עֲרֵבִים st. רַבִּים zu lesen.

[2]) 5, 17—18. Besondere Schwierigkeiten macht V. 18 statt וּבֵין עֲשֶׂרֶת
לְרוֹב oder וַיִּין עֲשֶׂרֶת יָמִים בְּכָל יוֹם לְהַרְבֵּה ist daselbst יָמִים בְּכָל יַיִן לְהַרְבָּה
zu lesen. Zu וַיִּין עֲשָׂר יָמִים vgl. לֶחֶם יוֹמָיִם Ex. 16, 29. Der Sinn des Satzes
ist: was für jeden Tag an Speisen bereitet wurde, לִי wurde auf meine
Kosten bereitet und Wein wurde täglich so viel gereicht — der Wein ist
in Palästina nicht selten —, dass er für 10 Tage genügt hätte.

Nehemia, führten ihm das Elend, in das sie getrieben wurden, vor und verlangten nicht Spiele, wol aber Brod. Das Herz des edlen Volksfreundes erbebte und voll Zorn wandte er sich an die Angeklagten: „Wie, ihr treibt Leihgeschäfte mit euren Brüdern; wir (in Susa) haben unsere Brüder, die an die Völker verkauft waren, losgekauft (vgl. Joël 4, 2 ff.) und ihr, ihr wolltet sie verkaufen?"

Die Anklage war hart, allein zu wahr, als dass die Beschuldigten etwas einzuwenden vermocht hätten. Nehemia fand in dem erfolgten Schweigen von Seiten der Reichen die Bestätigung der von dem Volke gemachten Angaben, zugleich aber auch einen Grund, ruhiger und milder fortzufahren: „Nicht recht ist die Sache, die ihr tut! führwahr, ihr sollet in Gottesfurcht einherziehen, damit das Schmähen der Feinde einmal aufhöre! Auch ich und meine Knappen haben ihnen Geld und Getreide geliehen, lasst uns nun ihnen jegliche Schuld erlassen; erstattet ihnen wieder ihre Felder und Weinberge, ihre Häuser und Oelberge und nehmet keinerlei Forderung an sie auf!"[1])

Die Worte machten auf die Versammelten sichtlichen Eindruck und da Nehemia dieses bemerkte, beschloss er, auf dem betretenen Pfade rasch zur Durchführung seines Planes weiter zu schreiten; er beschwor die Fürsten und Priester[2]), die harten Gläubiger des Volkes, dass sie seine Forderung ihrem ganzen Inhalte nach erfüllen mögen und um dem Augenblicke mehr Feierlichkeit zu verschaffen, nahm er sein Obergewand, legte es an die Brust, so dass es Falten bildete, machte mit ihm eine Bewegung des Aus-

---

[1]) Neh. 5, 11. Die Lesart וּמַשָּׁא ist unhaltbar; die Sept. las וּמָשָּׁא die Vulg. übersetzt: *centesima* und dieser Uebersetzung folgen neuere Exegeten, indem sie annehmen, Neh. verlangte, die erhobenen Zinsen sollten zurückerstattet werden; allein dieser im Lateinischen wol übliche Ausdruck ist sowol dem älteren, als auch dem späteren hebr. Schrifttum fremd, zudem verlangte Neh. den völligen Erlass aller Schulden. Statt des fraglichen Wortes muss daher וּמַשָּׁאת — so auch Grätz — gelesen werden. Vgl. Geiger. Zschr. VIII, 227.

[2]) Neh. 5, 12 bedeutet וָאַשְׁבִּיעֵם nicht, Neh. habe, um dem Eide mehr Heiligkeit zu verschaffen, den Schwur von den Priestern abnehmen lassen (Bertheau), ein Vorgehen, das sonst nicht bekannt ist, sondern Neh. habe auch die Priester, die gleich den reichen Laien das Volk bedrückten, beschworen, dieses fernerhin nicht mehr zu tun; שבע im Hifil bedeutet stets: andere beschwören, vgl. Gen. 24, 3, 37; Esr. 10, 5; Hhl. 5, 9 und ö., nie aber: andere beschwören lassen, vgl. Rosenzweig a. a. O. S. 21.

schüttens, liess es auseinander fallen und sprach: „Also
möge Gott Jeglichen, der sein Wort nicht erfüllt, schütten
aus seinem Hause und Erwerbe, dass er leer und ledig
jeder Habe sei!" Und das Volk, ergriffen von der Bedeutung des Moments, fiel andächtig mit Amen! ein und pries
Gott, der so viel Ernst und Liebe in das Herz Nehemia's
gelegt hat.

Zeiten innerer Verlegenheit im Gemeinwesen sind
namentlich für jene finsteren, unheimlichen Gestalten günstig,
die guten Grund haben, das Licht des Tages zu scheuen und
so sehen wir nach dieser ernsten Episode wieder die ränkesüchtigen Feinde Nehemia's mit kühnerem Haupte einherschreiten. Bald schickten sie Boten an ihn, um ihn zu einer
angeblich freundschaftlichen Besprechung zu laden; bald
wieder versuchten sie es, ihn ausserhalb der Stadtmauern in
ihre Gewalt zu bekommen; allein nichts gelang! Nun planten
sie den gefährlichsten Anschlag. Sanballat schickte seine
Knappen mit einem offenen Schreiben in alle Gaue Judäas,
die das Gerücht verbreiten sollten, Nehemia befestige nur
darum Jerusalem, um sich sicher und ungestraft der Herrschaft bemächtigen und von Persien unabhängig machen zu
können. Je weiter diese gefährliche Verleumdung drang,
desto grösser wurde die Verzagtheit der Gemeinde, die den
Zorn und die Strafe des Königs fürchtete, welche um so
grösser sein musste, als Nehemia, bestätigte sich diese
Absicht, die Gnade des Herrschers so sehr misbrauchte.
Nur Nehemia, in dem Bewusstsein seiner lauteren Gesinnung
blieb ruhig und mit der Sicherheit, die der Wahrheit eigen
ist, antwortete er auf jede neue Verdächtigung: „Nichts
von all dem, was du ersinnest, dein Herz allein gibt es dir
ein!" (Neh. 6, 1 ff.) Auch feile Mörder hatten sie gemietet,
die den Treuesten Juda's dem Tode preisgeben sollten und
morsche Reiser an dem einst so herrlichen Stamme des
Prophetismus, Noadja und Semaja, hatten sich zu diesem
traurigen Geschäfte verkauft. Allein nicht die Scheinheiligkeit, die mit Offenbarungen pralte, noch die drohenden Gefahren, die ihm auf allen Seiten auflauerten, waren im Stande
den Mut Nehemia's zu beugen, oder ihn auch nur zu einer
nach seiner Anschauung ungesetzlichen Handlung (vgl. 6, 11)
zu bewegen; fest wie die Eiche wurzelte er in dem Bewusstsein seiner Kraft und seiner lauteren Gesinnung.

Inzwischen ging der Bau rührig vor sich und am 25.
Ellul sah sich Nehemia nach einer 52 tägigen Arbeit voll

Mühe und Not am langersehnten Ziele.[1]) Eine Tränensaat
war es, die die Gemeinde gestreut, um so freudiger musste
die wogende Aehrenflut ihr Herz bewegen. Wie der Wald-
quell, lange gehemmt, sich, wenn frei geworden, mit kräfti-
gem Plätschern weithin ergiesst, also quoll lebendig das
Lied aus der geängstigten Brust, das dankerfüllte Volk zum
freudigen Lobe Gottes auffordernd:

„Preiset Jah[2]), denn er ist gut, singet unserem Gotte,
denn lieblich ist er, Lobgesang ziemet ihm; Jahve ist's, der
Jerusalem erbaut, die Verstossenen Israel's sammelt, der da
heilet die gebrochenen Herzen und verbindet ihre Schmerzen.

---

[1]) Ueber die Dauer des Mauerbaues hat Jos. ant. 11, 5, 8 eine andere
Relation, nach der seit der Ankunft Nehemia's bis zur Einweihung der Mauer
2 Jahre und 4 Monate vergangen waren; Ewald, a. a. O. S. 204 A. 2
stellt daher die Vermutung auf, dass am Ende von 6, 15 das Wort וֹשְׁתֵּים
ausgefallen sei, durch welche Emendation aber auch noch keine Uebereinstimmung in beiden Relationen erzielt wird. Grätz a. a. O. S. 157 folgt
ebenfalls Josephus und meint »in Nehemia ist nicht die ganze Dauer auf
52 Wochen (soll wol »Tage« heissen!) angegeben, sondern nur von der Zeit
an bezeichnet, als das Werk nach der vorgefallenen Störung wieder aufgenommen worden war, seit welchem Tage erst rasch und eifrig gearbeitet
wurde, was nach seiner Ansicht 4, 10 ausdrücke. Allein der Beweggrund
zu dieser Annahme, ob es nämlich möglich sei, dass in die kurze Zeit seit
der Ankunft Nehemia's alles in Neh. 1—6 Berichtete fallen sollte, sowie
die Anhaltspunkte zu der Annahme, die erst nach verschiedenen Emendationen, denen wir nicht beipflichten können, gefunden werden, sind so
wenig beweiskräftig, dass wir uns nicht genötigt sehen, die wenig glaub-
würdige Angabe des Josephus der unseres Textes vorzuziehen; vielmehr
dürfen wir aus der Art, wie Nehemia den Mauerbau betrieben, sowie aus
dem Umstande, dass es im Interesse der Gemeinde lag, diesen sobald als
möglich zu beenden, mit Recht schliessen, dass die Arbeit nach 52 Tagen
beendet und die Einweihung bald darauf vorgenommen worden sei, obgleich
diese nach Megillat Tan. c. 2. erst am 7. Ijjar, also etwa 8 Monate später
stattgefunden haben soll.

[2]) Ps. 147, 1, vgl. 135, 3 ist zu lesen: הללו יה. כי טוב זמרו לאלהינו,
כי נעים: נאיה ת' es müsste dann das הללויה von dem hervorgehenden Ps.
zu V. 1 hinzugefügt werden, wenngleich die recipirte Lesart als Inf. Paël
mit He parag. genommen werden kann; in jedem Falle aber ist לאל' zu
lesen. S. dag. Derenbourg in Stade's Zschr. 1885, 164, der נאוה parallel
mit זמרה als Inf. Piel in der Bedeutung «schön machen» nimmt. Die Sept.
schreibt den Ps. Haggai oder Secharja, der Syrer dem Zerubabel oder
Esra zu.

Die Schwachen hält aufrecht Jahve, die Frevler aber erniedrigt
er bis zum Boden. Stimmet an ein Danklied dem Herrn,
spielet unserem Gotte die Harfe! — Nicht an des Rosses
Stärke hat er Lust, nicht an den Schenkeln des Mannes
findet er Wolgefallen; Wolgefallen hat Jahve an denen, die
ihn fürchten, die seiner Gnade harren. Rühme, Jerusalem,
Jahve, lobe deinen Gott, Zion, denn fest gemacht hat er die
Riegel deiner Tore, er hat gesegnet deine Kinder in deiner
Mitte! — Friede macht er nun zu deinen Grenzen, mit dem
Fett des Weizens sättigt er dich wieder." (Ps. 147.)

Nun rückte der 7. Monat heran und das Volk versammelte sich in Jerusalem zur Begehung der Festzeit. Von
Nah und Fern kamen sie, deren Herz mit Liebe an der
heiligen Stadt hing; galt es doch nicht blos die alljährlich
wiederkehrende Festzeit, sondern zugleich ein Nationalfest
von eminenter Bedeutung für die künftige Entwicklung der
Gemeinde zu feiern. Nehemia tat alles, um die Einweihung
der Stadtmauern so feierlich als möglich zu begehen; er
berief die Leviten und Sänger aus allen Orten, wo sie ihre
Wohnungen aufgeschlagen hatten, und sie strömten alle
freudig und willig herbei — einem gewaltigen Heerlager glich
die Stadt, in der Jubel und heilige Begeisterung herrschte.
Unter den Klängen der Tempelmusik und dem freudewecken-
den Liede der Leviten bewegte sich ernst und feierlich der
festliche Zug, in zwei Abteilungen geteilt, die Stadtmauern
entlang zum Tempelplatze hin, wo die Vereinigung der
beiden Dankchöre erfolgen sollte. An der Spitze des einen
Zuges befand sich die ehrwürdige Gestalt des bereits in vor-
gerücktem Alter stehenden Schriftgelehrten Esra,[1] der treu

---

[1]) Besondere Schwierigkeit macht die Frage über das Zusammenwirken Esra's mit Nehemia, namentlich da Jos. arch. 11, 5, 5 berichtet,
Esra sei bereits vor der Ankunft Nehemia's gestorben, weswegen auch
einzelne Erklärer jene Stellen, die auf das Zusammenwirken Beider schliessen
lassen, als unecht betrachten. So erklärt J. D. Michaelis zu Esra und Neh.
S. 42, 62 f. und nach ihm Fritzsche zu 3. Esr. 9, 37 den Passus in Neh.
8, 9 נחמיה הוא התרשתא für einen späteren Zusatz, wofür nach deren Ansicht
namentlich der Umstand spricht, dass in 3 Esra der Bericht von Neh. 8
eng an Esr. 10 angeschlossen ist, daselbst aber der Name Nehemia's
fehlt, woraus nun wieder Einzelne den Schluss ziehen wollten, die
Stücke Neh. 8—10 haben ursprünglich dem eigentlichen Esrabuche angehört, wo sie früher auf c. 10 folgten und nur durch eine spätere
irrtümliche Versetzung seien sie an ihre jetzige Stelle gekommen, vgl.

und neidlos zu seinem jüngeren Zeitgenossen und Mitarbeiter hielt. Der Leiter des anderen Dankchors war der freude-

---

Gesenius, Jes. I. S. 22 Anm. 37; Schulz, Scholien V. T. III p. 375, 395—397. Allein weder das Datum des Josephus, noch die Angaben des 3. Esrab. — wenngleich dieses im Vergleich mit den andern apocryphischen Schriften die meiste Glaubwürdigkeit verdient, da es seinem grössten Teile nach als eine Compilation sich erweist, der die Bücher der Chronik, Esra und Nehemia zu Grunde lagen — sind so beweiskräftig, dass wir mit gutem Rechte nach ihrer Anleitung in unseren kanonischen Büchern Emendationen vornehmen könnten. Aus Esr. 7, 8 erhellt es, dass Esra im 7. Jahre des Artaxerxes, aus Neh. 2, 1 f., dass Nehemia im 20. desselben Königs, also noch nicht volle 13 Jahre später, den Zug nach Jerusalem angetreten habe. Werden nun beide Zeitangaben als wahr angenommen — und es fiel noch keinem ein, sie anzuzweifeln —; stand also Esra im 7. Regierungsjahre des Königs noch in dem Alter, dass er die Führung der Expedition übernehmen konnte, dann liegt auch kein Grund vor, an die Möglichkeit des Zusammenwirkens Beider nach etwa 13 Jahren, zumal wenn darauf einzelne Momente wie Neh. 8, 9 und 12, 36 — namentlich letztere Stelle, die direct dem Berichte Nehemia's entstammt — mit Bestimmtheit hinweisen, zu zweifeln.

An die vorgeschlagene Streichung von התרשתא הוא נחמיה (Neh. 8, 9) knüpft sich noch eine andere Frage, wann nämlich die c. 8 berichtete Vorlesung des Gesetzes stattgefunden habe. Sollte Esra mit der Verbreitung des Gotteswortes gewartet haben, bis Nehemia nach Jerusalem kam? Sicherlich nicht, war doch sein ganzes Streben darauf gerichtet, zu lernen und zu lehren (Esra 7, 10)! Die Vorlesung des Gesetzes ging also wol im 7. Monate des Jahres, in dem er angelangt war, vor sich; sie war die erste, blieb aber nicht die einzige! Dass aber erst Neh. 8 von einer solchen berichtet, wird dadurch erklärlich, dass wir in dem B. Esra kein Ganzes vor uns haben (vgl. den Schluss Esr. 10); ebensowenig ist dieses mit dem B. Neh. der Fall: Nehemia führte ein Tagebuch, das namentlich in den Berichten über die letzte Zeit seiner Tätigkeit mangelhaft war. Diese abgerissenen Notizen benützte der spätere Ueberarbeiter zur Ergänzung des Buches, weswegen auch die Schreibart in Neh. 8, für dessen Bearbeitung er wol nur eine kurze Notiz vorfand, aus der hervorging, dass bei der Verlesung der Thora in jenem Jahre Esra und Nehemia neben einander wirkten, sich wesentlich von der Schreibart in den vorhergehenden, sowie der nachfolgenden Capitel unterscheidet (vgl. Rosenzw. a. a. O. S. 29). Neh. 8 beschreibt also nicht die erste Vorlesung des Gesetzes, sondern eine spätere in den Zeiten Nehemia's, weswegen die Worte התרשתא הוא נחמיה nicht gestrichen werden dürfen. Wenn in 3 Esra 9, 37 der Name Nehemia's fehlt, so ist das auf den Umstand zurückzuführen, dass der Verfasser dieses Buches, der die

stralende Nehemia.[1]) Unter Jauchzen und weithin schallen-
den Freudenrufen vereinigten sich die beiden Chöre auf dem

Geschichte der in Juda seit der Reform Josia's neuerstandenen Theokratie
bis Esra im Geiste des Chronisten beschreibt, bis Esra, weil ihm das
Wirken Nehemia's namentlich in der ersten Zeit den Priestern gegenüber
nicht sympathisch und seiner Tendenz nicht passend genug erschien, dessen
Name er also an genannter Stelle schon deswegen nicht erwähnen konnte,
weil er dessen Geschichte gar nicht bearbeitete. Hiegegen vermag 3 Esra
5, 14, wo »Nehemia und Atharias« genannt werden, nichts zu beweisen,
im Gegenteile wird gerade aus dieser Stelle ersichtlich, wie wenig zuverlässig das Buch ist und wie unberechtigt es demnach sei, auf Grundlage
desselben Emendationen vorzunehmen.

Ausdrücklich wird ferner das Zusammenwirken Beider noch durch Neh.
12, 36 erwiesen und liegt durchaus kein Grund vor, die Worte daselbst
ועזרא הסופר לפניהם zu streichen. Allerdings ist es auffallend, dass Neh. 10,
wo die Namen der Gemeindehäupter als Unterzeichner des so wichtigen
Schriftstückes erscheinen, der Name Esra's fehlt; denn auch die von Einzelnen (vgl. Grätz, 159, A.) vorgeschlagene Emendation des Wortes עזריה
in עזרא befriedigt nicht, weil es sodann es noch immer unerklärlich bliebe,
wie der Name des verdienstvollen und hochangesehenen Mannes so weit
zurückgedrängt werden konnte. Allein was zwingt uns denn, dieses Schriftstück in die Zeit Esra's zu setzen? Aus Neh. 13, 6 geht mit Deutlichkeit
hervor, dass Nehemia eine zweimalige Tätigkeit in Jerusalem entfaltete;
wir gehen demnach nicht fehl, wenn wir annehmen, Esra sei in der
Zwischenzeit, die Nehemia fern von Jerusalem in Susa verbrachte, gestorben.
In die Zeit der ersten Anwesenheit Nehemia's, in der Esra das religiöse
Leben regelte, fällt Nehemia's rein politische Tätigkeit, Neh. 1—7; 11,
1—2; 12, 27 f. der Zeit seiner zweiten Anwesenheit hingegen gehört — Esra
lebte jetzt nicht mehr — sein mehr religiöses Wirken. Dieses wird uns
zunächst in Neh. 13, 7 f. vorgeführt. In Folge der Misstände, die aus c. 13
ersichtlich werden, entstand das interressante Schriftstück c. 10, das der
Ueberarbeiter an c. 9 schloss, an jenes Gebet, welches so tief empfunden
Gottes Güte und Israels Elend darstellt, dessen Schluss ihm willkommene
Gelegenheit bot, die innere Kraft, die dem Volke trotz aller Leiden inne-
wohnte, durch das für die Gola normativ gewordene Schriftstück zu
bekunden. Das Schriftstück beginnt mit den Worten: ובכל זאת (Grätz
ועל זאת), die aber nicht denn Sinn haben: »bei alledem, was wir am 24.
des 7. Monates (9, 1) beschlossen, haben wir auch folgendes zu Stande
gebracht« (Berth. z. St.), sondern sie wollen, eng an das vorhergehende sich
anschliessend, ausdrücken: obgleich die Fremden über Leib und Gut herrschen und wir in der grössten Not sind, schliessen wir dennoch diesen
Vertrag; vgl. Midr. Ps. 119, wo unsere Stelle ebenso erklärt wird; s.
Rosenzw. a. a. O. S. 29. Interessant, wenn auch belanglos für die Frage
über das Zusammenwirken Esra's und Nehemia's, ist die syr. Uebersetzung
zu 6, 7, wo ausdrücklich Esra als mit Nehemia zu gleicher Zeit lebend und
wirkend genannt wird.

1) Neh. 12, 28 ist statt למואל nach ib. 31 לשמאל zu lesen. Im

von einer unübersehbaren Menschenmenge gefüllten Tempelplatze. Die Priester brachten Freudenopfer dar, aus dem
Munde der Leviten erklangen heilige Lieder, begleitet von
den Instrumenten der Tempelmusik und der lebendige Dank
quoll aus allen Herzen — es war ein Tag echter Freude;
jede Brust atmete Sicherheit in dem Bewusstsein eigener
Kraft, in der Hoffnung auf glücklichere Zeiten (12, 27).
Nehemia allein war still und ernst. Wahre Vaterlandsliebe
kennt eben keine Schranken, echte Begeisterung für Volkswol wiegt sich nicht in stolzer Selbstgenügsamkeit; alles
Erreichte wird vielmehr der Sporn zu neuen Taten. Jerusalem war nunmehr wol durch eine feste Mauer geschützt;
allein es fehlte an genügender Bevölkerung, da die Söhne
der Gola sich lieber in den Weilern angesiedelt hatten, wo
sie ungestört ihre Aecker bearbeiten konnten, während
das Leben in Jerusalem, auf das stets die Augen der Feinde
schel blickten, tatsächlich immer gefährdet war. Auch die
Ueberwachung der Stadt war unter den gegebenen Verhältnissen sehr erschwert, da ein beträchtlicher Teil der Bevölkerung in Folge der Verschwägerung mit den Feinden in
steter Verbindung mit diesen stand, daher die Gegner der
Gola von allem, was in Jerusalem vorging, leicht unterrichtet
waren. Diesem unerträglichen Zustande musste ein Ende gemacht werden. Nehemia organisirte zunächst eine Bürgerwache.
Jedem Bewohner oblag es, über sein Haus und dessen Um-
gegend Wache zu halten; Hanani aber, sein Bruder, ein
frommer, bewährter Mann, erhielt den Oberbefehl über die
Bürgerwache, zugleich die strenge Weisung, die Tore der
Stadt nicht vor Sonnenaufgang zu öffnen und des Abends
in Gegenwart der Tagesposten, die an den verschiedenen
Eingängen der Stadt aufgestellt waren, also noch vor Ein-
bruch der Nacht, zu schliessen (Neh. 7, 1). Zudem versuchte
er es, im ganzen Volke Interesse für Jerusalem zu wecken.
Er berief die Vornehmsten der Stadt- und Landbevölkerung,
um mit ihnen zu beraten, wie Jerusalem zu einer grösseren
Bevölkerung gelangen könnte. Bald setzte er auch den
Beschluss durch, dass dem zehnten Teile der Gola der
Wohnsitz in Jerusalem angewiesen werde, neun Teile aber
sollten in den Landstädten verbleiben (Neh. 7, 4 f.; 11, 1—2).

letztgenannten Verse sind die Worte התורה האחת ausgefallen und (vgl.
v. 38) zu ergänzen. St. תהלכת ist daselbst (vgl. v. 38) ההולכת zu lesen;
vgl. Grätz a. a. O. 397.

Willig fügte sich das Volk auch dieser Verordnung; ja, nicht
Wenige verlegten nunmehr sogar aus freien Stücken·ihren
Wohnsitz nach der heiligen Stadt, da ihnen die Befestigung
derselben, sowie die neue Organisation bessere Bürgschaft
für ihre Arbeit und Habe bot..

Inzwischen war auch Esra nicht untätig gewesen, vielmehr strebte er des Volkes Heil durch Förderung des geistigen
und religiösen Lebens an. Jede Gelegenheit, die die Gemeinde
zusammenführte benützte er, um das Wort Gottes zu verbreiten und was Moses nicht gelungen war, hatte er beinahe
erreicht — der harte Nacken des Volkes schien überwältigt
zu sein; Männer weinten gleich Kindern, wenn sie das
Wort der Lehre vernahmen und den Abstand erkannten,
der zwischen deren Forderung und ihrem Leben vorhanden
war. So geschah es auch am 1. Tischri jenes ruhmreichen
Jahres, in dem die Mauern vollendet wurden; Esra kündete
wieder das alte Wort und das versammelte Volk brach in
lautes Weinen aus. Allein nicht Furcht vor Gott und seinem
Worte wollte Esra in dem Volke erziehen, sondern die wahre
Frucht echt religiösen Lebens — d i e F r e u d e a n G o t t,
sie sollte seine Kraft werden[1]); darum redete er der Versammlung Mut zu und die diensthabenden Leviten und Mebinim
beschwichtigten das Volk: „Schweigt, denn heilig ist der Tag;
seid nicht betrübt!" (Neh. 8, 9 f.) Auch wurde am folgenden
Tage der Abschnitt von den Festen (Lev. 23, 1 f.) und bei
dieser Gelegenheit von der Feier des Laubhüttenfestes
gelesen und alsbald erwachte in dem Volke der Wunsch,
dieses herannahende Fest streng nach der Satzung der
Thora zu feiern. Auf den Dächern der Häuser, in den
Vorhöfen des Tempels und auf den öffentlichen Plätzen der
Stadt wurden Laubhütten errichtet und voll Jubel beging
die Gola die Tage der Festfreude[2]). Solche Zeiten waren

---

[1]) Die Emendation Grätz's חדות 8, 10 in תורת ist unnötig und
ungerechtfertigt, da gerade die uns vorliegende Lesart die gewaltige Kraft,
die dem wahren Glauben innewohnt, die Gottfreudigkeit, ausdrückt.

[2]) Die Bemerkung Neh. 8, 17 כן מן בן ישיע מימי עשו לא כי beweist
deutlich die Richtigkeit unserer Annahme betreff der Abfassung der
BB. Esra und Neh. (vgl. ob. S. 80, Anm. 2), da diese Notiz, verglichen mit Esra 3 in e i n e r u n d d e r s e l b e n S c h r i f t und von
e i n e m u n d d e m s e l b e n V e r f a s s e r, unbegreiflich wäre. Anzunehmen, dass an unserer Stelle blos die g e s e t z m ä s s i g e F e i e r des
Festes hervorgehoben wird, ist unstatthaft, da der Verfasser auch dann
noch mit seinem eigenen Berichte Esr. 3, wo es ausdrücklich heisst ויעשו:

vom woltätigsten Einflusse auf die Läuterung des religiösen Bewusstseins, wie auf das gesellschaftliche Gemeinleben; die Frommen fanden sich zusammen und ein festes Band umschloss die hartgeprüften Kinder der Gola.

Bald waren für Nehemia zwölf ruhmreiche Jahre ernster Tätigkeit in der Gemeinde vergangen und es nahte die Zeit, in der er wieder vor dem Throne seines Königs erscheinen sollte, um den Rechenschaftsbericht über sein Wirken abzulegen. Er konnte beruhigt von seinem Kreise scheiden, die Segnungen Aller begleiteten ihn; nur wenige freuten sich still über seinen Abgang; den Frommen und Ernsten in der Gemeinde aber bangte es vor den Zeiten die jetzt kommen sollten, denn noch war das Werk nicht vollendet, es war erst im Werden begriffen, und gar leicht konnte die fernere Entwicklung gefährdet werden.

Und die Sorge der Frommen war berechtigt! Kaum hatte Nehemia Jerusalem verlassen, da erhoben die Feinde Juda's wieder kühn ihr Haupt, die alten Schäden brachen auf's Neue an dem Volkskörper auf und keine Macht war da, die dem rasch um sich greifenden Verderben Halt zu gebieten vermochte. Esra verliess wol bald, nachdem Nehemia von Jerusalem Abschied genommen hatte, für immer den Schauplatz seiner Tätigkeit[1]. Der Egoismus der Priester

───────────

הסבות חג את in Widerspruch stände; zudem dürfte es kaum die Absicht des Verfassers gewesen sein, die Zeit Zerubabels in puncto Frömmigkeit der des Esra nachzusetzen. Durch den Widerspruch, in dem die beiden Berichte zu einander stehen, sah sich Michaelis veranlasst anzunehmen, es habe ursprünglich in Neh. 8, 17 blos ימי ישוע gestanden, welche Notiz sich auf die Zeit Zerubabel's und Josua's bezogen habe und späterhin sei dann בן נן eingeschoben worden; allein diese Annahme fällt schon deshalb, weil jene Zeit nie nach dem Hohenpriester Josua benannt worden ist. Unsere Ansicht allein, dass wir es mit zwei verschiedenen Verfassern (s. ob.) zu tun haben, erklärt und beseitigt den Widerspruch; vgl. Rosenzweig a. a. O. S. 29. Uebrigens wird unsere Annahme zweier verschiedener Verfasser auch durch den Umstand erwiesen, dass in Esra 3 ganz im Geiste der Chronik das Opferwesen an den Festen, in Neh. 8 aber das Vorlesen der Thora im Geiste des späteren Soferismus dargestellt und hervorgehoben wird. Zur Feier des Hüttenfestes s. ob. S. 78, Anm. 1.

1) Ueber die Zeit und den Ort seines Todes fehlt es uns an authentischen Nachrichten; der Sage nach, soll er im 120. Lebensjahre nach seiner Rückkehr nach Babel in Semura auf der Westgrenze von Kuschistan gestorben sein, woselbst noch im Mittelalter sein Grab gezeigt wurde,

konnte sich nun in voller Ueppigkeit entfalten — der unlieb-
same Laie, der mit scharfem Auge über Gottes und des Volkes
Recht waltete, war nicht mehr da und mit aller Energie
suchten sie nun, den verlorenen Einfluss wieder zu gewinnen.
Die verwandschaftlichen Beziehungen zu den Fremden, die sie
während Nehemia's Anwesenheit nur schüchtern pflegen konnten, wurden jetzt ostentativ zur Schau getragen; ja der Dünkel
der Priester ging in der Verleugnung ihres angestammten Berufes
so weit, dass sie sich nicht scheuten, dem Tobia, dem offenen
und heftigen Gegner Nehemia's und dessen Bestrebungen, vor
aller Welt eine Ehrenzelle in dem Heiligtume einzurichten.
Den Leviten und Sängern versagten sie die Abgaben, so
dass ihnen nichts anderes übrig blieb, als sich der Bearbeitung des Feldes, sowie anderen Berufszweigen zu widmen
und dem Tempeldienste gänzlich zu entsagen (13, 13).
Diese Demoralisirung unter den Dienern des Heiligtumes musste unwillkürlich auch auf das religiöse Leben des
Volkes von übelsten Folgen sein: die Landleute verweigerten
bald die Abgaben an das Heiligtum; die Feierzeiten wurden
sowol in den Landstädten, wie auch in Jerusalem öffentlich
entweiht: Juden traten am Sabbat die Kelter und luden auf
ihre Esel allerlei Waaren, die sie in den Toren der heiligen
Stadt feilboten gleich den Tyriern, die an diesem Tage daselbst
einem lebhaften Handel mit Fischen trieben. Namentlich
aber griff das alte Uebel, gegen welches schon Esra mit aller
Energie kämpfte, die Vermengung mit den Heiden, wieder
um sich, vorzüglich bei Jenen, die strenge genommen wol
nicht zur Gola gehörten, weil sie nicht aus Babel heraufge-
zogen, sondern im Lande verblieben waren, wo sie sich mit
den heidnischen Nachbaren vermengt hatten und die stets
geneigt blieben, in diese ungebundene Lebensweise zurück-
zufallen, wenn solches ungehindert geschehen konnte; allein
sie hatten sich einmal der Gemeinde angeschlossen und
wurden als vollberechtigte Glieder derselben angesehen,
weshalb auch der Einfluss um so schädlicher war, den sie
auf das öffentliche Leben ausübten.

Itinerary of Benjamin fol. 78; allein wie wenig glaubwürdig dieser Bericht
ist, dürfte schon aus dem Alter, das ihm gleich Moses beigelegt wird,
erhellen. Glaubhafter, wenn auch chronologisch unrichtig, ist der Bericht
Jos. ant. 11, 5, 5, dass er im hohen Greisenalter in Jerusalem gestorben
sei. Der 9. Tebet wird als sein Sterbetag angenommen; s. Selicha zum
10. Tebet s. v. אבדה. Ueber sein Grabmal s. Philippson a. a. O. zu Esra
10; Sagen, die sich an das Grab knüpfen, s. Seder hador s. v. עזרא.

Zum Glück sollte es nicht allzulange so bleiben! Ahnte
Nehemia, welche heillose Verwirrung während seiner Abwesenheit in Jerusalem herrschte? Hatte er direkte Nachrichten von dort? Wir wissen es nicht! Genug, es hielt
ihn nicht lange in Susa, wo er vom Könige, der mit Befriedigung dessen Thätigkeitsbericht entgegennahm, huldvollst
empfangen wurde. Diesen Umstand machte sich Nehemia
zu Nutze und bald trat er neuerdings mit der Bitte an den
König, nach der Stadt seiner Väter ziehen zu dürfen. Ohne
Bedenken ward ihm sein Wunsch erfüllt. Ob er wieder
als Pascha dahin zog, ist nicht bekannt; allein er besass
nunmehr unter seinen Brüdern solchen Anhang und Einfluss,
dass er getrost hoffen durfte, auch ohne dieses Amt zu be-
kleiden, heilend und erhebend in dem Lande der Ahnen
wirken zu können.

Welcher Schmerz bemächtigt sich aber seiner, da er
in Jerusalem erfuhr, welch' finstere Mächte während seiner
Abwesenheit schaurig ihres Amtes gewaltet hatten! Und
sein Schmerz war um so grösser, dachte er daran, mit welcher
Treue die Brüder in Persien, auf fremdem Boden weilend,
an dem Gottesworte hingen, während es hier auf heiligem
Boden schmählich mit Füssen getreten wurde. Das erste,
was er unternahm, war, den Tempel, der zur Domäne
schnöden Eigennutzes geworden, von allem, was ihm fremd
war und fremd bleiben sollte, wieder zu reinigen. Die Ehren-
halle, die dem ränkesüchtigen Tobijja eingeräumt worden
war, musste aufgelassen und ihrer eigentlichen Bestimmung
wiedergegeben werden; sodann berief er die Vorsteher der
Gemeinde, mit denen er haderte, warum sie nicht besser
für die Einlieferung der Abgaben an das Heiligtum und
dessen Diener gesorgt hätten, da ihre Saumseligkeit mit
Schuld daran trage, dass das Heiligtum nun verödet dastehe.
Allsogleich erliess er einen Befehl an die Landbewohner,
dass von nun an die Abgaben wieder regelmässig eingeliefert
werden sollten; er ernannte einen Schatzmeister, der diese
in Empfang zu nehmen und für deren ordnungsgemässe Verteilung zu sorgen hatte.

Mit den Leviten und Sängern trat er in Unterhand-
lung ein und da er ihnen versprach, mit Ernst für ihre
Existenz und Stellung Sorge zu tragen, zeigten sie sich
bereit, wieder in den Dienst des Heiligtums zu treten.
Besonders ernste Massregeln ergriff er bezüglich der Sabbatheiligung: noch vor Anbruch des heiligen Tages sollten

sämmtliche Tore der Stadt geschlossen und nicht vor dessen
Ausgang wieder geöffnet werden. Als es aber dennoch
einige Krämer versuchten, ihre Waaren, wenn auch nur
ausserhalb der Tore feilzubieten, da geriet Nehemia in Zorn
und drohte ihnen, mit nachsichtsloser Strenge vorzugehen,
wenn sie es noch fernerhin wagen sollten, die Sabbatruhe
zu stören. Ebenso trat er mit aller Energie für die Reinerhaltung des jüdischen Hauses und der angestammten
heiligen Sprache, wie auch für die sofortige Lösung der
mit heidnischen Frauen eingegangenen Ehen ein[1]), und als
Manasse, ein Sohn oder Enkel des Hohenpriesters Jojada,
der eine Tochter Sanballat's als Gattin heimgeführt hatte,
allen Ernstes sich weigerte, dieser Anordnung Folge zu
leisten, da wies er ihn, weil das Priestertum durch ihn
befleckt geworden war, aus der Gemeinde. (Neh. 13, 28 vgl.
Jos. ant. 11, 7, 2). Hiermit war ein Exempel statuirt, das
nicht ohne Eindruck auf die Schwankenden bleiben konnte,
das aber auch geeignet war, der Zerklüftung, die in der
Gemeinde bereits um sich gegriffen hatte, neue Nahrung
zuzuführen; allein ein fester Wall sollte für die Gotteslehre
aufgerichtet werden, eine unüberbrückbare Kluft sollte Israel
vom Heidentum trennen.

Nehemia entwickelte wieder eine wahrhaft grossartige
Tätigkeit namentlich auf religiösem Gebiete. Es gelang ihm
auch vieles; dennoch aber täuschte er sich nicht, es gab
noch mehr, viel mehr zu tun! Was er in günstigen Momenten bei Einzelnen durchgesetzt hatte, das konnte in anderen
Verhältnissen leicht verloren gehen und konnte in der kurzen
Zeit, die er fern von Jerusalem weilte, solch weitgehender

---

[1]) Auch Neh. 13, 26, wo, um dem Volke sein Unrecht und die
Folgen, die die Verbindung mit fremden Weibern nach sich ziehen, vor-
zuführen, Salomo, «den fremde Frauen zur Sünde verleiteten», zum warnen-
den Schreckbilde hingestellt wird, rechtfertigt unsere Ansicht über die
Abfassung unserer Bücher; sollte der Chronist, der mit aller Kraft die
Idealisirung David's und seines Hauses anstrebt, in dieser Weise von
Salomo geschrieben haben? (Vgl. Rosenzweig a. a. O. S. 12 f. und 23).
Auch im Talmud wird in ähnlicher Weise, wie dieses bereits in der Chronik
geschieht, die Gestalt David's und Salomo's idealisirt; vgl. Sabb. 56, b;
Sanh. 91 b und Ab. s. 4 b; שלמה חטא אינו אלא טועה, כל האומר דוד חטא
vgl. hiezu Joma 66 b; Sanh. 104 b, wo gelegentlich eines Tadels ihr Name
gar nicht genannt wird; s. dag. Jer. Sanh. 2, 6, Babli ib. 21 b; Midr. Spr.
30, 1; Ex. r. 6; Num. r. 4 und 10; Koh. r. 1.

Abfall um sich greifen; was sollte aus der Gemeinde werden, wenn er gar nicht mehr da und keine feste Hand vorhanden, die sie sicher an dem Seile des Gottesgesetzes führte? Wie sollte der Glaube und die Hoffnung Juda's erhalten bleiben? Das Bündnis, das Gott einst mit den Vätern geschlossen, war alt und für die Kinder der Gegenwart, die keinerlei Verpflichtung übernommen hatten, zu abstract geworden, es musste verjüngt, erneuert werden, auf dass es in allen Herzen, die sich ihm verpflichteten, frisch auflebe! Im engen Rahmen sollte ein Rechtscodex, gleich bindend für Alle, die treu zu Jahve hielten, aufgestellt werden; diejenigen aber, die etwa nicht geneigt wären, seine Giltigkeit anzuerkennen und zu beschwören, sollten als aus der Gemeinde getreten betrachtet werden.

Nehemia war ein Mann der Tat; war in ihm einmal ein Gedanke erwacht, dann ruhte er nicht eher, bis er Tatsache geworden. Er berief eine Versammlung ein, mit der er über die einzelnen Punkte, die in dem Rechtscodex Aufnahme finden sollten, beriet. Eine Einigung war bald erzielt: alle jene Momente, die charakteristische Merkmale des Judentums als Glaubens- und Volksgemeinschaft bilden u. z. Reinerhaltung des Hauses und Aufrechterhaltung jener Institutionen, die das zersplitterte Volk zu einigen berufen waren, sollten im Codex zusammengefasst und von der Gemeinde als normativ hingestellt werden: jede eheliche Verbindung mit den heidnischen Völkern sollte strengstens gemieden,[1]) Sabbat und Festtage sollten weder durch Kauf, noch durch Verkauf entweiht werden[2]); auch sollte das Gesetz über das

---

[1]) Ueber das Verbot der Ehe mit fremden Frauen s. o. S. 77.

[2]) Ueber das Sabbatgesetz s. o. S. 78. Wenn Maybaum, Priestert. S. 96 Anm. 1 meint, Stellen wie Ex. 16, 22—30; 31, 12—17; 35, 1—3; Num. 15, 32—36 seien erst später von dem Redaktor des Pentateuch, d. i. von Esra (s. ib. S. 88) hinzugefügt worden, um das Sabbatgesetz an allen nur einigermassen passenden Stellen zu wiederholen und durch Ereignisse zu illustriren und so die Bemühungen Nehemia's (13, 15 f.), durch welche der Sabbat zu einem vollständigen und allgemeinen Ruhetag gestaltet wurde, zu unterstützen, so ist diese Ansicht zunächst schon deswegen irrig und unhaltbar, weil Neh. 13, 15 (nach uns auch c. 10) nach der Ansicht aller Erklärer in die Zeit des zweiten Aufenthaltes Nehemia's, also sicher nach Esra's Tod fällt; sodann aber auch aus dem Grunde, weil der Redaktor, vorausgesetzt die Zusätze stammten von Esra, sich im Widerspruch mit den Satzungen seiner Zeit befände, die in der Auffassung des Sabbatgesetzes jedenfalls rigoroser als der Pentateuch war, da nach der Ansicht Aller,

Sabbatjahr seinem vollen Inhalte nach[1]) wieder in Kraft treten und bei dem Eintritte desselben sollte auf jegliche Schuldforde‐ rung verzichtet werden. Ferner wurde festgesetzt, Jeglicher sei verpflichtet, alljährlich $\frac{1}{3}$ Sekel[2]) zur Erhaltung des

Nehemia mit dem Verbot des Kaufens und Verkaufes an Sabbat- und Festtagen, über den Pentateuch hinausging, daher dieses Verbot in gewisser Beziehung als nicht mosaisch angesehen wird (s. Raschi zu Beza 27, b; vgl. auch Raschi zu ib. 37 a, woselbst das Verbot an Jes. 58, 13 angelehnt wird; vgl. das. אסור מן המקרא s. ib. Tosaf. 37 a, s. v. משום מקח). Gerade aus der Entwicklung des Sabbatgesetzes liesse sich der Schluss ziehen, dass das im Pent. uns vorliegende älter, als das in Jeremia und Jesaja sein müsse.

[1]) Die Satzung über das Sabbatjahr beschränkte sich in der Praxis ursprünglich wol auf die Ruhe des Ackers, vgl. Ex. 23, 10 und 11; Lev. 25, 1—7; diese Seite des Gesetzes ist sicherlich sehr alt; denn in den Zeiten des Niederganges der politischen Macht und der materiellen Lage hätte sich kaum eine derartige Institution einzubürgern vermocht. Eine Erweiterung des Gesetzes ist das Erlassen jeglicher Schuld und die Frei- lassung der Knechte, Deutr. 15, 1 f.; ib. 31, 10; vgl. Jer. 34, 8 f. 1 Macc. 6, 49, 53; Jos. ant. 11, 8, 6; 13, 8, 1; 14, 10, 6; 16, 2; 15, 1, 2; b. jud. 1, 2, 4. Ueber die Ansicht Mayb. a. a. O. S. 106 betreff der Enstehungszeit dieses Gesetzes s. letzte Anm. Das Jubeljahr, das eine consequente Fortsetzung des Gedankens ist, der dem Sabbat und dem Sabbatjahre zu Grunde liegt, wird in dem Codex des Nehemia nicht erwähnt und scheint weder vor, noch nach dem Exile in Praxis gehalten worden zu sein, vgl. indessen Sifra zu Lev. 25; Jes. Scheb. c. 10; Arach. 32 b; vgl. auch Philo, ed. Mangey, p. 277, bei Euseb. praepar. ev. 8, 7, 15 f. Eine schwache An- deutung an diese Institution findet sich in Ez. 46, 17, wo שנת הדרור an Lev. 25, 9, 10 erinnert; vgl. Jes. 61, 1, aus welcher Stelle hervorgeht, dass der Ruf: דרור! bekannt war: vgl. auch Jes. 34, 8; s. auch Sachs in Ker. chem. VII, 124 f. der die Vermutung aufstellt, Jes. 58 beziehe sich auf die Feier des יו"כ in einem יובל-Jahre. Zur Erinnerung an das Jubeljahr, das am Versöhnungstag eingeleitet werden sollte (vgl. die Commentare zu Ez. 40, 1 בראש השנה בעשור לחדש), wird noch heute in der Synagoge am Ausgange dieses Tages Schofar geblasen. S. Lev. 25, 9; vgl. ארח חיים 623, 56 Glosse das.

[2]) Zu $\frac{1}{3}$ Sekel vgl. o. S. 78. Die Annahme A. Esra's, dass neben dem gebotenen halben Sekel jetzt noch $\frac{1}{3}$ entrichtet wurde, ist unstatthaft. Auf Grundlage des pentateuchischen Gesetzes hatte schon Ezechiel 45, 13—16 einen Beitrag zur Erhaltung des Heiligtumes angeordnet. Zu dem Gesetze vgl. Schek. 1, 1; 4, 1; Math. 17, 29; Philo, ed. Mangey II, 224; Jos. ant. 18, 9, 1; b. jud. 7, 6, 6.

Heiligtums, namentlich zur Besorgung der Schaubrode, der beständigen Opfer für Wochen-, Sabbat- und Festtage[1]) beizutragen; endlich sollten das für den Altar erforderliche Holz[2]) und die Abgaben an Priester und Leviten[3]) pünktlich

---

[1]) Ueber Schaubrode s. Lev. 24, 5—9; zu den beständigen Opfern s. Num. 28, 5, 4, 16; Lev. 6, 13; zu den Opfern für Sabbat und Neumond s. Num. 28, 11—14; zu den Festopfern s. Num. 28, 16—29, 38.

[2]) Die Holzlieferung für den Altar wurde erst durch Nehemia zur Gemeindeangelegenheit, Neh. 10, 35; 13, 31. Nach Tan. 4, 5; Tan 28 a; Jer. Tan. 68 b; Toseft. Bikk. 2, 9; Jalk. Neh. 10 waren 9 Zeiten im Jahre für die Einbringung des Holzes bestimmt, die später festlich begangen wurden, vgl. Jos. jud. 2, 17, 6. Das Holz wurde in einer im Heiligtume dazu bestimmten Kammer (לשכת העץ) aufbewahrt, welche wahrscheinlich dem Brandopferaltar gegenüber lag. (Mid. 5, 4) S. dag. Joma 19 a, wo R. Elies b. Jak. sagt: »ich habe vergessen, wozu diese diente«; vgl. Lewy, die Mischna d. Abba Saul S. 28, wo לשכת העץ als das für den Hohenpriester aus Holz hergestellte Gemach im Gegensatz zu ל' הגזית, die aus Quadersteinen hergestellt war, genommen wird. In dem der Offenbacher Mischnaausg. von 1797 beigefügten Tempelplane ist die ל' העץ mit der ל' פלהדרין verbunden.

[3]) Die meisten Abgaben, die an die Priester und Leviten entrichtet wurden, waren ursprünglich dem Ermessen der Einzelnen überlassen; vgl. Mal. 3, 8; Nehemia war es, der auf Grundlage des pentateuchischen Gesetzes die Normirung anbahnte, die aber nie zu einer vollständigen Fixirung gelangt war; vgl. Terum: 4, 3. Zu den Abgaben gehörten:

a) בכורים, die Erstlingsfrüchte der Feld- und Baumerträgnisse Neh. 10, 36, nach Deutr. 26, 2 nur von den Erdfrüchten, vgl. Raschi zu Neh. 10, 36; 18, 4; Num. 18, 12 mit Deutr. 8, 8, die auch gegen Geld eingelöst werden konnten; s. darüb., sowie über die Art d. Darbringung Bikkur. 3, 1 f.; Jos. ant. 16, 16, 1 f.;

b) בכורות, Heben von den Erstgeburten, Neh. 10. 37; vgl. Ex. 13, 2, 15, von welchen die reinen Tiere als Freudenopfer dargebracht wurden, deren Brust- und Schulterstücke dem Priester zufielen, deren übriges Fleisch aber von den Darbringenden selbst verzehrt wurde, vgl. Num. 18, 17; Deutr. 15, 19; die Erstgeborenen der unreinen und fehlerhaften Tiere wurden gegen Geld eingelöst. Num. 18, 15; Lev. 27, 27; Bechor. 4, 1; vgl. dag. Ex. 13, 13; Bechor. 1, 7; ebenso die Erstgeborenen der Menschen, Ex. 13, 13; Num. 8, 17; Bechor. 8, 7;

c) חלה, ein Teil des Brotteiges, Neh. 10, 38; vgl. Num. 15, 18; Challa 4, 8, 20; Philo, de praemiis sa. cerd. et honor., aus welcher Angabe hervorgeht, dass man den Teig als Brod gebacken den Priestern brachte. Das Mass der Challa war der 24. Teil des Teiges s. Challa 2, 7.

und gewissenhaft entrichtet werden, damit das Heiligtum nicht von seinen Dienern und Israel verlassen erscheine. Wer treu zur Gemeinde hielt, wem es ernst um die Erhaltung und Festigung des Heiligenlebens zu tun war, beeidete die Giltigkeit dieser Satzungen. Nicht wenige weigerten sich wol auch, das Schriftstück zu unterfertigen, fehlt doch selbst die Familie des Hohenpriesters Eljaschib, die durch verwandtschaftliche Bande an die Fremden geknüpft war, unter den Unterzeichneten! Gleichviel, Nehemia war es um Israel als Ganzes zu tun, niemals konnten ihn daher Einzelne in seinem Wirken wankend machen und so schritt er auf dem betretenen Pfade ruhig und sicher, voll Energie und Kraft weiter.

Hatte er durch das neue Bündnis für die Festigung des Volkslebens gesorgt, so suchte er nun auch dem Heiligen-

---

d) תרומה, eine Hebe von allen geniessbaren Erzeugnissen, Neh. 10, 38; vgl. Mal. 3, 8, früher eine freiwillige Leistung jeder Art für die Erhaltung des Heiligtumes, vgl. Ex. 25, 2, 3; 30, 12, 14, 15, später eine Abgabe vom Ertrage des Bodens, ehe irgend eine andere, ausgenommen בכורים, abgesondert wurde; s. Teruma 3, 6, vgl. Kerit. 1, 1 u. ö. endlich

e) מעשר, die Zehnte von den Früchten des Bodens, Neh. 10, 38 u. ö. Num. 18, 21; Lev. 27, 30, 31, 33; Maasr. 2, 1, 3; 4, 5; vgl. Math. 23, 23; Luk. 11, 42. Diese erste Hebe, welche die Priester im Exile und auch später während der Abwesenheit Nehemia's für sich einsammelten, vgl. Chulin 131 b; Jeb. 86 b; später aber nach dessen Anordnung von den Leviten eingesammelt wurde, hiess später מעשר ראשון. Von dieser Hebe mussten die Leviten ein Zehnt an die Priester abgeben, מעשר מן המעשר oder תרומת מעשר vgl. Neh. 10, 39, s. Num. 18, 26; sie wurde in der Vorratskammer des Heiligtumes, בית האוצר, Neh. 10, 39 aufgehäuft und von einem hiezu bestimmten Beamten verteilt. Späterhin, da man sich in das Wort der heil. Schrift versenkte, wurden, um die verschiedenen Angaben der Thora betreff מעשר auszugleichen, folgende Anordnungen getroffen: Ausser dem מ' ראשון, der natürlich erst jetzt im Gegensatz zu den folgenden diesen Namen erhielt, der ausschliesslich den Ahroniden und Leviten zufiel, musste noch ein מ' שני, dessen Genuss den Besitzern in Jerusalem zustand, vgl. Deutr. 14, 23 und endlich in jedem 3. Jahre noch ein Zehnt, מ' עני, der den Armen, teilweise auch den Leviten zufiel, abgesondert werden; vgl. Deutr. 14, 28, 29; Tob. 1, 8; Jos. ant. 4, 8, 22. Ausser den genannten Abgaben erhielten die Priester alles, was als Gelübde geweiht war, Num. 18, 14, gewisse Geldstrafen, Num. 5, 8 und endlich bestimmte Teile verschiedener Opfer. Zu מנחה s. Lev. 2, 3, 9, 10; 6, 8, 9; zu הטאת Lev. 6, 19, 22 und zu אשם Lev. 7, 3, 6, 7.

leben eine festere Gestaltung nach Innen hin zu verschaffen. Ob diese in jeder Beziehung zweckmässig und nach dem Plane der für Israel bestimmten Heilsordnung war, das bleibe einstweilen dahingestellt! Sicher ist es, dass das gottesdienstliche Leben durch ihn eine exclusivere Richtung annahm. Während die alte Geschichte berichtet, dass Hanna im Heiligtume gebetet habe (1 Sam. 1, 9 f.); während nach dem Gebote Salomo's der Eintritt in das Heiligtum selbst Nichtjuden gestattet erscheint (1 K. 8, 4); während früher der innere Vorhof, die Vorhalle, ja selbst das Heiligtum für König und Volk zugänglich waren (vgl. 1 K. 8, 64; 9, 25; 2 K. 11, 4—15; 19, 14, 23) und jener „grosse Unbekannte" des Exiles verkündete, das Haus Jahve's soll ein Bethaus für alle Völker sein (Jes. 56, 7): neigte sich Nehemia der exclusiveren Richtung, die bereits von Ezechiel angebahnt war, zu (vgl. Neh. 6, 11; 2 Chr. 26, 11—21), nach der das Volk nur den „äusseren Vorhof" betreten (Ez. 44, 17), der innere aber für es unzugänglich und nur noch für den Nasi offen sein sollte (46, 1, 9; 43, 7—9; 44, 1—7); näherte sich jetzt das ganze Wesen des Heiligtums, dem Buchstaben der Thora folgend, mehr der Stiftshütte, als dem Salomonischen Tempel, in dem manches betreff der Masse, Formen, Zahlen und Farben nach freierer Auffassung gehandhabt wurde.[1)

Aus der Betrachtung der Tätigkeit Nehemia's namentlich während seiner ersten Anwesenheit in Jerusalem ergab sich uns, dass er kein besonderer Freund der Priester war, ja dass deren Selbstentwürdigung in ihm einen schonungslosen Gegner fand; allein er war ein Mann des Gesetzes, dem das Wort alles galt. Dadurch aber kam es dahin, dass jene hohen Ziele, die Esra und Maleachi für das Priestertum angestrebt hatten, im Laufe der Zeit leicht verloren gingen. Die Priester hatten sich durch Hochmut und Egoismus dem Volke, aus dem sie hervorgegangen waren, entfremdet; Esra und Maleachi wollten sie diesem durch den Lehrberuf, den sie als des Priesters höchste Aufgabe hinstellten, wieder nähern — die Priester sollten nicht blos opfern, sondern auch lehren; Priestertum und Prophetismus sollten sich, wie in der Urzeit, wieder einen; Nehemia aber folgte mehr dem Wortlaut des Gesetzes, in dessen Mittelpunkt das Opfer

---

[1) Vgl. Tosefta Menach. 11, 9, wo einzelne Unterschiede genannt und ausgeglichen werden.

stoht, wodurch der alte Priesterdünkel auf's Neue genährt
und die Möglichkeit, dass die Priester anstatt zu dienen,
sich berufen wähnten herrschen zu dürfen, angebahnt wurde.
So kam es, dass das Laienelement, das in dem Jahrhundert
nach dem Exile im Vordergrunde des Gemeindelebens stand
(vgl. Hag. 1, 1, 12; 2, 2, 4; Sech. 6, 13, 4, 6; Esr. 8, 10; 5,
2; Neh. 7, 7; 10; 4, 8, 13; 5, 7; 13, 11, 17), kurze Zeit darauf
vollständig von der Leitung des Gemeinwesens zurückgedrängt werden konnte. Hierdurch wurde aber auch jene grosse
Kluft erweitert, die in dem später offen zu Tage tretenden
Parteigetriebe Volk und Priester so sehr einander entfremdete.
  Die Berechtigung zum Priesterdienste musste jetzt durch
Geschlechtsregister erwiesen werden. Sobald ein Priester
die Reinheit seiner Abstammung nicht erweisen konnte, ging
er seines Rechtes verlustig (Esr. 2, 62; Neh. 7, 64).
  Jeder Priester musste aus dem Geschlechte Ahron's,
also ein Nachkomme Eleasar's oder Ithamer's sein. Zwischen
den beiden Linien fand in früheren Zeiten ein stetes
Rivalisiren statt, das in enger Verbindung mit den politischen
Ereignissen der Zeiten stand. So finden wir bald die ältere
Linie in Elasar oder Pinehas (Jos. 24, 33; 22, 30 f.), bald
die jüngere in Eli (1 Sam. 1; vgl. 1 Chr. 24, 6) im Vordergrunde (vgl. Jos. ant. 5, 11, 5; 8, 1, 3); später stehen sich
wieder Zadok aus der älteren und Ahimelech aus der
jüngeren Linie schroff gegenüber; letzterer, der dem David
ergeben war, wurde von diesem bevorzugt (1 Sam. 24, 1 f.),
während Salomo wieder Zadok, der es mit ihm hielt, da
Abjathar mit Adonija sympathisirte (1 K. 1, 7, 25; 2, 26 f.),
in den Vordergrund rückte[1]) 1 K. 1, 8.
  Seit jener Zeit blieb der Einfluss der älteren Linie
festbegründet und auch bei der Neuorganisation des Priesterstandes durch Nehemia wurden die Nachkommen Zadok's
bevorzugt. Mit Zerubabel waren vier Priestergeschlechter
aus dem Exile zurückgekehrt (Esr. 2, 36; Erach. 12, b; Meg.
27, a; Jer. Tan. 68 a, Tan. 27 a; Tan. 4, 1, Toseft. Tan. 2, 1);

---

[1]) Vgl. die Weissagung über Eli's Ende 1 Sam. 2, 27 und über das
Bündnis des ewigen Priestertums, das dem Pinehas verheissen wurde, Num.
25, 11 f. In 1 Chr. 5, 27—6, 66 werden nur die Priester aus der Linie
Elasar aufgezählt, während die aus der jüngeren, obgleich sie eine Zeit
lang in Eli, Ahitub, Ahimelech und Abjathar, vgl. 1 Sam. 14, 3; 22, 9, 20
die Priorität besass, mit Stillschweigen übergangen werden. Ueber das
alte Priestertum s. auch weiter unt. im 4. Cap.

dem Esra folgten noch zwei andere (Esr. 8, 2); Nehemia aber nahm in Anbetracht, dass die Priestergeschlechter ziemlich stark angewachsen waren und der Tempeldienst durch das stricte Beachten des pentateuchischen Gesetzes an Ausdehnung gewann, eine Neueinteilung der Priesterschaft vor. Im Ganzen zählte man in jener Zeit 22 Familien (vgl. Neh. 12, 1—7), die nun in bestimmten Abteilungen[1]) (בפלגתהון Esr. 6, 18, משמר fülaké 2 Chr. 7, 6; 8 14; 35, 2 auch מהלקות 1 Chr. 27, 1; 2 Chr. 8, 14, 31 u. ö. im n. T. efemeria, Luk. 1, 5, 8, bei Josephus bald patria, bald efemeris, arch. 7, 14, 7 genannt) den Heiligendienst versahen. Später zählte man 24 Abteilungen, von denen 16 der älteren Linie Zadok's und 8 der jüngeren Ithamar's angehörten, vgl. Jer. Tan. 67 d. Jede Abteilung, die aus 5—9 Priestern bestand (Jer. Tan. 68 a), unter einem Leiter, der נגיד 1 Chr. 9, 11; פקיד Neh. 11, 14 oder ראש המשמר Jer. Horaj. 48, b. genannt wurde (die anderen hiessen אנשי המשמר), hatte der Reihe nach eine Woche lang den Dienst im Heiligtume zu versehen, so dass auf jede alljährlich etwa eine zweimalige Dienstzeit von einer Woche fiel (1 Chr. 24, 1—19; 28, 13, 21; 2 Chr. 5, 11; 8, 14; 23, 8; 31, 2, 16). Da die Priester demnach über viel freie Zeit verfügten, wandten sich Einzelne unter ihnen auch anderen Beschäftigungen, die der Würde ihres Amtes keinen Abbruch taten, namentlich seitdem in Folge der Bemühungen Esra's das Studium der Gotteslehre einen bedeutenden Aufschwung erhalten, dem Unterrichte zu; vgl. 2 Chr. 17, 7 f.; 19, 8 f. Betreff ihrer Kleidung und persönlichen Befähigung zum Amte galten von jetzt an die pentateuchischen Gesetze in voller Strenge; vgl. Ex. 28, 1 f.; 30, 17 f.; 16, 1 f; 21, 1 f. An der Spitze der Hierarchie stand vor der Zerstörung des Tempels der כהן הראש oder כ' גדול 2 K. 25, 18; 2 Chr. 19, 11 u. Jer. 52, 24; diesem am nächsten, vielleicht als Stellvertreter stand der

---

1) Wenn I Chr. 24, 4 f. vgl. 23, 1—5 bereits den Ahron die Einteilung der Priester in 24 Abteilungen zuschreibt, so ist der Bericht keinesfalls als geschichtlich in unserem Sinne anzusehen; er entspringt vielmehr dem Streben des Chronisten, spätere Ereignisse, um ihnen das Ansehen des Alters zu verleihen, in frühere Zeiten zu versetzen; s. hiezu Tan. 27. a wo die Einrichtung der משמרות Moses, Samuel und David zugeschrieben wird; vgl. Jer. Tan. 67 und Tan. 26 a; Meg. 3 a. Aus Neh. 13, 30 wird zweifellos ersichtlich, dass der Ursprung dieser Einteilung auf Nehemia, der sich dieses Verdienstes auch ausdrücklich rühmt zurückzuführen sei.

המשנה כ' 2 K. 23, 4; 25, 18 wofür das Targ. סגן hat. Ueber dessen Geschäfte in späterer Zeit s. Joma 41 a. Eine hervorragende Stellung nahmen die זקני הכהנים, senes de sacerdotibus, der Beirat für gottesdienstliche Angelegenheiten, ein, 2 Chr. 19, 8; vgl. auch Joma 1, 5. Bei Ezechiel ist von einem Hohenpriester keine Rede mehr; er kennt nur den נשיא (44, 3; 46, 10). Nach dem Exile wurde das Amt zwar wieder besetzt, allein es besass nicht mehr, da die Urim und Tumim fehlten (vgl. S. 50), die Fähigkeit, Entscheidungen in den Angelegenheiten des Volkes zu treffen, somit war auch die alte Wichtigkeit dieser Stellung verloren gegangen. Hingegen wird in der Zeit Esra's kein Hoherpriester mehr genannt. Dass Esra keineswegs als solcher angesehen werden darf, wurde bereits erwähnt. Sicher ist es, dass nach dem Exile bei der Wahl eines Hohenpriesters keine Salbung mehr erfolgte. (Maim. בלי המקדש 1, 9); die Bekleidung mit den heiligen Gewändern galt schon als Act der Weihe; daher כהן מרובה בגדים im Gegensatze zu כהן משוח vgl. Joma 69 a; Maim. ib. 1, 8; 1 Macc. 10, 21; Jos. ant 13, 2, 3.

Eng an die Priester schlossen sich die Leviten an (Num. 18, 2 f.) ursprünglich die Mannschaft, die zur Bewachung und Beschützung der Stamm-Heiligtümer diente vgl. 1 Sam. 4, 4 f. So erscheint Gen. 49, 5 auch in Segen Jakob's Levi als Krieger und führt der Stamm nach Ex. 32, 26 ff. in den Zeiten Mosis die Kriege Jahve's.

Sobald die Wanderzüge der einzelnen Stämme aufhörten und das Volk sesshaft ward, entstanden statt der zerleg- und tragbaren heiligen Lade Heiligtümer an allen Orten, deren Priesterschaft sich aus den Kreisen der alten Leviten rekrutirte (vgl. Richt. 17, 5; 1 Sam. 3, 1 f.). Salomo, der die Centralisirung des zersplitterten Stammlebens zum Zielpunkte seiner Regierung machte, errichtete das Nationalheiligtum in Jerusalem, neben dem selbstverständlich die verschiedenen Haus- und Ortsheiligtümer in den Hintergrund treten sollten und kettete dadurch Benjamin, zu dessen Gebiete teilweise Jerusalem gehörte, das nun Mittelpunkt des ganzen Volkslebens wurde, an sich, gewann also hiedurch jenen Stamm, der in steter Gegnerschaft zu David's Hause stand und mit Juda unversöhnlich schien; anderseits erstickte er in den alten Höhendienern, die er an den Tempel zu Jerusalem brachte, jeden, für die Einheit des Staates so gefährlichen Wunsch nach Separirung. Dort wurden die alten Höhendiener den der Dynastie schon von früher her näherstehenden Priestern der alten Cultusstätte zu Gibeon in Benjamin (Jos. 18, 25; 21, 17; 1 Chr. 16, 39; 21, 29; 1 K. 3, 5—14), die wahrscheinlich jene feste Verbindung mit Juda, welche nach früheren Vorfällen kaum zu begreifen wäre, zu Stande brachten, als Leviten zugeteilt. Nicht selten mochte wol in ihnen, zumal sie neben den auch in politischer Beziehung eine bedeutende Rolle spielenden Priestern zu Jerusalem nur eine ziemlich untergeordnete Stellung einnahmen, die Sehnsucht nach der alten Selbstständigkeit an den Höhenheiligtümern erwacht sein; allein die feste Hand der Monarchie hielt derartige separatistischen Bestrebungen mit eiserner Faust nieder. Einzelne Leviten wanderten daher, als die Teilung des Reiches eintrat, nach Israel aus, wo sie bei den verschiedenen Heiligtümern freundliche Aufnahme und als Priester Anstellung fanden; andere aber verblieben, günstigere Zeiten abwartend, in Juda. Tatsächlich traten solche bald ein. Das Centralheiligtum vermochte nicht so leicht, trotz aller priesterlichen Bemühungen und der Anstrengungen von Seiten der Könige, die ausschliessliche Berechtigung und Anerkennung in der Volksanschauung zu erlangen; es galt vielmehr als Schöpfung der Reformbestrebungen der Könige (vgl. die klassische Stelle Jes. 36, 7; 2 K. 23, 19), die den Zorn Gottes nach sich ziehen müsse, und war daher auch nicht im Stande, die Höhenheiligtümer zu verdrängen, an denen Leviten Priesterdienste versahen. Da kam das Exil.

Mit einem Schlage war die Bedeutung der Leviten, sowie der Priester gesunken. Das Heiligtum war dem Boden gleich gemacht, Juda weilte in der Fremde. Aber lebendig wachte in den Herzen die Hoffnung auf eine baldige Rückkehr und intensiver als je erstand in den alten Höhenpriestern, eingedenk der gleichen Abstammung und Bedeutung mit ihren priesterlichen Brüdern, die in Folge der einflussreichen Stellung, die sie während der Zeit des Königtumes einnahmen, sich gerne als Herren ihnen gegenüber geberdeten, der alte Wunsch, ihre Stellung zu verbessern, ihre Bedeutung zu erhöhen.[1] Dieses Streben schien jetzt um

---

[1] Es ist dasselbe Streben, das die Geschichte Korah's und seiner Genossen, deren Empörung ebenfalls gegen die Priester gerichtet war, bekundet; vgl. Num. 16, nach ib. v. 9 war den Kindern Lewi's עבדת המשבן und ebenso nach Ez. 44, 14 שמרי משמרת הבית לכל עבדתו über antwortet.

so unschuldiger, als es blos theoretischer Natur war; denn
mögen auch einzelne Exulanten auf den Höhen Babel's
geopfert haben (vgl. Jes. 65, 3 f.; 66, 3 f.), was aber kaum
festzustellen ist, so gab es doch der Priester genug, die den
armseligen Dienst in der Fremde leicht versehen konnten,
als dass ein allzugrosses Bedürfnis nach ihnen die Leviten
ermutigt hätte, mit ihren Ansprüchen gerade jetzt hervor-
zutreten. Es handelte sich ihrerseits wol blos um die
Theorie für die Praxis der Zukunft. Dennoch aber sah sich
Ezechiel, der priesterliche Prophet des Exiles, genötigt,
diesem Streben mit Entschiedenheit entgegenzutreten und
die Grenze zwischen Priestern und Leviten scharf zu ziehen.
Die Söhne Zadok's, die beharrlich treu zu Jahve hielten, da
das Volk von dessen Wegen abirrte; sie allein sollten auch in
Zukunft hintreten dürfen, um den Dienst als Hüter des
Gotteshauses zu versehen; die Untreuen hingegen unter den
Dienern, die gleichfalls von dem Wege abgewichen waren
und als Höhenpriester wirkten, sollten fortan als Leviten
den untergeordneten Dienst des Heiligtumes versehen (Ez.
44, 9 f.). Die Folge hievon war, dass die Leviten, nunmehr
zur Einsicht gelangt, ihr Streben sei auch für die Zukunft
hoffnungslos, allmälig vom Heiligendienste sich zurückzogen
— ein Umstand, dessen Folgen wir noch zu betrachten
haben werden — und anderen Berufen zuwandten, um eine
gesichertere und bessere Existenz für sich zu begründen, als
sie ihnen die nur spärlich zufliessenden freiwilligen Gaben der
Exulanten gewährleisten konnten. Einzelne widmeten sich
der Bearbeitung des Bodens, andere dem Lehrberufe, viele
der Musik; daher kam es auch, dass, als die Rückkehr in
die Heimat gestattet wurde, nur wenige, und später, als
unter Esra's Führung eine zweite Expedition nach Jerusalem
zog, auch nicht Einer von ihnen Lust verspürte, in den Dienst
des neu erbauten Heiligtumes zu treten (vgl. o. S. 83),
zumal auch der neue Anfang in der Heimat keine überaus
glänzende Hoffnungen schon aus dem Grunde in ihnen zu
wecken vermochte, da ihnen, weil die Gemeinde nicht das
ganze alte Reichsgebiet in Besitz nahm, die nach dem alten
Gesetze versprochenen Städte nicht zugeteilt werden konnten.
Nachdem aber nur wenige von ihnen zur Rückkehr nach
der Heimat sich entschliessen konnten oder wollten, musste
die alte Bestimmung, nach der die Dienstzeit der Leviten
erst mit dem 30. (Num. 4, 3, 23; vgl. 1 Chr. 23, 3) oder nach
einer anderen Relation mit dem 25. Lebensjahre (Num. 8, 23)

cintrat,[1]) ausser Kraft gesetzt und schon dem 20. Lebensjahre die Befähigung zum Heiligendienste zugesprochen
werden (Esr. 3, 8; 1 Chr. 23, 24, 28; 2 Chr. 31, 17); anderseits
aber sah sich Esra genötigt, für die Leviten einzutreten und
ihrer Stellung, wenn auch anfangs nur äusserlich, mehr Ansehen zu verschaffen.[2]) In der Tat finden wir später Einzelne
derselben im Besitze von Land und Boden (Neh. 13, 10; vgl.
11, 30; 12, 27), einige nahmen auch in der Folge eine ange-
sehenere Stellung in der Gemeinde ein (Neh. 3, 17) und
viele bekleideten als Richter und Gesetzlehrer höhere Aemter,
wenngleich es ein Irrtum wäre, wollten wir annehmen, dass
alle Leviten Gesetzeslehrer gewesen seien; vgl. Neh. 8, 7, 9
mit Esra 8, 15, 10, Neh. 13, 13. Aber auch dadurch wurde
ihnen eine Rangerhöhung zu Teil, dass innerhalb ihrer verschiedenen Beschäftigungen im Heiligtume eine bestimmte
Gruppirung vorgenommen wurde und deren Dienstverrich-
tungen scharf abgegrenzt wurden. Man unterschied jetzt 3
verschiedene Levitengruppen: 1. die eigentlichen Leviten,
2. Sänger und 3. Torhüter.[3])

In erster Reihe standen die eigentlichen Leviten,
die durch die neue Einteilung den Priestern näher gerückt waren;

---

[1]) Im Talmud werden die verschiedenen Angaben durch die Annahme
ausgeglichen, mit dem 25. Jahre habe die Lehrzeit, mit dem 30. aber erst
die des eigentlichen Dienstes begonnen; S. Sifri zu Num. 8, 24; Tosefta
Schekal. 3, 26; Chulin 24 a; vgl. Raschi und Nachmanid. zu Num. 8, 24.

[2]) Folgt aus Esra 8, 24, wo die letztgenannten Leviten sind (vgl.
ob. S. 83) Esra übergab auch ihnen gleich den Priestern heilige Geräte und
Geschenke für den Tempel, obgleich in dem Zuge Priester genug sich befanden, welche die Gefässe zu tragen vermocht hätten, um ihr Ansehen in
den Augen der Priester und des Volkes zu heben.

[3]) Die Annahme Maybaum's a. a. O. S. 90, der Zuzug von Leviten
sei späterhin so stark gewesen, dass sie schliesslich beim Opferdienste keine
Verwendung fanden und in Folge dessen sei zu den ursprünglichen 3
Levitenklassen noch eine 4., die der שוטרים ושוטרים die „grammateis"
des Jos. ant. 11, 5, 1 hinzugekommen, ist unrichtig, da von einem späteren
starken Zuzuge der Leviten nirgends eine Spur zu finden ist. Auch sind die
„grammateis" des Josephus keinesfalls mit den 1 Chr. 23, 4, 5 genannten
שוטרים ושוטרים identisch, vielmehr sind es die מבינים, auf welche das Wort
auch deutlich hinweist. Neh. 8, 9. Vgl. Esra 8, 16. Auch die Ansicht Geiger's
Graf's und Wellhausen's, die Sänger und Torhüter seien Laien gewesen,
ist nach den Ausführungen Grätz's (a. a. O. 388) unhaltbar. Ueber die
מבינים, von denen auch Grätz nicht spricht, s. weiter unten im 4. Cap.

sie hatten alle Dienste im inneren Heiligtume, ja selbst
beim Opfern Hilfe zu leisten; auch oblag ihnen die Aufsicht
über die heiligen Geräte und deren Reinerhaltung; sie
besorgten die Einkäufe der Opfer und sammelten die Zehnte
ein. An ihrer Spitze stand ein פָּקִיד Neh. 11, 12, der die
Geschäfte anordnete und überwachte.[1])

In zweiter Reihe standen die Sänger (מְשׁוֹרְרִים). Dieser
Stand war ein Zugeständnis, das der Opfercultus
an den Gebetcultus zu machen genötigt war. Je mehr
sich der Gedankenkreis des Volkes erweiterte; je mehr das
Opfer die Fähigkeit verlor, das religiöse Denken zu verinner-
lichen — und in dem Masse, als der Geist sich an selbststän-
diges Denken gewöhnt, verliert das Symbol überhaupt an
Kraft und Bedeutung —; je mehr das lebendige Wort an
Ansehen im gottesdienstlichen Leben gewann: desto wichtiger
mussten Lied, Gesang und Instrumentalbe-
gleitung für das Gotteshaus werden.

Lied und Gesang waren seit alten Zeiten, wenn auch
zumeist nur in weltlichen Kreisen, namentlich im nördlichen
Zehnstämmereiche, wo die heitere Lebensweise mehr der
morgenländischen Uppigkeit sich näherte, heimisch; vgl. Am.
5, 23; Jes. 23, 15, 16; 24, 8, 9. Allein auch im religösen
Leben hatten sie schon ziemlich früh Boden gefasst; ja wir
finden sogar dafür Anhaltspunkte, dass zumeist Frauen, die
früher zum Dienstpersonal des Heiligtums gehörten, bei fest-
lichen Gelegenheiten Gesang und Tanz aufführten, was wir
um so bestimmter annehmen dürfen, als verschiedene Berichte diese Sitte in's gr, graueste Altertum verlegen, (Ex. 15, 20;
Richt. 5, 1; 11, 34; 21, 19 f); 1 Sam. 2, 22 ist von Frauen,
die der Schar des Heiligtumes angehören, Ps. 68, 26 von
singenden und tanzenden Weibern die Rede. Der Stand
solcher Sängerinnen war kaum besonders geschätzt (vgl. 1
Sam. 2, 22), kennt ja auch heute noch das ganze Morgenland nur Sklaven und Sklavinnen als Pfleger dieser Künste;
daher wird es leicht begreiflich, dass in der Liste, welche

---

1) Ueber die Einteilung in מִשְׁמָרוֹת bei den Leviten findet sich weder
in unserem Buche, noch in dem der Chron. etwas Bestimmtes. Nach Neh. 12,
8 zu schliessen, gab es in der Zeit Josua's und Zerubabels 8 Familien, die
später vielleicht zu mehreren Abteilungen erweitert wurden; vgl. Esr. 8,
18—19. S. hingegen Toseft. Succa 4, 26 und 27; b. Tan. 4, 2; Num. r. 3
und Koh. r. zu 12, 3 s. auch Tan. 27 a. u. ö. Nach Tosaft. Erach. 2, 1
durften nie weniger als 12 Leviten beim Tempeldienste beschäftigt sein.

die mit Zerubabel Heimgekehrten aufzählt, die מְשֹׁורְרִים und
מְשֹׁורְרֹות erst in letzter Reihe neben den Knechten und Mägden
erwähnt werden[1]) (Esr. 2, 65; Neh. 7, 67). Im Exile wandte
sich ein beträchtlicher Teil der Leviten der Pflege des Gesan-
ges und der Musik zu und schon Ezechiel räumt den Sängern
eine besondere Halle im Gotteshause ein (40, 44); später
war die Entwicklung dieses Standes bereits so weit gediehen,
dass seine Bestellung für das Heiligtum sogar auf David
zurückgeführt werden konnte (Esr. 3, 10; 1 Chr. 6, 16 f.;
25, 1 f.; 2 Chr. 7, 6 u. ö. Neh. 12, 24, 46). Die Frauen wurden
in Folge der ernsteren und strengeren Anschauung, die nach
dem Exile sowol im Leben, als auch in der Religion um sich griff,
von der activen Teilnahme am Dienste des Heiligtumes ausge-
schlossen und nur noch das Singen von Klageliedern bei
traurigen Ereignissen blieb ihr Erwerb, Koh. 2, 8; 2 Chr. 35,
25; die Familie Assaf's hingegen, die schon vor dem Exile
durch die selbstständige, künstlerische Pflege des Gottes-
oder Zionsliedes, unter welchem Namen es selbst die Feinde im
fremden Lande kannten (Ps. 137, 3), sich auszeichnete, nahm an
diesem Teile des Gottesdienstes eine dominirende Stellung ein,
weswegen auch in der obgenannten Liste ihre Zahl 128 gleich
nach der der Priester und Leviten (Esr. 2, 41) angegeben
wird. Nach den allerdings viel späteren Berichten der Chronik
bestand der Tempelchor aus 4000 Musikern, von denen 288
„Meister", die anderen „Lehrlinge" (תַּלְמִיד und מֵבִין, 1 Chr.

---

[1]) Auf diesen Umstand allein ist die auffallend erscheinende Stellung
der Worte zurückzuführen und fällt somit die Emendation Michaelis, der
statt unseres Textes שֹׁורִים und פְרֹות liest; vgl. Bertheau z. St. der die
Emendation Michaelis aufnimmt und um sie plausibler zu machen, erweitert.
ולהם 65 bedeutet keinesfalls wie Berth. z. St. annimmt, das Eigentum,
sondern die Gehörigkeit zum Zuge, in der Bedeutung: ihnen schlossen sich
an; der Besitz wird dort durch die Possessivsuffixe, vgl. V. 65, 67 ange·
deutet; Herzfeld nimmt die Worte מְשֹׁרְרִים nach Ez. 27, 25 in der Bedeutung
von Karavanenguhilfen. Interessant ist die Stelle 2 Chr. 23, 13, wo, vergl.
mit 2 K. 11, 19, die מְשֹׁרְרִים als an der daselbst berichteten politischen
Action Anteil nehmend eingeschoben werden; ein Umstand, der einen
neuerlichen Beweis für unsere bereits früher ausgesprochene Ansicht liefert,
(vgl. Rosenzweig a. a. O. S. 34) und der auch Prof. Delitzsch in einem an uns
gerichteten Schreiben beipflichtet, dass der Verfasser der Chronik das
levitische Oberhaupt einer Sängerordnung, (Heman oder Jeduthun) gewesen
sei; vgl. 1 Chr. 6, 18—32; 13, 8; 15, 16; 16, 7; 37, 41; 42, 23, 5; 25,
1, 4, 26, 28—31, nam. 5 f., 26 f.; 2 Chr. 34, 12.

25, 8) genannt werden; woraus mit Recht auf einen vollständig organisirten, systematischen Unterricht in Musik und
Gesang im Heiligtume geschlossen werden darf. Gleich den
Priestern zerfielen auch die Sänger in 24 Abteilungen, 1 Chr.
25; zu jeder derselben gehörten mindestens 12, die bei
ihrem Dienste während des Opferns gleichsam die Stimmen
der 12 Stämme Israels repräsentiren sollten, vgl. dieselbe
Zahl bei den Leviten[1]) (vgl. Erach 2, 6. Tos. Erach. 2, 1; Succa
5, 5; Tamid 7, 3); diesen waren wieder 154 dienstübende
Sänger zugeteilt (1 Chr. 23—26). Zu den einzelnen Abteilungen gehörten Musiker verschiedener Instrumente, unter denen
namentlich Pauke und Cymbel, Cither und Harfe vielfach
gehandhabt wurden, 1 Chr. 25, 22; vgl. 2 Chr. 29, 35 u. ö. Neh.
11, 17. An der Spitze jeder Cohorte stand ein Dirigent
ראש התחלה oder richtiger ר׳ התהלה Neh. 11, 17, dem wol
die Leitung des systematischen Unterrichtes, sowie das Tact-
geben beim Gesange oblag. Die Familie Assaf's war mit
dem Beginne des Gebetes, das zumeist mit הודו auch הללויה
eingeleitet wurde, betraut (Neh. 11, 17; vgl. 1 Chr. 16, 7). Je
mehr das Gebet in's Volksbewusstsein drang, desto grössere
Bedeutung gewannen die levitischen Sänger im Heiligendienste. Aus diesem Grunde wurde ihnen auch später das
Tragen von Priesterröcken gestattet (Jos. arch. 20, 9, 6).

In letzter Reihe standen die T o r h ü t e r (שוערים), deren
Dienst, früher von den eigentlichen Leviten versehen, erst
später vollständig geregelt wurde, vgl. Neh. 13, 22. Sie stan-
den an 21 Plätzen des Heiligtums als Wachposten an den
Toren zu dem inneren Vorhof, Midd. 1, 1 f., ebenso an den
Vorratshäusern des Tempels Neh. 11, 19; 12, 25, vielleicht
auch von Zeit zu Zeit an den Stadttoren Neh. 13, 22. Im
Ganzen gehörten zur Gilde der Pförtner 6 Familien, von

---

[1]) Demselben Motive verdankte die spätere Einrichtung der מעמדות,
dass nämlich während der Darbringung der täglichen Opfer Laien Gebete
verrichtend den opfernden Priester assistirten, ihr Entstehen. Es war dieses
ebenfalls ein Zugeständnis, das der Opfercultus an den Gebetcultus zu
machen genötigt war, zugleich der Ausdruck für die Anerkennung der Volksindividualität, jenes demokratischen Zuges, der dem israelitischen Gemeindeleben trotz der hierarchischen Verfassung, die es in Folge des Opfercultus
erhalten, nie verloren ging; vgl. Tan. 15 b; ib. 27 a; Tosefta ib. 4, 3 u.
ö. Die Einrichtung entstammte erst jener Zeit, in der der demokratische
Pharisäismus seine Schutzwälle und Bollwerke gegen den priesterlichen
Sadduzäismus aufzurichten genötigt war.

denen 4 in Jerusalem und zwei ausserhalb der Stadt wohnten. 1 Chr. 9, 25; vgl. Neh. 12, 25. Letztere wurden in besonders dringenden Fällen zum Dienste des Heiligtumes nach der Stadt berufen. Sie standen unter einem Aufseher. Ihr Dienst scheint durch das Loos bestimmt worden zu sein, 1 Chr. 26, 1—19; 26, 13. Die Anordnung ihrer Stellung wurde später ebenfalls auf David zurückgeführt ib. 14—18; 9, 18, 24, Erach. 2, 6.[1]) Sänger sowol, als auch Pförtner participirten an den Gaben, die die Leviten einsammelten (Neh. 13, 5).

So war es Nehemia durch ernstes Streben und unermüdlichem Eifer gelungen, aus der Gola eine, wenn auch in politischer Beziehung abhängige, so doch gegenüber den Ränken innerer und äusserer Feinde selbstständige Gemeinschaft zu bilden. Mit den schlichten, auf tiefe Herzensfrömmigkeit hinweisenden Worten: „Gedenke es mir, o Gott, zum Guten!" schliesst der grosse Patriot den Bericht seines Wirkens und seiner Zeit.

Nehemia besass einen Schatz, dem nichts auf Erden gleichet, ein kindliches Gemüt, das stark im Glauben war und eine unbeugsame Liebe für sein Volk; unerschütterlicher Glaube an Gott und unermüdliche Liebe zu seinem Volke waren die treibenden Kräfte, die ihn ohne Unterlass bewegten; das waren die Flammen seines Innern, die Mächte seiner Brust, die ihm treu blieben und ihn verjüngten, so oft es galt, für den geheimnisvollen Hort, der in Sitte und Sprache des Volkstumes ruht, einzutreten. Nicht wiegte ihn der Erfolg in Selbstgenügsamkeit, die Gefahren schreckten ihn nicht; er besass alle Eigenschaften, die ihn befähigten, ein Regenerator des Volkslebens in socialer Beziehung zu werden. In der Tat erscheint er gewaltig gross, so lange er kämpfte und die Trümmer aufrichtete, so lange er neben Esra, dessen stillem Wesen gerade diese für's politischsociale Leben erforderliche Fähigkeit abging, wirkte und waltete. Anders aber mutet uns seine Tätigkeit während seiner zweiten Anwesenheit in Jerusalem an, seine Tätigkeit auf religiösem Gebiete — da steht vor uns der Laie mit jener Energie, die nur für's politische Leben taugt, wo die

---

[1]) Die Posten derselben werden in der Chronik nach der Beschaffenheit, in der sich die Oertlichkeit nach dem Exile befand, aufgeführt, ohne dass darauf geachtet wird, dass dieses in den Zeiten David's unmöglich der Fall sein konnte, vgl. 9, 18, 24; 26, 14—18.

Macht alles zusammenfügt und zusammenhält, der aber, weil allzuschroff, die Fähigkeit abgeht, die feinen, sanft vibrirenden Töne des Gemütslebens in der Religion zu erfassen, verbindend und vermittelnd, alle Teile zusammenhaltend zu wirken; da steht vor uns der Laie, dessen Eifer für Religion leicht in Uebereifer umschlägt, brennend wie Feuer, ätzend wie Lauge (vgl. Mal. 3, 2). Man hat ihn des Ehrgeizes angeklagt, der Ruhmredigkeit und Unverträglichkeit geziehen; nichts von all dem! Nehemia war eine reckenhafte Gestalt, voll Kraft und Mannestugend, der aber jene Milde und Sanftmut fehlten, die religiöses Wirken unbedingt erfordert; er war stark, wo es galt, Feinde abzuwehren, consequent in dem Verfolgen gesteckter Ziele, aber eben so consequent, wo es galt, in religiösen Dingen zu wirken. Diese Consequenz aber war zu allen Zeiten gefahrvoll — wahre Religiosität wirkt vermittelnd zwischen den Forderungen der Zeit und Verhältnisse und denen der Religion.

Auch Esra besass ein gotterfülltes Herz; allein er forschte, prüfte, sichtete; lernen und lehren, Geist erwecken und Tora verbreiten war das Ziel, das ihm vorschwebte. Vor seinem forschenden Auge belebten sich die todten Buchstaben und wurden lebendiger, befruchtender Geist; Nehemia aber sah nur Buchstaben, die ihm allezeit stumme Zeichen blieben; Esra hatte Gedanken, Nehemia kannte nur Worte, Buchstaben. Weniges übermittelt uns der biblische Bericht über Esra's Wirken; wir wissen nur, dass er das Gotteswort lehrte, damit hat er aber eine Richtung für das Judentum angebahnt, die Wunder wirkte, die das Häuflein, heimat- und rechtlos, tausendmal verfolgt, verjagt und scheinbar vernichtet, dem Wundervogel der Sage gleich aus der Asche verjüngt erstehen liess; Nehemia hingegen hat viel für das Volksleben, das er aus völlig zerrüttetem Zustande neu aufrichtete, getan; er hat es nach Innen und Aussen gekräftigt und doch ist es nicht merkwürdig? Der Volksgeist wusste ihm nur wenig Dank! Er war trotz seiner Menschenfreundlichkeit und der unaussprechlichen, rastlosen und aufopferungsfähigen Liebe, die ihn für sein Werk beseelte, ein Pascha; ihm fehlte die Gedankenschärfe Esra's, die prüfend und erwägend, alle Zeitverhältnisse und Bedürfnisse in Betracht zieht und im Auge behält; nicht blos der traurige Zwiespalt, der später durch die offen zu Tage tretenden Parteiungen so zersetzend auf das Volkstum wirkte, sondern auch die hierarchische Strömung, die des Volkes eigentliches Sein, seine Selbstbefreiung leicht gefährden konnte, waren die unausbleiblichen Folgen, die sein Wirken nach sich zog.

Wenn es wahr ist, dass die Bedeutung und namentlich die Volkstümlichkeit einer Person sich am deutlichsten in der späteren Anschauung des Volkstums abspiegelt — und es ist wahr! der Volksgeist fühlt, wenn auch nicht immer gleich, so doch stets instinctiv die Wichtigkeit und den Wert der Kräfte, die sich ihm widmen, heraus — wenn nicht gleich, so wird er doch im Laufe der Zeiten dankbar, und webt sagenschaffend das Ehrenkleid seinen Lieblingen — dann wird unsere Ansicht am deutlichsten aus der Art erhellen, wie unsere Helden im Munde des Volkes, in der Tradition fortleben: Nehemia hat für die Gola viel getan, ihre Kinder aber hatten nur ein schwaches Gedächtniss für ihn; er verschwindet beinahe gänzlich neben Esra; spätere Berichte wissen blos von ihm, dass er für viele seiner Brüder in Jerusalem Häuser gebaut (Sirach 49, 13) und im Tempel eine Bibliotek angelegt habe (2 Macc. 2, 13); ebenso wird im Talmud auf ihn blos das Verbot zurückgeführt, Dinge am Sabbat in die Hand zu nehmen, die im alltäglichen Leben gebraucht werden[1]). Aber am bedeutsamsten und charakteristisch ist es, dass das Buch, das aus seiner Hand stammt und an dem er jedenfalls mehr Anteil als Esra hatte, nicht seinen Namen, sondern den Esra's trägt[2]).

Wie viel weiss hingegen die dankbare Volksseele von Esra zu erzählen, was führt sie nicht alles auf ihn zurück,

---

[1]) Sabb. 123 b, s. Raschi das. בימי נחמיה בן חכליה בבית שני גזרו על טלטול כל הכלים, vgl. Tosaf. B. Kama 94 a ; s. dag. Jer. Sabb. 16 a, wo dieses Verbot nicht direkt mit Neh. in Verbindung gebracht wird, sondern Neh. 13, 15 blos als Beleg für die spätere Einrichtung citirt wird; vgl. auch Tosaf. Sabb. 14, 1.

[2]) ונחמיה בן חכליה מאי טעמא לא איקרי ספרא על שמיה? מפני שהחזיק טובה לעצמו. Sanh. 93, b Jalk. Neh. 10, 70. Die beiden Bücher wurden von Alters her als eines betrachtet. s. Rosenzweig a. a. O. S. 7 f. Zu den das. angeführten Stellen wären noch hinzuzufügen: Succa 37 a, vgl. Glosse d. R. Ak. Eger; Num. r. 16; Ber. 33 b; R. hasch. 3 b, s. Tos. das. und Jeb. 86 b, Tos. das.; Ket. 24 b, Raschi das.; Meg. 25 a, Raschi das.; ebenso Raschi zu Sech. 3, 8; Redak zu Jes. 9, 6 und Zef. 1, 10; Sadja zu Esr. 8, 10.

In einem an mich gerichteten Schreiben regt Herr Professor Delitzsch die Frage an, seit wann die Bücher gesondert erscheinen. Meines Wissens geschieht dieses in Dan. Bomberg's Bibl. Rabb. II cur. Jak. b. Chajim Venet. 1525 zum ersten Male.

welche Einrichtungen schreibt sie ihm zu? Sage und religiöser Pragmatismus wetteifern mit einander, um für dessen Denkerstirne den Lorbeerkranz des Ruhmes zu flechten.

Grosse Männer werden eben die gewaltigen Höhen, die, ob auch wogende Fluten vieles hinwegschwemmen, unversehrt bleiben, als Wegweiser für künftige Geschlechter weithin ragen — die dankbare Volksseele prägt sich deren Gestalt und Wesen, wenn auch lückenhaft, verworren und in schwankenden Umrissen, lebendig ein und weckt sie zu neuen Leben, so oft sie kann.

Die talmudische Tradition preist ihn als Einen der Besten seines Volkes[1]); Schild der Helden wird er genannt, weil durch ihn sein Geschlecht geschützt wird[2]); er überragt selbst Ahron; lebte letzterer in der Zeit Esra's, dieser wäre grösser als jener[3]); ja Esra wäre würdig gewesen, dass Israel durch ihn die Thora empfangen hätte, wenn ihm nicht Moses bereits zuvorgekommen wäre; da nun aber die Thora bereits durch Moses gegeben war, so wurde Esra das Recht verliehen, deren Schriftzeichen ändern zu dürfen[4]). Auch als zweiter Begründer der Thora, die in Israel vergessen worden war, wird er gefeiert[5]); seine Zeit wäre seinetwegen würdig gewesen, dass ihr Wunder geschähen, gleichwie solche in der Zeit Josua's geschahen[6]); darum werden die

---

[1]) חמשה הוא לטובה — הוא עזרא עלה מבבל Gen. r., 37; Esth. r., 1; Jalk. Esth. 1; Midr. Ps. 105; Meg. 11 a; Hhl. r. 4.

[2]) אלף המן תלוי בו — עזרא בשעתו כל דורו נתלה בו Hhl. r. 4; vgl. Jalk. Jes. 477; vgl. auf Erach. 32 b מקיש ביאתם בימי עזרא לביאתם בימי; יהושע s. Raschi z. St.; vgl. hiezu auch Koh. r. 1, 8 פנם ואנין וכותם עלייהו הכתוב בכבידו של צדיק בשביל פלוני בשעתו.

[3]) אלו היה אהרן קיים היה עזרא גדול ממנו בשעתו Koh. r. 1, 8; Jalk. Sam. 114.

[4]) ראוי היה עזרא שתנתן תורה ע"י לישראל אילמלא לא קדמו משה — ואף על פי שלא נתנה תורה על ידו נשתנה על ידו הכתב Sanh. 21 b; 22 a; Toseft. Sanh. 4, 7; Jer. Meg. 71 b; Meg. 21 a; Sebach. 62 b; Deutr. r. 7; Jalk. Esr. 1069; vgl, hing. Philo, II, 84, wo die Einführung der Quadratschrift dem Moses zugeschrieben wird. Die Samaritaner nennen unsere Quadratschrift »Schrift Esra's«, s. Kirchheim, Karme Schomron, S. 33 f.

[5]) בתחילה בשנשתכחה תורה מישראל עלה עזרא מבבל ויסדה Succa, 20 a; Sifri עקב 48; Jalk. Deutr. 873.

[6]) ראוי (ה) היה ישראל ליעשות להם נס בימי עזרא כדרך שנעשה להם בימי יהושע בן נון Ber. 4 a (s. das, den Nachsatz); Jalk. Jos. 14; vgl. die ähnliche Wendung Sanh. 11 a; Jalk. Ex. 261; Succa 28 a; B. batr. 134 a.

Späteren auch gerne mit seinem Namen in Verbindung
gebracht: Hillel wird sein Schüler genannt[1]) und selbst auf
Elasar b. Asarja wirkt er noch fort, dieweil dieser in zehnter
Generation von ihm stammt[2]). Von Einigen wird er mit
dem Propheten Maleachi identificirt[3]).

Besondere Verdienste werden ihm als Schriftgelehrten
zugeschrieben: wie er ein Sofer war in den Worten der
Thora, so wird er ein solcher auch in den Worten der
Weisen genannt[4]); er gilt als Muster eines Thorakundigen[5])
und soll er selbst eine Thorarolle (als Musterrolle) ange-
fertigt haben[6]). Auch soll er einzelne Worte in der heiligen
Schrift mit Punkten versehen haben[7]); ihm wird die Abfassung der Bücher Esra und Nehemia, sowie der Chronik
zugeschrieben[8]) und wird er auch als Verfasser einzelner
Psalmen bezeichnet[9]). Er sorgte für die Reinheit der Geschlechter in Babel[10]) und verwies die Nethinim, weil deren
Geschlechtsreinheit nicht erwiesen werden konnte, aus der
Mitte der Gemeinde nach dem Ophel[11]). An einer Stelle
wird er sogar der Erbauer des 2. Tempels genannt[12]).

---

[1]) הילל – תלמידו של עזרא Sota 48 b; Toseft. Sota 13, 3; Ab. R.
Nat. 14; vgl. Bacher, Agada der Tannaiten 13, Anm. 2.

[2]) ראב״ע שהיה דור עשירי לעזרא. Jer. Ber. 7 d; Jer. Tan. 67 d; Jer.
Jeb. 3 b; Ber. 27 b; vgl. Bacher, a. a. O. 220, Anm. 2.

[3]) א״ר יהושע בן קרחה מלאכי זה עזרא Meg. 15 a; Jalk. Mal. 1; Targ.
Mal. 1, 1 u. ö., s. dag. ס׳ הקבלה des R. Abr. b. Dav.

[4]) כשם שהיה סופר בדברי תורה כך היה סופר בדברי חכמים Jalk. 1
Chr. 2; Jer. Schek. 48 c; vgl. Raschi zu Pes. 87 a s. v. עילם וו.

[5]) אפילו רגיל בתורה כעזרא Gen. r. 36, E., Jer. Meg. 74 d.

[6]) עזרא ס׳ Jer. Schek. 48 a, Moëd kat. 3. 4; 18 b; Tan. 4, 2; Jer.
Sanh. 20 c; vgl. jedoch die verschiedene Lesart עזרה ס׳, die die richtigere
zu sein scheint, s. Friedmann, Sifri Fol. 160; vgl. Grätz, III, 122, A. 1.

[7]) כך אמר עזרא: אם יבא אליהו ויאמר: למה כתבת אותן? אומר לו: כבר
נקדתי עליהם Num. r. 3; vgl. Jer. Meg. 74 d, Nedar. 37 b; Meg. 3 a;
Ab. R. Nat. 34; 43; Sanh. 43 b.

[8]) עזרא כתב ספרו ויחס של דברי הימים, B. batr. 15 a; vgl. Abraban.
zu 1 K. 10, 22, woselbst er die Differenz mit 2 Chr. 20, 37 als טעית עזרא הסופר
bezeichnet.

[9]) עשרה בני אדם אמרו ס׳ תהלים – ועזרא Hhl. r. 4; Koh. r. 7.

[10]) לא עלה עזרא מבבל עד שעשאה כסולת נקיה B. batr. 16 a; Kidd.
71 b.

[11]) אף עזרא ריחקן שני והנתינים יושבים בעופל Jer. Kid. 65 c. Midr.
Ps. 1; 17; Jalk. Esr. 2, E.; Num. r. 8.

[12]) אחד בנה שלמה ואחד בנה עזרא Midr. Ps. 30.

Ferner werden ihm 10 Einrichtungen zugeschrieben und zwar : a) dass am Montag, Donnerstag und Sabbat Nachmittag aus der Thora gelesen werde; b) dass jeder durch Pollution Verunreinigte ein Bad nehmen müsse ; c) dass das Gericht in den Städten am Montag und Donnerstag Recht spreche ; d) dass die Parfumeriehändler ungestört die Städte durchziehen dürften ; e) dass man am Donnerstag zur Ehre des Sabbats Wäsche und Kleider wasche; f) dass die Frauen Freitag Morgens Brod backen; g - h) sind Ehe- und Keuschheitsgesetze[1]). Auf ihn wird auch die Verordnung zurückgeführt, dass man keinem Lehrer die Einrichtung einer Schule wehren dürfe, selbst wenn bereits mehrere Lehranstalten in der Stadt vorhanden wären ; denn der Wetteifer der Gelehrten

---

[1]) Jer. Meg. 75 a, Babl. B. kama 82 a in wenig veränderter Reihenfolge und Sprache ; a) עזרא התקין לישראל ; שיהו קורין בתורה בשני ובחמישי ובשבת במנחה ; vgl. Babli a. a. O., wo diese Einrichtung als älter erklärt und dahin modifizirt wird, Esra habe blos angeordnet, dass an den genannten 3 Tagen 3 zur Thora gerufen und mindestens 10 Verse aus derselben gelesen werden sollen ; eine andere La. s. Alfasi z. St.; vgl. Jalk. Ex. 255; B. kam. 72 a ; Jer. Meg. 7. 1 ; Meg. 3 b ; Nedar. 37 b ; Gen. r. 36; Maim. תפלה ה׳ 12, 1 ; b) הוא התקין טבילה לבעלי קריין ; vgl. Ber. 20 b ; 21 ; 22 b ; Joma 8 a ; Chul. 136 b ; Git. 16 a ; Pes. 7 b ; Tosefta Ber. 2, 12 wird die Anordnung wol erwähnt, ohne aber auf Esra zurückgeführt zu werden. Dass R. Jehuda b. Betera das Reinigungsbad aufhob, beweist übrigens am deutlichsten, dass man in seiner Zeit diese Verordnung noch nicht auf Esra zurückführte : c) הוא התקין שיהו בתי דיני יושבין בעיירות בשני ובחמישי ; vgl. Ket. 3 a, s. Tosaf. das.; B. kam. 82 a, Tos. das.; Tosefta Tan. 2, 4. Aus Tosef. Meg. 1, 3 und Meg. 5 b dürfte mit Recht geschlossen werden, dass die genannten Tage nicht allenthalben als Gerichtstage galten ; d) הוא התקין שיהו הרוכלין מחזרין בעיירות מפני כבודן של בנות ישראל ; vgl. B. batr. 22 a ; e) הוא התקין שיהו מכבסין בחמישי מפני כבוד השבת ; vgl. מן § 100, 3 ; Sabb. 119 a ; f) הוא התקין שיהו אופין פת בערבי שבתות שתהא פרוסה מצויה לעני nach Babl. a. a. O. stets früh Morgens, dass immer Brod für die Armen vorrätig sei ; g) הוא התקין שיהו אוכלין שום בלילי שבתות שהוא מכנים אהבה ומוציא תאוה, s. Babl. a. a. O. Ned. 63 a ; Schorr im החלוץ 1861 S. 30 ; vgl. Ibn Esra zu Ex. 34, 21 ; Bruns, Geogr. von Egypten ; h) הוא התקין שיהו הנשים מדברות זו עם זו בבית הכסא ; vgl. Sanh. 19 a, wo dieselbe Einführung dem R. Jose aus Sepphoris zugeschrieben wird ; i) הוא התקין שתהא אשה חוגרת בסינר בין מלפניה בין מלאחריה, s. Sabb. 10, 4 ; vgl. Maim. Einleit. zur Mischn. ; Jeb. 59 b ; k) היא התקין שתהא אשה חופפת וסורקת קודם לטהרתה ג׳ ימים ; vgl. Tosaf. zu B. k. 82 a unt.

mehrt Weisheit[1]). Auch soll er angeordnet haben, dass die Strafandrohung in Leviticus (26, 3—44) immer vor Azeret (Schabuot) und die in Deutr. (28, 15—68) immer vor dem Neujahresfeste in der Synagoge gelesen werde[2]). Ueberhaupt wird jede Anordnung, bei der nicht der Name desjenigen, der sie getroffen, angegeben ist, auf ihn zurückgeführt[3]). Auch die Regelung der Zeitrechnung[4]), die Kenntniss des Tetragrammaton[5]), wie überhaupt die Erweckung des religiösen Lebens[6]) wird ihm zugeschrieben.

Mit seiner Ankunft war der Winter vorüber und die Zeit des Sanges und der Blüten angebrochen[7]). Sein spätes Hinaufziehen nach Jerusalem (erst nach Zerubabel) wird damit entschuldigt, dass er seinen Lehrer Baruch b. Nerija nicht verlassen wollte[8]), für sein strenges Vorgehen gegen die Leviten wird der Grund angegeben, er habe sie gestraft, weil sie keine Lust bekundeten nach Jerusalem zu ziehen[9]).

Allein nicht blos die jüdische Anschauung[10]) hat Esra und sein Wirken verherrlicht, auch die nichtjüdische Welt hat einen Sagenkreis um seine Person gebildet.

Einige Kirchenschriftsteller schreiben ihm die Erfindung der hebräischen Schrift zu[11]); andere folgen dem 4. Buche

---

[1]) עזרא תיקן להן לישראל שיהו מושיבין סופר בצד סופר – קנאת סופרים B. batr. 21 b; תרבה חכמה.

[2]) עזרא תיקן להן לישראל שיהו קורין קללות שבתורת כהנים קודם עצרת ושבמשנה תורה קודם ר"ה Meg. 31 b; vgl. Maim. ה' תפלה 13.

3) S. Seder ha-dorot und Juchasin s. v. עזרא.

[4]) מימות עזרא ואילך לא מצינו אלול מעובר Beza 6 a; 22 b; R. hasch. 19 b, s. Tosaf. das.; ib. 22 a; vgl. החלוץ 1852, S. 144.

[5]) ויברך עזרא – מה אמר ? ארי שגדלו בשם המפורש Jalk. Neh. 8; vgl. Jer. Ber. 11 c; Mas. Sofr. 13, 8; Joma 69 b; vgl. Jellinek, Sefer Chanoch im Beth hamidrasch II, 117.

[6]) מקיש ביאתם בימי עזרא לביאתם בימי יהושע; מה ביאתם בימי יהושע מנו שמיטין ויובלות וקדשו ערי חומה אף ביאתן בימי עזרא וכ' Erach. 32, b.

[7]) ענה דודי ואמר לי – ע"י עזרא – הנצנים – עזרא וחבורתו Jalk. Hhl. 2, 10; Pesikt. ed. Buber, A. החדש.

[8]) שכל זמן שברוך בן נריה קיים לא הניחו עזרא ועלה Meg. 16 b Hhl. r. 5; über die richtige Lesart s. ob. S. 82.

[9]) קנסינהו עזרא Chulin 131 b; s. Raschi z. St. Ket. 26 a u. ö.

10) Auffallend ist es, dass Sirach 49, wo die hervorragendsten Männer Israels gepriesen werden und auch Nehemia's gedacht wird, der Name Esra's nicht genannt ist.

11) Vgl. Origin. Hexapla ed. Monfauc. I, 84; Eusebii chron.

Esra, das im 14. Cap. die Sage behandelt, das Gesetzbuch sei bei der Zerstörung Jerusalems verbrannt und von Esra, der in dem Buche als Prophet verherrlicht wird, in Folge göttlicher Eingebung wieder niedergeschrieben worden[1]).

Diese Sage scheint auch unter den Juden in Arabien stark verbreitet gewesen zu sein, von denen sie wol zu Muhammed kam[2]).

Hingegen wird Esra von den Sameritanern ein „Bibelfälscher" und „arger Lügner" genannt und beschuldigt, dass er die Capitel über den Garizim, um den Moria zu Ehren zu bringen, gefälscht habe[3]).

Noch einer Tradition müssen wir endlich gedenken, die der Talmud zumeist an die Person Esra's lehnt — es ist dieses die Institution der אנשי כנסת הגדולה der „Männer der grossen Versammlung" oder der S y n a g o g a m a g n a , die gewöhnlich als unter seiner Leitung stehend gedacht, häufig sogar mit ihm vollständig identificirt wird[4]); ebenso wird nicht selten einzelnes im B. Nehemia Berichtete direkt derselben zugeschrieben[5]).

Olymp. 80 ; H i e r o n. Prol. Galeat. s. auch Buxtorf, dissertatio de liter. hebraicar. gemina ant. § 14.

[1]) Vgl. Lücke, Einl. in die Offenb. Joh. S. 183 ; Volkmar, wiss. Zschr. Tübing. 1863 ; Stud. und Krit. 1870 ; Löw, Ben Chan. 1864, 157 f. Von dieser Quelle ging die Sage zu den Kirchenvätern über, vgl. I r e n a e u s ad. Haeres. III, 25 ; C l e m. A l e x. Strom. p. 329, 342 ; C h r y s o s t o m. Homil. VIII in epist. ad Hebr.; T e r t u l l i a n, de habitu muliebri c. 3 ; T h e o d o r e t, praef. ad comm. in cant.; A u g u s- t i n. de mirab. script. sacr. 1, 2 ; E u s e b. hist. eccl. 5, 8 ; A t h a n a s. jun. in Synopsi s. script. II, 86 ; L e o n t. B y z a n t., de sectis IV, 28 ; vgl. Buxtorf, Tiberias, S. 97 ; Herbelot's Orient. Bibl. III, 728 ; Sepp, chr. Chron. 273.

[2]) Vgl. S u r e 9, 30, s. auch S u r e 2, 2 61 ; vgl. Herbelot, a. a. O. s. v. Ozair ; Geiger, Was hat Muhammed aus dem Judent. entnommen ? S. 144 ; Sale, Koran 152, ebenso Ibn Goteiba, ed. Wüstenfeld p. 24.

[3]) S. Zschr. D. M. G. XX, 154, 169 ; vgl. Annales Samarit. p. 58 ; Sepp, Jerusalem und das heil. Land II, 41.

[4]) Vgl. Jalk. Jos. 18 ; Tanch. ויחי 8 ; Midr. Ps. 57 ; Jer. Ber. 14 c ; Schebiit, 36 b ; Mak. 23 b ; Targ. Hhl. 6, 9 ferner Hhl. r. 7, 14 und Lev. r. 2.

[5]) Vgl. Jer. Ber. 4 a ; Gen. r. 46 ; 78 ; Jalk. Gen. 81 ; Jalk. Neh. 1071 mit Neh. 9, 7 ; Ex. r. 41 ; Tanch. בי תשא 14 mit Neh. 9, 18 ; Gen. r. 6 ; Jalk. Gen. 10 ; Jalk. Mal. 593 ; Jalk. Neh. 1071 ; Midr. Ps. 62 mit Neh. 9, 6 ; Tanch. Ex. 2 mit Neh. 9, 5 ; Ex. r. 51 mit Neh. 1, 7 ; Sanh.

Und diese Ansicht über das Verhältnis Esra's zur Synagoga magna hat sich selbst in der wissenschaftlichen Welt — ob mit Recht, werden wir im Laufe unserer Untersuchung sehen — bis auf unsere Zeit, wenn auch hie und da in Einzelnen Zweifel erwachten, erhalten. Der scharfsinnige Nachman Krochmal war der erste, der (Kerem chemed V. 51 f.) sogar zu erweisen suchte, dass in Neh. 10 die Männer der grossen Versammlung in ihrer Tätigkeit vorgeführt werden und seine scharfsinnige Ausführung hat im ersten Augenblicke um so mehr etwas Bestechendes an sich, da die in Nehemia vorgeführte Tätigkeit tatsächlich der Anschauung entspricht, die man im Allgemeinen von der Syn. m. hatte, namentlich aber da die Zahl der daselbst angeführten Stammhäupter mit Jer. Meg. 70 d, nach welcher Stelle diese Institution aus 85 Aeltesten und unter ihnen etliche dreissig Propheten[1]) bestanden haben soll, teilweise übereinstimmt. Wir sagen: teilweise, denn eine vollständige Uebereinstimmung ist trotz aller gekünstelten Exegese nicht zu erzielen, nachdem פרעש und פחת מואב (Neh. 10; 15) keinesfalls als zwei Namen angesehen werden dürfen und ebensowenig aus oben S. 117 bereits dargelegten Gründen der Name Esra's dem Schriftstücke hinzugefügt werden darf, also in keinem Falle daselbst mehr als 83 Namen figuriren, wie dieses auch Jer. Chag. 79 d[2]) ausdrücklich annimmt. Zudem stimmen aber auch die Angaben beider Talmude betreff der Propheten, die angeblich zur Syn. m. gehört haben sollen, mit dem tatsächlichen Sachverhalte wie er sich aus Nehemia ergibt, nicht überein; denn von wahren Propheten ist daselbst nirgends mehr die Rede: Gestalten, wie Semaja und Noadja (Neh. 6, 10, 14), zeigten uns nur die wilden Aus- und Nachwüchse des Prophetismus. Auch stehen diese Angaben im direkten Widerspruch mit der Mischna Abot 1, 1, aus welcher Stelle deutlich hervorgeht, dass die Syn. m. das Erbe des Prophetismus antrat, also der Zeit nach dort beginnt, wo die Propheten aufhörten

---

64 a, s. Raschi das. ob. mit Neh. 9, 4. Auch werden ihr Midr. Rut IV zu 2, 4 die Neh. 10 verzeichneten Beschlüsse zugeschrieben; vgl. Elia r. 18.

[1]) שמונים וחמשה ומהם שלשים זקנים ומהם וכמה נביאים Krochmal und Grätz lesen ungerechtfertigter Weise, da die Emendatiom den Widerspruch mit Jer. Ber. 4 d מאה ועשרים זקנים ומהם שמנים וכמה נביאים nicht aufhebt, ומהם st. ומהם יעמהם s. Hoffmann in Mag. f. d. Wiss. d. Jud. 1883, 52 —; vgl. Babl. Meg. 17 b, wo von 120 Aeltesten, unter denen viele Propheten waren, die Rede ist; s. auch Midr. Rut zu 2, 4.

[2]) שמנים ושלש בנגד שמונים ושלש חותמות שכתיב בעזרא (ה).

(vgl. J. Brüll, Mebo ha-mischna Note 1). Krochmal liess sich bei
seiner Annahme von dem scheinbaren Uebereinstimmen der
Zahlenangaben leiten; wie schwach aber dieser Stützpunkt
ist, erhellt am deutlichsten daraus, dass solche Zahlen, wie
sie der Talmud bei der Syn. m. nennt, auch bei anderen
Gelegenheiten in demselben gebräuchlich sind[1]).

Gleich Krochmal versuchte es auch Heidenheim (St.
u. Krit 1853, S. 93 f.), die Existenz der Syn. m. in jener
Zeit zu erweisen. Dieser meinte die in Esr. 2, 2—59 und
ib. 8, 1—14 genannten Stammhäupter der Eingewanderten,
zu denen die 5, 1 genannten Propheten zuzuzählen wären —
zusammen 119 — seien die Männer der grossen Versammlung
gewesen. Allein dieser Ansatz ist vom Grunde aus falsch, da er
nicht blos an chronologischen, sondern auch an logischen Fehlern leidet; denn abgesehen davon, dass Männer aus der Zeit
Zerubabel's mit Männern, die zur Zeit Esra's, die also um ein
halbes Jahrhundert später lebten, zusammengebracht werden,
vermengt er Priester, Leviten, Sänger, Knechte, Nethinim,
Bewohner von Städten und Dörfern bunt mit einander;
ebenso ist es ganz willkürlich, wenn alle in Esra 2 Genannten
mit Ausnahme von V. 59—63 hinzugezählt, die in Esra 8,
18—20 Erwähnten aber gar nicht in Betracht gezogen werden.

Beide Versuche dürfen demnach keinesfalls Anspruch
darauf erheben, die Fragen vom kritisch-wissenschaftlichen
Standpunkte aus behandelt zu haben; beide gingen gleich
dem Talmud von der irrigen Voraussetzung aus, dass schon
vor dem Exile[2]) und ebenso bald nach demselben ein oberster
Gerichtshof in Jerusalem bestand, dem die Regelung und
Leitung der religiösen Angelegenheiten des Volkes oblag
(vgl. Jos. ant. 5, 2, 7; 6, 5, 4; 5, 11, 12), eine Voraussetzung,
der beinahe jede Berechtigung fehlt, da weder die Zeit des
Exiles, noch die Esra's Spuren von einer solchen Körperschaft
zeigt; vielmehr wird aus allen Berichten über die Vorgänge
jener Zeit ersichtlich, dass stets, sobald etwas beraten wurde,
die Gemeinde zusammenberufen ward und die Volksversammlung allein es war, die alle durch gemeinsamen

---

[1]) Jeb. 121 b; Jer. Jeb. 2 c; 15 d; Toseft. B. batr. 2, 14; vgl. Jeb. 92
b; Kidd. 64 a; Sota 18 b; Sifri הקפ 124.

[2]) In derselben Weise rücken auch die Targumim, von der talmudischen Anschauung beeinflusst, den Bestand des Synhedriums bis auf Moses
zurück; vgl. zu Num. 21, 18; Ex. 15, 27; Ps. 45, 1; 60, 1; 80 1; 107,
32; 140, 10; Hhl. 1, 9; 5, 12; 6, 1; 8, 13; Rut 3, 2; 4, 1; Klgl. 5,
14; Koh. 2, 4, 10; 12, 12; Esth. 1, 2; 2, 21.

Beschluss zur Satzung erhobenen Verordnungen decretirte vgl.
Esr. 10, 7, 9, 12; Neh. 10, 29 u. ö. Daher bleibt auch die
Annahme Frankel's (d. gerichtl. Beweis, Berlin 1846, S. 68),
dass die Entstehung des Synhedriums erst in die griechische
Zeit zu setzen sei, unwiderleglich und der Bericht 2 Chr.
19, 8, 11, dass Josophat einen obersten Gerichtshof in Jerusalem eingesetzt habe, ist, wie bereits oben erwähnt wurde,
keinesfalls als historisch in unserem Sinne, sondern als dem
theokratischen Pragmatismus entstammend, anzusehen. Die
Identificirung der in Esra und Neh. angeführten Namen mit den
Männern d. gr. Versamml. ist nicht nur vollständig unhaltbar,
sondern wir gehen noch weiter, das Facit unserer Untersuchung vorausschickend, und behaupten : D i e  S y n a g o g e
m a g n a  h a t  ü b e r h a u p t  n i e  e x i t i r t ;  s i e  i s t  e i n e
b l o s s e  F i c t i o n ,  e n t s t a n d e n  i n  e i n e r  u n -
k r i t i s c h e n  Z e i t ,  um dem leeren Blatte, das der
Soferismus in seinem stillen mehr nach Innen hin, auf die
Durcharbeitung der religiösen Idee gerichteten Wirken
zurückgelassen, Inhalt und Namen zu verschaffen. — In der
Zeit, in der angeblich die Syn. m. existirt haben soll, bleibt
nur für die Tätigkeit der Soferim Raum[1]).

Allein gegen unsere scheinbar kühne Behauptung dürfte
mit vollem Rechte nicht blos auf die talmudische Tradition,
die eine ziemliche Anzahl von Verordnungen auf die Syn. m.
zurückführt und von ihr manches zu erzählen weiss, sondern
auch auf die talmudische Traditionskette in Ab. 1, 1 (vgl.
Koh. r. zu 12, 11 wo שיא fehlt), die die Zeit ihrer Existenz
deutlich begrenzt, hingewiesen und sodann gefragt werden :
wie ist es möglich, dass von einer Institution, die nie
existirt haben soll, Verordnungen herrühren und Aussprüche
citirt werden?

Treten wir diesen Einwürfen näher! Doch zuvor
wollen wir uns den Begriff und das Wesen der Tradition
klarer vorführen, um diese besser begreifen und würdigen
zu können.

Was ist unter Tradition zu verstehen?

---

[1]) Kuenen soll in »Over de mannen der Groote Synagoge« zu demselben Resultate gelangt sein; vgl. Hoffmann im Magazin f. d. W. d. J.
1883, 45, A. 2, der einen leisen Verdacht nicht unterdrücken konnte, aber das
Facit seiner Untersuchung, das, wie ich vermute, dem meinen gleicht, nicht
gebracht hat. Die versprochene Fortsetzung der Arbeit ist nicht erschienen;
vgl. ib. 1884, 17. A.

„Durch die Welt des Geistes zieht sich in gleicher Strenge, wie durch die Natur eine Kette ursächlichen Zusammenhanges, und wenn man demgemäss sagt, wie man es so oft ausspricht, jede Zeit sei die Wirkung der ihr vorangegangenen, unser Alter sei das Erzeugnis des früheren: so dürfen wir das nicht in schattenhafter Unbestimmtheit nehmen. Auch in der geistigen Welt, möchte man sagen, geht kein Atom verloren; was je war, verharrt unvertilgbar; in unserem Geiste leben Geister aller Verstorbenen, aller Zeiten, das ist es, was man Tradition, Ueberlieferung nennt, nämlich die Einrichtung, dass jedes Geschlecht die geistige Erbschaft seiner Väter antritt (Steinthal, Mythos und Religion. Berlin, 1870). Wie jeder Mechanismus das Produkt unzähliger Kräfte und Hände ist, so wirken die verschiedensten Zeiten und Kräfte für alle jene Institutionen mit, die der Erziehung und Wolfahrt der Menschheit dienen: Religion und Leben, Kunst und Wissenschaft, sie alle sind, wie sie sich uns darstellen, Produkte des Gottesgeistes, der in allen Geschlechtern der Vergangenheit wirkte — sie alle setzen sich aus Traditionen zusammen. Die Tradition ist das lebendige, unsichtbare Fluidum in der Geschichte, die schöpferische Kraft, die nie zur vollen Ausprägung gelangt, stets schafft und wirkt. Die Tradition ist aber namentlich für die Religion, deren Wesen, weil dem der Ruhe bedürftigen Gemüte entsprungen, leicht und gerne zum Stillstande, zur Stagnation hinneigt, der lebendige Quell, der niemals einen vollständigen Abschluss duldet, vielmehr stets den lebendig-flüssigen Zustand im frischen Laufe erhält. Die Religion schliesst sich gern gegen jeden Einfluss von Aussen ab, die Tradition hingegen vermittelt gerade die Berührung mit der Aussenwelt; die Religion will stets das Alte erhalten, die Tradion aber schafft ewig Neues, diesem das Gepräge des Alten aufdrückend. So ist die Tradition alt, älter als jedes geschriebene Wort, dennoch aber ewig jung; sie übermittelt die Vergangenheit der jungen Gegenwart und kettet diese zugleich an die graue Vergangenheit, verbindet also die Zeiten zum lebendigen Strome, der im unendlichen Raume ungehemmt und ungehindert einherflutet.

Wie aber entstand die Tradition?

Im Anfang war die Sitte, der Brauch oder richtiger: die Gewohnheit, die Führung Einzelner — das ist die ursprüngliche Bedeutung des Wortes הלכה: das was gang und gäbe ist. — „Alle wirkliche Sitte aber trifft entweder geradezu die Beziehungen der Menschen zu einander, oder sie setzt wenigstens Uebereinstimmung, gegenseitiges Verständnis und Anerkenntnis voraus und bildet darin ein geistiges Band, die Zusammenschliessung der Einzelnen zu einer Gesammtheit. Mit dem Wechsel der Generation aber wird das Gewohnte sofort zur Ueberlieferung; denn das folgende Geschlecht findet in den vorhandenen Sitten eine Lebensform, welche es sieht und nachahmt — Dazu kommt natürlich noch, dass die Alten, was ihnen heilig ist, von der nachwachsenden Jugend als Erfüllung einer Pflicht fordern" (Lazarus, d. Leben der Seele III., S. 356 f, s. das. die ganze Abhandlung „zum Ursprung der Sitten"). Indem nun die einzelnen Glieder der Gemeinschaft die Sitte als für alle allgemein gültig anerkennen, erheben sie diese zum Gesetz — der flüssige Zustand der Tradition hat sich damit verhärtet und ist feststehende Satzung, die in einer bestimmten Form ihren Ausdruck gefunden hat, geworden — die תורה שבעל פה wurde הלכה; der מנהג, die Führung Einzelner oder der Brauch im flüssigen Zustande — der Ausdruck מנהג trat später, da man mit הלכה die feste Norm oder Satzung bezeichnete, an die Stelle von הלכה in der ursprünglichen Bedeutung — wurde דין, allgemein gültiges Gesetz.[1]

Aus dem Ursprunge und dem Wesen der Tradition folgt, dass natürlicherweise Zeiten eintreten müssen, in denen die Ueberlieferung nicht mehr als Folge selbst erlebter Gewissheit erkannt, sondern blos durch Gedächtnis oder Handlung der Gegenwart tradirt wird. Von dieser wird der Stoff festgehalten, die Motive und Gründe aber werden allmälig nebensächlich, treten immer mehr in den Hintergrund und werden demgemäss auch um so unklarer und für die Erkenntnis dunkler und schwieriger, je weiter sie von der Zeit, die sie erkennen und ergründen will, liegen; daher kommt es, dass zumeist alle Angaben über die Ursprünge der Traditionen ein Wanken und Schwanken bekunden, dass sich mannigfache Widersprüche zeigen, sobald es sich um das Zurückgehen zu dem Grunde der Tradition handelt.

Hiezu kommt nun noch ein anderes Moment. Bei ernstem Erwägen ergibt es sich tatsächlich, dass der göttliche Geist die Quelle aller Offenbarung sei: Gottes Geist hat zu allen

---

[1] So lebendig hat sich das Bewusstsein von der Wichtigkeit und dem Einflusse des Brauches auf die Entwicklung des religiösen Lebens erhalten, dass der Grundsatz fixirt wurde: מנהג עוקר הלכה.

Zeiten mit den Menschen gesprochen. In Besonderheit hatte aber die Offenbarung Gottes, wie sie sich in dem menschlichen Geiste und durch ihn manifestirt, in der T h o r a t M o s c h e den Umrissen nach ihren tiefsten und deutlichsten Ausdruck gefunden. Die Offenbarung kann aber und darf nicht aufhören, weil Gott in Ewigkeit zu seinen Menschenkindern spricht. Werden die Verhältnisse complicirter und reicht die Thora für sie nicht aus, bedarf das geschriebene Wort der Erläuterung, dann braucht man nur dem Wehen des Gottesgeistes über den Gewässern der Zeit zu lauschen und die ewige Offenbarung kündet als Tradition den Willen Gottes. Durch die (פה׳) תורה שבעל ist die תורת משה die תורת ה׳ schlechthin, ohne sie wäre sie es nie geworden. Je tiefer nun diese Anschauung in's Volksleben drang und je ernster das Streben wurde, das Wort Gottes zu ergründen, weil der Volksgeist sich dadurch Gott näher glaubte und wusste; desto mehr Einfluss musste dieses Wort auf alle Lebenserscheinungen gewinnen und alle Verhältnisse durchdringen: was das Leben brachte, musste durch Deutung und Erläuterung, in welcher Tätigkeit der Soferismus wurzelte und gipfelte (vgl. Jos. ant. 20, 11, 2), in dem Gesetze gefunden werden und was die Thora heischte, musste das Leben zeitigen — Leben und Gesetze sollten zu einer vollkommenen Einheit zusammengeschweisst werden, das zusammenhaltende, vermittelnde Element hiezu war die Tradition.

Und weil die Thorat Mosche der Urwille Gottes wurde, der allezeit derselbe war und in aller Ewigkeit derselbe bleibt und weil tatsächlich die Vergangenheit den Anstoss zu den Gestaltungen der Gegenwart gegeben hat; darum versenkt sich gern die gläubige Volksseele, gleichsam beeinflusst von der ältesten Tradition über das Paradiesesleben des Menschen in reiner Vollkommenheit, unbefriedigt den Blick von der Gegenwart abwendend, die der menschlichen Natur in ihrem steten Drange nach Besserem und Vollkommenem niemals genügt, in die Vergangenheit, um dort die paradiesischen Zeiten der Religion zu suchen und zu finden. Dort tauchen auf die Vorbilder des Volkes, die idealen Gestalten, die aller Gegenwart und Zukunft als Musterbilder vollendeten Seins dienen können; der betrach-

---

¹) Das Bedenken, das Weiss in seinem דור דור ודורשיו I, über die Ausdrücke äussert, scheint nicht gerechtfertigt zu sein; שבעל פה ist aus על פי Ex. 34, 27 ebenso gebildet, wie das Wort שבכתב.

tende Blick hält deren Leben und Streben fest, findet daselbst
neue Gesichtspunkte, der Nachahmung wert, und trägt
das so mit dem eigenen Auge in die Vergangenheit Hinein-
getragene wieder in die kahl erscheinende Gegenwart zurück:
was die Zeit errungen hat und festhält, das muss auch in
dem Leben jener Heroëngestalten wieder gefunden werden,
einerseits um diese im verklärten Glanze der Vollkommenheit erstehen zu lassen, andererseits wieder um dem von der
Gegenwart Geschaffenen die Sanction und die Ehrwürdigkeit
des grauen Alters zu verschaffen. So schliesst die Tradition
Ring an Ring und bringt den schaffenden Genius der Gegenwart mit den entlegensten Zeiten in Verbindung.

Nach dem Gesagten werden wir es nun begreiflich
finden, dass die spätere Tradition — in Mischna und Tosefta
finden sich nur selten Angaben, wie die folgenden sind —
in allen Gestalten der Vergangenheit Träger des Gesetzeslebens, wie es sich im Laufe der Zeiten entwickelt hat, sicht.

So wird schon von Adam berichtet, er habe drei Gesetze:
das Verbot des Götzendienstes, der Gotteslästerung und die
Anerkennung des Rechts beobachtet.[1])

Die Beobachtung der genannten 3 und noch 4 anderer,
nämlich: das Verbot des Incestes, des Mordes, Raubes und
des Genusses eines Gliedes, das von einem noch lebenden
Tiere abgeschnitten wurde, wird dem Noa zugeschrieben,
daher diese 7 als „noachidische Gesetze" bezeichnet werden.[2])
Von Methusalem wird ausgesagt, er habe 900 Mischnaordnun-
gen gekannt.[3]) Sem wird als Gründer eines bedeutenden
Lehrhauses gepriesen.[4]) Auch das Lehrhaus Eber's, in dem
Jakob 14 Jahre lang unausgesetzt seinen Studien oblag,
wird gerühmt.[5])

---

[1]) ‏אדם הראשון לא נצטווה אלא על ע"ז בלבד — אף על ברכת השם —‏
‏אף על הדינין‏ Sanh. 56 b; vgl. Gen. r. 16; Midr. Ps. 1; Jalk. Hhl. 981, wo
6 und Jalk. Ex. 268, wo 7 Gebote aufgezählt werden.

[2]) ‏על שבע מצות נצטוו בני נח על הדינין ועל ע"ז ועל קללת השם ועל‏
‏גילוי עריות ועל שפיכות דמים ועל הגזל ועל אבר מן החי‏ Tosefta Ab. s. 8, 4;
ib. Sota 6, 9; Sanh. 56 b; Gen. r. 16; 34; Midr. Ps. 1; 4 u. ö.

[3]) ‏והיה שונה (מתושלח) ט' מאות סדרי משנה‏ M. Abkir, ed. Buber S.
3, aus Jalk. Gen. 42.

[4]) ‏בנ' מקומות הופיע רוח הק' בבית דינו של שם‏, Makk. 23, b; Gen. r.
85; Koh. r. 16; 19; Midr. Ps. 81; Jalk. Gen. 67; Jalk. Sam. 112.

[5]) ‏יד שנים שהיה (יעקב) טמון בבית עבר‏ Gen. r. 68; Jalk. Gen. 67;
Midr. Ps. 124; Jalk. Ps. ib. u. ö.

Von Abraham wird erzählt, er habe alle Satzungen der Thora beobachtet;[1]) von Isak, er habe die Zehnte entrichtet.[2]) Den Erzvätern wird die Einführung der drei Gebetszeiten für jeden Tag zugeschrieben.[3])

Von Moses wird berichtet, er habe von den 50 Pforten der Erkenntnis 49 betreten;[4]) er soll bereits den Schluss von dem Leichteren auf das Schwerere — eine logische Schlussformel im Talmud — angewendet haben.[5]) Auch werden ihm Halachot zugeschrieben, von denen an 3000 während der Trauerzeit um seinen Tod vergessen worden seien.[6]) Von ihm soll die Verordnung getroffen worden sein, dass an Sabbat und Festtagen, an Neumond und Halbfeiertagen einzelne Abschnitte aus der Thora gelesen werden sollen;[7])

---

[1]) עשה (אברהם) את התורה עד שלא באת שנ׳ עקב וג׳ – מלמד שנגלו לו ד דברי תורה ודברי סופרים Toseft. Kid. E. ; etwas kürzer in Mischn. Kid. E. ; vgl. Gen. r. 64 ; שקיים אפילו מצוה קלה שבעל פה ; s. Gen. r. 49 ; 61 ; 64 ; Jalk. Gen. 18 ; Jer. Kid. E., wo angegeben wird, dass er עירובי חצרות ; Joma 28 b, s. Tos. das., Midr. Ps. 1, dass er selbst עירובי תבשילין beobachtet habe.

[2]) מפני מה מדד אותה? מפני המעשרות Gen. r. 64 ; vgl. Maim. ה׳ מלכים 9 ; Pirke R. El. 32.

[3]) תפלות מאבות למדום – תפלת השחר מאברהם אבינו – תפלת המנחה מיצחק – תפלת הערב מיעקב א׳ ; Jer. Ber. 7 a ; Jer. Pes. 31 d : Temura 8, 4 ; Ber. 26 b ; Tanch. בשלח 16 ; Midr. Ps. 55 ; 59 ; Gen. r. 68 ; Midr. Spr. 22 ; Jalk. Gen. 36 ; P. R. El. 68 ; Targ. und Raschi zu Gen. 25, 27 ; Toseft. Ber. 3 führt die Verordnung der 3 Gebetszeiten auf die חכמים zurück. Charakteristisch für die Entstehungszeit dieser Agada ist der Umstand, dass alle 3 Gebetszeiten, als gleich verpflichtend hingestellt sind, dass demnach bereits das Bewusstsein von einer Zeit, in der die Frage, ob das מעריב-Gebet חובה oder רשות ist, noch lebhaft discutirt wurde, vgl. Jer. Tan. 74 d ; Ber. 27 b ; vgl. Tos. zu ib. 26 a ; Jer. Ber. 7 c unt., ziemlich geschwunden war.

[4]) נ׳ שערי בינה נבראו בעולם יכולן נתנו למשה חסר א׳ : R. hasch 21 b : Ned. 38 a ; vgl. M. Abkir S. 16 גילה הקב״ה למשה כל גנזי תורה חכמה ומרע וגנזי חיים fälschlich dort על כל ; st. על soll es wol ע״ה heissen, oder es ist als dittographirt aus כל zu nehmen ; vgl. weiter das. ראה בפרנוד של הקב״ה כיתיח כיתים של סופרים ושל סנהדרין שהיו יושבים בלשכת הגוית ודורשים התורה במ״ט פנים.

[5]) דרש משה מקל וחומר Jer. Tan. 68 c.

[6]) שלשת אלפים הלכות נשתכחו בימי אבלו של משה Tem. 15 b ; Jalk. Jos. 4 ; 24.

[7]) משה התקן את ישראל שיהו קורין בתורה בשבתות ובימים טובים ובראשי חדשים, Jer. Meg. 75 a ; Sofer. 10, 1 ; Maim. ה׳ תפלה 12 ; vgl. Philo II, 168 ; Jos. c. Ap. II. 17 ; Toseft. Meg. 4, 5 wird diese Verordnung wol erwähnt, ohne aber auf Moses zurückgeführt zu werden.

ebenso dass an jedem Festtage der auf diesen Bezug habende
Thoraabschnitt gelesen und erläutert werde;[1]) auch die Einführung der sieben Tage der Trauer um die Todten und der
7 Tage der Freude bei Hochzeitsfeierlichkeiten wird ihm
zugeschrieben.[2]) Zur Zeit, da das Manna fiel, soll er die
erste Benediction des Tischgebetes festgesetzt haben;[3]) auch
soll von ihm die Gruppirung der Priester in 8 Abteilungen
herrühren.[4])

Die Propheten in der Zeit Moses sollen die Verordnung
getroffen haben, dass auch am Montag und Donnerstag aus
der Thora gelesen werde, damit das Volk nicht 3 Tage lang
ohne Gottes Wort bleibe.[5]) Ihnen wird auch die Bestimmung
zugeschrieben, dass man in Not und Gefahr und bei der
Erlösung aus denselben das Hallelgebet spreche.[6])

Von Bezalel wird gerühmt, er habe das Gebiet der Halacha
beherrscht und sei tüchtig in der Kenntnis des Talmud gewesen.[7])

Auf Josua werden 10 Verordnungen (ökonomischen
Inhaltes) zurückgeführt;[8]) ihm wird die Festsetzung der
zweiten Benediction des Tischgebetes zugeschrieben.[9])

[1]) משה תיקן להם לישראל שיהו שואלין ודורשין בעניני של יום: הלכות ו'
פסח בפסח הלכות עצרת בעצרת והלכות חג בחג Meg. 4 a; 32 a; Sifra אמור;
Jalk. Ex. 35; M. Abkir 23; Sifri Num. 66; ib. Deutr. 127; vgl. Pes. 6 a und
b; Bechor. 58 a; R. hasch. 7 a; Meg. 29 b; Sanh. 12 b; Ab. s. 5 b;
Maim. ה' תפלה 13, 8.

[2]) Jer. Ket. 25 a. משה התקין שבעת ימי המשתה ושבעת ימי האבל

[3]) משה תיקן לישראל ברכת הזן בשעה שירד להם מן Ber. 48 b, Maim.
ה' ברכ' 2, 1.

[4]) שמנה משמרות כהונה העמיד משה Jer. Tan. 67 d; Tan. 27 a;

[5]) נביאים שביניהם תיקנו להם שיהו קורין בשבת ומפסיקין בא' בשבת
וקוראין בשני ומפסיקין שלישי ורביעי וקורין בחמישי ומפסיקין ערב שבת כדי שלא
ילינו נ' ימים בלא תורה B. kam. 82 a, mit etwas veränderter Lesart נביאים
וקנים in Mech. ed. Weiss, S. 53, s. Anm. das.; Tanch. בשלח; Jalk. Ex.
15, 22; vgl. ob. bei Esra dieselbe Verordnung.

[6]) נביאים שביניהם תקנו להם לישראל שיהו אומרין אותי (הלל) על כל
פרק ופרק ועל כל צרה וצרה שלא תבוא עליהן ולכשנגאלין אומרים אותו על
גאולתן Pes. 117 a, vgl. ib., wo die Abfassung des Hallel bald Moses, bald
Josua, bald Debora, bald Chananja, Mischaël und Asarja zugeschrieben wird.

[7]) שהיה (בצלאל) חכם בתורה – שהיה מבין בהלכה – שהיה מלא רעת
בתלמיד Ex. r. 48.

[8]) עשרה התנה תנאין יהושע B. kam. 80 b f. 82 a; Erub. 17 a; 63
b; vgl. jedoch Jer. B. batr. 15 a, wo nur 4 erwähnt worden; s. übrigens
auch die verschiedenen Angaben im Babli.

[9]) יהושע תיקן להם ברכת הארץ Ber. 48 b.

Othniel soll durch seine Geistesschärfe die nach dem Tode Moses vergessene Halachot und logischen Denkformeln wiedergefunden haben[1]); Jair soll durch sein Wissen den grösseren Teil des Synhedriums aufgewogen haben.[2])

Boas wird der Vorsitzende des Gerichtshofes genannt; auf ihn wird die Verordnung zurückgeführt, dass bei dem Grusse der Gottesname gebraucht werden dürfe.[3]) Von Hanna wird berichtet, sie habe die drei Frauenpflichten: das Abheben des Teiges, die Menstruationsreinigung und das Lichteranzünden am Eingange der heiligen Zeiten strenge beobachtet.[4]) Von Samuel wird ausgesagt, er habe Halachot im Beisein seines Lehrers vorgetragen;[5]) in seinen und in Saul's Zeiten haben selbst Kinder die Deutung der Thora in 49 verschiedenen Arten verstanden;[6]) auch soll er die Priesterabteilungen auf 16 vermehrt haben.[7])

Saul wird gross in der Kenntnis der Thora genannt, nur habe er nicht sonderlich ihre Verbreitung angestrebt;[8]) er soll selbst gewöhnliche Speisen nur im Zustande levitischer Reinheit genossen haben.[9]) Doëg wird Vorsitzender des Gerichtshofes,[10]) ebenso wird Ahitophel genannt;[11]) Abner tradirte die Ueberlieferung, dass das Verbot Deutr. 23, 4

---

[1]) אלף ושבע מאות קלין וחמורין וגזרות שוות ודיקדוקי סופרים נשתכחו Tem. 16 a; בימי אבלו של משה – אע״פ כן החזירן עתניאל בן קנז מתוך פלפולו Jalk. Jos. 27.

[2]) זה יאיר בן מנשה – שהיה שקול כרובה של סנהדרין Jalk. Jos. 17; B. batr. 121 b, s. Raschi das.; Esth. r. 1.

[3]) עמד בועז ובית דינו והתקינו לשאול שלום בשם, Rut. r. 4, 7; Tanch. ויחי; Midr. Ps. 57; Jalk. Jos. 18; Jer. Ber. 14 c, vgl. Makk. 23 b; Mischn. Ber. 9, wo Rut 2, 4 blos als Beleg für die Einrichtung gebracht wird.

[4]) נדה חלה הדלקת הנר כלום עברתי על אחת מהן Ber. 31 b; Jalk. Sam. 78.

[5]) שמואל מורה הלכה לפני רבו היה Ber. 31 b.

[6]) תיניקות שהיו בימי שאול ושמואל עד שלא הביאו שתי שערות היו דורשין את התורה במ״ט פנים טהור ובמ״ט פנים טמא Midr. Ps. 7.

[7]) בא שמואל והעמידן על שש עשרה Tan. 27 a.

[8]) שאול לא גלי מסבתא Erub. 53 a; vgl. Raschi zu Git. 59 a שאול גדול בתורה היה אלא שלא למד לאחרים.

[9]) שאול אוכל חולין בטהרה Midr. Ps. 7.

[10]) דואג אב״ד היה Midr. Ps. 3, 9; vgl. dag. Sanh. 106; vgl. Midr. Ps. 119 דואג שהיה עוסק בתורה.

[11]) דואג ואחיתיפל – ראשי סנהדראות Midr. Ps. 49, vgl. Chag. 15 b, Sanh. 106 b.

nur auf die Mannspersonen, nicht aber auf die weiblichen Glieder jenes Stammes Bezug habe[1]); Isai sass im Lehrhause und forschte.[2].

David soll in seiner Tüchtigkeit auf dem Gebiete des Halacha[3]) nur von Mephiboset, der gross im Thora-studium genannt wird,[4]) übertroffen worden sein.[5]) Zu seiner Zeit beschäftigte sich ganz Israel mit dem Studium der Lehre;[6]) von ihm soll ein Teil der 3. Benediction im Tisch-gebete herrühren;[7]) in der Zeit einer Pest soll er verordnet haben, dass täglich 100 Benedictionen gesprochen werden sollen;[8]) ihm wird das Verbot des Zusammenweilens zweier Personen verschiedenen Geschlechtes zugeschrieben,[9]) ebenso soll er das Eingehen von Ehen mit den Nethinim verboten haben.[10])

Auf Salomo wird die Einrichtung der Erubin und des Händewaschens,[11]) ferner die Bestimmung über die verbotenen Verwandtschaftsgrade in zweiter Linie,[12]) endlich die Ab-fassung des anderen Teiles der 3. Benediction im Tischgebete zurückgeführt.[13])

Auf Josafat wird die Halacha zurückgeführt, dass der-jenige, der zwar, um die an ihm haftende Unreinheit zu beheben, das vorgeschriebene Bad genommen habe, nach der Satzung aber den Sonnenuntergang abwarten müsse, um vollständig rein zu werden, das Lager der Leviten nicht

---

[1]) Jalk. Sam. 127. א"ל אבנר תנינא עמוני ולא עמונית מיאבי ולא מואבית

[2]) Jalk. Sam. 127. מצא את ישי שהיה יושב ודורש

[3]) Moëd. kat. 16 b ; vgl. Erub. 53 a. בשעה שהיה (דוד) יושב בישיבה

[4]) Jer. Kid. 65 c ; מפיבשת בן יהונתן בן שאול שהיה אדם גדול בתורה vgl. Erub. 53 b ;

[5]) Ber. 4 a ; Jalk. למה נקרא שמו מפיבשת ? שהיה מבייש פני דוד בהלכה Sam. 142.

[6]) Midr. Ps. 22. נמצא כל ישראל עוסקין בתורה

[7]) Ber. 48 b. דוד תיקן על ישראל עמך ועל ירושלים עירך

[8]) Num. r. 18, 17. בא דוד ותקן להם מאה ברכות ביון שתקנם נעצרה המגפה

[9]) Sanh. 21 b ; vgl. Ab. s. 36 b באיתה שעה גזרו על הייחוד ביר בית דיני של דוד.

[10]) Jeb. 78 b. נתיניס דוד גזר עליהם

[11]) Erub. 21 b ; Jalk. Spr. 23; בשעה שתיקן שלמה עירובין ונטילת ידים Koh. r. E. ; vgl. Toseft. Ber. 5, 13.

[12]) Raschi zu Jeb. 21 b ; s. Gemara und Tosaf. das. נזר (שלמה) על השניות

[13]) Ber. 48 b. שלמה תיקן על הבית הגדול והקדוש

betreten dürfe[1]). König Hiskia soll in Israel Thora verbreitet haben[2]); in seiner Zeit wurde im ganzen Lande
weder Kind, noch Mann, noch Weib gefunden, die nicht
alle Halachot über „Rein und Unrein" vollständig beherrscht
hätten[3]).

Von den Rechabitern wird berichtet, dass sie im
Synhedrium sassen und Thora verbreiteten[4]).

Den „Propheten" wird das Nehmen der Bachweiden,
sowie die Libation des Wassers am Laubhüttenfeste zugeschrieben[5]). Haggai wird als Lehrer von Halachot gefeiert[6])
und auf Daniel wird das Verbot des Oeles der Heiden
zurückgeführt[7]).

Was die Tradition von Esra und Nehemia berichtet,
wurde bereits erwähnt und so bleibt uns denn, ehe wir
wieder zur Synagoga magna zurückkehren, die Erwägung
und Beantwortung der Frage übrig: Welchen Charakter
können wir den angeführten Aussagen der talmudischen
Tradition beilegen? sind diese als historisch zu betrachten?

Kaum dürfte es Jemand einfallen, diese Frage allen
Ernstes bejahen zu wollen!

Die naive Gläubigkeit wird uns auf den agadischen
Charakter dieser Berichte verweisen. Allein damit ist wenig
oder nichts getan; denn stets bleibt die Frage zu beantworten:
was dachte sich wol der Rabbi, der diesen oder jenen
Ausspruch tradirte? Oder war es ein augenblicklicher Einfall,
dem kein Motiv und Zweck zu Grunde lag?

Nein, wir denken besser von den Lehrern des Talmud!
Wol ist es richtig und in erster Linie zu beachten, dass

---

[1]) ויעמד יהושפט – מאי חצר החדשה? שחדשו בו דבר ואמרו: טבול יום
לא יבא במחנה לויה Pes. 92 a.

[2]) וכי עלתה על דעתך שחזקיה למד תורה לישראל, למנשה בנו לא למד?
Sifri ואתחנן 32, תורה.

[3]) לא Jalk. Jes. 389; בדורו של חזקיה מלך יהודה שהיו עוסקים בתורה
Sanh. 94 d. מצאו תינוק ותינוקת איש ואשה שלא היו בקיאין בהל' טומאה וטהרה

[4]) Jalk. Richt. 38; ib. Jer. 323; יושבין בסנהדרין ומורים דברי תורה
vgl. Tanch. ויקהל 8: למדו תורה ברבים, vgl. Sifri בהעלתך ed. Friedmann S. 20.

[5]) Jer. Succa 54 E., das. auch als ערבה וניסוך המים מיסוד נביאים הם
ערבה יסוד נביאים – ערבה מנהג נביאים, vgl. Babl. ib. 44 a, הלכה למשה מסיני.

[6]) Jeb. 16 a; vgl. jed. Jer. על מדוכה זה ישב חגי הנביא וא' ג' דברים
Jeb. 3 a; s. auch Jad. 4, 3.

[7]) שמן דניאל גזר Ab. sar. 36 a; vgl. Sabb. 17 b und Toseft.
Ab. s. 4, 11.

zumeist einzelne Worte oder Berichte der heiligen Schrift die Anregung zu solchen Aussprüchen gaben, aber es darf nicht ausser Acht gelassen werden, dass ihnen zumeist auch eine bestimmte Tendenz zu Grunde lag. Wie die Entwicklung der Halacha entweder in Folge theoretischen Denkens oder des praktischen Lebens vor sich ging, zumeist aber die Verbindung beider auf sie einwirkte, also war es auch mit der Agada der Fall. Was in den letzten Zeiten des alt-hebräischen literarischen Schaffens, in der Zeit, da die Bücher der Chronik geschrieben wurden als theokratischer Pragmatismus (s. Rosenzweig a. a. o. S. 11) die geschicht-liche Anschauung und Darstellung beeinflusste, das war auch jetzt in der Agada treibendes und schaffendes Element. Erfreute sich der religiöse Gedanke solcher Pflege, dass an allen Orten Lehrstätten blühten, dass alles Volk mit Lust und Liebe dem Worte der Lehre horchte; dann konnte sich die religiöse Gegenwart auch die Vergangenheit nicht anders als in solcher Weise denken, dann versetzte der naive Glaube Lehrhäuser in's graueste Altertum und dachte sich die ehrwürdigsten Gestalten der alten Zeit lernend und lehrend in der Mitte lauschenden Volkes. Hatte das religiöse Leben in neuen Formen neue Gefässe für sein religiöses Denken gefunden, dann erstand naturgemäss die Anschauung, dass, da die Religion in den Formen sich äussert und darstellt, die vergangenen Geschlechter aber als ewig giltige Muster-bilder der Religiosität erscheinen, auch die Heroengestalten der Vergangenheit bereits diese Formen gekannt haben müssen.

Erscheint an einer Gestalt der heiligen Schrift ein Makel, ein dunkler Punkt, dann ersinnt die religiöse Anschauung einen Ausweg, um das Dunkel zu mildern oder zu ver-scheuchen; die Pietät sieht eben nicht gerne Schwächen an denen, die sie hochhält und ehrt, sie wird Liebe, die blind ist. So entsteht eine besondere Art von Geschichte, die, beeinflusst vom religiösen Denken, nicht so sehr das Ge-schehene berichtet, als er es zu heiligen bestrebt ist — der religiöse Pragmatismus. Völker verherrlichen in Sang und Sage die Heldengestalten ihrer Vergangenheit in den Kämpfen für Volkstum und Volksrecht; Griechenland preist seinen göttergleichen Achilles mit den geschärften Pfeilen, die Verderben in der Feinde Reihen tragen; Rom rühmt seinen Scävola, der ohne Furcht und Grauen seinen Arm ver-kohlen lässt, um dem Vaterlande zu dienen, seinen Decius

Mus, der sein Leben freudig für es hingibt; die alte Germanensage rühmt ihre Recken voll Kraft und Mut — Israel aber feiert seine Heldengestalten, indem es ihnen treue Befolgung des Satzungslebens, die Förderung religiösen Denkens und Lebens, die Deutung und Erforschung des Gotteswortes nachrühmt — die Gottesbotschaft in des Volkes Herz hineingetragen zu haben, das ist das Heldentum, das Israel an Jenen verherrlicht, die es mit Stolz die Seinen nennt und die ewig seine idealen Gestalten, wert der Nacheiferung, bleiben.

Kehren wir nun nach dieser längeren Unterbrechung zu unserer eigentlichen Frage zurück.

Wir haben der Annahme von der Existenz der Synagoga magna die Historicität abgesprochen.

Aus der Darlegung über den Begriff und das Wesen der Tradition, sowie aus der Zusammenstellung der Traditionskette von Adam bis zu der Zeit, in der wir stehen, konnten wir uns auch ein Urteil über den historischen Wert derartiger Berichte bilden.

Nun könnte man allerdings fragen: wäre es nicht möglich, dass wir gerade mit der Zeit, die für die Syn. m. reclamirt wird, auf festen Boden der Geschichtlichkeit treten? Beginnt doch gerade mit der Zeit der Soferim die Entwicklung und Verbreitung religiöser Institutionen im Volksleben! Möglich wäre es wol, allein immerhin auch merkwürdig genug, wenn der Charakter der Tradition gerade in diesem Momente plötzlich ein anderer würde! Doch führen wir uns all das vor, was die talmudische Tradition den Männern d. gr. Versammlung zuschreibt; wir sind sodann leichter im Stande zu beurteilen, ob wir es mit zweifellos historischen Berichten oder mit ähnlichen, wie die obigen sind, zu tun haben.

Die Baraita B. batra 15 a berichtet, die M. d. gr. V. haben die Bücher Ezechiel, die kleinen Propheten, Daniel und Esther geschrieben[1]). Die Historicität dieses Berichtes aufrecht zu halten und zu begründen, dürfte jedenfalls schwer fallen (vgl. das. die Bedenken in Raschi u. Tosaf.), da Literaturerzeugnisse der verschiedensten Zeiten, selbst der vorexilischen, zusammengefasst werden, weswegen sich auch einzelne Erklärer um die Historicität der Baraita zu retten, genötigt sahen, כתבו nicht streng wörtlich, sondern in der Bedeutung „die Kanonisirung der Schriften bewirken", zu nehmen, vgl. Berthold's Einleit. I, 86. Allein wir werden

---

אנשי כנסת הגדולה כתבו יחזקאל ישנים עשר דניאל ומגילת אסתר (י

sehen, dass auch diese Umdeutung keinesfalls die Historicität
der Bareitha zu retten vermag; denn an eben derselben Stelle
berichtet sie von den Männern Hiskia's, sie hätten die sonst
dem Salomo zugeschriebenen Bücher: Sprüche, Hohes Lied
und Kohelet, sowie das Buch Jesaja geschrieben[1]), während
Ab. R. Nat. 1 die Abfassung der Salomonischen Schriften,
oder nach der andern Annahme: die Kanonisirung derselben
den Männern der gr. Vers. zuschreibt[2]). Nun geht aber
aus mehreren Stellen des Talmud klar hervor, dass noch lange
nach dieser Zeit über die Heiligkeit der genannten Bücher
debattirt wurde, woraus sich uns also deutlich ergibt, dass die
Kanonisirung derselben, wenn von einer solchen überhaupt
die Rede sein kann[3]), keinesfalls in solch frühe Zeit zu
setzen sei.

Nach Jer. Meg. 70 hatten 85 Aelteste und etliche
Propheten, — allgemein auf die Syn. m. bezogen — Bedenken
gegen die Einführung des Purimfestes[4]). Diese Angabe ist,
vergleicht man sie mit der erwähnten Baraita, unbegreiflich;
sie, die das Buch Esther geschrieben, oder dessen Kanoni-

---

[1]) ‏חזקיה וסיעתו כתבו ישעיה משלי שיר השירים וקהלת‎.

[2]) ‏בראשונה היו אומרים משלי ושה"ש וקהלת גנוזים היו – עד שבאו אבה"ג‎
‏ופירשו אותם‎ vgl. Lewy, a. a. O. S. 24 A. 57, der die Lesart ‏אנשי חזקיה‎ st.
‏אבה"ג‎ vorzieht, vgl. auch Taussig in ‏נוה שלום‎ S. 12.

3) Meg. 7 a; Sabb. 20 b; ib. 13 b; Chag. 13 b; Lev. r. 28; Pesikta
r. 1; Koh. r. 1, 3; Jalk. Koh. 11, 9; Jalk. Kön. 179; Joma 29 a; Sanh.
101 a; Jad. 3, 5; Eduj. 5, 3. Auf Grund der oben zitirten Baraita hat ein
grosser Teil der Exegeten die Kanonsammlung als zur Tätigkeit der Syn.
m. gehörig, angesehen; vgl. Bloch, Stud. 128; allein nach unserer Ansicht
kann von einer Kanonisirung der Schrift überhaupt keine Rede sein, da
kaum jemals ein Gerichtshof oder eine sonstige Behörde die Macht besass,
die Kanonicität einzelner Schriften aus- oder abzusprechen. Die Disputationen
in den verschiedenen Lehrhäusern über die Heiligkeit einzelner Bücher waren
mehr Aeusserungen von Privatansichten über den religiösen Wert dieser
Schriften, die alle insgesammt ursprünglich einen blos privaten Charakter
trugen und erst allmälig durch das instinctive Ermessen des Volkes, bei
dem allerdings auch Alter und Gewohnheit, sowie der Name des Autors
das Machtwort sprachen, zu höherem Werte und Ansehen gelangten. Dass
noch ziemlich spät, nach der Zerstörung des zweiten Tempels, die Anschauungen
über die Heiligkeit der einzelnen Schriften in den verschiedenen Lehrhäusern
so weit auseinander gehen konnten, ist ein starker Beweis für unsere Annahme.

[4]) ‏שמינים וחמשה זקנים ומהם שלשה וכמה נביאים היו מצטערין על הדבר‎
‏הזה‎; vgl. Rut r. 2, 4.

sirung bewirkt hatten, sollten gegen die Einführung des Purimfestes Bedenken gehegt haben, nachdem es in dem Esther 9, 28 ausdrücklich heisst, dass dieses Fest zu allen Zeiten in Israel sich forterhalten werde? Die Angabe widerspricht aber noch einer anderen, nach welcher die M. d. gr. Vers. in den Tagen Mordechai's und Esther's die verschiedenen Zeiten festgesetzt haben sollen, an denen die Megilla gelesen werde[1]), wogegen wieder d e r Umstand spricht, dass noch ziemlich spät — alle Weisen des Talmud, die über das Purimfest sprechen, lebten erst in der Zeit nach R. Jochanan b. Saccai — diese Frage in den verschiedenen Lehrhäusern Gegenstand der Controverse war[2]).

Auch die Feststellung der 18 Benedictionen im täglichen Gebete wird auf sie zurückgeführt; allein schon die mannigfach auseinander gehenden Angaben im Talmud selbst, wo einzelne Benedictionen anderen Zeiten und Personen zugewiesen werden, noch mehr eine wenn auch noch so kritische Untersuchung über die Entstehungszeit der Benedictionen erweisen mit Bestimmtheit die Unhaltbarkeit dieser Annahme.[3])

Ber. 33 a, Meg. 17 b wird berichtet, sie hätten Berachot, Tefillot, Kiddusch und Habdala eingeführt; hingegen wird an anderer Stelle die Anordnung der Tefillot dem Moses zugeschrieben.[4]) Ebenso zweifelhaft erscheint der Bericht über die Einführung von Kiddusch und Habdala, da, stammte diese von ihnen, es unbegreiflich wäre, wie man noch lange nach der Zeit, in die man die Einführung dieser Institution versetzt, über die Art, wie K. und H. vorgenommen werden sollen, zweifelhaft sein konnte, ein Umstand, der übrigens schon dem Talmud auffallend erscheint.[5])

---

[1]) כולהו אבה"ג תקינו Meg. 2 a, s. Raschi s. v. מבדי, vgl. Jer. Meg. 70 b.

[2]) Vgl. Meg. 2 ff. ; s. Maim. ה' מגילה I, I, wo das Lesen der Megilla als Einrichtung der »Propheten« hingestellt wird.

[3]) מאה ועשרים זקנים ובהם כמה נביאים תקנו שמנה עשרה ברכות על הסדר Meg. 17 b, vgl. תפלות למדו מאבות; vgl. Maim. ה' תפלה, der die Feststellung der 18 Benedictionen auf Esra zurückführt; vgl. auch Ber. 28 b und Meg. 17 b שמעון הפקולי הסדיר יח ברכות לפני ר"ג על הסדר vgl. Tos. Ber. 22 b. s. v. ונחזי; s. fern. ib. א"ל ר"ג לחכמים כלום יש אדם שיודע לתקן ברכת הצדוקים עמד שמואל הקי ותקנה.

[4]) ברכות ותפלות קדושות והבדלות אבהיג תקנום s. hing. Meg. Ps. 19 משה תיקן סדר תפלה.

[5]) דבר שהוא נוהג ובא הכמים הולקין עליו – א"ל ע"י שעיקרה בבום שכחוה בתפלה Jer. Ber. 9 b; vgl. Ber. 51 b; Pes. 106 a u. ö.

R. Josua b. Lewi scheint ihnen die Einführung der 3 Gebetszeiten zuzuschreiben; dass dieselbe schon auf die Patriarchen zurückgeführt wird, ist bereits erwähnt worden.[1]) Sie werden Begründer von Midrasch, Halachot und Agadot genannt[2]) und sollen einzelne Ausdrücke der Bibel durch passendere ersetzt haben[3]); auch wird berichtet, sie haben 24 Tage lang gefastet, damit die Schreiber der Gesetzrollen, der Tefillin und Mesusot nicht reich werden[4]); sie sollen Thora öffentlich gelehrt[5]) und sich des Tetragrammaton's bedient haben[6]) — Kenntnisse und Tätigkeiten, die an anderen Stellen den Soferim und namentlich Esra beigelegt werden. Was sonst noch in ihrem Namen tradirt wird, ist ziemlich belanglos und wird zumeist auch auf andere zurückgeführt. So wird in ihrem Namen eine Regel aufgestellt, dass allenthalben, wo in der Schrift ויהי steht, von einer Zeit der Not die Rede sei.[7]) Ferner wird berichtet, dass in ihrer Zeit kein Regenbogen sichtbar gewesen sei, da ihre Frömmigkeit keiner Mahnung bedurfte.[8]) In ihrem Namen werden diejenigen aufgezählt, die keinen Anteil am künftigen Leben haben.[9]) Dass einzelne Stellen von Esra und Nehemia direkt auf die M. d. gr. Versammlung bezogen und zumeist so gedeutet werden, als stammte der Satz oder die Tat von ihnen, wurde bereits erwähnt; vgl. auch den Grundsatz: die Freilassung

---

[1]) ר׳ יהושע ב״ל א׳ תפלות כנגד תמידין תקנים s. Raschi z. St., der ergänzend אבה״ג hinzufügt; vgl. Midr. Ps. 17; Midr. Sam. 31, wo die 3 Tefillot und ein Teil des Tischgebetes den הראש חסידים zugeschrieben werden.

[2]) כתיב לבן אחלק וגו׳ – זה ר״ע שהתקן מדרש הלכות והגדות – ויש אומרים אלו אבה״ג Jer. Schek. 48 c.

[3]) שהוא תיקן סופרים אבה״ג Tauch. בשלח 16; vgl. Gen. r. 49.

[4]) עשרים וארבעה תעניות ישבו אבה״ג על כותבי ספרים תפילין ומזוזת שלא יתעשרו שאלמלא מתעשרין אין כותבן Pes. 50 b; vgl. Toseft. Bikkur Ende.

[5]) למדו תורה ברבים כאבה״ג Tauch. ויקהל 8, Midr. Ps. 1.

[6]) שני דורות נשתמשו בשם המפורש – אבה״ג Midr. Ps. 36. Joma 69 b.

[7]) דבר זה מסורת בידינו מאבה״ג כל מקום שנאמר ויהי אינו אלא לשון צער Meg. 10 b; Jalk. Gen. 72; Gen. r. 12; Jalk. Esth. 1; Rut r. 1 und Esth. r. 1; Lev. r. c. 11, wo dasselbe als מדרש עלה בידינו מן הגולה angeführt wird, vgl. Bacher a. a. O. 199.

[7']) א״ר יודן לדרת כתיב פרט לשני דורות לדורו של חזקיהו ולדורו של אבה״ג Gen. r. 35; Jalk. Gen. 67.

[8]) מי מנאן? א״ר אשי אבה״ג מנאן Num. r. 14, Sanh. 104 b, s. Raschi z. St.; vgl. die Mischna Sanh. 10, wo R. Juda ihrer Ansicht widerspricht.

eines Gutes von Seiten des Gerichtshofes macht das Gut
herrenlos, der mit Bezug auf Esra 10, 8 direkt auf die Syn.
m. zurückgeführt wird.[1]) Ebenso wird mit Bezug auf Neh.
10 angegeben, die nachexilische Zeit wäre eigentlich von
den im Pentateuch vorgeschriebenen Priesterabgaben befreit
gewesen, allein Israel selbst hätte es sich zur Pflicht gemacht,
sie auch fernerhin zu entrichten ; da habe man sodann „oben"
bestätigt, was von der Syn. m. „unten" bestimmt wurde[2].)
Der Name אנשי כנסת הגדולה wird mit Bezug auf Neh. 1, 5
damit erklärt, sie haben den alten Glanz der Gotteskrone
wieder hergestellt: da sie seit Moses zum ersten Male die 3
Epitheta „der grosse, gewaltige und ehrfurchtgebietende"
bei der Nennung des Gottesnamens wieder gebrauchten ;[3])
endlich wird mit Bezug auf Neh. 9, 6 von ihnen berichtet,
sie hätten mit Bestimmtheit angegeben, dass Sonne und Mond
sich in der zweiten Himmelsausdehnung befänden.[4])

Aus den angeführten Stellen dürfte es klar werden,
dass auch diese Angaben denselben Charakter, den wir oben
bei der Betrachtung der fortlaufenden Traditionskette von
Adam bis Esra erkannten, bekunden, demnach keinesfalls
geeignet sind, Bedenken, sobald solche über die Historicität der
Institution sich regen, zu verscheuchen. Das Schwanken,
dem wir bei allen diesen Angaben begegnen, bekundet den
schwachen Boden, auf dem sie stehen ; kein eigenartiger
Zug ist zu finden, dem ein historisches Moment abzugewinnen
wäre, keine Tätigkeit wird erwähnt, die geeignet wäre, die
Institution in einem klareren Lichte erscheinen zu lassen,
keine unbestrittene Tatsache, nichts, was unanfechtbar wäre,
keine zeitgenössische Nachricht, kein Träger der Ereignisse
jener Zeit wird genannt — alle Berichte über die Syn. m.

---

[1]) מניין שהפקר ב־ד הפקר ? שנ' ובל אשר לא וגו' Git. 36 b, s. Raschi
z. St., der zu den Worten יחרם כל רכוש hinzufügt באבה־ג כתיב.

[2]) ביֹן שגלו' נפטרו והם חייבו עצמן מאיליהן; מה עשו אבה־ג ? כתבו ספר
Rut r. 4 ; Tanch. וישב S, wo ובשחרית עמדו ומצאוהו חתום Rut r. 4 ; Tanch.
st. אבה־ג von dem בֹית דֹינו שֹל עזרא gesprochen wird (in Juchasin werden
die beiden Ausdrücke schlechthin identificirt) ; Midr. Ps. 48 בֹימֹי עֹזרא ; Jer.
Ber. 14 d und ib. Scheb. 36 b fehlt jede Zeitbestimmung.

[3]) אֹר יֹב ל למה נקרא שמן אבה־ג ? מפני שהחזיר: עטרה ליושנה Joma
69 b ; deutlicher in Jer. Ber. 11 c, wo es גֹדולה anst. עֹטרה heisst ; vgl.
Jer. Meg. 74 c ; Midr. Ps. 19 ; Meg. 25 a ; Ber. 33 b.

[4]) היכן גלגל החמה ולהבנה נתונים ? ברקיע השני ! מקרא מלא הוא ואבה־ג
פירשו אותו Gen. r. 6 ; Jalk. Mal. 3.

11*

entstammen Männern, die dem nachmischnaitischen, ja dem jüngeren amoräischen Zeitalter angehören.

Wie schwankend sind schon die Berichte über die Zeit selbst, in der sie bestanden haben soll! Bald wird die Syn. m. mit der Zeit Esra's, bald selbst mit der v o r i h m identificirt.[1])

Zudem werden aber noch andere, ziemlich wichtige Bedenken wachgerufen. Nach Pea 2, 6 empfingen die Suggot als Glieder der Traditionskette die Lehre direkt von den Propheten;[2]) von der Syn. m. ist nun dort ebensowenig die Rede, wie in Nasir 56 b, wo ebenfalls die Traditionskette vorgeführt wird. Allerdings fehlen an letzterer Stelle auch Josua und Kaleb, allein das Fehlen derselben wird alsbald urgirt, während es gar nicht auffällig erscheint, dass die Syn. m. mit Stillschweigen übergangen wird. Auch Josefus weiss nichts von ihrer Existenz und Mischna und Tosefta nennen nicht ihren Namen. Nicht minder bedenklich ist der Umstand, dass selbst die älteren Bestandteile der Gemara ihn nicht kennen, da in denselben einzelne Traditionen direkt auf Esra zurückgeführt werden, ohne dass auf die ג״הכא Rücksicht genommen wurde, während, wie es scheint, in den späteren Berichten umgekehrt alles was mit Recht von Esra gesagt werden konnte, der Synagoge magna zugeschrieben wird. Nur Ab. 1, 1—3 nennt sie ausdrücklich und werden auch diese Stellen, so oft die Frage aufgeworfen und behandelt wird, als Beweis für die Historicität dieser Institution gebracht, da es tatsächlich auffallend erscheint, wie man von der Syn. m., wenn sie nie existirt haben sollte, einen Spruch tradiren konnte. Allein bei genauer Erwägung einzelner Momente wird sich uns dennoch ergeben, dass unsere Bedenken trotz des Spruches und der chronologischen Notiz bei demselben nicht ungerechtfertigt erscheinen.

An Ab.[3]) 1, 1 wird bestimmt der terminus a quo für die Syn. m. angegeben; setzen wir, um die Zeit besser fixiren

---

[1]) Meg. 2 a, Raschi ib.; Jer. Meg. 70 d, Targ. Hhl. 7. 1, wo auch Zerubabel, Josua und Mordechai für sie reclamirt werden.

[2]) שקבל מן הזוגות שקבלו מן הנביאים Mischna Pea 2, 6; vgl. Raschi zu Nasir 56 b, Tosefta Jad. 2, 16 wird die Traditionskette ebenfalls in dieser Weise im Namen R. Jochanan's b. Saccai angeführt, ein Beweis, dass bis zu jener Zeit von den אבה״ג noch keine Rede war.

[3]) Gewöhnlich wird der Name, den die Mischnasammlung trägt, nach Edujot 1, 4, Gen. r. 1 und 12, wo Hillel und Schammai אבית העילם genannt

zu können, statt des Aufhörens der Propheten die Zeit
Esra's; Ab. 1, 3 gibt in Simeon d. Gerechten den terminus
ad quem, der allerdings nicht so leicht, wie der erste zu
bestimmen ist, da es mehreren dieses Namens gab, die hier
in Betracht gezogen werden können, Jos. ant. 12, 2, 5; 4, 1
wird der erste, der Sohn Onias I (390—270), wegen seiner
Tugend und seines Edelsinnes so genannt; derselbe Name
wird (Men. 10, 9, b; Jer. Joma 6 c) einem anderen (226—198)
beigelegt, dem wol das Lob Sirach's c. 50 galt. Nach Löw,
Ben Chan. 1, Jg. wäre Simon der Hasmonäer, den das
Volk wegen seiner Verdienste öffentlich zum Fürsten aus-
rief, der in Abot genannte und wurde — so erklärt Löw den
Namen הגדולה, den wir noch zu betrachten haben werden —
die Versammlung, deswegen „die grosse" genannt, weil sich
an ihr das ganze Volk beteiligte. Doch lassen wir die
Streitfrage, welcher Simon in dem in Abot erwähnten zu

<hr>

werden, vgl. Lev r. 36, Jer. Schek. 47 b und Jer. R. hasch. 56 d, wo
dieselbe Bezeichnung auch Ismael und R. Akiba beigelegt wird, in der
Bedeutung : Träger der Tradition = מסורת האבות diadoché ton pateron, Jos.
ant. 13, 10, 6 genommen. Einige wieder wollten in אבות die Grundlehren (vgl.
מלאכות אבות), also die Kerngedanken der rabb. Ethik finden. Dass die Erklärungen wenig befriedigen, wird allgemein zugestanden. Uns scheint es, als
ob die Sammlung einem rein äusserlichen Momente den Namen, den sie trägt
verdankte. Betrachtet man nämlich den Grundstock derselben, so findet man,
dass von jedem der Mischnalehrer ein dreigliedriger Spruch citirt wird,
wie nun die erste Benediction der Tefilla den Namen אבות erhielt, weil
Gott als הגדול הגבור והנירא als Gott Abraham's, Isak's und Jakob's
gepriesen wird, wie die ursprünglichen 2 Pflichtgebete für jeden Tag (vielleicht gar in Folge des Satzes אבות תקנים) auf drei vermehrt wurden, also
nannte man auch diese Sammlung, in . der stets dreigliedrige Sentenzen
angeführt wurden, אבות; vgl. Ber. 18 b אין אבות אלא שלשה.
Dass dieser Tractat mannigfache Zusätze enthält, wurde schon vielfach bemerkt; vgl. Lewy,.a. a. O. S. 31; Hoffmann a. a. O. 1881 S. 173 ff; Brüll,
Jahrb. VII, S. 6 f., wird aber namentlich klar, vergleicht man ihn mit seiner
Tosefta, Ab. R. Nat. Nach der Anlage zu schliessen, zählte die ursprüngliche
Mischna die Traditionsglieder bis Hillel und Schammai 1, 15, sodann folgte
R. Jochanan b. Sakkai und sein Schülerkreis 2, 8, 14. Später wurden Nachbil-
dungen vorgenommen und dem Grundstocke angefügt. Diese sind gewöhnlich
weitschweifigere Ausführungen früherer Sentenzen; vgl. 2, 1, 18; 3, 1. Der
Spruch Sim. b. Schet. dürfte ursprünglich היה מרבה את הערים ותקור איתם
gelautet haben; eine Nachbildung des והיה זהיר בדבריך in dem Ausspruche
des Sim. b. Schet. scheint auch der Spruch Abtaljon's 1, 11 zu sein.

verstehen sei und nehmen wir als terminus ad quem den
geringsten Zeitraum an, der nach der Mischna anzunehmen
wäre, so bleibt uns immer noch ein solcher von über 150
Jahren. Wird nun der Spruch, der im Namen der Syn. m.
tradirt wird, für den kritischen Blick nicht verdächtig erscheinen? Wie, 120 Männer, die allgemein als Träger dieser
Institution angenommen werden, sollten Generation um Generation, fort und fort immer dasselbe Wort im Munde geführt
haben? D a s und d a s a l l e i n sollte die Mischna von ihnen
wissen? Schon Frankel (Hodeg. in Mischn. p. 5) hat diese
Bedenken geäussert und deren Beseitigung durch die Annahme
versucht, הם אמרו sei nicht streng wörtlich, sondern in der
Bedeutung, die Sätze seien im G e i s t e der Syn. m., aus deren
Wirken als Wahlspruch, der ihrer Thätigkeit zu Grunde
lag, abstrahirt worden. Allein in Abot heisst es ausdrücklich :
הם אמרו und wir sind genötigt, mögen wir auch der Annahme, dass in den Sprüchen die Quintessenz der treibenden
Idee ihre Träger zu sehen ist, beipflichten, die Sätze als
wirkliche Aussprüche anznnehmen.

Ist nun der Spruch als Originalsentenz zu betrachten,
dann hätten wir allerdings einen deutlich sprechenden Beleg
für die Exitenz der Syn. m., wenn uns nicht Folgendes
entgegenträte :

Klar ist es, dass הם אמרו שלשה דברים in Ab. 1, 2 ebenso
שמעון) הצדיק היה משירי אבה"צ (in Ab. 1, 3 Zusätze einer späteren
Zeit sind, also ursprünglich in keiner Verbindung mit den
Sentenzen standen. Da uns nun, wie bereits bemerkt wurde,
in Tosefta Jad. 2, 16 eine Traditionskette im Namen von
R. Jochan. b. Saccai mitgeteilt wird, in der von der Syn. m.
keine Rede ist, da ferner, abgesehen von unserer Stelle,
weder Mischna noch Tosefta den Namen kennen, so werden
wir, nachdem Abot einzelne Zusätze selbst aus der Zeit nach
Rabbi (vgl. Ab. 2, 1—4 b) enthält, keinesfalls fehl gehen,
wenn wir die genannten Zusätze הם אמרו Ab. 1. 2 und
שמעון הצדיק היה משירי אבה"צ sowie Ab. 1, 1, das beim Abschluss
gleichsam als Einleitung zur ganzen Sammlung sowie um
die Verbindung d e r s c h r i f t l i c h e n L e h r e m i t d e r
m ü n d l i c h e n darzustellen und auf's Nachdrücklichste zu be-
tonen, vorangesetzt wurde, der letzten Redaktion zuschreiben.[2])

---

[1]) Interessant, wenn auch fraglich ist die Stelle Jalk. Jes. 475, wo
derselbe Spruch, den Ab. 1, 3 Sim. d. Gerechten zuschreibt, dem S i m o n
b. G a m l i e l beigelegt wird.

[2]) Brüll, Jahrb. a. a. O. S. 4 f. gelangt in seiner Untersuchung »über

So bliebe uns dann in Ab. 1, 2 wieder blos der Spruch ohne jede fernere Notiz und ohne Angabe, wem er entstammt, zurück; so wurde er von dem Sammler gefunden oder nach Muster der dreigliedrigen alten Sprüche verfasst und den Gnomen vorangesetzt. Eigentümlich ist es, dass Esra, den die Tradition als zweiten Moses verherrlicht, nicht als Glied der Traditionskette erscheint. Ist dem wirklich so?

Scheinbar wol; tatsächlich finden wir aber, gehen wir auf den Inhalt des im Namen des אבהי״ע tradirten Spruches genauer ein, ein wahrheitsgetreues Resumé über seine Tätigkeit. Nach drei Richtungen hin concentrirte sich sein Streben: in politischer Beziehung galt es, die Selbstständigkeit der Gemeinde, so weit dieses zur Zeit möglich war, zu sichern — es musste jede Einmengung der Fremden, die durch Streitigkeiten leicht herbeigeführt werden konnte, vermieden werden; das konnte nur durch gewissenhafte Pflege der Justiz erreicht werden; darum ging sein erstes Streben dahin: הוו מתונים בדין vgl. Esr. 7, 25; sodann war es ihm um den Ausbau des eigentlichen, des religiösen Lebens zu tun: in der Pflege des Gotteswortes sah sein Scharfblick das erste und vorzüglichste Mittel, das religiöse Leben zu fördern und zu erhalten, daher והעמידו תלמידים הרבה (העמידו vgl. Esr. 3, 8 bestellen; vgl. Esr. 7, 10) und endlich die Thora mit einem schützenden Walle zu umgeben

die Entstehung des Tractates« ungefähr zu demselben Resultate, nur meint er, eine antisadduzäische Tendenz gewesen, die die Entstehung bewirkte. Nach es sei unserer Ansicht fällt diese Tendenz weg, da in jener Zeit, in welche die Schlussredaktion fällt, durch die Mischna 1 und 2 (vielleicht auch 3) an die Spitze der Tractates gesetzt wurde, der zumeist durch politische Momente geweckte Kampf zwischen Pharisäern und Sadduzäern bereits aufgehört hatte. Die Schlussredaction fällt in die Zeit nach Rabbi. Die ersten Anfänge verschiedener Halachasammlungen traten zu Tage — man fürchtete, es könnte die Lehre in Israel vergessen werden (Tosefta Edujot 1) und es galt die Autorität der mündlichen Lehre, die in Folge mannigfach sich widersprechender Angaben, die in den verschiedenen Sammlungen längst zu Tage traten, leicht erschüttert werden konnte, zu retten und ihren heiligen Charakter durch den Erweis einer ununterbrochenen Tradition, die bis auf Moses reicht, der die Thora am Sinai erhalten hat, zu erweisen und zu erhärten. Der Beweis für den antisadduzäischen Charakter des Tractates, (od. die Bemerkung, die bereits Weiss, a. a. O. S. 22 und nach ihm Bloch, Einblicke in die Gesch. d. Talm. Lit. S. 13 machten), vgl. Brüll a. a. O. S. 5, ist nicht ganz stichhältig, da Sim. d. Ger. ein Priester war, somit keinesfalls dem Priestertume jeder Anteil an der Forterhaltung der Tradition abgesprochen wurde.

(לתורה סיג ועשו), welche Tätigkeit sich uns am deutlichsten
in dem oben charakterisirten Wirken Esra's abspiegelte.[1])

So ständen wir wieder auf jenem Punkte, von dem wir
ausgegangen sind; es fehlt uns jedes bestimmte Moment,
das für die Historicität der Tradition über die אבה"ג spräche.
Selbst die Mischna Abot bietet, wie wir erkannt haben, kein
solches, denn der daselbst citirte Spruch kann nur als Umschreibung des Esraitischen Wirkens angesehen werden.

Allein noch bleiben uns zwei Fragen zur Beantwortung
übrig: wie gelangte man zur Annahme von der Existenz der
אבה"ג und woher stammt diese Bezeichnung?

Die Annahme der Existenz wird am einfachsten durch
den Umstand erklärt, dass in jener Zeit, in der der Name
geschaffen wurde, bereits volles Dunkel über die Zeit Esra's
herrschte. Ein Volk, in der Arbeit inneren Ausbaues, zumal
des religiösen begriffen, hat keinen geschichtlichen, geschweige
denn kritischen Blick für seine Vergangenheit, die, je weiter
sie von der jeweiligen Gegenwart entfernt ist, um so idealer
erscheint. Erst Zeiten, die einen gewissen Höhepunkt in
der inneren Entwicklung erreicht haben, fangen an, Rück-
blicke auf die durchschrittenen Pfade zu werfen.

---

[1] So einfach die Bedeutung von לתורה סיג ועשו ist, so wurde es dennoch
in mannigfacher Weise erklärt. Geistreich wie alles, wasNachman Krochmal geschrieben, ist auch seine Erklärung über diesen Ausdruck; er bezieht
לתורה סיג auf die masoratische Feststellung des Bibeltextes und nimmt es in der
Bedeutung: verhüten dass keine unheiligen Geistesproducte mit den heiligen
Schriften vermengt werden, kurz, die Kanonisirung der heiligen Schrift bewirken; s. dageg. unsere Ansicht über diesen Punkt ob. Ueber die ursprüngliche
Lesart לדבריכם סיג s. Brüll a. a. O. S. 7, Anm. 3. Unter לתורה סיג verstehen
wir die religiösen Formen, durch die das Gesetz erhalten werden soll. Wenn
die Gegenwart in steter Verbindung mit der Vergangenheit bleiben soll,
dann sind bestimmte Anknüpfungspunkte erforderlich, die diese Verbindung
bewirken. Solche Punkte sind in der Religion in bestimmten Formen, in den
Ceremonien gegeben, die die ewige Idee, das rein geistige Moment, das
der Religion zu Grunde liegt, gleichsam verkörpern. Diese Verkörperung
der Idee ist unbedingt notwendig, weil der abstracte Begriff von dem
Menschen nur selten oder gar nicht esfasst wird — die Form ist es, die
die abstracte Idee veranschaulicht und ihr Einfluss auf die menschliche
Natur verschafft; sie wird demnach לתורה סיג. Diese Zäune gehören der
Gesammtheit an, aber auch dem Einzelnen, insofern er ein Glied der
Gesammtheit ist und ihm die Pflicht obliegt, die Aufgabe, die der Gesammtheit
geworden, zu erhalten und deren Erfüllung anzustreben. So wird die Ceremonie
Grundlage für die Erhaltung der Gemeinschaft.

In der talmudischen Literatur herrscht gerade über das Jahrhundert nach dem babyl. Exile eine sonderbare Unklarheit: Cyrus, Darius und Artachschasta erscheinen als verschiedene Namen eines und desselben persischen Königs[1]), das Zeitalter Zerubabel's verschwindet beinahe vollständig und geht in dem des Esra auf.[2]) In Folge dessen schrumpfen die 2 Jahrhunderte von dem Wiederaufbau des Tempels durch Zerubabel bis zur Zeit Alexander d. Grossen zu einem Zeitraume von etwa 3 Decennien zusammen,[3]) an dessen Ende nach dieser Anschauung Simon d. Gerechte lebte, der nach der Tradition dem Alexander bei seinem gegen Jerusalem beabsichtigten Angriffe entgegengegangen und das Verderben von der Stadt abgewehrt haben soll[4]) und dieser Simon d. Gerechte ist es den die Mischna zu den שירי אבה"ג zählt. Da nun die talmudische Tradition von der bereits oben erwähnten Annahme ausgeht, dass schon in vorexilischer Zeit ein oberster Gerichtshof bestanden habe, welcher Ansicht auch Josefus ant. 4, 8, 14; 6, 5, 4; 5, 11, 2 folgt, demnach ein solcher nach deren Anschauung auch nach dem Exile vorhanden gewesen sein muss, so dachte sie sich unter אבה"ג die Träger und Führer der nachexilischen Zeit, d. h. der Generation nach der Rückkehr, an deren Ende für sie Sim. d. Ger. steht; vgl. auch Abarb. Einleit. zu אבות נחלת. So wird es uns auch begreiflich, wie der Talmud Stellen, die mit Bestimmtheit auf die Zeit

---

[1]) הוא כרש הוא דריוש הוא ארתחששתא R. hasch. 3 b, s. Tos. das. s. v. שנת עשרים vgl. Erach. 6 a, Tos. das. s. v. מ"תיבי; Meg. 11 b; vgl. A. Esr. zu Esr. 4, 6; 7, 1; Saadja zu Esr. 1, s. dag. ib. zu 6 15; vgl. Raschi zu 4, 7, der auch Ahasverus mit Artachschasta identificirt.

[2]) Vgl. Erach. 5 b, Raschi s. v. נחמיה בן וטעמיה, das. ואמר להם נחמיה בן חכליה לא לכם וג' vgl. mit Esra 4, 3. Midr. Ps. 30 wird der Tempelbau direct dem Esra zugeschrieben; vgl. Sadja zu 5, 2; 6, 15; s. Ebrard St. und Krit. 1847, der die talm. Ansicht adoptirte; Tanch. וישב 2, wo Esra und Zerubabel als zu gleicher Zeit lebend und wirkend erscheinen, und die Ränke Sanballat's (Neh. 4) in diese Zeit verlegt werden; Jalk. 2 K. 17; Gen. r. 44; B. kam. 11 b; Targ. Hhl. 7, 1; vgl. Pirke R. Elies., wo Zerub. neben Neh. auftritt; vgl. auch Jalk. Jes. 54, wo Daniel, Mordechai und Esra neben einander genannt werden.

[3]) Vgl. Ab. s. 9 a, s. Raschi z. St., ebenso Jalk. Dan. 8, wo der Bestand des persischen Reiches auf 34 Jahre angegeben wird; s. dag. Jalk. Gen. 121 שרי של מדי עולה חמשים ושנים. (Auf diese Stelle machte mich Herr Dr. Tauber in Prag aufmerksam).

[4]) Vgl. Jer. Joma 5 b; 6 c; Joma 69 a; 39 a; vgl. Lev. r. 13; 21; Midr. Ps. 19.

Esra's oder Nehemia's hinweisen, Ereignisse und Einrichtungen jener Zeit ganz einfach den אבה״ג zuschreiben oder mit ihnen in Verbindung bringen konnte.

Noch ein Moment, das uns möglicherweise auf die Spur, wie man zur Annahme dieser Institution gelangte, bringen könnte, wollen wir erwähnen.

Als Grundstock zur Chronologie der alten Zeit scheint die Zehnzahl der Geschlechter gedient zu haben: zehn Geschlechter werden von Adam bis Noa, zehn von Noa bis Abraham gerechnet, Ab. 5, 2 und auch für die spätere Zeit finden sich Anhaltspunkte für diese Vermutung. So wird Jer. Tam. 67 d und Ber. 27 a Elasar b. Asarja das zehnte Geschlechtsglied nach Esra genannt. Diese 10 Geschlechter sind nach der uns in Abot vorliegenden Recension folgende: 1. die Synagoga magna; 2. Simon d. Gerechte; 3. Antigonos aus Socho; 4. Jose b. Joëser und Jose b. Jochanan; 5. Jose b. Perachja und Nittai aus Arbela; 6. Juda b. Tabbai und Simon b. Schetach; 7. Schemaja und Abtaljon; 8. Hillel und Schammai; 9. R. Joch. b. Saccai und 10. seine Schüler, zu denen R. Elasar b. Asarja gehörte. Allein aus einer uns erhaltenen Spur zu schliessen, dürfte diese Aufstellung kaum zu allen Zeiten dieselbe gewesen sein; denn in Ab. 1, 4 schliessen sich Jose b. Joësar und Jose b. Jochanan eng an Antigonos aus Socho (1, 3) an, dennoch aber heisst es bei ihnen קבלו מהם (vgl. Hoffmann a. a. O. 1881 S. 12. Die Lesart מימנו, die sich in einigen Ausgaben findet, ist spätere Emendation, nachdem die Schwierigkeit, die in der bestehenden La. liegt, erkannt wurde); zwischen Ab. 1, 3 und 4 liegt uns demnach eine Lücke vor, die durch das Ausfallen einzelner Glieder entstanden ist. Ist das aber der Fall, dann musste zu einer Zeit, kam die Tradition in Betracht, dass Elasar b. Asarja das 10. Geschlechtsglied nach Esra bilde, die vorhandene Lücke ausgefüllt werden; dieses geschah nun, indem man die אבה״ג, an deren Spitze man sich Esra, als den Anfang dieser Geschlechtskette, dachte, an die Spitze und als 2. Generation Simon d. Gerechten, der aber strenge genommen als משירי אבה״ג dem 1. Gliede angehört, als zweites Glied setzte.

Auch in diesem Falle war es also Unklarheit betreff der Chronologie jener Zeit, die die Fiction der Syn. m. schuf und sie als Träger der Tradition nach Aufhören des Prophetismus hinstellte; die Möglichkeit aber, dass eine Unklarheit diesbezüglich herrschen konnte, ist selbst nach der Ansicht der Talmudisten, denen das häufige Schwanken der Tradition nicht entgehen konnte, vorhanden, vgl. Ab. R. Nat. 24, wo ausdrücklich bemerkt wird, dass die Vernachlässigung des Studiums eine Unsicherheit in der Tradition erzeugt.

Was die Zahlenangaben beider Talmude über die אבה״ג betrifft, so sind diese nach unseren Ausführungen keinesfalls historisch. Solche Zahlen waren im Talmud für verschiedene Versammlungen gebräuchlich, s. ob. und somit wäre alles Rüstzeug, das um die Historicität der אבה״ג zu erweisen, herbeigebracht wird, als zu schwach befunden, um die Existenz der Institution zu verteidigen und es bliebe uns zum Schlusse nur noch die Beantwortung der Frage übrig, wie und wodurch der Name אבה״ג entstanden ist.

He-chaluz II, 45 wird die Ansicht aufgestellt, die Versammlung habe deshalb diesen Namen erhalten, weil im Talmud keine grössere bekannt sei. Nach J. Brüll a. a. O. S. 4 setzte sich die Syn. m. aus Vertretern der 120 persischen Provinzen, in denen die Juden zerstreut lebten, zusammen und wurde diese Körperschaft deshalb הגד׳ im Gegensatze zu dem kleinen Gerichte, das aus 23 Mitgliedern bestand (vgl. Toseft. Sanh. 7, 1 u. ö.), das in jeder Stadt tagte, genannt; vgl. auch Grünebaum, Sittenlehre S. 121. Nachm. Krochmal leitet den Namen von der langen Dauer und der bedeutenden Tätigkeit der Institution ab.

Nach unserer Voraussetzung und Begründung fallen natürlich alle diese Annahmen von selbst. Hat die Syn. m. nie existirt, so kann der Name nicht Motiven der Tätigkeit und des Bestandes seinen Ursprung verdanken. Wir müssen vielmehr wieder auf die Zeit Esra's zurückgreifen, aus der die Vorstellung von den אבה״ג entnommen wurde, und in ihr allein den Grund für den Namen suchen. Es wurde bereits erwähnt, dass in jener Zeit mehr denn je die Gemeinde die volle Autonomie besass; tatsächlich war es das beste Mittel, dessen die Führer der Zeit sich bedienen konnten, um die Durchführung ihrer Absichten und Massregeln zu ermöglichen — das Volk reflectirt weniger und ist leichter zu leiten, wenn ihm, ob dieses auch nur scheinbar der Fall ist, das Selbstbestimmungsrecht gewahrt bleibt. Ueberall tritt in jener Zeit die עדה in den Vordergrund; עדה wird aber im Aramäischen durch כנישתא (vgl. Targ. zu Lev. 4, 13, 15 u. ö.) wiedergegeben; die „Männer der Gemeinde" hiessen demnach, sobald das Aramäische vorherrschend wurde, אנשי כנישתא, gleichbedeutend mit רברבי כנישתא Num. 16, 2, oder sodann

hebraisirt אנשי הכנסת. Da nun aber später כנסת oder כנסיה
für jede Versammlung gebraucht wurde, die Syn. m. aber
als Behörde erscheinen sollte, der die Leitung und Förderung
des ganzen religiösen Lebens jener Zeit überantwortet war
und es in der Natur der theokratischen Anschauung liegt,
die Vergangenheit so bedeutend und gross als möglich
erscheinen zu lassen, zumal die Späteren die Bedeutung und
den Einfluss der Esraitischen Zeit auf die Entwicklung des
religiösen Lebens erkannten und diese als Schöpfung einer
grossen, bedeutenden Körperschaft erscheinen lassen wollten,
wurde dieser das Epitheton הגדולה beigelegt.[1])

Still und geräuschlos hatten sich die Keime neuen
Lebens im harten Boden des Exiles entwickelt und still
scheidet die grosse Zeit, die so Grosses angebahnt. Mit Esra
und Nehemia schwand ein taten- und einflussreiches Geschlecht,
dem kein ähnliches folgte — ein leeres Blatt ist es wieder,
das uns in der Geschichte nach Esra und Nehemia vorliegt.
Nicht alle Zeiten haben den Beruf Neues, Grosses zu schaffen.
Es treten im Leben der Völker Zeiten ein, die weniger
selbstständig tätig sind, als das Aufgenommene verarbeiten,
verdauen, um neue Säfte für künftige Zeiten vorzubereiten.
So war auch die Zeit nach Esra. Kein Name wird genannt,
nur einige Priester werden aufgezählt, von denen die
Geschichte nichts mehr, als eben ihren Namen kennt; keine
Autorität tritt in den Vordergrund, in der die Tätigkeit der
Zeit sich concentrirte; allein „nur in der ununterbrochenen
Kette der Wissenden liegt die Wissenschaft" (Lazarus, a. a.
O. I. 12) und fügen wir hinzu: alles geistige Leben — keine
Zeit darf verloren gehen, hat sie nicht selbstständig Neues
geschaffen, so hat sie neue Schöpfungen vorbereitet; hat sie
keine Männer zu nennen, so schafft der theokratische Geist
eine Institution, durch welche die Zeit im Volksbewusstsein
erhalten bleiben soll; kann sie keine imponirenden Gestalten
der Geschichte übermitteln, so wird ihr wenigstens ein im-
ponirender Name beigelegt, der sie verewigt.

---

1) Der Ausdruck ist in grammatischer Beziehung nicht ganz richtig, da es
א' הכנסת הגד' heissen müsste und die mir vor Jahren von Herrn Dr. Berliner
geäusserte Ansicht, dass nach der Notiz שהחוירו הגדולה ליושנה Jer. Ber.
11 c, wol אנשי כנס' הגדולה zu lesen wäre, ist wenigstens beachtenswert.

# Die ersten Keime des Parteiwesens im neuen Heiligenleben.

**S**till ruhen in geheimnisvoller Tiefe die mannigfachsten Stoffe, durch die Bewegung der Erde in steter Bewegung erhalten, neben einander und im düsteren Groll versunken späht der Funke nach einer Oeffnung, um die ihm unbehagliche Ruhe aufzuscheuchen und glühende Feuerströme über ruhige Gefilde zu giessen, wild durcheinander zu werfen, was friedlich die Tage fristet. Ist aber Aussicht auf eine Oeffnung gefunden, dann schürt lebendiger Meister Vulkan mit seinen rührigen Gesellen das unterirdische Feuer, schlägt kräftiger den Hammer auf den gewaltigen Amboss, dem sprühende Funken entspringen und schon Tage vorher, ehe der Ausbruch erfolgt, künden die finsteren Mächte sich an: es versiegt das Wasser in den Brunnen, ein unheimliches, Menschen und Tiere ängstigendes Grollen wird vernommen und eine grauenerregende Schwüle bereitet die aufgescheuchten Wesen auf Zeiten voll Schreck und Elend vor.

Aehnlich ergeht es dem Gedankenleben der Völker. Auch hier liegen verschiedene Zündstoffe wirr durcheinander; es gährt lange, des geeigneten Momentes harrend, der die Eruption zu Tage fördert und lange vorher grollt es im Volkskörper und bange Vorzeichen künden die traurigen Tage der Zukunft. Nichts entsteht plötzlich; was in die Welt der Erscheinungen tritt, wird allmälig vorbereitet.

Kurze Zeit nach jenem Kampfe, der das Haupt der Maccabäer mit unverwelklichem Lorbeer schmückt, erfolgte der blutige Zusammenstoss des Parteiwesens in Israel: Pharisäer und Sadduzäer standen grollend und erbittert sich gegenüber. Sie erscheinen plötzlich auf der Fläche einer stürmisch bewegten Flut, ohne dass wir über die treibenden Kräfte, die den Wirbel geweckt, noch über die Zeit des Ursprunges der Bewegung authentische, ja nur halb befriedigende Nachrichten besässen. Weder der Talmud, noch Josephus bringen in die Fragen Klarheit; in beiden schimmert zumeist der religiöse Gegensatz, den das spätere, bereits ausgebildete Parteileben bekundet, durch; in beiden tritt ein ziemlich vollendetes System auf, das aber erst als das Produkt einer lange vorhergegangenen Entwicklung nach stattgefundenen Kämpfen angesehen werden kann; es ist ein Anticipiren späterer Anschauungen in Zeiten, da das Parteiinteresse die Formulirung bestimmter Differenzen, die die Kluft erhalten sollten, bereits vorgenommen hatte. Zudem wurde die Frage durch Vorurteil und Voreingenommenheit, die namentlich durch die Schriften des n. T. genährt wurden, in denen beide Parteien, um den Wert der neuen Lehre um so grösser erscheinen zu lassen, mit ziemlich schelem Blicke angesehen werden, nur noch mehr verdunkelt und verwirrt, zumal jene, die sich mit der Geschichte Israels beschäftigten, zumeist nicht die Fähigkeit, nicht selten auch nicht den Willen besassen, bei dem talmudischen Schrifttum, das bei Behandlung dieser Frage unbedingt zu Rate gezogen werden muss, das aber nur selten gelesen und noch seltener verstanden wird, Nachfrage zu halten.

Wie gesagt, auch das talmudische Schrifttum schweigt über den Ursprung der Parteien. Nur eine einzige Quelle, „ein später Nachwuchs der midraschischen Literatur", die Abot di R. Natan, versucht es, eine Andeutung über den Ursprung der Sadduzäer und der mit ihnen verwandten Boëthosäer zu geben. Dort wird nämlich c. 5 zu dem Spruche des Antigonos aus Socho, Ab. 1, 3: „Seid nicht wie Knechte, die dem Herrn dienen in der Absicht, Lohn zu erhalten, sondern seid wie Knechte, die ohne jede Absicht auf Lohn dem Herrn dienen und es sei die Furcht Gottes über euch!" hinzugefügt, Antigonos habe zwei Schüler gehabt, Zadok und Boëthos, welche diese Lehre tradirten, die nun von Schüler zu Schülern gelangte; endlich sei der Satz von diesen missdeutet worden und hiedurch gelangten sie zum Leugnen der Auferstehung der Toten und des ewigen Lebens im Jenseits. In Folge dessen haben sie sich von der Thora losgesagt und es entstanden zwei Parteien: Sadduzäer und Boëthosäer, so genannt nach Zadok und Boëthos, ihren Stiftern; sie bedienten sich goldener und silberner Geräte und wiesen darauf hin, die Pharisäer haben die Ueberlieferung, sich in dieser Welt abzuhärmen und doch haben sie auch in jener nichts.

Betrachten wir den Bericht genau, so ergibt sich uns, dass er blos den Ursprung der Sadduzäer und Boëthosäer darzustellen sucht, den Bestand des Pharisäismus aber bereits voraussetzt. Diese Darstellung aber kann schon deswegen nicht befriedigen, weil wir uns die Entstehung und Entwicklung des Sadduzäismus und Pharisäismus nur constant parallel m i t und n e b e n einander laufend denken können. Auch bezeichnet der Bericht Zadok und Boëthos nicht als unmittelbare Gründer der Parteien, da die Haeresie erst durch deren Schüler entstanden sein soll, das Anlehnen an diese Namen also nur beiläufig geschieht.[1]) Nicht minder auffällig wäre es, wollten wir den Bericht als historisch gelten lassen, dass der Talmud, der Personen solcher Art nicht leicht aus dem Auge lässt (vgl. Korah in der talmudischen Literatur), von beiden Haeresiarchen, die für das Leben Israels eine solch traurige Bedeutung erlangten, nichts weiss. Endlich spricht gegen die Historicität noch der Umstand, dass nach dem fraglichen Berichte die Entstehung der Haeresie erst etwa in die Zeit Johann Hyrkan's fiele, während es geschichtlich erwiesen ist, dass das Parteigetriebe um jene Zeit bereits ziemlich weit gediehen war und nach Jos. ant. 13, 16, 2 die Sadduzäer bereits von den hasmonäischen Feldherren mit Ehren und Reichtümern für ausgezeichnete Leistungen im Kriege beschenkt wurden und nach ib. 13, 10, 5 die Pharisäer damals bereits bestanden und ansehnliche Macht besassen.

Nach all dem sind wir genötigt, die Historicität des Berichtes zurückzuweisen und in Zadok[2]) und Boëthos als

---

[1]) S. dag. Maim. Comment. zu Ab. 1, 3, wo die Schüler des Antigonos als Gründer der Parteien bezeichnet werden.

[2]) Gegen Grätz III, 3. Aufl. S. 96, der die Bezeichnung Sadduzäer auf einen Führer der aristokratischen Partei mit Namen Zadok zurückführt, hat Baneth, der in seiner Abhandlung «über den Ursprung der Sadokäer und Boëthosäer» im Mag. f. d. W. d. J. 1882 S. 1 f. neuerdings gegen

aus den bestehenden Parteibezeichnungen abstrahirte Namen zu sehen, die fingirt wurden, um den ungekannten Ursprung der Parteien zu erklären, ein Vorgang, der keinesfalls ohne Analogie ist. So wurden z. B. gegen Ende des 2. nachchr. Jh. diejenigen, die den Grundsätzen des Urchristentums treu blieben, nach dessen Lehre Armut gleichbedeutend mit Heiligkeit und der Reife für das Gottesreich war und der אביון als Freund Gottes angesehen wurde, als Ketzer behandelt und zur Erklärung ihres Namens, E b j o n i t e n, wurde ein angeblicher Ketzer E b j o n erfunden.[1]) Ebenso wollte der späte Midrasch die Lücke über die Entstehung der Parteien ausfüllen und brachte zu dem Zwecke die von ihm fingirten Namen jener Männer, die sich angeblich immer mehr von der jüdischen Anschauung entfremdeten, mit dem Satze des Antigonos, der einen griechischen Namen trug und auf dessen Ausspruch die griechische Philosophie wol nicht ohne Einfluss war, in Verbindung.

Fällt aber die Authentie dieses Berichtes, dann umgibt wieder tiefes Dunkel diese Partie der jüdischen Geschichte. Unstreitig ist es daher eines der grössten Verdienste Geiger's, dass er neue Anregung zur Aufhellung dieser Frage gab; er war aber auch der Erste, der es bis zur zweifellosen Evidenz erwies (Urschrift S. 20 f. u. 100 f.), dass die Kämpfe dieser Parteien keineswegs rein religiöser Natur waren, vielmehr politischen Motiven entsprangen, ebenso dass die allgemein verbreitete Anschauung von pharisäischem Dünkel, pharisäischer Werktätigkeit und Scheinheiligkeit nichts anderes als eine Seifenblase sei, eine Phrase, die aus Mangel an Kenntnis und Verständnis für die Quellen entstanden ist und sich erhalten hat. Der scharfe Blick Geiger's hat es auch erkannt, dass die Ursprünge dieser Parteibildung weit früher in der Geschichte zu suchen sind,

---

Geiger, Urschr. 105 f. für die Authentie des Berichtes in Ab. R. Nat. eintritt, mit Recht bemerkt, dass von einem Parteiführer dieses Namens nirgends die Rede sei.

[1]) S. Orig. c. Cels. II, 1; de princip. II, 22. Irenaeus, Eusebius, die apostolischen Verfassungen kennen eine solche Person gar nicht. Die Annahme derselben ist von Tertullian, besonders von Epiphan. adv. haeres. 30, 17 verbreitet worden; vgl. Renan, d. Leben Jesu, 212. Ebenso interessant ist es, dass Tertullian eine Sekte der Puteoriten erfand, die nie existirt hat und den Namen der Samaritaner von einem Könige Samarius, Sohn des Kanaan, ableitet.

dass namentlich die Zeit Esra's, in der die Geister auf einander platzten, für die Erkenntnis dieser Ursprünge von höchster Bedeutung sei; nur ging er viel zu weit, wenn er bereits in den „Söhnen Zadok's" die Sadduzäer erblicken wollte.

Doch lassen wir alles, was in dieser Frage für und gegen die Ansicht Geiger's, unstreitig der bedeutsamsten, auf die Alle, selbst diejenigen, die sie am heftigsten bekämpfen, zurückzukommen genötigt sind, vorgebracht wurde und folgen wir den Spuren jener Momente, welche die Bewegung vorbereiteten, soweit sie die Zeit, die wir behandelten, berühren.

Werfen wir noch einmal einen Blick auf die religiösen Verhältnisse der Juden in Babel und Jerusalem während des Exiles und in der ersten Zeit nach demselben. „Not lehrt beten" — das Exil hat es bewiesen. Die Leiden der Zeit, die kein Erbarmen kannten, da Israel seinen Rücken den Schlägern, die Wange den Raufenden reichen musste, das Antlitz vor Schmach und Speichel nicht verbergen konnte (Jes. 50, 6; 53, 3, 8; 51, 23; Ps. 102, 21), sie brannten ein lodernd Feuer, aber sie läuterten auch manches Herz. Das Bewusstsein der eigenen Schuld, die das Elend herbeigeführt, pochte lebendig in der Brust und bald konnten die Wächter der Zeit zu ihrer Freude sprechen zu solchen, die das Recht suchten: „Volk, in dessen Herzen meine Lehre, fürchtet nicht die Schmach der Menschen und ob ihrer Schmähung zaget nicht" (Jes. 51, 7)!

Der Druck von Aussen kann wol ein Volk beengen, nimmer aber es gänzlich beugen; er schliesst vielmehr fester die Bande der Zusammengehörigkeit und facht wieder an das sinkende Bewusstsein von der Eigenartigkeit des Charakters.

Eine stille Gemeinde hatte sich im Exile gebildet, in der die Einzelnen in ihrem Selbstbewusstsein gerne sprachen: „Ich bin Jahve's!" (Jes. 44, 5), deren Glieder als Knechte Jahve's (54, 17; 65, 13, 15 u. ö.) seinem Rechte nachjagten und ihn suchten, erbebend ob seines Wortes (Jes. 51, 1; 66, 2, 5; vgl. Ps. 34, 11; 24, 6; Esr. 10, 3).

Allein nicht in Allen war eine solche Umwandlung zum Besseren vor sich gegangen. Nur bessere und stärkere Charaktere werden durch Unglück geläutert; Schwächlinge aber locket Erfolg und Genuss. In Babel war der Zusammenfluss des Goldes der Länder (Ez. 17, 1; Jes. 47, 15) und mit dem Reichtume und der Macht wuchsen auch Üppigkeit

und Sinnlichkeit, nicht wenig gefördert durch den sinn-
berückenden Naturdienst in den duftenden Götterhainen. Die
Schwächlinge unter den Exulanten schlossen sich, wie
solches auch später in allen Ländern der Fall war, um dem
Drucke der Herrschenden zu entgehen, diesen an und bald
musste sich des Propheten Wort an solche aus dem Hause
Jacob's wenden, die sich wol dem Namen nach als Israeliten
bekannten, „die, aus den Gewässern Juda's entstammt, bei
dem Namen Jahve's Schwüre sprachen und den Gott Israel's
im Munde führten, aber ohne Wahrheit und Recht" (Jes.
48, 1); in den Gärten opferten sie, auf Ziegeln räucherten
sie, dem Gad bereiteten sie Tische und dem Meni füllten
sie Giessopfer (ib. 65, 3, 11, vgl. 66, u. ö.) und mit diesem Wol-
leben in der Fremde, mit dem Anschmiegen an das Leben
der Heiden wuchs auch bald die Teilnahmlosigkeit gegen
die Heimat; Zion war verschmerzt, sie wollten Babylonier
sein, Babylonier nur, ganz und gar. Daher kam es auch,
dass, obgleich das Edict Cyrus sich an alle Exulanten wandte,
dennoch nur ein geringer Teil sich entschlossen hatte, die
Rückkehr anzutreten und wenn es auch ein Irrtum wäre
anzunehmen, dass alle, die in Babel zurückgeblieben waren,
aus Gleichgiltigkeit gegen das heil. Land dort blieben, so
wird es doch bei Vielen der Fall gewesen sein, daher man
auch in Jerusalem mit Recht zweifelte, ob man die Geschenke,
die aus Babel kamen, annehmen dürfe (vgl. S. 47).

Allein je grösser die Versunkenheit in den Schwächlingen und Charakterlosen wurde, desto fester wurde der
Glaube in denen, die ob des Herrn Wort erbebten, desto
stärker wuchs in den frommen Nationalen die Sehnsucht
nach Jerusalem und die Hoffnung auf die Wiedergeburt des
Heiligenlebens. Jene stille Gemeinde des Exiles schloss in sich
„die Trauernden um Zion" (61, 3; vgl. 64, 8; 66, 10)
die das Glaubensleben voll heiligen Ernstes und rigoroser
Anschauung erfüllte. Sie waren die ersten, die unter
Scheschbazar's Führung die Rückkehr nach Judäa antraten.

Anders hatte sich hier das religiöse Leben gestaltet.
In Babel klangen fort heil. Stimmen, im heiligen Lande aber
herrschte volle Indolenz in religiösen Dingen. Das Loos der
hier Verbliebenen war jedenfalls ein bedeutend günstigeres
gewesen, als das der Exulanten. Allmälig traten nach der
Exilirung ruhigere Verhältnisse ein und nur der geringe
Tribut, mit dem sich die Besieger begnügten, bekundete
das Joch Babels. Die Prüfung war nicht allzu hart, aber

auch die Besserung und Erhebung nur gering. Das „niedrige Volk", das im Lande geblieben war (K. 24, 14) und einer Stütze gegen die räuberischen Nachbarvölker bedurfte, hatte sich nach und nach mit jenen Colonisten, die von den assyrischen Besiegern nach dem Nordreiche verpflanzt wurden, vermengt, die, von den Priestern des ehemaligen Zehnstämmegebietes in den Satzungen des Landesgottes unterwiesen, sich gerne als Jahveverehrer geberdeten. Ein reines Jahvetum war also in Palästina während der Zeit des Exiles so gut wie gar nicht vorhanden.

Eine völlige Umgestaltung der Situation erfolgte, als Zerubabel an der Spitze der Gola in Jerusalem eintraf und die heilige Stadt wieder der Mittelpunkt des neuen Lebens wurde.

Welche Elemente gehörten zur Gola?

Der Name war schon in Babel als Bezeichnung für die stille Gemeinde des Exils (Ez. 1, 1; 3, 15; 11, 24; 6, 11 u. ö.), welche die אבלי ציון, die ob des Herrn Wort bebten, in sich schloss, im Gebrauche. Ein grosser Teil derselben war nach Jerusalem gezogen, woselbst der Name „Gola" beibehalten wurde, weil er bestimmte Grundsätze und Lebensnormen in sich verkörperte, zumal in Palästina in Folge der mannigfachen Elemente, die sich daselbst vorfanden, eine charakteristische Bezeichnung für die neue Gemeinde notwendig war.

Der erste Zusammenstoss dieser verschiedenartigen Elemente erfolgte, als die in Palästina ansässigen assyrischen Colonisten an die Gola mit der Forderung herantraten, an dem Tempelbau teilnehmen zu dürfen. Ihre Abweisung war nicht ohne Folgen. Zunächst wurden Jene, die im Lande zurückgeblieben waren und die sich mit den heidnischen Bewohnern vermengt hatten, sowie Alle, die sich über ihr Verhältnis zur Gola noch nicht klar waren, zur Entscheidung gedrängt: ein Teil derselben sonderte sich alsbald von den Völkern ab — es waren die ersten Nibdalim Esr. 6, 17 — und schloss sich der Gola an, zu der demnach jetzt nicht mehr ausschliesslich jene gehörten, die aus der Gefangenschaft gekommen waren (Esr. 2, 1; 3, 8; Neh. 7, 6), sondern Alle, die da erbebten ob des Herrn Wort und den festen Vorsatz hegten, nach seinen Satzungen zu leben; während Andere sich nunmehr noch enger den im Lande zerstreut lebenden Völkerschaften anschlossen, die nunmehr im Gegensatz zur Gola oder zum Volke von Jehuda (Esr. 4, 4) עם הארץ

oder עמי הארצות, auch גויי הארצות „Völker des Landes" oder
צרי יהודה ובנימן „Feinde Juda's und Benjamin's" genannt
wurden.[1]) Zur Gola gehörten also nunmehr auch einzelne
Elemente, die möglicherweise ihrem Ursprunge nach zu den
עמי הארצות gehörten.

So war der Zwiespalt durch rel. Motive, von denen man
sich bei der Beurteilung der Frage leiten liess, geschaffen.
Die Scheidung innerhalb der mannigfachen Elemente der
Gola war, wenn auch nicht ganz, so doch teilweise erfolgt.
Offene Anzeichen der Zerrissenheit des öffentlichen Lebens
jener Zeit haben sich uns bereits in Kohelet gezeigt. Der
grosse Skeptiker ist Gegner alles Extremen und so wendet
er sich auch gegen die Extreme auf beiden Seiten in der
religiösen Anschauung der Zeit: „Wolle nicht allzu gerecht
sein und klügle nicht zu viel; warum sollst du verderben?
Frevle nicht zu viel und sei nicht allzu töricht; warum sollst
du zur Unzeit vergehen?[2]) Gut ist's, dass du dieses ergreifest
und auch von jenem nicht lassest" (7, 16, 17). Keine Anschauung vermag ihn zu befriedigen, denn „siehe, Gott hat
den Menschen gerade geschaffen, sie aber klügeln zu viel"
(ib. v. 29). Hingegen wendet sich Kohelet entschieden gegen
den Unsterblichkeitsglauben, der von den „Stillen im Lande"

---

[1]) עם הארץ wurde früher in der Bedeutung «Volk eines jeden Landes»
gebraucht, vgl. Gen. 22, 7; 12, 13; Lev. 4, 27; 20, 2, 4; Deutr. 28, 10 u. ö.,
nach der Zeit, in der die erste Scheidung der verschiedenen Elemente erfolgt war, bezeichnete das Wort ausschliesslich das Volk, das im Gegensatz
zur Gola stand; vgl. 1 Chr. 5, 25; 2 Chr. 32, 37; Esr. 3, 3; 4, 4; 9, 1,
2, 11; Neh. 4, 30; 10, 29; 11, 32; Esth. 8, 17. Von nun an erhielt das
Wort גוי, das ursprünglich auch auf Israel angewendet wurde, Gen. 12, 2;
Ex. 19, 6, namentlich 1 Chr. 17, 21 u. ö., die Bedeutung «Heide» im
Gegensatz zu Israel.

[2]) Sonderlich erscheinen die hier genannten Gegensätze: der צדיק
steht dem התחכם, der רשע dem סכל gegenüber; in denselben werden die
beiden Extreme des sich entwickelnden Parteilebens gegeisselt: auf der
einen Seite stand der sich צדיק Nennende, auf der andern der התחכם, der
Klügler; der erstere wird durch seine angebliche צדקה zum רשע (vgl.
die späteren „hamartoloi" in 1 Macc. 1, 11—15; 2, 42—44 u. ö.; ähnlich
Sir. 39, 13, 24; 40, 10; 31, 18) und der התחכם wieder zum סכל, er
klügelt zu viel und sucht zu viel in den Worten der Lehre — eine An-
spielung auf die Deutung der Schrift, wie sie durch die soferische Tätigkeit,
die bereits in Babel begann, angebahnt wurde; beide aber müssen sich
zuletzt vereinsamen תשימם und ein frühzeitiges Ende erreichen.

als Surrogat für geschwundene Hoffnungen gepriesen wurde;
der Supernaturalismus widerstreitet seiner nüchternen, reali-
stischen Natur, die sich auf den ihr am besten zusagenden
Boden des skeptischen Realismus flüchtet (3, 18—21; 9, 4,
6, vgl. o. S. 53); lähmender Zweifel hatte Mehltau auf das
Gemüt gestreut, in dem nur schwach der Glaube lebte, obgleich
dieser so not tat in einer Zeit, in der die Kluft zwischen
Arm und Reich gar gewaltig war. So gährte es gewaltig in
der Gola. Die zwei Strömungen, die wir bereits in Babel
fanden, wälzten mit Wucht ihre unruhigen Wellen: die
armen Frommen, die in den reichen Brüdern nur herzlose
Wucherer, in den Priestern feile Mietlinge sahen, denen der
Egoismus das höchste Gebot geworden, bebten fort ob J.
Wort, in ihm Ersatz suchend für alles, was das Leben ihnen
versagte. Auf der andern Seite hingegen standen die Reichen,
Hand in Hand mit den Priestern gehend, gleich diesen von
einem seichten Rationalismus ergriffen, liebäugelnd mit den
Fremden, deren Groll gegen Juda immer höher wuchs. Mit
stummem Schmerze und banger Resignation sahen die
Frommen, obgleich innerhalb der Gemeinde in der Majorität,
den Abfall, der wie ein verzehrend Feuer um sich griff; es
fehlte ihnen eben die Kraft, den Mächtigen der Gemeinde
sich entgegenzustellen.

Da erschien Esra. In ihm wussten die Frommen eine
Stütze. Ihr Mut wuchs und obgleich die Einflussreichen
angesichts der Agitation, die Esra im Vereine mit den
Frommen gegen die Vermengung mit den Fremden einleitete,
nicht ruhig verblieben, so wurde doch vollständige Loslösung
von Allen, die ausserhalb der Gola standen, ausgesprochen.
In wie weit die Durchführung dieses Beschlusses gelang,
wird aus den vorhandenen Berichten schwer ersichtlich;
jedenfalls ist es bedeutungsvoll, dass auf der Proscriptions-
liste auch das hohenpriesterliche Haus stand. Dass dieses
aber während der Agitation für den exclusiven Standpunkt
der Gola ebenso eifrig für seine Anschauung, die es vor
dem Volke zu rechtfertigen genötigt war, eingetreten sein
wird, verbürgt uns die Geschichte der Hierarchie aller Zeiten
(vgl. ob. über die Bücher Jona und Rut, S. 89 ff.); zumal es
nicht ganz unmöglich wäre, dass, obgleich hinter der scheinbaren Weitherzigkeit der Priester in erster Reihe der Egoismus
sich schüchtern verbarg, der die eigene Sicherheit und Macht-
vollkommenheit anstrebte, dennoch der zu Tage tretenden
Opposition des Priestertums gegen den Standpunkt Esra's

eine höhere Idee zu Grunde lag. Der Prophetismus hatte aufgehört. Träge schlich das früher so frisch strömende Wasser des Lebens zwischen den hoch aufgeworfenen Dämmen einher. Da mochte wol in den Priestern der Gedanke erwacht sein, diese von der neuen Richtung aufgeworfenen Dämme zu durchbrechen und die alte weltumfassende Idee des Prophetismus in's wirkliche Leben der Gemeinde, zumal sie jetzt nur noch isolirter dastand, einzuführen; daher ihnen auch Maleachi den Vorwurf machte: „Ihr seid gewichen von : dem Wege (Jahve's), habt gemacht, dass viele an der Lehre strauchelten, habt zerstört Levi's Bund!" (Mal. 2, 8.)

Allein schon der grundlegende Gedanke, von dem das Priestertum ausging, war ein von dem Prophetismus völlig verschiedener. Die Priester glaubten den Mittelpunkt des Gotteslebens für alle Zeiten i n s i c h u n d i n d e m H e i l i g t u m a u f Z i o n die Verkörperung des Gottesdienstes. Nach ihrer Anschauung bestand Israel so lange, als auf Zion geopfert wird. Während nun die Propheten, wenn sie von dem „Eingehen der Fülle der Heiden" sprachen, an die allgemeine Erfüllung und Verbreitung des ethischen Monotheismus dachten, wähnten die Priester dieses Ideal vollständig erreicht zu sehen, wenn die Völker zum Berge Jahve's zogen, um daselbst zu opfern, ob auch in deren Städten und Häusern der Götzendienst nach wie vor blühte. Wurde nur im Tempel Jahve's geopfert, dann konnte sich jeder nach seiner Anschauung Gott denken und ihn verehren; daher sie sich leicht entschliessen konnten, selbst mit den Feinden Juda's und Benjamin's zu paktiren, Ehen mit ihnen einzugehen, ja Einzelnen selbst Ehrenzellen im Heiligtume anzuweisen.

Fehlte hingegen der Anschauung Esra's wol der prophetische Schwung, so stand sie doch nahe der der Propheten : nur in der vollen Hingabe des ganzen Menschen an Gott, in dem festen, unverbrüchlichen Hangen des ganzen Volkes an seiner nationalen Berufung, das Licht der Völker zu sein, sah er Israels Bestand und Blüte; daher, war er auch Priester, galt ihm nicht das Opfer, sondern die Thora, die Veredlung und Erhebung aller Herzen zum Dienste Adonai's, als das Höchste.

Aber auch diese Neuerung sahen die Priester mit scheelen Augen an ; denn concentrirte sich bisher alles Heiligenleben im Tempel, der ihre Domäne war ; bildete das Opfer den Mittelpunkt aller heiligen Handlung, so wurde jetzt jeder Ort geheiligt durch die Versammlungen des Volkes, in denen

Gebet und Belehrung alle Herzen hob. Wie dem Papsttum
in späterer Zeit das Lesen der Bibel gefährlich schien; wie
der Buchstabenglaube ängstlich aufgescheucht wurde, als die
Bibel ein Volksbuch, zugänglich für alle, geläufig für jeden
Mund werden sollte; wie die Hierarchie in allen Religionen
sich gegen die Aufklärung der Massen in religiösen Dingen
sträubt: also bäumte sich das Priestertum jener Zeit gegen die
Neuerung auf, dass n e b e n d e m O p f e r d i e n s t e in den
Räumen des Heiligtums e i n a n d e r e r C u l t u s, mit ihm
rivalisirend und seine Autorität unterwühlend, heimisch werde.
Aus der Mitte des Priestertums, dessen Schwächen erkennend,
war der Priester erstanden, der das alte Ziel des Prophetismus auf neuen Pfaden verfolgte, die Stellung der Priester
aus ihren Fugen hob, um das Priestertum des Volkes zu
fördern; der Kampf war vorbereitet, in dem Volkssouveränität
und Priestermacht sich gegenüber stehen sollten.

Eine in ihren Folgen später bedeutsam gewordene
Verschiebung der Verhältnisse trat in Folge der von Nehemia
während seiner zweiten Anwesenheit entwickelten Tätigkeit
auf religiösem Gebiete ein. Nehemia war Judäer mit Leib
und Seele. Mit aller Liebe und Hingebung hing er an der
Sprache der Ahnen, an den heimatlichen Sitten, an Volkstum und Nationalität; daher strebte er mit aller Kraft und
Ausdauer die innere Festigung des Volkslebens an, das Eindringen der fremden Elemente abzuwehren, namentlich den
gefährlichen Ring: Sanballat, Tobijja und die Priestersippe,
die sich ihnen angeschlossen hatte, unbekümmert um den
mächtigen Anhang, über den sie verfügten, zu brechen (vgl.
Neh. 13, 28). Allein so warm er auch für das Volkstum
eintrat, so verstand er es dennoch nicht, ihm jene Höhe zu
sichern, die Esra für es angestrebt hatte — der Laie war
rigoroser als der Priester. Weil in der Thorat Mosche das
Priestertum im Mittelpunkte des religiösen Lebens steht,
ging sein Hauptstreben dahin, dass dieses auch fernerhin so
bleibe, und wenngleich er mit aller Festigkeit gegen die
Schwäche des Priestertums auftrat, wurde er doch später der
Förderer seiner bevorzugten Stellung, die es über das Volk
erhob. Bei allen Anordnungen, die er traf, handelte es sich
ihm darum, dass die Opfergaben und Priesterzehnte regelmässig entrichtet werden, damit das Gotteshaus, der Mittelpunkt des nationalen Lebens, nicht verlassen stehe (Neh.
10, 40). So kam es, dass das nachesraitische Zeitalter
keinen Laiennamen nennt, nur einzelne Priester, die die

von Esra angebahnte soferische Tätigkeit wol kaum sehr gefördert haben mochten.

Fassen wir das Ganze zusammen, so ergibt sich uns:

1. Die Gola bestand schon in Babel aus den frommen, zumeist ärmeren Elementen des Volkes, aus denen, die da erbebten ob J.'s Wort und um Zion trauerten. Sie behielt den Namen fort auch als „Volk Juda's" im Gegensatze zu den nur scheinbar, weil äusserlich blos in Jahvetum lebenden Völkerschaften, die sich im Lande angesiedelt hatten. Der Gola schlossen sich auch einzelne in der Heimat verbliebenen Judäer an, welche sich im Laufe der Zeit mit den heidnischen Bewohnern liirten. In Folge der Abweisung der fremden Elemente von der Teilnahme am Tempelbaue wurde ein Gegensatz zwischen den verschiedenen Gliedern der Gola geschaffen.

2. Die traurigen Verhältnisse der Zeit zwischen Zerubabel und Esra bildeten weitere Gegensätze zwischen Arm und Reich, zwischen Volk und Priestertum aus.

Kohelet ist nicht pharisäisch und nicht sadduzäisch — sein Denken wendet sich gegen beide Richtungen, namentlich aber gegen den Unsterblichkeitsglauben und bahnt hiemit die antispiritualistische Richtung der Sadduzäer an.

3. Mit Esra erfolgte die Stärkung der volkstümlichen Elemente innerhalb der Gola; נבדלים, die sich Absondernden,[1]) heissen jetzt die Glieder derselben, die sich gegen alles Fremde in Sitte und Gesetz auflehnen, gleich Esra die Entwicklung des Volkstumes durch Selbsterlösung vermittelst Lehre und Leben anstreben und die strenge Befolgung der Thorat Jahve und deren Auslegung als alleinige Norm für alles religiöse Leben betrachten. Die נבדלים waren die Träger der nationalen Idee; sie waren aber noch nicht Pharisäer, wie sie uns später erscheinen, sondern diese knüpften an das Wesen jener, an die strenge, religiöse Anschauung, an den demokratischen Zug, an die Idee der Selbstbefreiung durch die Lehre an; das פרישות, die Absonderung, amixia

---

[1]) Irrig ist es, wenn Baneth a. a. O. S. 13 unter וכל הנבדל Esr. 6, 21 mit Raschi u. A. Esra z. St. vgl. auch Kid. 70 a; מהרש"א z. St. Proselyten versteht, die sich zum Judentum bekehrten; es sind vielmehr Israeliten, die sich früher mit den heidnischen Bewohnern des Landes vermengten, jetzt aber jede Verbindung mit diesen abbrachen und entschiedene Anhänger der Gola wurden; vgl. Berth z. St.; s. Saadja z. St. der וכל הנבדל mit אתֶן שגרשו נשים נכריות erklärt. וכל darf hier nicht in dem Sinne «und alle», sondern muss in dem von «überhaupt alle» genommen werden.

der Pharisäer, fand ein Vorbild in der Richtung, die von
Nibdalim angebahnt wurde — der Pharisäismus der späteren
Zeit ist eine weitere Entwicklungsphase des Nibdalimtums
in der Zeit Esra's.

Gegen diese ängstliche Absonderung der Nibdalim lehn-
ten sich die Aristokraten innerhalb der Gemeinde, die Reichen
und die Priester auf und traten für die Vermischung (התיערב
Esr. 9, 2; Neh. 13, 3; vgl. die Zeit der Vermischung mit den
Fremden — Synkretismos 2 Macc. 14, 3, 38) ein. Als
eine Neuerung erschien den Priestern das Ansehen, das dem
Gebete und der Belehrung gezollt wurde, welches bis jetzt
das Opferwesen allein genossen; als Neuerer erschien ihnen
und allen die es mit ihnen hielten, Esra und seine Anhänger.
Sie nannten sich den Nibdalim gegenüber gerne צדיקים,
Gerechte, indem sie, auf die Lehre Mosis hinweisend, der
allzugrossen Freiheit in dem Deuten des Schriftwortes, der
späteren Akribeia, wie sie sich in den Gelehrtenschulen
entwickelte, durch welche mannigfache Verschärfungen und
Erschwerungen, ein allzu ängstliches Wesen in religiösen
Dingen geschaffen wurden — Umstände, die ihnen als Widersprüche gegen die Thorat J. erschienen — mit Eifer ent-
gegentraten.

Ein Irrtum wäre es aber, wollte man in den Anhängern des Sadduzäismus — bekundete er auch bereits jetzt
jene Selbstgerechtigkeit, die er später so gerne zur Schau
trug, den Gleichmut im Lockern der nationalen Bande, die
Sucht, sich dem Fremden anzuschmiegen und das Streben,
sich volle Freiheit in jeder Bewegung nach eigenem Ermessen
zu sichern[1]) — ein blos gewissenloses Stürmen gegen das
alte Gesetz sehen; im Einzelnen mochte sich leicht die
prinzipientreue צדקה, das Billigkeitsgefühl[2]) gegen die rigorose
Auffassung Esra's auflehnen, wenngleich wol zumeist Bequem-
lichkeit und Egoismus zur Vermengung mit den Fremden trieb.

So standen auf der einen Seite die streng Nationalen,
denen Nationalität und Religion eng verwachsen waren mit

---

1) Bezeichnend ist die Angabe Jos. ant. 18, 14, dass die Sadduzäer,
wenn sie zur Macht gelangten, sich genötigt sahen, dem Volke, das sie
sonst nicht geduldet hätte, nachzugeben.

2) צדקה bedeutet in dieser Zeit noch nicht (s. Geiger, Zschr. V, 270)
Woltätigkeit, Almosengeben, sondern Billigkeit, Gerechtigkeit, das ernste
Abwägen von Recht und Unrecht; vgl. Micha 6, 5, s. unseren Aufsatz über
Micha 6 im Literaturblatt 1878, S. 163.

dem Streben, den Quell der Offenbarung, der in Folge des Aufhörens des Prophetismus versiegt war, durch Deutung des Wortes, durch Erforschen der Lehre in sich selbst zu verjüngen, die Isolirung im Völkerleben nicht beachtend, für welche sie in Gott, Thora und Unsterblichkeit reichen Ersatz besassen; auf der andern Seite standen wieder die Reichen und Priester mit jenem vornehmen Wesen, das sich erhaben über Volkstum und Volksglauben wähnte, getrieben von dem einzigen Wunsche, zu herrschen, erfüllt von dem Streben nach voller Freiheit im Denken und Handeln, voll finsteren Grolles gegen die drückenden Fessel, welche die vollständige Isolirung im Völkerleben nach sich ziehen mussten, mit Missmut erfüllt gegen die neue Richtung, die das Priestertum und mit ihm den Mittelpunkt des Nationalitätsgedankens, der ihnen in dem Opferritus gegeben schien, untergräbt, das starre Festhalten an dem Worte der Schrift betonend gegenüber der freien Deutung desselben und aus diesem Grunde auf alles Supernaturalistische, das der Volksglaube aufnahm, von sich weisend.

4. Wenngleich Nehemia voll Eifer das Volkstum förderte, wich er doch von dem Grundgedanken Esra's, die Selbstbefreiung des Volkes zu erwirken, teilweise ab und förderte unbewusst die privilegirte Stellung des Priestertums, durch welche der Gegensatz zwischen Volk und Priester nur noch verschärft wurde.

Durch ihn war auch der vollständige Bruch mit den Samaritanern erfolgt. Der sadduzäisch angehauchte Priester Jojada, der um keinen Preis von den Heiden lassen wollte, wurde aus der Gemeinde gewiesen[1]) (Neh. 13, 28), er und alle, welche, beengt sich wähnend durch die Fessel, die die Gola um sie schloss, ihm folgten, waren die ersten Organisatoren der samaritanischen Glaubensgemeinschaft. Die halb heidnischen Völkerschaften, die später den Namen Samaritaner erhielten, nahmen ihn um so freundlicher auf, als durch ihn, einen echten Ahroniden, zumal der Zadokitischen Linie angehörig, ihr Gottesdienst auf Garizim eine gewisse Legitimität erlangte. Jojada war wahrscheinlich der erste samaritanische Priester,

---

[1]) Jos. ant. 11, 8, 2 nennt Manasse, einen Bruder Jaddua's, in der Zeit Alexander des Grossen als den ersten Priester der Samaritaner, den er aber dennoch als Schwiegersohn Sanballat's bezeichnet. Jos. teilt nämlich die Anschauung des Talmud, nach der das ganze persische Zeitalter nur eine Generation lang währte.

der seine sadduzäischen Neigungen, soweit sie bis jetzt vorbereitet waren, mit dem halbheidnischen Leben, das sich in dem „Volke von Sichem" erhalten hatte, in Verbindung und inneren Einklang brachte ; daher es erklärlich wird, dass Samaritanismus und Sadduzäismus sich ziemlich ähnlich waren (vgl. Epiph. haer. 9, 14); gleiche Ursachen, gleiche Wirkungen! Beide traten gegen die Fortentwicklung der mündlichen Lehre durch die Propheten und die Soferim, sowie gegen die Folgen der inneren Umbildung in Babel in Opposition, den Pentateuch allein als Grundlage ihres Glaubens und Lebens anerkennend, der ihnen um so lieber, weil bequemer war, weil seine Zäune nicht so hoch waren, um nicht bald hier bald dort sein zu können. Beide, Sadduzäer sowol als auch Samaritaner, haben es bekundet, dass es ein Irrtum ist anzunehmen, jede Reformation in Glaubenssachen involvire gleichzeitig einen Fortschritt : indem sie den Quell der Entwicklung, die Tradition, das ewig belebende Element des geistigen Lebens, verstopften, haben sie den Brunnen verschüttet, der ihnen das Wasser des Lebens hervorquellen liess.

Nehmen wir aber einen solch frühen Anfang für die Entwicklung des Parteiwesens an, dann dürfen wir keinesfalls die Widerlegung, welche die Annahme Geiger's, nachdem wir auch dieser bis zu einem bestimmten Punkte folgen, von Derenbourg (Essai sur l'histoire et la geographie de la Palestine I, Paris 1867, Note 4) gefunden, unbeachtet lassen. Sein erstes Bedenken gegen die Annahme einer innigen Beziehung zwischen dem Zadok'schen Priestergeschlechte und den Sadduzäern tangirt unsere Darlegung gar nicht, da wir in unserer Annahme blos vom Zusammenhange der Sadduzäer mit den Priestern überhaupt ausgehen, für welche sich aber mannigfache Beweise und Anhaltspunkte erbringen lassen, vgl. die schlagende Stelle Toseft. Nidda 5, 3.

Hingegen tritt sein zweites Bedenken gegen die Voraussetzung eines so hohen Alters der Parteien teilweise auch unserer Annahme entgegen. D. bemerkt nämlich scheinbar mit Recht, dass, wäre die Annahme von dem frühen Ursprunge der Parteien berechtigt, in einem der zwei ersten Makkabäerbücher die Namen der Parteien genannt werden müssten. Allein das Bedenken schwindet, zieht man in Betracht, dass wir stets nur den frühen Ursprung, nicht aber die vollendete Erscheinung des Parteiwesens im Auge haben, Namen aber immer erst das Product vollständiger Entwicklung sind — lange existirten bereits die modernen Krankheiten Pessimismus und Nihilismus, ehe deren Namen genannt wurden. Deutlich charakterisirt indess bereits der Verfasser des B. Esra den Standpunkt der Nibdalim als den der späteren Pharisäer, während die Sadduzäer in dem Synkretismus dargestellt werden. Ebenso sind die späteren הסידים Asidaioi, 1 Macc. 2, 42 ; 7, 13 ; 2 Macc. 14, 6, die Nachfolger der Nibdalim, während die Griechenfreunde, die späteren Sadduzäer, denen folgten, die schon früher die Vermengung mit den Fremden anstrebten.

Das Parteiwesen ist eben nie stabil, unterliegt vielmehr durch Reibung der Elemente der steten Bewegung, daher der Veränderlichkeit.

Die vollständige Scheidung erfolgte erst, als durch die Priesterfürsten der aristokratisch-priesterliche Einfluss den Sieg über das Volkstum davontrug und die Griechentümelei mit ihrer ungebundenen Freiheit, ihrer Sinnlichkeit, mit dem Leichtsinn des Lebens und der Leichtfertigkeit in der Lehre, die das Leben rechtfertigen wollte, die Zaddikim immer weiter in die Bahn der Fremden und so zum völligen Bruch mit dem Pharisäismus drängte. Jetzt bemächtigte sich Erbitterung und Spott der Pharisäer und sie mochten den treulosen Söhnen ihres Volkes nicht mehr den stolzen Namen, den diese sich beigelegt hatten, den Namen צדיקים, dem die Bezeichnung S a d d u k a i o i am nächsten steht, lassen, nannten sie vielmehr voll Spott, um die Bedeutung des ursprünglichen Namens zu verwischen, צדוקים. In gleicher Weise führten wieder die Sadduzäer den Namen der פרושים, der für leichtfertige Naturen schon an und für sich etwas Absonderliches in sich schliesst, zumeist in spöttischer Weise im Munde[1]) (s. den 3. Einwurf D.'s a. a. O.).

\* \* \*

Dunkler noch als der Ursprung des Pharisäismus und Sadduzäismus ist die Vorgeschichte des Essenismus, der dritten mehr in religiöser Beziehung von den anderen sich sondernden Richtung innerhalb des jüdischen Gemeinwesens während des zweiten Tempelbestandes. Weder die apokryphischen Schriften, noch das n. T. oder der Talmud weisen mit Bestimmtheit auf sie hin und hätten uns nicht Josefus[2])

---

[1]) Nicht unmöglich wäre es immerhin, dass man später des Gleichklanges wegen צדוקים gleichwie פרושים punktirt; ebenso lautete auch ursprünglich נתוצ statt des in unserer Bb. häufigen נתינים vgl. Kidd. 69 b, s. v. האביה.

[2]) Bell. jud. 2, 8, 2  13 ; arch. 13, 5, 9 ; 15, 10. 4, 5 ; 18, 1, 2—6 ; 17, 3, 3 ; bell. jud. 1, 3, 5 ; vgl. arch. 13, 11, 2. Zu ergänzen wäre noch

und Philo[1]) den Namen und Einiges über die eigentümliche Anschauung und Lebensweise derer, die ihn trugen, erhalten, gewiss, diese innerhalb des Judentums so merkwürdige Erscheinung wäre uns gänzlich unbekannt geblieben. Welche Unklarheit aber über diese höchst interessante Frage herrscht, beweisen am deutlichsten die mannigfachen Hypothesen, die betreff des Namens und seines Ursprunges aufgestellt wurden. So kam es, dass wir trotz der nicht unbedeutenden Fortschritte, die auf dem Gebiete der Exegese und der Aufhellung des jüd. Geschichtslebens zu verzeichnen sind, weder den Namen seinem Radix nach, noch etwas über die Zeit und die Motive der Entstehung wissen.

Einige (vgl. Bellermann geschichtl. Nachrichten aus dem Altertum, über Essäer und Therapeuten, Berlin 1821, S. 6; vgl. hiezu Geiger, Urschrift S. 126) wollten den Ursprung des Namens von dem syrisch-aramäischen אסא „heilen" ableiten, das sowol leiblich von Krankheiten als auch geistig von Fehlern des Gemütes gebraucht wird und den Namen in der Bedeutung von „Gottbeflissene, Gottverehrer" nehmen, wodurch allerdings eine Annäherung an den Namen der Therapeuten erzielt wurde, die namentlich bei den alexandrinischen Juden zu finden waren und denen der Name wahrscheinlich in Folge ihrer Beschäftigung mit medizinischen Wissenschaften beigelegt wurde. Möglicherweise war auch mancher אסיא ein Essener, sicher aber ist es, dass nicht jeder Essener ein אסיא (vgl. Frankel Monatschrift, 1853, S. 71) gewesen sei. Andere wieder wollten das Wort von dem hebr. rad. עשה tun, handeln, ableiten und das Part. plur. עשים in der Bedeutung die Handelnden, die Praktischen, im Gegensatze zu den Denkenden, Theoretischspeculirenden nehmen (vgl. Bellermann a. a. O. S. 9). Noch andere dachten an die Abstammung der Essener von der Stadt E s s a jenseits des Jordan, die Josef. arch. 13, 15, 2 nennt. Epiphan. nennt sie Ossener oder Osseer, auch Jessäer (haer. 29, 1, 5) von

---

die von Bellermann a. a. O. unbeachtet gebliebene Stelle bell. 5, 4, 2, wo er ebenfalls die Essener erwähnt.

[1]) Jeder Tugendhafte ist frei, ed. Mang. London 1742 II, 457—459; vom beschaulichen Leben oder von den Tugenden d. Hiketen II, 471; Verteidigung der Juden aus Euseb. praep. ev. VIII 1, 1. Mang. II 632 f. Vgl. Plinius, hist. nat. l. II. c. 16 u. 17 oder § 15 ed. Harduin I p. 262; Solinus, gen. Polyhistor, c. 35, § 7—12; Porphyrius, von der Enthaltsamkeit von Fleischspeisen B. IV u. a.

Isai oder Jesse, dem Vater David's, oder einem andern Jesse.
Baumgarten, Gesch. der Religionsparteien, Halle 1766, S. 291
vermutet, der Name stamme von חזה schauen, innere Anschauungen und Offenbarungen Gottes erhalten. Auch die
Ableitungen von חון (Bewahrer, Wächter), חסה stark sein
(Epiphan. und Kirchenväter, von da entnommen noch bei
Maqrizi in de Sacy's chr. ar. I p. 114), חסה auf Gott vertrauen, חשה schweigen, also die Schweigsamen, die Verschwie-
genen (vgl. He-chaluz 8. Jg. S. 112; Zschr. D. M. G. 23. Jg.
S. 679), הסה ebenfalls schweigen und dem aramäischen חשה,
entbehren, finden sich; es sind durchwegs Erklärungen, die
kaum mehr der Erwähnung, geschweige denn der Widerlegung wert sind. Frankel Zschr. 1846 S. 441—461 und
Monatsschr. 1853 S. 30—40 u. 61—73 suchte nachzuweisen,
dass mit dem in der Mischna und Boraita öfters erwähnten
חבר der Essener gemeint sei; ebenso findet er sie in den
חסידים הראשונים, in den ותיקין, in den צנועין und den טובלי
שחרית wieder und nach Anleitung Rappaport's, Kalir, Anm.
20 vermutet er in der קהלא קדישא דבירושל' (vgl. Bechor. 5, 15)
eine essäische Gemeinde in Jerusalem. Allein betrachten
wir jene Stellen, in denen die genannten Bezeichnungen
vorkommen, genauer, dann wird sich uns ergeben, dass keine
der erwähnten Vermutungen zu befriedigen im Stande ist.

Was die Chasidim sind, haben wir bereits oben und
anderen O. (S. 32 f.) angedeutet; es sind die Frommen,
die im Geiste Esra's das national-religiöse Leben durch
strenge Sitte, unverbrüchliche Anhänglichkeit an Gesetz und
Volkstum zu kräftigen suchten im Gegensatze zu Jenen, die
sich leichtfertig allem Fremden in die Arme warfen. Im
talm. Schrifttum werden mit dem Worte die Frommen schlechthin bezeichnet, vgl. B. kam. 103 a; Ab. 5, 14; Jer. Ter. 8,
12; Gen. r. c. 94; Kidd. 81 a, Ned. 7 b u. ö.; am deutlichsten in B. kam. 30 a, wo demjenigen, der ein Chasid werden
will, geraten wird, sich in Geldangelegenheiten in Acht zu
nehmen, ebenso aus Ab. 2, 15, wo der Satz aufgestellt wird,
der Unwissende könne kein Chasid sein. Auch der Erzvater
Jacob wird bereits ein חסיד genannt; Num. r. 14; vgl. hiezu
noch Tem. 15 b; Sabb. 63 a; Sota 9, 4. Unter חסידים
הראשונים sind demnach frühere Fromme auf die einzelne
Institutionen, deren Ursprung nicht mehr genau bekannt
war, zurückgeführt wurden, zu verstehen.

Der חבר steht im Gegensatze zu dem עם הארץ, dem Un-
wissenden, Idioten; er ist der Genosse der Gelehrten, denen

er sich anschloss und welchen er zwar nicht immer an
Gelehrsamkeit, wol aber an Rigorosität im religiösen Leben
glich,[1]) vgl. Kidd. 33 b; jer. Bikk. 65 c. u. ö. חבר
wurde derjenige genannt, der alle Pflichten erfüllte, die von
Israeliten gefordert wurden, namentlich aber die Verzehntung
der Früchte strenge beachtete und sich vor jeder Verunreinigung ernst hütete, namentlich die Berührung mit den
עם הארץ vermied, Demai 2, 3. Die Frau des חבר wurde
חבירה genannt, Sanh. 8 b.

Die Bezeichnung ותיקין, ethikos, kommt nur bei Normen
über Gebet und Gebetszeiten vor, vgl. Ber. 9 b; 25 b; 26 a;
Jer. Ber. 3 a; R. hasch. 32 b.

צנועים für Essener zu nehmen, dürfte nur der nahe
liegende Gleichklang mit Essenoi veranlasst haben; allein
da Jer. Demai 6, 6 das Wort mit כשרי würdige, fromme
Männer wiedergibt, so ist an einen Zusammenhang mit den
Essenern gar nicht zu denken. Ebenso wenig ist dieses mit
טובלי שחרית (Toseft. Jadaj.; vgl. auch Geiger, a. a. O. S. 71)
der Fall, vgl. auch חסא, בנאים die Badenden, Mikw. 9, 7 in
Frankel's Zschr. 1846 und Sachs Beitr. II, 199; Grätz, III,
660 will das Wort von סהא baden ableiten und als Abkürzung von אסהאי צפרא Morgentäufer = טובלי שחרית nehmen; aus
אסאי, ausgesprochen mit elidirtem ה, Assai oder Essai
entstand dann, so meint er, das bei Jos. gebrauchte Essaioi;
allein da Josefus von dem Baden der Essener vor dem
Gebete gar nicht spricht, sondern blos von dem Baden nach
der Arbeit, und anderseits auch die durch Pollution Verunreinigten טובלי שחרית genannt wurden, vgl. Ber. 22 b; Jes.
Ber. 3, 14, befriedigt auch diese Annahme nicht.

---

[1]) Bekanntlich berichtet Josefus, dass bei den Essenern verschiedene
Grade unterschieden wurden. Frankl, a. a. O. S. 33 findet nun in den
Bechor. 30 b; Tosefta Demai c. 2 genannten Bezeichnungen כנפים und
טהרות zwei bei den Essenern vorhandene Ordensstufen. Allein geht man
auf den Sinn der genannten Stelle genauer ein, so findet man, מקבלין אותי
לכנפים ואחיכ מקבלין אותו לטהרות beziehe sich auf zwei Momente, von
denen man gewöhnlich annahm, dass sie von dem עם הארץ weniger beachtet wurden, als dieses von dem חבר erwartet und verlangt wurde, nämlich
die Berührung seiner Person mit unreinen Gegenständen (טים und מדף)
und der Genuss reiner Speisen מעשרות oder טהרות Jer. Demai 23 a. Der
neu aufgenommene חבר wurde in der ersten Zeit nur insofern als zuverlässig
betrachtet, als man die Berührung seines Kleides (כנף Zipfel, vgl. Hag. 2,
4) nicht so ängstlich zu vermeiden genötigt war; hingegen währte der
Verdacht betreff der Speisen (טהרות) noch länger fort.

Einige wollten den Namen durch das griechische „hosios", die Heiligen, Frommen erklären, irrtümlicher Weise sich auf das Wort Philo's, das er aber mit dem Namen gar nicht in Verbindung brachte und nur zur Erklärung des Wesens der Essener gebrauchte, stützend; „hosioi" würde zwar an das zu erklärende Wort anklingen, allein dagegen spricht der Umstand, dass Josefus zumeist die Form „essenoi" gebraucht und nur an zwei Stellen die aber deshalb mit Recht als corrumpirt angesehen werden dürfen, sie „essaioi" nennt.

Auch in den חיצונים wollte man die Essener in der Bedeutung „die ausserhalb des Kreises (der Pharisäer) Stehenden" wiederfinden; allein auch dieser Versuch ist kaum der Widerlegung wert, da er schon mit sich selbst in Widerspruch steht, nachdem die Essener im Allgemeinen auf dem Standpunkte der Pharisäer standen, ja diese durch gesteigerte Anforderungen an Enthaltsamkeit und levitische Reinheit zu überstralen suchten. Die חיצונים sind jedenfalls Sadduzäer oder spätere Häretiker, die man mit Recht als ausserhalb des Rahmens der jüd. Lebensanschauung Stehende bezeichnen konnte; vgl. Meg. 24 b; Sanh. 10, 1, babl. Sanh. 100 b, wo ספרים חיצונים mit ס' צדוקים identificirt werden.

Somit ständen wir wieder auf demselben Punkte, von dem wir ausgegangen waren; keine der angeführten Erklärungen befriedigt, zumal keine tiefer und klarer in die merkwürdige Entwicklung, die zu dieser eigentümlichen Erscheinung im jüd. Geschichtsleben führte, blicken lässt.

Sollte aber in unserem Schrifttume wirklich nichts zu finden sein, das das Dunkel ein wenig zu lüften im Stande wäre?

Merkwürdig genug wäre es, da sie von Josefus ant. 13, 10, 5 in einer Reihe neben den Pharisäern und Sadduzäern genannt werden und er ihre Entstehung in alte Zeit versetzt.

Versuchen wir es; vielleicht gelingt es uns, Anhaltspunkte für die Aufhellung dieses dunklen Punktes der jüd. Geschichte zu gewinnen.

Allein wir sind genötigt, noch einen zweiten dunklen Punkt in der nachexilischen Geschichte uns vorzuführen — es ist die Frage, wer die N e t h i n i m in den Bb. Esra und Neh. waren. In diesen Büchern werden nämlich neben Priestern und Leviten, sowie neben deren Unterabteilungen häufig auch Nethinim genannt; welche Stellung nahmen diese in dem Heiligenleben ein? Wer und was waren die Nethinim?

Allgemein wird, gestüzt auf Jos. 9, 27, angenommen,
sie seien Nachkommen jener Gibeoniten gewesen, die Josua
zu Holzhauern und Wasserschöpfern für die Gemeinde und
den Altar des Herrn verurteilte (vgl. Knobel zu Jos und Num.
3, 9 Bertheau zu Esr. 2, 43—54), Tempelsklaven, die den
Leviten zur Verrichtung niederer Arbeiten beigegeben wurden.

Von vornherein ist das Verhältnis, in dem diese angeblichen Nachkommen der Gibeoniten zur Gemeinde standen,
ziemlich unklar. Lebten sie noch immer fort als Heiden?
Hielten sie sich nach Verlauf vieler Jahrhunderte noch immer
von Israel abgesondert? Sollte keine Vermengung vor sich
gegangen sein in einer Zeit, in der Simson eine Philisterin,
Machlon und Kiljon Moabiterinnen heirateten, Salomo eine
egyptische Königstochter heimführte und Israel dem Götzen-
dienste aller kanaanitischen und der benachbarten Völkerschaften huldigte? Noch schwerer wird die Beantwortung der Frage:
Josua verurteilte sie zu עֵצִים חֹטְבֵי und שֹׁאֲבֵי מַיִם; sollte ein
ganzer Volksstamm sich wirklich für alle Zeiten zu solch
niedrigem Berufe verurteilen lassen?

Nicht minder auffallend muss es erscheinen, dass
dieser so alten Dienerschaft des Heiligtumes weder einer
der Propheten, noch sonst irgend ein Geschichtschreiber des
jüd. Altertums gedenkt; selbst Ezechiel, der priesterliche
Prophet des Exiles, der im prophetischen Gesichte des
künftigen Heiligtumes Erstehen und alle Tempelhörigen bei
ihrem Dienste schaut, kennt nicht und nennt nicht die
Nethinim und auch der Chronist kennt sie nicht, trotz seiner
Vorliebe für Opfer und Heiligendienst, bei deren Beschreibung
er unstreitig häufig Gelegenheit gefunden hätte (vgl. 1 Chr. 23,
24, 32; 25, 1, 16 u. ö.), ihrer neben den Sängern und sonstigen
Dienern des Heiligtumes zu gedenken — führt er doch selbst
die Namen der Torhüter 1 Chr. 9, 17 f an — während er
nur einmal 1 Chr. 9, 2 Namen in einem Verzeichnisse
nennt, das abgesehen von einigen Varianten (vgl. 1 Chr.
9, 3 mit Neh. 11, 4, wo וּמִן בְּנֵי אֶפְרַיִם וּמְנַשֶּׁה fehlt) mit Neh.
11, 3 ff. identisch ist; während aber daselbst die Namen der
Priester und Leviten, der Sänger und Torhüter mit denen
in den Bb. Esra und Neh. beinahe vollständig übereinstimmen,
werden die Nethinim gänzlich mit Stillschweigen übergangen.

Sehen wir uns nach diesen nicht leicht zu beseitigenden
Bedenken alle Stellen an, wo ihrer gedacht wird! In Esra
2 werden die Namen der aus Babel heimkehrende Geschlechter verzeichnet. Daselbst werden nach Aufzählung der

israelitischen, priesterlichen und levitischen Stammhäuser
v. 41 die Sänger v. 42 die Torhüter, v. 55 die Knechte
Salomo's, 43—55 aber Nethinim in grösserer Anzahl genannt — die Nethinim werden also hier neben den Knechten
Salomo's erwähnt, müssen also von den gewöhnlichen Knechten
verschieden gewesen sein; worin bestand nun ihr Dienst?
In dem Geleitschreiben, das König Artachschasta dem
Esra mitgab (Esr. 7, 12—26), wird hervorgehoben, dass
von Priestern, Leviten, Sängern, Torhütern, Nethinim und
Arbeitern des Gotteshauses keinerlei Steuer erhoben werden
dürfe (v. 24); hier finden wir also die N. neben den Unterabteilungen der Leviten und den בית אלהא פלחי, von denen
sie also wieder verschieden sein mussten, weswegen wir demnach in ihnen nicht gewöhnliche Arbeiter des Gotteshauses,
welchen Begriff wir gewöhnlich mit den Nethinim verbinden,
sehen können.

In Esra 10 werden v. 18—22 die Namen der Priester,
v. 23 die der Leviten, 24 der Sänger und Torhüter, 25—44
der Israeliten angegeben, die fremde Weiber genommen
hatten; hingegen wird, während alle Gesellschaftsschichten
von der Sünde der Vermischung mit den heidnischen Völkerschaften ergriffen erscheinen, auch nicht Einer der N. genannt;
ist dieser Moment nicht beachtenswert? Allerdings könnte
dagegen eingewendet werden: die N. waren heidnische
Tempelsklaven, wozu sollte von ihnen berichtet werden, dass
sie fremde Frauen geehelicht hatten? Allein diese Frage
wird durch Neh. 10 vollständig beseitigt. Dort wird nämlich
der neue Vertrag der Gemeinde mitgeteilt, in dem als erster
Punkt v. 31 das Verbot der Vermengung mit den fremden
Völkerschaften aufgestellt wird und unter denen, die die
Annahme des Vertrages durch ihre Unterschrift bekräftigten,
befinden sich v. 29 auch die Nethinim; kann nunmehr noch
die hergebrachte Ansicht, sie seien heidnische Tempelsklaven
gewesen, aufrecht erhalten bleiben? Darf noch angenommen
werden, dass sie ausserhalb der Gemeinde standen?

Neh. 3, 31 wird ein הנתינים בית[1]) am Ophel genannt;
wie, wohnten die angeblichen Nachkommen der Gibeoniten
zusammen in einem Hause? Wird doch ib. 26 berichtet,

---

[1]) Grätz S. 109, A 3 zieht den Schluss, die N. mussten es teilweise
zum Wohlstande gebracht haben, da sie nach Neh. 3, 26 einen Teil der
Mauer aus eigenen Mitteln aufrichteten. Allein aus dem Zusammenhange
und Wortlaute ist das keinesfalls zu ersehen, v. 26 wird blos, da die Stelle

dass sie am Ophel ihre Wohnungen einnahmen! Was bedeutet nun das erwähnte בית הנתינים?

Noch mehr Schwierigkeiten ergeben sich aus Esr. 8, dem Berichte über die Expedition unter Esra, aus dem mit Bestimmtheit ersichtlich wird, dass die althergebrachte Anschauung über die N. vollständig unhaltbar ist. Esr. 8, 15 wird nämlich erzählt, Esra habe, ehe der Zug aufbrach, die Musterung der Mitziehenden vorgenommen und unter ihnen auch nicht e i n e n Leviten gefunden. Um diesem Uebelstande abzuhelfen, schickte er zu Iddo (v. 17), der הראש genannt wird, er möge משרתים לבית אלהינו senden. Nach v. 15 würden wir, da Leviten fehlten, voraussetzen, er habe s o l c h e von Iddo verlangt; allein Iddo sandte n u r 20 L e v i t e n u n d 220 N e t h i - n i m. Wozu Letztere? Konnten sie, vorausgesetzt sie waren Gibeoniten, Leviten ersetzen? Und wer war Iddo, dass Esra ihm solchen Einfluss, namentlich auf Leviten, zutraute und dass durch dessen Vermittlung tatsächlich so viele, die sonst gar nicht daran dachten, sich entschlossen hatten, mit Esra nach Jerusalem zu ziehen[1])? Waren die Nethinim die alten Gibeoniten, wie kam es, dass so viele a n e i n e m O r t e in Kusifja zusammen wohnten? Was taten sie daselbst? Wie war die Exilirung der Nethinim vor sich gegangen? Waren sie auch nach Babel als Sklaven mitgezogen, ohne dass sie es versucht hätten, sich, da jetzt die beste Gelegenheit dazu geboten war, der Hörigkeit zu entäussern? Warum war nicht Iddo nach Jerusalem mitgezogen? Was bedeutet הראש? Was bedeuten v. 17 die Worte אל אדו אחיו הנתונים? Und sollten wir auch ואחיו lesen (vgl. Berth. z. St.), wir kämen betreff des Verständnisses doch nicht weiter, da die Frage unbeantwortet bliebe: wie sollten Neth., die Parias unter den Heiligendienern (vgl. Reland, antiquit. 2, 6, 9, vgl Ewald Alt. S. 290, der auch nicht weiss, welche Geschäfte ihnen zuzuschreiben sind), über Leviten zu gebieten oder zu verfügen vermögen? Sollten wir Iddo für einen Leviten halten, was bedeutete dann ואחיו הנתונים? Auch der Name נתינים neben dem Keri נתונים, welches wol die richtigere Lesart ist (vgl

angegeben wird, bis zu der die Mauer hergestellt wurde, nebenbei bemerkt, wo die N. wohnten, nicht aber dass auch sie einen Teil der Mauer hergestellt hätten.

1) Grätz a. a. O. II B 129 fühlte die Schwierigkeit wol heraus, suchte sich aber nach dem Vorgange der Vulg. dadurch zu helfen, dass er das Ketib הנתונים in der Bedeutung »gesetzt«, »wohnen« (Peschito ר' שרין) nahm.

das später in der Mischna und Gemara gebrauchte נתון), das
an Num. 3, 9; 8, 10, 19 erinnert, macht Schwierigkeiten;
sollte man den gemeinen Tempelsklaven den Ehrennamen,
der an die Heiligkeit der Leviten erinnert, beigelegt haben?
Zum Schlusse sei noch der Schwierigkeit in Esr. 2, 70
gedacht, welche Stelle, verglichen mit Neh. 7, 73, eine Transposition des ומן העם erfordert. Nach letzterer Stelle sind nämlich diese Worte vor והנתינים zu setzen, wo sie auch Berth. vgl.
auch Philipps. z. St. besser am Platze glaubt. Allein obgleich
auch nach unserer Ansicht der Text in Neh. der correktere
ist, der Grund dieser Transposition ist nicht gut einzusehen,
da die Worte nach der gewöhnlichen Erklärung sinnlos
bleiben, gleichviel ob sie zwischen Leviten und Sängern oder
zwischen Torhütern und Nethinim stehen; sie bleiben immer
überflüssig, da ומן העם schon in וכל ישראל enthalten ist.

Aus all den Schwierigkeiten drängt sich uns unwillkürlich die Ansicht auf, die Nethinim können unmöglich
gemeine Diener des Heiligtums, Nachkommen der Gibeoniten
gewesen sein und selbst die Worte in Esr. 8, 20, ומן הנתינים
שנתן דויד והשרים לעבדת הלוים, die scheinbar deutlich den Ursprung der N. darlegen, entkräftigen nicht unsere Ansicht
zunächst schon darum, weil sie deren allgemein behauptete
Identität mit den Gibeoniten aufheben, sodann aber aus dem
Grunde, weil sie sich schon durch die Wiederholung des auf
sie folgenden unnötigen נתינים als Glosse des späteren Verfassers der Bücher oder eines späteren Abschreibers, dem
die Stellung und das Wesen der N. gleichfalls nicht mehr
klar war, erweisen.

All unsere Fragen und Bedenken aber werden erledigt,
wenn wir in den N. eine gesonderte Genossenschaft und
zwar die der Essener[1]) annehmen. Ueber die einzelnen

---

[1]) Das erste נ von נתינים wurde in der griechischen Aussprache elidirt,
was um so annehmbarer ist, als das נ als Vorschlagslaut in den indo-germani-
schen Sprachen leicht abgestossen wird; vgl. im Deutschen Natem und Atem,
Nast und Ast (Birlinger, Wörterbüchlein S. 69); vgl. das Italienische Nabisso
und Abisso, Ninferno und Inferno, Nobis und Obis. So wird am
besten die bei Josefus allgemein gebräuchliche und allein richtige Bezeichnung «Essener» vgl. auch bei Makrizi in de Sacy's Chrest. arab. 1806
II 218, auch Plinius h. nat V, 17 erklärt. Die Frage, warum der Ss Laut
in der griechischen Aussprache geblieben, da er sonst mit Th wiedergegeben
wird, ist, angenommen, das raphirte ת sei gleich dem dageschirten ebenfalls
als th ausgesprochen worden, was aber kaum anzunehmen ist, wenn auch

Momente, die diese merkwürdige Erscheinung herbeiführten, werden wir noch zu berichten Gelegenheit finden. Versuchen wir vorerst nach den Anhaltspunkten, die uns die Bücher Esra und Nehemia bieten, einen Einblick in das innere Wesen der Nethinim-Essener zu gewinnen. Die N. sind also keinesfalls Nachkommen der Gibeoniten, auch nicht Heiden, die von der Gemeinde vollständig abgeschlossen lebten, sondern sie bildeten eine Genossenschaft innerhalb der Gola, mit deren religiösem Leben sie innig verwachsen waren. Einzelne derselben waren wol heidnischen Ursprungs, worauf die Esr. 2, 43 ff. vgl. Neh. 7, 46 ff aufgeführten eigentümlichen Namen, namentlich die v. 50 genannten נפישים, welche wol mit dem Gen. 25, 15 genannten ismaelitischen Stamme נפיש identisch waren, hinweisen[1]); allein sie waren bereits mit dem Volke assimilirt und wurden, nachdem sie sich dem Heiligendienste widmeten — wie dieses möglich ward, werden wir noch sehen — im Gegensatze zu den Leviten und deren Unterabteilungen, als **Diener aus dem Volke** מן העם bezeichnet; vgl. Esr. 2, 70 und Neh. 7, 73. Letztere Stelle bedeutet demnach: „es wohnten die Priester und Leviten, die Sänger und Torhüter und die aus dem Volke stammenden Nethinim und ganz Israel in ihren Städten.[2])

---

die Sept. u. Hieron. den Laut stets so haben, damit beantwortet, dass der Laut nach der hebr. Aussprache in die griechische übertragen wurde, um dem Gleichklang mit e t h u o i vorzubeugen.

[1]) Bei dem Namen werden wir wie bei Zicha v. 43 vgl. mit Neh. 11, 21, wo dieser als Vorsteher genannt wird, an Abteilungen der Nethinim zu denken haben. Bestätigt wird diese Auffassung durch den Plur. bei מעינים und נפיסים vgl. Berth. z. St.

[2]) Vgl. den agadischen Commentar des R. Sal. Edels zu Kidd. 70 a, der ומן העם ähnlich, aber mit Bezug auf die משוררים erklärt und annimmt, Sänger seien den Laienkreisen entnommen worden, weil unter den Leviten keine vorhanden waren. Üb. Esr. 2, 70 und Neh. 7, 73 s. oben S. 196. Der Chronist als Verfasser des ersten Teiles des Buches Esra hat das genealogische Verzeichnis, das auch Neh. 7, 6—73 mitgeteilt wird (vgl. Rosenzw. a. a. O. S. 28) seiner Schrift einverleibt, die Stellung der Worte ומן העם im letzten V. aber geändert, da es seiner theokratischen Auffassung unpassend erschien, in einem Atemzuge Sänger und Torhüter neben Priestern und Leviten zu nennen; er setzte daher die genannten Worte gleich nach והלוים wodurch nun auch die משררים und שיערים, die Leviten 2. Ordnung, von den eigentlichen לוים gesondert erscheinen. Das ו vor והנתינים Esr. 2, 70 und Neh. 7, 73 ist zu streichen.

Nach Esr. 8, 15 finden wir eine grössere Anzahl Nethinim in Kusifja, das hart an der Grenze Babels zu suchen ist. Dort widmeten sie sich dem Gottesleben. Opfer wurden in Babel selten oder nie dargebracht; die Vergeistigung und Verinnerlichung des Gotteslebens durch das Studium des Gotteswortes, das war der Gottesdienst, den Babels Leidenszeit in den Frommen angebahnt und das war auch das Gottesleben, dem die N. sich geweiht hatten. So wurden sie, die Bahnen des Prophetismus betretend, nicht etwa prinzipielle Gegner des Opferdienstes, aber dieser war nicht mehr der ausschlissliche Gottesdienst für sie, weswegen es sie auch späterhin nicht allzusehr nach Jerusalem zog (vgl. Jos. ant. 18, 1, 5) und darum mochte wol auch Iddo הראש, das Oberhaupt der in Kusifja wohnenden Nethinim, nicht nach Jerusalem ziehen. Kusifja war der Sammelplatz einer fest gegliederten Genossenschaft, deren Mitglieder sich als „Brüder" betrachteten, denen alles gemeinsam oblag und gehörte, daher אדו ואחיו הנתינים Esr. 8, 17; alle waren in geistiger und gesellschaftlicher Beziehung Brüder des Iddo (vgl. Jos. bell. 2, 8, 6, 14).

Die innere Einrichtung der Genossenschaft war eine streng patriarchalische nach dem Muster des alten Israel. Wie später die Judenchristen-Gemeinde in sich und ihren 12 Aposteln die Verkörperung Alt-Israels und seiner 12 Stämme glaubte, so gliederte sich die Gemeinde in Kusifja in 12 Abteilungen, an deren Spitze je ein Haupt stand.[1]) Zwei Bezeichnungen für solche Häupter sind in 8, 17 erhalten — ראשים und מבינים. Ersteren oblag wahrscheinlich die Besorgung der zur Erhaltung des materiellen Lebens erforderlichen Bedingungen; מבינים aber hiessen die Lehrer der Vereinigung, deren Beruf die Förderung der Tugendmittel, die Lesung der heil. Schrift, der alten Ueberlieferungen, die Erklärung und Erläuterung des Gesetzes (vgl. Bellerm. a. a. O. S. 27) war.

---

[1]) Esr. 8, 16 werden 11 Namen angeführt; Ewald, S. 179, Anm. 4 vermutet, Esra habe, um der Gesandtschaft einen feierlichen Charakter zu verleihen, an Iddo 12 Männer geschickt und ein Name, etwa משמן nach 3 Esr. sei ausgefallen. Allein abgesehen davon, dass 3 Esra 8, 43 selbst gegen diese Ansicht spricht, weil daselbst ebenfalls blos 11 Namen angeführt werden, ist es auch unrichtig, das ל, das jedem derselben vorgesetzt ist, nach Vorgang der Vulgata als Accusat. (s. dag. Sept. u. 3 Esr.) zu nehmen; es ist vielmehr hier, wie zumeist gleichbedeutend mit אל und der Satz nennt nicht die Namen derer, die Esra als Gesandtschaft an Iddo schickte, sondern die der Nethinimhäupter in Kusifja, deren es demnach mit אדו הראש 12 gab.

Den Namen נרינים oder richtiger נתונים, die sich dem Dienste Hingebenden (vgl. פרושים die sich Absondernden), legten sie sich selbst bei; warum? wird sich noch ergeben. Es bliebe uns nunmehr nur noch übrig, einzelnes über ihre Stellung innerhalb des Gemeindelebens, sowie über ihren Wohnort in Jerusalem nachzutragen. Aus dem bereits erwähnten Berichte Esr. 8 ersahen wir bereits, dass ein Mangel an Leviten — wahrscheinlich war dieses auch in Jerusalem der Fall — herrschte. Auf Ansuchen Esra's sandte Iddo Diener für das Gotteshaus; wir werden nicht irre gehen, wenn wir annehmen, dass die Nethinim, obgleich dieses ursprünglich ihrem Wesen und ihren Anschauungen fremd war, durch die Verhältnisse, wie sie sich im Heiligenleben entwickelt hatten, gezwungen waren, an der Stelle der Leviten hie und da Dienste am Heiligtume zu versehen. Da wir aber nach Esr. 8, 16 auch מבינים als Häupter einzelner Nethinimgruppen fanden und solche auch Neh. 8, 7 neben Esra als Schrifterklärer[1]) wirkten, so erscheint die Ansicht, dass sie namentlich d i e s e s A m t in der neuen Gemeinde bekleideten, vollständig gerechtfertigt, zumal wir unter den daselbst genannten עקוב und חנן, die schon Esr. 2, 46 und 47 als Nethinim oder Nethinimgruppen genannt werden, als Mcb. kennen. Dass aber tatsächlich nicht Leviten allein מבינים waren, erhellt am deutlichsten aus demselben Verse, wo die Leviten neben ihnen genannt werden.[2]) Nun kann es uns nicht mehr wundern, wenn wir finden, dass sie in dem Leben der neuen Gemeinde eine ziemlich angesehene Stellung einnehmen: das bereits mehrfach erwähnte Schriftstück Neh. 10 haben auch sie mit unterschrieben (v. 29); hingegen fehlen sie in Esr. 10, wo die Namen Aller, die von der Sünde der Vermengung hingerissen wurden, aufgezählt werden. Dieser auffallende Umstand kann nur durch die Annahme erklärt werden, dass ihre Anschauung über die Ehe rigoroser als die der Andern war; tatsächlich war das auch bei den

---

1) Berthean zu Neh. 8, 3 meint irriger Weise, unter מבינים sei eine dritte Art von Zuhörern zu verstehen. Diese sind Schrifterklärer (מבין ist die Bezeichnung für einen minderen Grad der Schriftgelehrsamkeit; der מבין steht niedriger als der סופר, vgl. 3 Esr. 9, 48, 55, wo das Wort nicht unpassend mit «emfüsinn», aufklären, wiedergegeben ist.

2) Die Sept. und 3 Esr. haben das Wortgefüge des Satzes verwirrt. In letzterem fehlt das Wörtchen «kai» vor והללוים, da er die Leviten mit den מבינים, die genannt wurden, identificirt.

Essenern der Fall: wenige enthielten sich gänzlich der Ehe, viele aber glaubten, dass diejenigen, welche nicht heiraten, ihr Leben verkümmerten, zumal das Menschengeschlecht bald aufhören musste. Sie beobachteten daher die Frauen drei Jahre lang, weil sie die Ueppigkeit der Weiber scheuten und sich für überzeugt hielten, dass keine derselben die Treue für Einen Mann bewahre (Jos. bell. 2, 8, 2 und 13) und erst dann heirateten sie.

Nunmehr bliebe uns nur noch die Frage über die Wohnungen der Nethinim-Essener zur Untersuchung und Beantwortung übrig.

In dem Berichte über den Mauerbau, Neh. 3, 26 wird mitgeteilt: „Die Nethinim wohnten am Ophel bis gegenüber dem Wassertore ostwärts und dem hervorspringenden Turme; ib. v. 31 wird ein Haus der Nethinim (הנתינים בית) genannt; was bedeutet dieses? Nun nennt Josephus (bell. 5, 4, 2) ein Essenertor, was der Vermutung Raum gibt, dass die Essener daselbst ihre Wohnhäuser, vielleicht ihr Ordenshaus besassen, in dem sie ihre Zusammenkünfte hielten. Die Ermittlung der Lage dieses Tores macht der Topographie der hl. Stadt besondere Schwierigkeit. Einzelne haben die Existenz des Tores ganz in Frage gestellt (vgl. auch Grätz II B. S. 106 A. 5); Einige suchten es im Norden (Grätz a. a. O. 399), andere wieder im Süden (Spiess, d. Jerus. d. Jos. Berlin 1881 S. 18) von Jerusalem. Wären wir nun im Stande, einen Zusammenhang zwischen den Wohnungen der N. und dem Essenertor in localer Beziehung zu ermitteln, dann dürfte für unsere Annahme über den Ursprung des Essenismus ein nicht zu unterschätzender Beweis erbracht sein.

Versuchen wir es, vielleicht gelingt es!

Jos. a. a. O. berichtet von 3 Mauern, die Jerusalem umgaben: die erste, die alte (*to archaios teichos, to a. peribolos*) ging vom Hippicusturme aus, zog sich bis zum Xystus (Scheitelpunkt für die nach Osten und Süden gewendete Strecke), schloss sich an das Ratshaus (*to bouleutérion hé boulé*) und endigte bei der westlichen Tempelhalle. Hierauf fing sie wieder im Westen von derselben Stelle am Hippikus an und erstreckte sich (den westlichen und südlichen Abhang des Zion umgebend) über das sogenannte Bethso zum Tore der Essener.

Frankl (Monatschr. 1853, S. 66), irregeführt von der Ortsangabe des Josephus, der die Richtung der Mauer an jedem Punkte nach jener Weltgegend, nach der die äussere

Wand schaute (vgl. bell. 5, 3, 5), angibt, suchte nach Hinzuziehung einzelner Prämissen, die aber von vorne herein sich als unannehmbar erweisen, so z. B. dass der חבר mit dem Essener identisch sei, das Essenertor im Westen der Stadt und wollte es mit dem שער המודיעית, die לשכת הגזית mit dem Rathause und Bethso mit בית יציעה identificiren.

Allein diese Annahme fällt, sobald man bedenkt, dass Josephus, nachdem er den Lauf des ersten Teiles der alten Mauer, welche die Akra (untere Stadt) von dem Zion (obere Stadt) schied, sodann die südwärts, zuerst mit dem Gihon, sodann mit dem Tale Hinnom und endlich nordwestlich zum Moria mit dem Ophel parallel laufende Mauer im Auge hatte. Dass die ל׳ הגזית nicht mit dem Rathause identisch war, hat Friedlieb, Arch. d. Leidensgesch. S. 9 erwiesen: die ל׳ הגזית lag an der Südseite des Tempels (Midd. 5, 3 ; Tam. 4, 3), während das Rathaus westlich an der Tempelmauer lag (Jos. bell. 5, 4, 2 ; 6, 6, 3). In Bethso aber erblicken mit Recht Robinson (Palästina II, 118) und Schwarz (d. hl. Land S. 206) בית צואה, das wol mit dem שער האשפות, Neh. 3, 14, identisch war, oder in der Nähe desselben lag und so genannt wurde, weil von dort aus wahrscheinlich mehrere Kanäle in das Tal Hinnom oder zum Kidron führten. Auch jetzt ist noch in der Gegend des Bab-el-Mogharibeh ein grosser Kanal zu finden. Etwas nördlicher aber von Bethso ist das Essenertor zu suchen, etwa in der Mitte des Teiles der alten Mauer, die den Zion mit der Akra verband und welche auch die Verbindung zwischen dem Xystus, einem bedeckten Säulengange (Jos. bell. 1, 7, 2; 2, 16, 3; 6, 6, 2; 8, 1; ant. 12, 4, 2) und der Schlucht des Tyropoion (Käsemachertal) herstellte, also an dem äussersten Ende des Ophel (vgl. die Karte von Jerusalem z. Zeit der Zerstörung durch Titus in Raumer's Palästina). — Der Ophel war ein zur Tempelarea gehöriges, deren südlichsten Teil einnehmendes Terrain, eine Bergzunge, die nach drei Seiten hin mit einer Mauer umgeben war — an der Nordseite war eine solche nicht notwendig, da die Südmauer des Tempels das Gebiet schützte. Diese um den Ophel laufende Mauer umschloss im Osten bogenförmig etwa ein Drittel der Tempelarea, lief parallel mit dem Kidron hart am Königsteiche vorüber und senkte sich als jähe Felswand zum Siloa ; sodann hob sie sich wieder nordwärts zum Moria hin, ging hart an der Brücke, die über das Tyropoion führte, dem Xystus gegenüber, zu dem Essenertore, um sich bei Bethso mit der ersten alten Mauer zu vereinigen. Es ist dieselbe Mauer, an der nach 2 Chr. 27, 3 König Jotham baute und die nach 2 Chr. 33, 14 Manasse vollendete. Dieser ganze Stadtteil war schon früher bewohnt[1]) und wurde jetzt den N. angewiesen. Die Ausdehnung der Nethinimwohnungen wird Neh. 3, 26 mit עד נגד שער המים nach Osten hin (למזרה) dem Tore, das im Osten von dem Gotteshause lag, woselbst auch die Volksversammlungen abgehalten wurden (Esr. 10, 9 ; Neh. 8, 1, 3, 16) und mit המגדל היוצא nach Westen hin bestimmt; ihre Wohnungen zogen sich demnach vom Ostrande des Ophelrückens bis in's Tyropoiontal hinab und aufwärts bis zur Stelle, wo die erwähnte Brücke das Tempelgebiet mit dem Xystus verband, also bis zu jenem Punkte, wo wir auf Grund der Angabe des Joseph. das Essenertor zu suchen haben. Daselbst vielleicht etwas nördlicher befand sich auch das „Haus der Nethinim".[2]) Allerdings wird seine Lage mit Bestimmtheit nicht zu ermitteln sein, da die Angaben über die Situation der Stadttore nur spärlich und zumeist abrupt sind; dennoch aber wird die Berechtigung unserer Annahme aus Neh. 3, 31 und 32 erhellen. Daselbst werden jene Teile der Stadtmauer erwähnt, deren Ausbesserung die רוכלים und צורפים unternahmen.

Zunächst wird v. 31 das שׁ׳ המפקד genannt. Dass dieses kein Stadttor, sondern ein Tempeltor gewesen sei, wurde bereits oben S. 108 erwähnt. Der Name weist jedenfalls auf ein öffentliches Gebäude (Vulg. porta judicialis); wir werden demnach nicht fehl gehen, wenn wir es mit dem späteren Archive identificiren, das in der Nähe der Xystusbrücke, südlich von der alten Mauer (vgl. Jos. bell. 6, 6, 3),

---

[1]) Die Tradition identificirt ihn mit משנה Zef. 1, 10, s. das. das Targ., das dieses Wort mit עופלא (fälschlich עופא, s. dag. Grätz I 452) wiedergibt; vgl. auch 2 Chr. 33, 14 und Neh. 11, 9, an letzterer Stelle allerdings fraglich.

[2]) Besondere Schwierigkeit macht der masoretische Text, nach welchem das בית הנתינים mit dem der רוכלים als ein Gebäude erscheint, zu welcher Annahme aber nicht die geringste Berechtigung vorliegt; denn mag man die Nethinim selbst für kananitische Tempelsklaven halten, zu den רוכלים passen sie nicht. Nach Vorgang des Sept. dürfte והרוכלים als Subj. zu dem folgenden המפקד שׁ׳ genommen und אחריו החזיקו ergänzt werden; vielleicht ist והרוכלים durch Versehen aus dem folgenden Satze hieher gekommen und demnach zu streichen.

etwa an einer Aussenmauer des Tempelgebäudes lag;[1]) s. dag. Berth. z. St.

An das המפקד ש׳ schliesst sich v. 31 עליית הפנה an, das aber nicht „Erhöhung der Ecke" (Berth. z. St.), sondern „Aufstieg der Ecke" bedeutet. Zwischen dem Moria und dem Zion (Grätz: Millo, Unterstadt) befand sich nämlich eine Schlucht, über welche eine Brücke zum Tempel führte; dort war die prächtige עליה, welche wol mit עליית הפנה identisch ist, vgl. 1 K. 10, 5; 2 Chr. 9, 4, ungefähr an derselben Stelle, wo später das Treppentor stand, ganz in der Nähe des Archivs.

Endlich wird v. 32 berichtet, dass die Strecke von עליית הפנה bis zum שער הצאן von den Goldschmieden und den רוכלים befestigt wurde.

Allgemein wird das ש׳ הצאן nordwärts in die Gegend des heutigen Stephanstores versetzt; bedenkt man aber, dass nach Neh. 3, 1 die Priester mit dem Aufbau desselben begannen, diese aber sicher in der Nähe des Moria gebaut haben werden; bedenkt man ferner, dass nach 3, 2 die Männer von Jericho in dessen Nähe den Bau fortsetzten, der Weg nach Jericho aber vom Ophel aus führt, so wird diese Ansicht nicht aufrecht zu erhalten sein.

Nach unserer Ansicht befand sich das ש׳ הצאן in der Schlucht des Tyropoion, unweit vom Tempel, vielleicht als Tor des Ophel und wäre damit auch der eigentümliche, nur bei Josephus vorkommende Name „Käsemachertal" zu erklären; in jene Gegend führt uns auch die zweite תודה Neh. 12, 39, die ihren Weg nach links einschlug[1]) und dahin weist

---

²) Das ש׳ המפקד ist keinesfalls mit dem מפקד הבית (Ewald מפרד s. Hitzig zu Ez. 43, 21) zu identificiren, vgl. Keil zu Neh. 3, 31.

¹) In seiner sonst lichtvollen Darstellung über die Mauereinweihung versetzt Grätz S. 398 das Quelltor nach dem Westen, weil es nach Neh. 2, 14, vgl. 3, 15 zum Königsteich führte, die Mauer aber um Zion, die an einem Teiche vorüberführt, nur im Westen sein kann, da in einer andern Richtung, wie Grätz meint, keine solche um den Zion zu finden sei, im Westen aber der untere Teich הברכה התחתינה Jes. 21, 9, sich befinde, in dessen Nähe die Quellen des Gihon, nach welchem auch das Tor seinen Namen habe, rieseln; dort wären auch die Stufen, die vom Zion hinunterführten, entweder westlich oder südlich, dann dürfte aber ברכת השלח nicht als Siloateich genommen werden.

Es handelt sich in dieser Frage um die Richtung, die die תודה unter Esra's Führung eingeschlagen hat. Die präcise Klarlegung der Richtung

uns auch der Joh. 5, 2 genannte Schafteich; vgl. auch Hitzig zu Sech. 14, 10. Mit dem הצאן שׁ' stand wieder das שׁ' המטרה (Neh. 12, 39) in Verbindung, das nicht im Norden (Berth), sondern am Ostabhange des Zion, etwa als Tor des Bulé zu suchen ist (vgl. Haneb. Alterth. 230. A. 137). Aus der Darlegung der ganzen Situation ergibt es sich, dass tatsächlich die Wohnungen der Nethinim und das Haus der Nethinim in jener Gegend zu suchen sind, in der nach Josephus das Essenertor sich befand und glauben wir hiemit einen ziemlich wichtigen Beweis für die Richtigkeit unserer Annahme über den Zusammenhang des Essenismus mit den Nethinim in Esra und Nehemia, sowie über die Bedeutung der letzteren erbracht zu haben.

Versuchen wir es nun nach den vorausgeschickten exegetischen Erläuterungen im engen Rahmen eine Geschichte

und Entfernung der einzelnen Tore wird durch die Mangelhaftigkeit der Berichte erschwert, zumal auch Neh. 3 eine strenge Reihenfolge bei den verschiedenen Angaben nicht beobachtet — dennoch ist die Beantwortung dieser Frage insofern erleichtert, als wir die Richtung kennen, welche die תודה einschlug. Der Zug bewegte sich rechts der Stadtmauer entlang in südlicher Richtung zum Misttore hin, dessen genaue Lage wir allerdings nicht anzugeben im Stande sind.

Hingegen ist die Lage des Quelltores etwas genauer durch ib. 37 ונגדם עלו על מעלות עיר דויד במעלה לחומה מעל לבית דויד ועד שער המים bestimmt. Das Wassertor im Osten der Stadt ist der terminus ad quem, zwischen welchem die מעלות עיר דויד liegen. Diese werden noch genauer durch das בית דויד bestimmt, welches durch das Tyropoion vom Moria getrennt war, an dessen östlicher Seite das Wassertor lag. Zwischen dem Tyropoion aber und dem Wassertore dehnte sich der Ophel mit seiner langen Mauer aus, die, sollte die Prozession auf ihr fortgesetzt werden, den Weg bedeutend verlängert hätte; Esra zog es demnach vor, nachdem er das Quelltor im Rücken hatte, die Stufen entlang, die von der Davidstadt hinabführten, zu dieser emporzusteigen und an der Tempelmauer vorüber zum Wassertore zu ziehen. Die מעלות-עיר דויד aber lagen oberhalb des Siloateiches (ברכת השלח), der sich am Südrande des Ophel in verschiedene kleine Bächlein zerteilte (Tobler, Denkblätter aus Jerus. 1853, 74) und mit diesen ist der Name Quelltor in Verbindung zu bringen, nicht aber mit den angeblichen Gihonquellen am הברכה התחתונה, da der Gihon nicht hier, sondern weiter nördlich entspringt. Sowol das Quelltor also, als auch die מעלות עיר דויד, welche die Davidstadt mit dem Siloateiche verbanden, vgl. Joh. 9, 7, sind nicht westlich, sondern südöstlich in der Gegend des Ophel zu suchen.

des essenischen Gedankens zu konstruiren. Zunächst müssen wir aber, wollen wir das Verhältnis des Judentums zu dem Essenismus begreifen, einige Worte über den Charakter des ersteren vorausschicken. Der Grundzug des Judentums ist Optimismus: Gott ist das vollkommenste Wesen und alles hat in ihm seinen Quell, demnach ist auch alles, w a s da ist und w i e es ist, notwendig und zweckmässig, „alles was er machte, ist sehr gut"; daher das Judentum auch eine heitere Lebensanschauung kündet: selbst die Schranken des Gesetzes sind dazu berufen, d a s L e b e n z u s c h ü t z e n und zu erhalten; die F r e u d e n s i n d G a b e n G o t t e s in die Hand des Menschen gelegt, darum wird glücklich gepriesen der Mensch, der das Mühen der Hände geniesst; ebenso sind die Freuden im Hause Segnungen, die Gott dem echten Manne beschieden.

Und wie die Lehre, so war auch das Land von der Natur aus geeignet, eine stille und lebensfrohe Bevölkerung zu erziehen. Die Fruchtbarkeit Palästinas, namentlich seine mittlere, klimatische Lage, die gleichmässige Verteilung des Bodens unter dem Volke schufen stilles Glück; weder allzugrosse Wolhabenheit noch allzudrückende Armut wurde daselbst gefunden, und demgemäss entwickelte sich auch der Charakter der Bevölkerung. O p t i m i s m u s war ihr Grundzug, ohne das aber der praktische Blick für die realen Gestaltungen des Lebens verloren gegangen wäre.

In Folge dieser dem Judentume und seinen Trägern innewohnenden Grundanschauung war und blieb d i e A s c e s e in Palästina etwas f r e m d a r t i g e s. Der Mosaismus kennt im Verlaufe eines ganzen Jahres nur e i n e n Tag, an dem der Mensch sein Ich (נפש) niederbeugen soll (Lev. 23, 27), hingegen stempelt er alle Festtage zu Freudentagen und stellt zu wiederholten Malen die Freude an denselben gleichsam als religiöses Gebot hin; vgl. Num. 10, 10; Lev. 23, 40; Deutr. 14, 26; 16, 15 u. ö. Wir müssen daher, wollen wir den Essenismus, wie er während des 2. Tempels in voller Ausbildung erscheint, begreifen, seinen Ursprung e t w o a n d e r s, a l s i n J u d ä a s u c h e n; es fehlte hier ebenso in der Theorie die Grundbedingung, als auch im praktischen Leben die natürliche Anlage, aus der er sich hätte entwickeln können. Der Essenismus ist ein fremdes Reis, dessen Samenkörnlein, vom Ostwinde herbeigetragen, in Palästina's Boden Fuss zu fassen suchte. Fremd ist aber das Reis geblieben, es vermochte nicht seine Wurzel hier weithin auszubreiten, mit seinem Laubgewinde heimisches

Wachstum zu unterdrücken; fremd war der Essenismus innerhalb des jüdischen Glaubenslebens und fremd ist er geblieben,
bis ihn der Volkskörper, mit dem er sich nicht assimuliren
konnte, ausstiess und er genöthigt wurde, einen andern Boden,
in dem er sich leichter einzubürgern vermochte, aufzusuchen.

Dennoch aber mussten, da das Fremdartige sich,
wenn auch nur teilweise ausbreitete, Anknüpfungspunkte
für den fremden Gedankenkreis im jüdischen Volksleben
vorhanden gewesen sein.

Tatsächlich waren solche da, Ansätze, die auf der
wesentlich gleichen Anlage des menschlichen Geistes beruhen
und auf diese zurückzuführen sind.

Jeder religiösen Idee liegt das gleiche Streben zu
Grunde, nämlich das Wolgefallen der Gottheit zu erwerben;
die stille Sehnsucht nun nach dem, was die Seele in heiligen
Ahnungen bewegt und treibt, der verklärte Ausblick des
frommen Gemütes nach besseren Zeiten und Verhältnissen,
das Ringen des emporstrebenden Geistes nach Läuterung
und Klärung des sinnlichen Lebens — Tugendmittel, die die
Nähe Gottes schaffen — das sind Ansätze, die in jedem
religiösen Gemüte Keime von Ascese wecken. Das Gelübde
ist nichts anderes, als die Anspannung aller physischen und
psychischen Kräfte zur Selbsterhebung in Vervollkommung.
Der Mosaismus verhielt sich ziemlich kühl gegen derartige Aus-
schreitungen der religiösen Schwärmerei, wenn er auch nicht
ganz abwehrend gegen sie auftreten konnte, weil er mit der
menschlichen Natur rechnen musste, die, je unentwickelter die
Verhältnisse sind, um so gewaltiger ist und wirkt; ein Gelübde
tun, in Folge dessen der Mensch irdischen Freuden entsagt, erscheint ihm als etwas Absonderliches, ja beinahe als sträflich[1]);
allerdings soll erfüllt werden, was der Mund ausgesprochen
hat, allein besser ist's, kein Gelübde zu tun (Deutr. 23, 22)!

Und dennoch hat das Nasiräertum auf die Entwicklung
des religiösen Lebens in Palästina bedeutenden Einfluss gehabt!

So sehr man auch gewohnt ist, Palästina als ein Ganzes
und seine Bewohner als ein in Sitte und Charakter völlig
einheitliches Volk zu betrachten, so war doch der Norden
des Landes, das alte Israel, in dem bald der kleine Gerne-
gross Benjamin, bald das ehrgeizige, ewig unzufriedenen
Ephraim die Führerschaft der zersplitterten Stämme an sich
riss, von dem südlichen Judäa, das gleich einen Löwen, ver-

---

[1]) Vgl. Num. 6, 2 ‏יפלא‎, s. A. Esra z. St.; vgl. auch ib. v. 11, wo
dem Nasir geboten wird, ein Sündopfer zu bringen ‏מאשר חטא על הנפש‎.

einsamt und doch gefürchtet, arm und doch stark, mit den
Blutsverwandten Edom um die Existenz ringend auf seinen
felsigen Höhen stolz einherschritt, sehr verschieden.

Im Norden lachende Höhen und gesegnete Triften. Da
heben sich terassenförmig die Berge von Sichem, das mit
seinem märchenhaften Reiz die Betriebsamkeit und Lebenslust
seiner Bewohner kündet; da ragen empor die duftigen Höhen
von Gilboa mit reicher Vagetation und mitten durch die
fruchtbare Au wälzt der Jordan, gleich einem Silberbande
sich hinschlängelnd, den blauen Schaum seiner Wellen.

Ganz anders im Süden! Einförmig ist die Natur, öde
und ernst blicken die stummen Steinmassen in die schweigende
Tiefe. Der Nord ist lebendig, leidenschaftlich, der Süd ist
still und nüchtern; im Norden herrscht leichteres, den
Raffinement zugängliches Leben, im Süden aber der Kampf
um's Dasein gegen eine kärgliche Natur; der Nord ist leicht
beweglich, allen Einflüssen zugänglich, der Süden, von Steinmassen eingemengt, in festen Grenzen verharrend, grössere
Umgestaltungen von sich abwehrend. Daher kam es, dass
weitgehendere Bewegungen im Volksleben Palästina's vom
Norden ausgingen; hier, wo die entzückende Natur dem Lande
ihre reichen Hilfsquellen eröffnete, weckte sie nicht selten
einen, der monotheistischen Idee gefährlichen naturalistischen
Sinn im Herzen der Bewohner; hier wo der Genuss in Liebe
und Leben alle Adern erfüllte, finden wir auch die ersten
Nasiräer, aus deren Mitte, gleichsam als Reaktion gegen
den leichteren Sinn des Volkes, wahrscheinlich alles geistige
Leben Palästina's sich entwickelte; denn eng mit dem
alten Nasiräertum erscheint der Prophetismus
und die Ausbildung und Ausbreitung des Jahvegedankens
im Herzen des Volkes verbunden.

Die klassische Stelle Amos 2. 11, wenn auch von dem
Ursprunge und der Blütezeit des Nasiräertums ziemlich weit
entfernt, gibt uns einen festen Anhaltspunkt für diese
Annahme; parallel mit den Propheten erscheinen dort die
Nasiräer, denen man Wein zu trinken gebietet — ein Beweis,
dass noch in der Zeit des Hirtenpropheten aus Thekoa die
Bedeutung des Nasiräertums tief im Volksleben wurzelte,
dass die Verwandtschaft beider Institutionen noch bekannt war.

Der Nasiräer war, wie das Wort es bezeichnet, ein von
der Gesellschaft abgeschnittener, abgesonderter Zweig. So
erscheinen uns auch die ersten Propheten, zumal Elia und

Elisa, deren urwüchsige Gestalt selbst die spätere Darstellung nicht verwischen konnte.

Merkwürdiger Weise treten uns aber noch viel früher an einem bedeutsamen Wendepunkte der althebräischen Geschichte, am Ende der Richterperiode, zwei Nasiräer entgegen — S i m s o n u n d S a m u e l. Beide sind Richter und Volksführer, nur bekundet ihr verschiedenartiger Charakter verschiedene Zeiten und Culturepochen des Volkslebens: In S i m s o n wird der Nasir des heroischen Zeitalters, der Volksführer dargestellt, der durch seine Kraft und Kühnheit imponirt und der wahrscheinlich, gleich Gideon und Jephta (vgl. Richt. 6, 19 f.; 8, 27; 11, 31) auch das Priesteramt versah. Wir befinden uns eben in der Zeit des zersplitterten Stammlebens; die einzelnen Stämme in wilder Gährung begriffen, leben gesondert von einander und nur hie und da, der Not gehorchend, nicht dem eigenen Triebe ziehen Einzelne vereint mit einander gegen die benachbarten Völkerschaften, von denen sie bedrängt werden; ihr Führer ist ein Nasir, der P r i e s t e r, P r o p h e t u n d R i c h t e r i n e i n e r P e r s o n i s t, im Grunde genommen hebt ihn aber nur physische Kraft aus dem Volksrahmen heraus; in unentwickelten Culturverhältnissen imponirt nur die Kraft der Arme — selbst der Volksmund hat keinen Zug religiösen Denkens, wie es sich im späteren Jahvetum manifestirte, von Simson zu erhalten vermocht.

Andere Zeiten und entwickeltere Culturverhältnisse werden uns in S a m u e l vorgeführt, dessen Bild in unserem Schrifttum allerdings ein idealisirtes Produkt späterer Zeit ist. Auch bei ihm tritt das Prophetenamt noch nicht markant hervor; er ist R i c h t e r (1 Sam. 7, 15; 12, 1) und nach patriarchalischer Sitte sollten ihm seine Söhne im Richteramte folgen (8, 1); ja es lassen sich auch dafür Anhaltspunkte finden, dass er gleich den früheren Richtern an der Spitze des Volkes in den Kampf zog (1 Sam. 7; 12, 11)[1]), wie solches auch bei den als Priester fungirenden Söhnen Eli's noch der Fall war (4, 4); allein allmälig hatte sich das Volksbewusstsein in den zersplitterten Stämmen gestärkt, ihre Lebensweise war eine sesshafte geworden und geordnetere

---

[1]) Das Wort שמואל in der Reihe der 1 Sam. 12, 11 genannten Richter ist trotz der Variante in Syr. und Arab. (vgl. Kennie, in den Zuf. zur dissert. gener.) nicht zu streichen, das Stück berichtet über die Zeit Samuels, ist nur in dem Zusammenhange, in dem es sich befindet, am unrechten Platze.

Verhältnisse hatten ein festeres Aneinanderschliessen der verwandten Stämme gegenüber den Nachbarvölkern, welche die
jungen Eindringlinge gerne tributpflichtig oder gar verdrängt
gesehen hätten, geboten; der wilde Heros, der wie ein Blitz
in dunkler Nacht aufzuckte, um rasch wieder zusammenzu-
brechen und alles um sich in dichter Finsternis zurückzulassen,
hatte seine Bedeutung verloren und dem Nasir, der nunmehr
Richter blieb, aber auch רואה, Seher und Ratgeber des Volkes
wurde, Platz gemacht. In Samuel hatte das Roëtum
seinen Gipfelpunkt erreicht, die spätere Zeit sah
in ihm den Nabi schlechthin (vgl. Jer. 15, 1; Ps. 99, 6).
Als Richter und Roëh stand er an der Spitze der Nasiräer,
die einen geschlossenen Kreis bildeten, der sich durch Kleidung
und Lebensweise von dem Volke sonderte[1]); ihr einigendes
Band (vgl. den Ausdruck חבל ib. 10, 5, 10;) war das Nasiräertum, das zu Beth-El, Gilgal und Jericho seine bedeutendsten
Pflanzstätten besass (vgl. 1. K. 2, 7. 15—22; 4, 23—38; 6, 1—7).
Durch das Königtum wurde die ursprünglichste, die weltliche Seite des Nasiräertums, das Richteramt, abgebröckelt — an
der Stelle des nasiräischen Richters trat der König; die Nasiräer
aber blieben stets ihres Ursprunges eingedenk dem Volkstume
treu, und wachten mit Eifer über seine Rechte gegen monarchische Uebergriffe. Dem Königtume konnte dieses nicht entgehen
und sobald dieses sich stärker fühlte, schritt es daran, das Nasiräertum auch anderer Rechte noch zu entkleiden. Wie die
Nasiräer früher die weltliche und geistige Macht in sich vereinigten, also strebte dieses jetzt das Königtum an: Saul wollte
nicht blos König, sondern auch Priester und
Prophet sein (1 Sam. 13, 9 und 1 Sam. 10, 10—12; 19, 24).
Tatsächlich wird er nicht unwesentlich auf das geistige Leben
des Volkes eingewirkt haben, wenngleich ein Moment, das dieser
Vermutung Raum gibt, nur vorübergehend in unserem Schrift
tum (1 Sam. 28, 9) erwähnt wird; allein noch besass das Nasiräertum zu mächtigen Einfluss auf das Volksleben, als dass dieser
Versuch hätte gelingen können. Saul musste weichen; das
kleine Benjamin wurde von der schnigen Faust Juda's, das
in David seinen kräftigsten Vertreter gefunden, verdrängt.
Samuel hatte David, ursprünglich vielleicht ein Genosse des
Nasiräerbundes, auf den Thron erhoben.

---

[1]) Daher war es leicht möglich, dass ein Fremder, sobald er sich
der Schar näherte, alsbald als nicht zu ihr gehörig erkannt wurde; vgl. das
bekannte Wort הגם שאול בנביאים Sam. 10, 10—12; 19, 24.

David hatte es sich zur Aufgabe gemacht, Benjamin, das, in Groll versunken, nicht vergessen konnte, wie es von seiner Führerrolle verdrängt wurde, zu bekämpfen und zu versöhnen und die Stämme zu einen, um den benachbarten Völkern erfolgreicher entgegentreten zu können. David war ein Held, ihm genügte sein Heldentum, den Nasiräern aber überliess er das Priester- und Prophetentum in ungeschmälerter Weise.

Sein weiser Sohn Salomo hatte den kriegerischen Staat seines Vaters zu einem Culturstaate erhoben. Mit scharfem Blicke erkannte er, zumal das eifersüchtige Ephraim anfing ihm fürchterlich zu werden, dass der Thron seine beste Stütze in einer festgegliederten, mit Rechten versehenen Hierarchie, wie solches in Egypten der Fall war, dem er durch verwandtschaftliche Bande nahe stand, besitze und wieder ward eine Seite des Nasiräertums in Folge der Bestellung einer Priesterschaft am Centralheiligtume zu Jerusalem, durch welches das bisher Juda feindlich gegenüber stehende Benjamin an jenes für immer gefesselt wurde, abgebröckelt — die Nasiräer sollten aufhören Priester zu sein, nur das prophetische Amt allein sollte ihnen bleiben.

Gegen diese Neuerung von Seite des Königtums machte sich eine Reaktion des volkstümlichen Elementes seitens der Nasiräer geltend, die von dem alten Rechte, nach dem jeder aus dem Volke berechtigt war, den Opferdienst zu versehen (Richt. 20, 30), nicht lassen wollten — Ahia und Semaja, eingedenk des einstigen Efraimitischen Heiligtumes zu Silo (vgl. Jer. 7, 11)[1]), in dem der Efraimite Samuel Priesterdienste verrichtete, stellten sich Juda, welches das Recht der Individualität verkürzte, feindlich gegenüber (1 K. 11, 29 f; 12 22) und hielten es mit Efraim, das, obgleich in steter Verbindung mit Egypten, wo seit Alters her eine Hierarchie bestand, dieses Recht schon aus dem Grunde schonen wollte (1 K. 12, 32), weil es Juda unterdrückte.

Ahia und Semaja, Nasiräer-Roim hatten an der Aufrichtung des Efraimitischen Reiches tätigen Anteil genommen und demgemäss verlangten sie, auch weiterhin Faktoren in dem politischen Leben des neuen Reiches zu bleiben. Als aber Israel um seine Position gegen Juda zu festigen, die Verbindung mit den Nachbarvölkern anstrebte, entstand jener hartnäckige Kampf des in das Prophetentum ausmündenden

---

[1]) Auf die noch nicht genügend erkannte und gewürdigte Bedeutung des ersten Heiligtumes zu Silo machte mich Herr Lector Friedmann aufmerksam.

Nasiräertumes gegen die monarchische Gewalt in Israel, die
nun, gleichwie dieses in Juda der Fall war, eine willige
Priesterschaar um sich sammelte.

In diesen Kampf ragt namentlich eine imponierende Ge-
stalt, E l i a d e r T h i s b i t e,[1] urwüchsig und gewaltig, Simson's
Kraft und Samuel Geist in sich vereinigend, hervor. Plötzlich,
als wäre er dem Boden entsprungen, erscheint er auf dem
Schauplatze, ein Nasiräer von echtem Schrot und Korn
schreitet er mit wallendem Haare, in einem härenen Mantel,
der von einem Ledergurt zusammengehalten wird, fern von
dem sündigen Treiben der Welt, grollend dem Könige und
seinen willigen Pfaffen, einher. Die Wüste ist seine Heimat,
eine Höhle seine Wohnstätte, Raben nähren ihn, — ein
Wunder ist sein ganzes Leben. Gleich Moses wird er in der
Wüste zum Propheten, gleich Moses wird ihm am Horeb eine
Offenbarung. Dort im Angesichte der schaurigen Hoheit der
Natur, wo die ewige Einförmigkeit gleichsam die abstracte
Einheit des Monotheismus verkörpert, wo die Entbehrung alle
Kräfte des Körpers und Geistes anspannt; dort hatte sich
Jahve in seiner Macht und Hoheit dem einsamen, von der
Menschenwelt abgeschnittenen Nasiräer kundgetan.

E l i a s A u f t r e t e n w a r e s z u v e r d a n k e n, dass
Jahve über Elohim den Sieg davon getragen, dass der Jahvegedanke in's Herz des Volkes drang, dass dieses in den Ruf
ausbrach: J a h v e i s t E l o h i m! (1 K. 18, 39).

Dieser Sieg schuf die eigentliche Gedankensphäre des
Prophetismus.

Zunächst führte er dem Eliakreise an 7000 Jahvediener
zu, die den Grundstock zur neuen Gemeinde der Treuen
Jahves bildeten. (ib. 19, 18). Im Mittelpunkte der neuen
Bewegung stand E l i s a, der Sohn Safat's aus Abel-Mehola
am Jordan im Stamme I s a c h a r; Vater und Mutter
hatte er verlassen, um seinem Vater und Meister[2] zu folgen,
die Führung der Jünger und Treuen im Lande zu über-

---

[1] Beachtenswert ist es, dass die Chronik keinen der alten Nasiräer
kennt, weder Simson, dessen Name gar nicht genannt wird, noch Samuel (nur
einmal gelegentlich in einer genealogischen Notiz), noch Elia (nur in einer
fraglichen Stelle 2 Chr. 21, 2. vgl. Keil z. St.) Das nasiräische Element
stand wie früher, so auch später zur Zeit der Abfassung der Chronik im
Gegensatze zum Priestertume, weswegen auch die Nethinim in der Chronik
nicht beachtet werden.

[2] 2 K. 2, 12; derselbe Ausdruck wird auch auf Elisa bezogen, ib. 13, 14.

14*

nehmen. Ehe der Meister schied, hatte sich sein Schüler einen zwiefachen Geist[1]) von ihm erbeten und er war ihm geworden: gross wurde er, gleich Elia, die Nachwelt überlieferte von ihm beinahe dieselben Wundergeschichten, wie von jenem; stark war er, gleich jenem, wo es galt, für den Jahvegedanken einzutreten; — er stürzte das Haus Omri's, um bessere Verhältnisse anzubahnen und den Baalsdienst zu entwurzeln —; aber er besass noch eine andere Seite, die wir vergebens an seinem Meister suchen: das stillere, mildere, ruhigere, weltfreundlichere Wesen. Elisa war gleichsam der durch die Erscheinung am Horeb, in welcher der Herr nicht im Feuer, nicht im Sturme, nicht im Erdbeben, sondern im sanften Säuseln des milden Odems sich offenbarte, verjüngte Elia und so erscheint auch das Nasiräertum in ihm gemildert. Er zieht nicht mehr einsam in die Wüste umher, sondern lebt inmitten der Menschen; er trägt nicht mehr langes, wild wallendes Haar, weswegen er sich auch den Spott Einzelner, die das lange wildwachsende Haar als charakteristisches Merkmal des Nasiräertums kannten, zuzog[2]) (2 K. 2, 23); er opfert nicht mehr, nimmt auch keine Geschenke an (2 K. 5, 26), wie solches ehedem in den Nasiräerkreisen Brauch gewesen (1 Sam. 9, 7), sondern verteilte die Gaben, die ihm gebracht wurden, unter seinen Jüngern (4, 42—44; 4, 1 f), in deren Mitte er die Anschauung verbreitete, von der Hände Arbeit sich zu nähren (2 K. 4, 1 f, 6, 1). So hatte allmälig das alte Nasiräertum Einfluss und Wirkungskreis verloren, der junge Prophetismus aber nahm dessen Eifer auf und verbreitete Sittlichkeit und

---

[1]) פי שנים ברוחך heisst nicht »der doppelte Teil deines Geistes« (Kimchi) auch nicht nach Deutr. 21, 17 »lass mich der Erstgeborene unter deinen geistigen Kindern sein« (Gersonides z. St.) auch nicht »zwei Drittteile deines Geistes« (Ewald), sondern: zwiefach soll die Aeusserung des Geistes, der in dir ist, sich in mir gestalten, in dir äussert sich nur das grollende, zürnende Element, lass in mir auch das milde walten; darum antwortet ihm auch Elia: הקשית לשאול, da er ihm unmöglich das geben konnte, was er selbst nicht besass.

[2]) So allein gewinnt das עלה קרח eine genügende Erklärung. Der Ueberarbeiter, der nur das Ereignis ohne dessen Motiv kannte, machte aus den Spöttern נערים קטנים. In dem folgenden וילך משם אל הר כרמל äussert sich, wie es scheint, der Unmut des Propheten über den ihm zugefügten Spott; er wollte gleich seinem Meister in die Einsamkeit sich zurückziehen; allein ומשם שב שמרון, der andere Geist, der in ihm lebte, liess es nicht zu — er kehrte bald nach Samaria, in der Menschen Mitte zurück.

Gotteserkenntnis im Volke. Nur der grosse Prophet Jesaja erinnert noch äusserlich durch seine Erscheinung an die Vorläufer des Prophetentums; mit einem Sacke bekleidet, schritt er barfuss einher inmitten einem Kreise treuer Jünger, „der Dulder des Landes" (vgl. Grätz, II. A 129 und Note 5). Diese waren von Haus aus arm, oder entäusserten sich freiwillig zu Gunsten der Glieder ihres Kreises ihrer Habe und wurden deshalb auch דלים, אביונים oder עֲנָוִים, vielleicht auch עניים genannt. Gleich dem Meister unterschieden auch sie sich wol äusserlich in ihrer Kleidung von den anderen.

Das sind die letzten Spuren des Nasiräertums. Von da an fehlt jeder Anhaltspunkt für seinen Bestand. Das Nasiräertum wäre spurlos aus dem Leben Israels verschwunden, wenn nicht neue Schösslinge aus der Fremde herbeigeführt worden wären, die sich an es anlehnten, und das Heimatsrecht in Israel gesucht hätten. Hier konnten wohl Einzelne ein zurückgezogenes, asketisches, weltverachtendes Leben führen, aber die Erscheinung konnte nur individuell bleiben und je mehr der Jahvegedanke in's Volksbewusstsein drang, desto mehr musste eine Anschauung, in der Abtödtung Leben, Selbstentäusserung der höchste Gedanke war, zurückweichen.

Der Reisende, der einen Strom bis zu seinem Ursprunge verfolgen will, muss sich unverdrossen an alle Punkte begeben, wo er Wasser, das in den Strom mündet, hervorquellen sieht. Ebenso müssen wir der Spur nachgehen, die uns zu dem Ursprunge des eigentlichen essenischen Gedankens führen könnte. Da stossen wir auf I r a n, wo wir Anschauungen begegnen, die sachliche und psychologische Momente für diese Idee bergen; d o r t a l l e i n i s t d e r A u s g a n g s - p u n k t f ü r d e n M y s t i c i s m u s u n d d i e A s c e s e d e s E s s e n i s m u s zu suchen.

Bereits im 10. Jh. waren die Phönizier und mit ihnen die Israeliten bis an den Indus gelangt (Movers, Phön. I, 77 und Grätz I. A 461) und v o n d o r t v e r p f l a n z t e n s i e i r a n i s c h e s W i s s e n u n d D e n k e n n a c h P a - l ä s t i n a. Auch die nomadisirenden, semitischen Beduinenstämme standen mit Iran in Handelsverbindungen und wurden so Sendboten seiner Anschauung.

Namentlich aber begünstigte die Regierung des schwachen A h a s das Eindringen ostasiatischer Ideen, denen jetzt auch die assyrischen Eroberungen allenthalben den Weg bahnten: die Sonnenuhr, die Ahas am Palaste zu Jerusalem errichten

liess (Jes. 38, 8, vgl. Her. II, 109), das Bild der heil.
Sonnenpferde, die er im äusseren Tempelvorhofe aufstellte,
die Verehrung des Himmelsheeres, die Sternbilder (Jes. 17,
8; 2 K. 23, 11 und 12), der Dienst des Tamus (Ez. 8, 14),
der Himmelskönigin (Jer. 44, 8; 43, 13), das Bild der Sonne
als Lichtspenderin (Ez. 8, 16, 17), des Zodiakus in den
Zellen (ib. 8, 7, 11), all das ist auf [iranischen Einfluss zurückzuführen. „Ich bin dein Knecht und dein
Sohn!" (2 K. 16, 17; 17, 10) so hatte Ahas den Tiglath-
Pileser sagen lassen, da er seiner Stütze bedürfte und
tatsächlich war dieses in des Wortes voller Bedeutung der
Fall: Juda war in völlige Abhängigkeit, sowol in materieller,
als in geistiger Beziehung von Assyrien, das aber durch
den Sieg seiner Waffen bereits von iranischen Anschauungen
durchsetzt war, geraten.

Folgen wir nun, nachdem wir die Heimat des Essenismus
kennen, dem Gedankenkreise, aus dem er sich naturgemäss entwickeln konnte und musste. In dem Brahmanismus,
sowie in dem aus diesem später sich entwickelnden
Buddhismus finden wir den sichersten Ansatz zu dem Essenismus.

Nach der Lehre des Brahmanismus entstand die Welt
durch die Selbstentäusserung Brahma's; die Welt ist demnach
schon durch ihr Werden Gott entfremdet, gottlos — Brahma
allein ist rein, heilig die ganze Natur aber und alles was
in ihr ist, schmutzig. Am entferntesten von Brahma nun ist
das sinnliche Wesen des Menschen und es ist daher die
höchste Aufgabe seiner Seele, ihre völlige Rückkehr zum
göttlichen Ursprunge zu erwirken. Diese Rückkehr wird
allerdings schon durch den ewigen Kreislauf, in dem der
Mensch gleich den übrigen Wesen sich befindet und in dem
die allmälige Läuterung von der Gottentfremdung vor sich
geht, erwirkt; allein der lange Prozess des Kreislaufes wird
unnötig, wenn der Mensch das sinnliche Leben von sich
abtut, die leibliche Natur an sich ertödtet, durch asketische
Entsinnlichung sich selbst vernichtet. Je mehr das Leben alles
Sinnliche von sich abstreift, der materiellen Welt sich ent-
äussert und von dem der Natur anhaftendem Schmutze sich
befreit; desto mehr nähert es sich dem körperlosen Brahman,
dem Urquell des Lichtes und der Reinheit — der Weltseele.

Aus dieser Anschauung ergab sich folgerichtig das
Streben, die sinnlichen Bedürfnisse immer mehr zu zügeln,
um allmälig Herr der Sinne zu werden, alles Denken von

dem Egoismus des Lebens abzukehren und nach Innen zu richten. Hier aber musste unwillkürlich der Ideenkreis erwachen: die farbenreiche Welt ist nur Schein ; alle Existenz und jeder Genuss eitel Täuschung und Verirrung ; nichtig ist das Leben und die Welt nur ein schmutziges Nest voll Schmerzen und Sorgen! Wie ätzend Gift fällt solches Denken auf den Grund alles Bestehens und zerbröckelt allmälig mit den Schmerzen auch Form um Form. Die Lawine der Entweltlichung wuchs immer gewaltiger bis in Buddha's Zeit hinein, der endlich aus allem Elend dieser schmutzigen Welt einen Ausweg gefunden zum Nirvana, dem endlosen Nichts, wo der ewige Friede wohnt. Bald fand man allenthalben grosse Scharen von Waldeinsiedlern, *Vanaprastha*, die allem, was das gesellschaftliche Leben in sich birgt, entsagt hatten : sie verliessen Haus und Hof, die harte Erde war ihr Bett, die Frucht des Baumes ihre Speise. Sie badeten täglich dreimal, standen früh auf, um bei Sonnenaufgang ihre Gebete an die Sonne zu richten, lasen fleissig die Veden und gaben sich Betrachtungen über das göttliche Wesen hin; auch fasteten sie häufig, kasteiten ihren Leib und nicht wenige unter ihnen entsagten sogar ganz der Ehe, die als das heilige Leben störend, als unheilig angesehen wurde.

Das war die Grundlage, auf der der Essenismus sich aufbaute. Wer auch nur halbwegs die Berichte Josephus über die Essener kennt, wird in obiger Darstellung allsogleich die in die Augen springende Aehnlichkeit der beiden Ideenkreise erkennen und die Verschmelzung des brahmanisch-buddhistischen Monismus mit dem Monotheismus in Israel war um so leichter möglich, als bei der überaus beweglichen Phantasie des Morgenlandes die einzelnen Naturgötter nie ganz fixirt waren, zumal es Brauch war, jeden Gott, den man anrief, als den grössten und höchsten zu preisen.

Gelegentlich unserer Besprechung des Einflusses, den Elia auf seine Zeit gehabt, liessen wir die Erwähnung jenes eigentümlichen Kreises, der sich auf Anregung J o n a t h a n s d e s S o h n e s R e k h a b's (2 K. 10, 15) gebildet hatte, der Rekhabäer, ausser Acht. Dieser Kreis führte ein nomadisirendes Leben und enthielt sich des Weines und jedes mit ihm zusammenhängenden Genusses (Jer. 35). Wir unterliessen es, seiner am geeigneten Orte zu erwähnen, weil er ursprünglich nicht zu Israel gehörte : der U r s p r u n g d e r R e k h a b ä e r ist auf iranischen Einfluss zurückzuführen. Aus 1 Chr. 2, 55 wird nämlich ersichtlich, dass die Rekh.

Kiniter waren, die eine Zeit lang als Fremdlinge in Israels
Mitte lebten; sie gehörten dem Stamme der Midjaniten an
und wohnten ursprünglich am ailanitischen Meerbusen, wo
sie als handeltreibende Nomadenstämme schon früh mit
iranischen Elementen in Verbindung kamen und auf diesen
Einfluss ist die Begründung ihrer Genossenschaft zurückzuführen[1]).

Ahas Kurzsichtigkeit hatte Israel die Zuchtrute an den
Nacken gebunden. Die Hilfe der Assyrer wurde teuer bezahlt:
Juda wurde tributpflichtig und das Nordreich zerstört. Noch
einmal erlebte Juda unter Hiskia und Josia eine kurze
Blüteperiode, die aber keinesfalls innerer Kraft entstammte,
vielmehr den mannigfachen Verwicklungen in Asien die Fristverlängerung seines Bestandes verdankte. Juda siechte hin
und Jeremia fand ein an Leib und Seele krankes Volk, das
dem Scheine huldigte, mit leeren Formen sich begnügte.
Nur die Rekhabäer standen da gleich einer Eiche im Granit-
felsen wurzelnd, treu in den Satzungen ihrer Genossenschaft
verharrend; darum verheisst ihnen auch der Prophet im
Namen des Ewigen Zebaoth, des Gottes Israels, dass nimmer
aufhören soll das Geschlecht Jonadabs, des Sohnes R.'s,
ewiglich soll es bestehen (Jer. 35, 19).

Rasch stürmte das Geschick auch auf Juda ein. Es
erlag den Streichen Nebukadnezar's. Auf die Trunkenheit
folgte Ernüchterung. Das Volk fand sich auf fremdem Boden
wieder. Zeiten aber, in denen der Geist gezwungen wird, zu
denken, machen nicht selten, zumal in tiefer angelegten
Naturen, Lebensentbehrung zur Lebensbeschäftigung; dumpfes
Brüten befreundet sich leicht mit der Ertödtung des Fleisches.
Schon der Umstand, dass bald nach der Zerstörung des
Tempels 4 nationale Unglückstage als Fasttage von dem
Volke eingesetzt und gehalten wurden, beweist es, dass ein
asketischer Geist sich unter den Exulanten ausgebreitet hatte.
Auch finden wir bereits in dem Buche Hiob Anklänge an
pessimistische Anschauungen, die sich aus der Lebensver-

---

1) Zu den Kinitern vgl. Richt. 1, 16; 4, 11, 17; 1 Sam. 15, 6;
27, 10; vgl. גרים Jer. 35, 7, namentlich, dass der Prophet sie als Muster
für Israel hinstellt; s. Jalk. Richt. 38. Erwähnenswert ist es, dass einige das
Misttor Neh. 3, 14 mit dem Essenertor des Josef. identificiren; ersteres
wurde von Malkija, einem Abkömmlinge (בן) des Rekhab wieder aufgebaut.
Stände die Identität fest, so wäre diese Angabe ein neuerlicher Beweis für
unsere Aufstellung über den Ursprung des Essenismus.

achtung ergeben : sündig ist der Mensch, sündig das Leben,
Staub ist der Mensch, Sorge und Leid sein Geschick (4,
17—19; 14, 4; 15, 14—16; 25, 4—6 u. ö.).
Wo aber die Askese weilt, da ist der Mysticismus nicht
fern. Die Anspannung aller Kräfte weckt phantastisches
Denken und erhebt den Menschen zu den dunklen Gängen
der Weltgeheimnisse. Namentlich war die assyrisch-persische
Kunst mit ihren grotesken Figuren geeignet, Vorstellungen zu
wecken, die allerdings ursprünglich blos Material zu dichteri-
schen Zwecken, späterhin aber willkommenen und geeigneten
Stoff zu allerhand mystischen Grübeleien boten. Diese sonder-
baren Tiergestalten, die auf den Bauten zu Persepolis als Zierrat
gefunden wurden, entstanden durch den Synkretismus der Zeit,
der sich bereits in der Phantasie Ezechiels abspiegelte, als vermittelnde Glieder der irdischen und himmlischen Welt (vgl.
Hiob 5, 1; 32, 23) und bildeten den Anfang zur Engelehre, die
später im Essenismus und von da im Denken des Volkes bedeutenden Raum einnahm. Hiemit war aber auch die spiritua-
listisch-speculative Seite des Essenismus angebahnt und der
Grund zu der von ihm besonders gepflegten Mystik gelegt; vgl.
Jos. bell. 2, 8, 7. Bedeutenden Einfluss auf die Verbreitung des
essenischen Gedankens innerhalb Israel hatte auch das bereits
oben skizzirte Verhalten der Priester zu den Leviten, die weil
die Entscheidung Ez. (S. ob. S. 132 f.) nicht zu ihren Gunsten
ausfiel, mit Consequenz und Ostentation vom Heiligenleben sich
zurückzogen. Dieser Umstand bewog schwärmerisch-religiös
angelegte Naturen, namentlich Einzelne fremden Ursprunges[1])

---

[1]) Hoffmann schliesst (Magazin, Jg. 1879, S. 220 f) aus עֲרְלֵי לֵב
(vgl. Jer. 9, 25), dass der Prophet unter בְּנֵי נֵכָר nicht Heiden verstehe ;
allein der Schluss ist unrichtig und wird, wenn auch עֲרְל לֵב sonst eine
Metapher ist, durch den ganzen Zusammenhang in Ez. 44, namentlich aber
durch das gleich darauffolgende עֲרְלֵי בָשָׂר, das feststehende Bezeichnung
für den Fremden im Gegensatz zu Israel ist, widerlegt ; es ergibt sich
vielmehr aus v. 7 (daselbst lautete der ursprüngliche Text בְּהַקְרִיבְכֶם statt
בְּהַקְרִיבְכֶם und wollte man mit der subponirten Lesart die Angabe, nach
der die בְּנֵי נֵכָר selbst opferten, abschwächen; vgl. auch v. 8), dass die
Fremden priesterliche Dienste im Heiligtume verrichteten. Die Ausgleichung
Hoffmanus durch Num. 16, 18 und die Deutung, dass die Korachiten mit
Bezug auf Jos. 5, 7 עֲרְלֵי בָשָׂר genannt werden, braucht wol nicht ernst genommen zu werden? Tatsächlich hatten sich Fremde Jahve angeschlossen, (vgl.
unt. S. 219) und wie der irdische König von einer fremden Leibwache umgeben
war (vgl. 2 K. 11, 19), so sollte auch Jahve von einer solchen bedient werden.

die sich den Juden früher und auch während des Exiles
(vgl. Ez. 44, 7, 8 und 16) und nach der wunderbaren Erlösung
aus demselben (vgl. ob. S. 30) angeschlossen hatten, an die
Stelle der Leviten in den Dienst des Heiligtums zu treten,
damit es diesem nicht an Dienern fehle.

Das sind die Nethinim, die in Esra und Nehemia zu
wiederholten Malen neben den Priestern und Leviten und
den anderen Dienern des Heiligtums genannt werden.

Der Name נתונים erinnert an נתונים נתונים המה לי Num.
3, 9 und die neuen Heiligendiener legten sich ihn bei, um mit
ihm darauf hinzuweisen, dass sie an die Stelle der Leviten,
auf die sich der Name bezieht, treten; sodann aber auch um
anzudeuten, dass sie sich freiwillig dem Heiligenleben hingeben nachdem Jene, die Gott zu seinem
Dienste berufen, sich ihm geflissentlich entziehen.

Ihre Hauptbeschäftigung bestand jetzt, da in Babel
kaum geopfert wurde, in der Vorbereitung für den künftigen
Beruf, namentlich in dem Studium des Gotteswortes das sie
mit Eifer betrieben, so dass sie später selbst das Amt der
מבינים versehen konnten. Wie das Volk einst an Sabbaten
und Festtagen zum Propheten ging, um aus seinem Munde
das Wort des Heils zu vernehmen, so versammelte es sich
jetzt um die Nethinim, und wie einst glaubenseifrige Jünglinge
sich um Samuel und Elia schaarten, so strömten jetzt solche
zu den Nethinim, die den Jüngern Vorbilder ernsten Lebens
und Denkens wurden.

Während Juda nun diesen grossartigen Auferstehungs-
prozess durchmachte, bereitete sich auf den Kriegsschauplätzen
Asiens Grosses vor. Cyrus Schaaren versetzten alles in
Schrecken. Alles rühmte den Heldenführer und selbst die
geängstigten Gegner mussten den Ernst und die Strenge
seiner Mannen rühmen. Die Lehre Zarathrustra's, die in dem
Lichte den Schöpfer verehrte, jeden Bilderdienst verpönte
und die strengste Sittlichkeit forderte, nahm den höchsten
Rang unter den asiatischen Naturreligionen ein und mochte
leicht in den Juden die Anschauung erwecken, zumal beiden Religionen die abstracte Idee zu Grunde lag, sie haben
es mit einem verwandten Jahvetum zu tun. Nun geschah das
Unerwartete: Babel fiel. In Folge dessen kamen die Juden
neuerdings mit iranischen Elementen in Berührung.
Auf beiden Seiten wurde viel Gemeinsames in Lehre und
Leben gefunden; man lernte sich gegenseitig achten und
bald fehlte es nicht an Mittelspersonen, die bei dem Sieger

für die Juden eintraten, denen tatsächlich die Freiheit wiedergegeben wurde. Staunen ergriff die Heiden! Das gewaltige
Babel lag zertreten am Boden, das geknechtete Juda aber
erstand zu neuem Leben. Dieser Umschwung der Verhältnisse
verschaffte den Jahvetum Achtung in den Augen der Heiden
und führte viele derselben in dessen Arme; wie einst, da
Israel aus Egypten zog, viele aus der Heiden Mitte sich
den Befreiten anschlossen, also war es wieder der Fall[1]) und
wie solches bei den Proselyten aller Zeiten der Fall war,
dass sie es nämlich strenger und ernster mit der Religion
nahmen, als die in der Religion Geborenen, so unterwarfen
sich auch diese mit Strenge und Consequenz den Satzungen
des Judentums.[2]) Viele schlossen sich den Nethinim an und
lebten gleich ihnen in streng gegliederter Genossenschaft,
die sich durch ernste Erfüllung der Satzungen, namentlich
durch strenge Sabbathfeier, die das einzige Merkmal der
Juden im Exile war, zugleich das einigende Band, das die
Zersprengten umschloss, auszeichneten (Vgl. Jes. 58, 13, 27.
Jer. 17, 16, 27. Ez. 10, 12); einzelne derselben mochten in
ihren Uebereifer wol gleich den Einsiedlern Iran's der Ehe
entsagt haben, und gleichwie an den Höfen der asiatischen
Fürsten Eunuchendienste verrichteten (vgl. Jes. 34, 19.
38, 7 u. ö.), ebenso als solche in den Dienst Jahve's getreten sein.

An diese Kinder der Fremden denkt der grosse Prophet
des Exiles, wenn er spricht: „Glücklich der Mensch, der
solches tut und der Menschensohn, der daran festhält, der
den Sabbat wahret, um ihn nicht zu entweihen und seine
Hand wahret, nicht Böses zu tun. Nun spreche aber
nimmer der Sohn des Fremden, der sich Jahve ange-

---

1) Eine Reminiszenz an die Tatsache, dass Heiden der Gemeinde
sich anschlossen, finden wir noch im Talm. Midd. 3, 1. (Vgl. Grätz, Zschr.
1875, 1 f, woselbst irrtümlich Tamid 3, 1 angegeben ist) und Sebach. 61
b; dort wird nämlich berichtet, die obere Platte des Opferaltares sei in der
nachexilischen Zeit um vier Ellen Länge und Breite erweitert worden, weil
der Altar für die Opfergaben nicht genügte, wenngleich man leicht versucht
werden könnte, den Ursprung dieser Tradiiion auf 2 K. 8, 64 zurückzuführen.
Der Schluss, den Grätz von dieser Talmudstelle, verbunden mit einer Stelle
aus 3 Esra auf Esr. 3, 3 zieht, sowie die vorgeschlagenen Emendationen,
sind nicht stichhaltig, vgl. Rosenzw. a. a. o. S. 41.

2) Die eigentümlichen Namen in Esr. 2, 43 lassen auf fremde
Elemente schliessen.

schlossen[1]): mich hat Jahve von seinem Volke ausge-
schlossen! und der Verschnittene[2]) spreche nicht: siehe ich
bin ein dürrer Baum! denn also spricht Jahve zu den Ver-
schnittenen, die meinen Sabbat halten und wählen, was mir wol-
gefällt und festhalten an meinem Bunde: ich gebe ihnen in
meinem Hause und in meinen Mauern Andenken und Namen,
besser denn Söhne und Töchter, einen ewigen Namen gebe ich
ihnen, der nimmer wird vernichtet werden[3]). Und die Söhne der
Fremden, die sich Jahve angeschlossen, ihm zu dienen[4]) und
den Namen Jahve's zu lieben, ihm seine Diener zu sein:
alle die den Sabbat wahren, ihn nicht zu entweihen und
festhalten an meinem Bunde — ich will sie hinbringen zu
meinem heiligen Berge[5]) und will sie erfreuen in meinem
Bethause; ihre Brand- und Schlachtopfer sollen wolgefällig
sein auf meinem Altare, denn mein Haus soll Haus des
Gebetes für alle Völker genannt werden. Spruch des Herrn
ist's, Jahve's, der da sammelt die Verstossenen Israels, ja ich
will zu seinen Gesammelten (den Exulanten) noch andere
(heidnische Proselyten) sammeln." (Jes. 56, 2—8).

Noch deutlicher spricht sich der Prophet über diese
grossartige Bewegung innerhalb des neuerwachenden Volks-

---

[1]) הנלוה IJes. 56, 3 erinnert an לוי vgl. ib. v. 6, wo das Wort noch
einmal nachdrücklich erwähnt wird.

[2]) Verschnittene waren nach Deutr. 23, 2 aus der Gemeinde aus-
geschlossen; die an dem Hofe der Könige Lebenden waren daher sicherlich
ursprünglich fremder Abstammung. In unserer Stelle Jes. 56, 3 ist jedenfalls
nur an Ausländer zu denken. Immerhin wäre es aber möglich, dass die
Bezeichnung nur bildlich gebraucht wurde, um die Ehe- und Kinderlosigkeit
derer, die sich dem Dienst Gottes hingegeben hatten, zu bezeichnen; vgl.
Sanh. 93 b.

[3]) Andenken und Namen sollten sie sich erwerben durch ihre Be-
teiligung am Dienste בביתי ובחמתי, nicht aber wie einige annehmen: am
Wiederaufbau des Tempels, vgl. ib. v. 7 und 66, 21. Dass dieser ewige
Name nicht durch den gemeinen Dienst, der nach der hergebrachten Ansicht
den Gibeoniten- den Nethinim zugewiesen war, erworben werden konnte,
dürfte klar sein; es muss hier von einem höheren Dienste und einem grösseren
Einflusse auf das Heiligenleben, wie auch aus 66, 21 ersichtlich wird,
die Rede sein.

[4]) Zu לשרתו vgl. משרתים לבית אלהינו Esr. 8, 17; s. Hitzig, zu Jes.
der hiebei an die Neth. denkt.

[5]) Vgl. die Wohnungen der Nethinim Neh. 3, 26; 11 21, die ihnen
mit diesen Worten gleichsam an jenem Orte, am Ophel, angewiesen werden.

lebens im 66. Cap. aus: „Und sie werden heimbringen alle eure Brüder aus allen Völkern als Geschenk dem Herrn auf Rossen und Wagen, in Sänften und auf Maultieren und auf Dromedaren zu meinem heiligen Berge in Jerusalem, spricht Jahve: in gleicher Weise wie die Kinder Israels die Opfergabe bringen in reinem Gefäss zum Hause J.'s und auch von ihnen nehme ich mir Priester und Leviten[1]) spricht Jahve (66, 20—21).

Bald war der Jubel ob der wieder erlangten Freiheit verrauscht. Den deutlichsten Ausdruck der Verworrenheit namentlich in der auf Zerubabel folgenden Zeit fanden wir in der Sprache und Anschauung Kohelet's.

An den Grundgedanken der iranischen Weltanschauung von dem ewigen Flusse der Dinge, den auch Heraklit der Dunkle zur Grundlage seines Systems aufnahm, schliesst sich der iranischem Einflusse entstammte Pessimismus des Buches, welcher in dem Satze gipfelt: „Alles ist eitel!" Dieser Satz ist dem skeptischen Denker nicht etwa Phrase sondern der Ausdruck für alle Anschauungen, die die Zeit beherrschten: zu dem Materialismus hatte sich als Reaction gegen die Herrschaft der Sinne die essenische Idee verbreitet. Unrecht und Gewalttat führten das Regiment in der Welt 3, 16; 4, 11 i. d.), voll Verachtung wandten sich daher Einzelne von ihr ab, falteten die Hände und verzehrten ihr eigenes Fleisch (4, 5); sie wandten dem gesellschaftlichen Leben den Rücken, sanken in Tatlosigkeit, der Wert des Besitzes sank in ihren Augen (5, 18; 6, 2) und selbst die heiligen Bande der Ehe waren in Folge der asiatischen Entartung (vgl. Spr. 7, 5 u. ö.) verächtlich geworden (Koh. 7, 26, 28; 9, 9) — man pries die Ehrlosigkeit, weil die Treulosigkeit der Frauen gefürchtet war (vgl. Jos. bell. 2, 8, 3). Selbstverständlich hatte sich mit dieser Reaktion gegen das Fleisch auch eine pietistische Schwärmerei in dem Volksleben ausgebreitet.

---

1) וגם מהם Jes. 66, 21 kann sich nur auf die Heiden beziehen; vgl. Raschi z. St; Jalk. Jes. 54; s. dag. Hitzig z. St, vgl. Mechilta, ed. Weiss, 16 b; Jalk. Ex. 207; Num. r. 8; Jalk. Richt. 43. Die Worte באשר יביאו u. s. w. wären unverständlich, wenn auch der Nachsatz וגם מהם auf Israel zu beziehen wäre. Mit dieser Erwählung der Heiden tritt aber keinesfalls die Aufhebung der jüdischen Nationalität ein, da der Anschluss an Jahve vorausgesetzt wird: die Erwählung der Heiden involvirt nur die Erweiterung des jüdischen Gedankens, das allgemeine Priestertum, das sich aus dem Glaubensleben Israel's für die Menschheit entwickeln soll.

Traf irgend ein Misgeschick ein, so eilte man in's Gotteshaus und legte in Unbedachtsamkeit Gelübde ab. Die Scharen
der Enthaltsamen mehrten sich und nicht selten waren Büsser
in weissen Gewändern gesehen, die ihr **struppiges Haar**,
welches Oel verachtete[1]) (9, 8) wild **wachsen liessen**.
Diese Zustände sieht Kohelet mit Bangen und mahnend
wendet sich sein ob der Zerrissenheit der Zeit beklommenes
Herz gegen die allenthalben zu Tage tretende Torheit der
Menschenkinder — er sieht die Vereinsamten, die freudlos
durchs Leben gehen und spricht: „Besser ist es Zweien denn
dem Einen: denn fallen sie, so wird der Eine seinen Geführten aufrichten; doch wehe dem Einen, wenn er fällt,
kein Zweiter ist da, der ihn aufrichtet" (4, 4); er sieht die
Verachtung des Besitzes, das düstere Brüten in Tatlosigkeit
und spricht: „Auch jedem Menschen, dem Gott Reichtum
gegeben und Schätze, und ihn ermächtigt, davon zu geniessen
und daran Teil zu haben und fröhlich zu sein in seiner
Arbeit — das ist eine Gabe Gottes" (5, 18; 6, 2); er sieht
die Unbedachtsamkeit, mit der Gelübde getan werden und
spricht: „Hüte deinen Fuss, wenn du in's Gotteshaus gehst;
zu nahen um zu hören (Belehrung) ist besser, als dass die
Toren Opfer geben[2]), denn sie wissen nicht, dass sie Böses tun.
Uebereile nicht deinen Mund und dein Herz; spreche nicht
zu schnell etwas vor Gott aus, denn Gott ist im Himmel,
du aber bist auf Erden, darum seien deine Worte wenig"
(4, 17; 5, 1—5). Er blickt hinaus in die Wirren der Zeit,
sieht die Achtung vor den heiligen Bande der Ehe sinken
und spricht: „Geniesse das Leben mit dem Weibe, das du
liebst, alle Tage deines nichtigen Seins, denn das ist dein
Teil am Leben und für deine Mühe, die du unter der Sonne
hast," (9, 9)! In der Zerfahrenheit der Verhältnisse erscheint
es ihm als höchste Weisheit und Gottesfurcht: „iss in Freuden
dein Brod und trinke wolgemut deinen Wein, längst hat

---

[1]) Vgl. Hilgenfeld, Zschr. 1868, S. 348, wo diese Sitte ebenfalls aus
dem Buddhismus abgeleitet wird; s. auch weiter unten.

[2]) Charakteristisch für die Ausbreitung der essenischen Idee in jener
Zeit dürfte auch der Umstand sein, dass der Wert des Opfers, obgleich es
nach dem Aufbau des Tempels als Ausdruck des nationalen Gottesdienstes
galt, in jener Zeit bereits gesunken war (9, 2; 4, 17); andererseits kann
nicht geläugnet werden, dass nach der Entwicklung, die der rel. Gedanke
in Babel durchgemacht hatte, auch viele Strengfromme derselben Ansicht
sein konnten.

Gott Wolgefallen an deinem Werke" 9, 7; Tugend darf nicht
Unsinn werden und Lebensverachtung ist keine Weisheit; nur
das Wirken und die Freude in der Menschen Mitte ist einzig
wahres Gut der Sterblichen.

Durch die Tätigkeit Esra's und Nehemia's entwickelten
sich gesundere Verhältnisse. Esra versuchte die Stellung
der Leviten in moralischer Beziehung, Nehemia durch Rang-
gliederung der levitischen Kreise und gerechte Verteilung der
Abgaben auch materiell zu heben. Je mehr sich aber diese in
ihrer Stellung wieder befestigten, desto mehr mussten die Nethinim-Essener aus dem Kreise, dem sie sich in ihrem religiösen
Eifer hingaben, weichen, bis sie endlich in den späteren Zeiten
der Priesterherrschaft gänzlich vom Heiligendienste verdrängt
wurden. Schon der Chronist kennt nicht mehr ihren Beruf
und erwähnt nur einmal vorübergehend ihren Namen, den
er in einem älteren Schriftstücke, das er seinem Buche
einverleibte, gefunden, ohne sich weiter mit ihnen zu beschäftigen, 1 Chr, 9, 2; sie waren eben dem levitischen
Verfasser der Chronik, weil den Volkskreisen und heidnischen
Elementen entstammten, zumal als Diener des Heiligtumes
nicht sympathisch. Der Verfasser des 3. Esrabuches erwähnt
selbst ihren Namen nicht mehr; an ihrer Stelle treten einfach
Hierodulen, Tempeldiener. Nur der Talmud kennt noch,
allerdings auch nur dem Namen nach, die Nethinim; hingegen
scheint ihm die Kenntnis von ihrem Wesen und Berufe abhan-
den gekommen[1]) zu sein. Die Stelle Esr. 8, 20 a, in der wir eine
spätere Glosse erkannten, leitete die Anschauung Aller über
sie und nach ihr erscheinen sie, obgleich seit David, der sie
dem Dienste der Leviten beigegeben haben soll, bereits an
1500 Jahre vergangen waren (wir meinen bis zur Zeit der
Discussion im Talmud) als ausserhalb der Gemeinde stehend;
sie, die jede Vermengung mit den Fremden mieden (vgl.
Esr. 10); sie, die an der Feststellung des neuen Rechtcodex
(Neh. 10), der als erste Bedingung hinstellt, die Vermischung
mit den Heiden zu meiden, tätigen Anteil nahmen; sie
werden im Talmud den gewöhnlichen Proselyten nachgesetzt
und wird es für alle Zeiten verboten, mit ihnen die Ehe

---

[1]) Vgl. Kidd. 69 a, wo die יוחסין עשרה, die mit Esra nach Jerusalem
zogen, aufgezählt werden; jede derselben findet daselbst eine nähere
Erörterung, nur das Wesen der Nethinim wird nicht näher bestimmt; vgl.
מהרש"א Agadacomm. zu Kidd. 70 a. Zu der citirten Mischna s. Lewy, a.
a. o. S. 25.

einzugehen[1]). Wol versuchte man es nach einer Notiz im Talmud in der Zeit Rabbi's, dieses Verbot aufzuheben; allein vergebens, es konnte nicht durchgeführt werden[2])!

Erscheint dieses Verhältnis der Neth. zur Gemeinde nicht auffallend? Müssen nicht alle oben geäusserten Bedenken gegen die althergebrachte Annahme, die Nethinim seien mit den Gibeoniten identisch, auf's Neue auftauchen?

Die Nethinim, die Neh. 10 mitunterzeichnet hatten, konnten unmöglich für alle Zeiten heidnische Gibeoniten geblieben sein und wenn es nach Ex. 12, 43 f. selbst einem Sclaven verboten war, von dem Passamahl zu geniessen, wenn er nicht beschnitten war; wie konnten die Gibeoniten so lange als Unbeschnittene in dem Solde des Heiligtums stehen, an dessen Opferspenden sie doch sicherlich Anteil nahmen? Der Grund der Strenge also, mit der die talmudische Tradition gegen die Nethinim vorgeht, muss in einem anderen Momente zu suchen und zu finden sein, und zwar schlossen Ursprung und Wesen derselben die natürliche Folge in sich, dass sie zunächst den levitisch-priesterlichen Kreisen, die das Laienelenemt mit aller Consequen vom Heiligendienste fern zu halten bestrebt waren, nicht angenehm sein konnten; sodann aber war der Essenismus an und für sich ein dem Judentum heterogenes Element, aus dem wie wir dieses bald sehen werden, die ersten Anhänger des Christentumes sich recrutirten. Der Umstand nun, dass die Tochterreligion in den essenischen Kreisen und aus deren Mitte heraus sich entwickelte, trug dazu bei dass später, als die vollständige Loslösung des Judentumes von dem Christentume erfolgte, der Ursprung der Nethinim-Essener als unjüdisch hingestellt wurde.

Wie das alte Nasiräertum nach der Bewegung, die Elia eingeleitet hatte, sich leicht verloren hätte, wenn nicht von Aussen her ein neuer Anstoss erfolgt wäre, der den essenischen Gedanken wieder in Bewegung gebracht hätte, also wäre es in dem nachbiblischen Zeitalter der Fall gewesen, hätten nicht die Makkabäerkämpfe die im Volke schlummernden Kräfte auf's neue geweckt. Der Sturm fuhr

---

[1]) Kid. 74 a; Makk. 13, a; Jer. Ket. 27 a; s. dag. Jeb. 79 a; Ket. 29 a; Jer. Kid. 65 c; Toseft. Kid. 5.

[2]) Jeb. 79 b; vgl. dag. Jer. Kid. 65 c, wo dieser Versuch auf Elasar b. Asarja zurückgeführt wird.

durch den alten Stamm und rüttelte die im Erstarren begriffenen Säfte wach. Orkanartig brauste der hellenische
Geist durch Juda ; hier war es Epicur's Eudämonismus, der die
sadduzäischen Kreise elektrisirte, dort wieder gewann Plato's
Ideenlehre Einfluss auf essenisch angehauchte Gemüter,[1]
allenthalben aber war es die Götterwelt Hellas, der Altar
des Zeus, der den Altar Adonai's zu stürzen versuchte.
Gross war die Not ; sie schuf aber auch Kraft zu kämpfen
und zu entbehren. Wieder tauchten an verschiedenen Orten
Nasiräer auf die, von dem Ernst der Zeit getrieben, in dem
Werke eigener Heiligung das Heil der Gesammtheit erblickten
und wie es einst in der Urzeit des Volkslebens der Fall
war ; wie in dem leicht beweglichen Norden des Landes die
ersten imponirenden Gestalten der Nasiräer auftraten, also
war es auch jetzt das von den Juden mit Geringschätzung
angesehene „dumme Galiläa"[2] auch „das Galiläa der Heiden"

[1] Dass das Urchristentum mit dem Platonismus in engerer Verbindung
stand, wurde schon vielfach bemerkt. Wir wollen hier nur darauf hinweisen,
dass selbst die Weibergemeinschaft des Platonischen Staates der essenisch-
urchristlichen Entsagung der Ehe näher steht, als es im ersten Augenblicke einleuchtend erscheinen dürfte. Plato stellt die Weibergemeinschaft
nicht etwa zu dem Zwecke als Ideal hin, damit die persönliche Neigung
oder die sinnliche Begierde ihre Befriedigung finde ; sein Ideengang
ist vielmehr ein umgekehrter : der Staat kann einmal ohne Menschen
nicht erhalten bleiben, folglich ist die Ehe unentbehrlich ; aber A l l e s
g e h ö r t A l l e n, folglich muss der individuelle Wille auch betreff der
Ehe aufhören ; sie darf nicht Sache der eigenen Meinung, sondern muss
Sache der Pflicht werden. Also auch der Weibergemeinschaft Plato's liegt
Selbstverleugnung zu Grunde und wie nahe Selbstverleugnung mit Enthaltsamkeit verwandt ist, wird leicht erkennbar.

Allein mit die Annahme eines Zusammenhanges des Platonismus mit
dem Urchristentum ist noch keinesfalls von einem d i r e k t e n E i n f l u s s jenes
auf dieses die Rede ; der Einfluss geschah indirekt : der Platonismus der
sicherlich nicht ganz frei vom iranischen Denken geblieben war, hatte auf die
Alexandriner eingewirkt, die alexandrinischen Therapeuten standen mit den
palästinensischen Essenern in Verbindung und in der Mitte Dieser entwickelte sich die neue Lehre. Die Ebjoniten, die späterhin die einzigen
treuen Hüter des ursprünglichen Ideenkreises des Urchristentums, der
Entweltlichung und des socialistisch-communistischen Principes blieben,
trugen deutlich alle Züge des Essenismus an sich.

[2] Vgl. Erub. 53 b נלילי שוטה ; ferner Jer. Sabb. 15 d, wo dem R. Joch.
b. Saccai als Ausdruck des Unmutes über den Hass Galiläa's gegen die
Thora die Worte in den Mund gelegt werden : נליל נליל שנאת התורה סופך
במסיקין לעשות במסיקין, vgl. Levy's talm. Wörterb., s. v. מסיק, doch könnte
möglicherweise statt dieses W. dessen Bedeutung : Bedrücker, Räuber allerdings

genannt, weil Galiläa's Bewohner zumeist mit den verschieden-
artigsten heidnischen Völkerschaften in Berührung standen,
deren Einfluss sich in Galiläas Leben und Denken geltend
machte, wo die meisten Nasiräer gefunden wurden. D o r t
w e i l t e J o h a n n e s d e r T ä u f e r, d o r t s p i e l t e s i c h
a u c h z u m e i s t d i e T ä t i g k e i t J e s u s a b.

In Johannes erkennt man den Essener auf den ersten
Blick. Er erinnert unwillkürlich an den grössten Nasiräer des
alten Israels, an Elia, dessen Charakterzüge auf die spätere
Darstellung der Gestalt Johannes im n. T. von grösstem
Einfluss waren. In der Wüste fühlte sich Johannes am wolsten.
Die wilden Tiere schreckten ihn weniger, als die Menschen.
Heuschrecken und wilder Honig waren seine Nahrung, zumeist
aber fastete und kasteite er seinen Leib. So zog er, umgeben
von einer Jüngerschar, gleich einem buddhistischen Mönche
in einem groben Kittel aus Kameelhaaren, der von einem
Gurte um die Lenden zusammengehalten wurde, durch die
Wüste und Weiler, missmutig auf der Menschen Treiben her-
niederschauend und wohin er kam, da klang es ernst und
düster: „Tut Busse, denn nahe ist das Reich Gottes" (Math. 3,
2)! So schlichen gleichmässig die Tage in stiller Beschaulichkeit,
von keiner Aeusserung menschlicher Freude unterbrochen, in
dumpfem Brüten und unter allerlei Waschungen hin. Johannes
und seine Schüler bildeten einen abgeschlossenen Kreis, in dem
Gütergemeinschaft das Grundgesetz war dem sich alle, die zu
ihm hielten, unterwerfen mussten (Luc. 3, 11) und dessen Glieder gegen die Sitte ihrer Zeit zumeist wol unverheiratet blieben.

War auch Jesus ein Essener?

Ehe wir die Frage beantworten, müssen wir einige
Worte über das Verhältnis des Essenismus zu dem Phari-
säismus vorausschicken. Der Essenismus stand betreff der
Uebung religiöser Formen und seiner religiösen Anschauung
vollständig auf dem Standpunkte des Pharisäismus — der
Essener war, abgesehen von seiner exclusiven, extrem-rigo-

feststeht במס ר א י ן od. תמסאות ב'מסאות gelesen werden von בד: מסא : Untersatz zu einem
Götzenbilde ; der Sinn wäre dann : Galiläa wird durch seinen Hass gegen die
Thora das Postament zu einem Götzenbilde werden — ein Ausspruch, der durch
die spätere Bewegung in der Tochterreligion und gegen dieselbe seine genügende Erklärung findet). Das Auftreten eines aus Galiläa stammenden Jüngers in
dem Lehrhause zu Jabne erschien den Zeitgenossen so merkwürdig, dass der
Tannaite Jose nicht mit dem Namen seines Vaters, sondern הגלילי יוסי genannt wurde, vgl. Bacher a. a. O. S. 359; Mischna Jad. 4, 8 wird auch ein
הגלילי צדוקי erwähnt; vgl. Joh. 1, 47 »was kann von Nazareth (in Nieder-
galiläa) Gutes kommen« ? und ib. 7, 41 »soll Christus aus Galiläa kommen« ?

¹) Luc. 1, 15, 18; Math. 3, 4; 9, 14; Marc. 1, 16; vgl. Epiphan.
adv. haer. 12, 13.

rosen Lebensanschauung, eigentlich ein Pharisäer: heilig war ihm die Tradition, heilig waren ihm die Satzungen der Religion und mit Liebe hing er an dem Volkstum.

Jesus war, das ergibt sich mit Bestimmtheit aus den Evangelien — ein Pharisäer; hingegen wird es schwer zu bestimmen sein, in wie weit er mit dem Essenismus in Verbindung stand, namentlich da seine freiere Anschauung über den Umgang mit dem weiblichen Geschlechte, die selbst gegen den Standpunkt der Pharisäer jener Zeit verstossen musste, mit der weltscheuen Ascese der Essener in allzugrossem Gegensatze stand; dennoch aber wird sich bei einer eingehenderen Betrachtung der Grundsätze des Urchristentums, wie sie die Evangelien an die Gestalt Jesu's lehnen, mit Bestimmtheit ergeben, dass der Essenismus auf die Anschauungen des neuen Glaubens Einfluss gehabt, wenngleich die scharfe Sonderung der eigentlichen Züge Jesus kaum möglich ist, nachdem im n. T. mannigfache Anschauungen in einander geflossen sind. Wie der Buddhismus seine Lehre weithin trug, ohne dass alle, die hie und da etwas von ihm aufnahmen, dadurch schon Buddhisten geworden wären, also hat auch der Essenismus Einfluss auf Kreise gehabt, die ihm ursprünglich vielleicht ganz fremd waren; denn es ist unzweifelhaft, dass eine Genossenschaft, die Familienbande und Lebensfreuden hingab, um ein Dasein voller Entsagung zu fristen in Jedem, der sich mit religiösen Dingen beschäftigte, Beachtung erwecken musste.

Johannes war das vermittelnde Glied, das den Essenismus, der in Israel unbedingt verkümmert wäre, auf Jesus und dessen Kreis übertrug: Jesus verhält sich zu Johannes etwa wie Elisa zu Elia — das Nasirat erscheint gemildert, mehr dem Leben zugewandt, daher die Lebensweise, die im Jesus-Kreise herrschte, nicht selten bei jenen, die dem Johanneskreise nahe standen, Bedenken erregte, vgl. Marc. 2, 18; Luc. 5, 33; Math. 9, 14; weswegen es auch nicht ganz unmöglich wäre, dass erst nach dem Tode Johannes, durch welches Ereignis dem Jesuskreise viele Anhänger zugeführt wurden, diese, weil jetzt die Mehrzahl ausmachend, ihren johannesisch-essenischen Einfluss auf die Umgebung Jesus geltend machten. Gegen die Sitte seiner Zeit blieb auch Jesus unverheiratet und ein Zug der Empörung gegen alle verwandtschaftliche Bande beherrschte ihn: Mutter und Brüder suchen ihn auf, um ihn zu sehen, er aber weist sie schroff von sich und da sich jene mit einem Anliegen an ihn wendet, spricht er: „Weib, was habe ich mit dir zu schaffen"[1])? Seine

---

1) Vgl. Luc. 8, 20, 21; Math. 12, 48; Marc. 3, 12; vgl. Luc. 2, 43; Joh. 2, 4.

Mutter ist daher während der ganzen Zeit seines Wirkens nicht an seiner Seite und erst nach seinem Tode gelangt sie in dem Kreise, der ihn verehrte, zu Ehren. Apg. 1, 14; vgl. Luc. 1, 28 — ein Zug, der sicherlich nur in der Weltverachtung des Essenismus seinen Grund haben konnte, da L i e b e zu den Eltern und Anhänglichkeit an die heiligen Bande des Blutes ein Grundzug des pharisäischen oder rabbinischen Judentums aller Zeiten blieb.

Gleich Johannes führte auch Jesus ein Wanderleben; nicht selten zog er in die Wüste, begleitet von seiner Jüngerschar, Math. 14, 13; Marc. 6, 31, vgl. Luc. 11, 24 und wohin er kam, scholl es ernst und feierlich, gleichwie aus dem Munde Johannes: „Tut Busse, das Himmelreich ist nahe" (Math. 4, 7)! Dieser Ruf war es aber auch, der die Geister in Erregung und Anspannung hielt. Judäa war arm und elend, das Volk seufzte unter dem Drucke der Procuratoren, die Weisen lebten nur für die „4 Ellen der Halacha", die Priester waren wieder in Egoismus und Hochmut versunken, Rom aber umklammerte mit seinen ehernen Krallen immer fester Volk und Land. „Das Himmelreich ist nahe!" Das war ein Wort, das die lechzenden Herzen wieder hub, das war Tau auf dürres Gras und es bedurfte nur des Rufes: „Tut Busse"! um das düstere Sein der Gegenwart einerseits vollständig des Wertes zu entkleiden, anderseits aber neu zu beleben. Wie im Buddhismus, so ward auch bald in der Anschauung der Palästinenser die Welt ein schmutziges Nest voll Uebel und alle Krankheiten und Leiden, alle Schmerzen und Hemmnisse des Glückes galten als Schöpfungen finsterer Dämonen.

Und wie im Buddhismus naturgemäss aus der Anschauung von der Wertlosigkeit des Lebens eine weitgehende Ascese sich entwickelte, also entstand auch im Urchristentum die Doctrin der Weltverachtung, die in dem Satze gipfelte: „Mein Reich ist nicht von dieser Welt!" also entwickelte sich auch hier ein feiner Communismus, der die Verwerfung jeglichen Besitzes zu Gunsten der Gesammtheit proklamirte: „Wehe den Reichen, wehe den Vollen — ihrer ist nicht die Zukunft" (Luc. 6, 24)! war das Axiom der neuen Anschauung; der Geiz galt als Grundübel, an dem die Kinder der Welt kranken und als Geiz galt hier schon die Wertschätzung irdischer Güter; des Besitzes sich entäussern, wurde Tugend und nichts sein nennen, galt als Bürgschaft für das Gewinnen des ewigen Lebens[1]), ja, schon für die Bedürfnisse des Leibes sorgen, wurde als Verletzung des Gottvertrauens, wie es von

---

[1]) Math. 10, 10; 19. 21; 23, 22; Luc. 3, 11, 9; 12, 15 u. ö. vgl. Jos. bell. 2, 8, 3.

den Kindern des neuen Reiches verlangt wurde angesehen.[1]) Das Vermögen des Einzelnen fiel der Gesammtheit zu und eine gemeinsame Casse bestritt die Bedürfnisse Aller, Joh. 12, 6; ja, sogar jedes auffallende Hervortreten des Individiums aus dem Rahmen der Gesellschaft sollte vermieden werden; keiner sollte herrschen, alle sollten Brüder sein, bereit einander zu dienen und zu helfen und der Höchste sollte der Diener der Anderen sein[2]).

Ebenso war das Verhältnis Jesus zum Tempel und dem Opferdienste von dem Essenismus beeinflusst. Wie durch die Ascese in Iran's Welt die Würde des Brahmanentums teilweise in Frage gestellt wurde; wie dort durch das Sichversenken des Individiums in das Urwesen die festen Formen des Satzungslebens, der Opferritus mit seiner Minutiosität, der Werkdienst in der Religion ein überwundener Standpunkt wurde: also nährte auch hier die Ascese, das vermeinte Priestertum des Individiums, Gleichgiltigkeit gegen den Tempel und das mit ihm verbundene Opferritual. Jesus beabsichtigte kaum, da die Heiligkeit und ewige Giltigkeit des Opferwesens im Volkstum wurzelte, dessen Aufhebung, dennoch aber lassen einzelne Aussprüche (Luc. 16, 16; Math. 9, 12, 13) sowie der Umstand, dass er die Wechsler aus dem Tempel verwies, Math. 5, 18, 19 seine essenische Anschauung durchschimmern, wenngleich es nicht zu leugnen ist, dass es auch unter den Pharisäern Einzelne geben mochte, die im Geiste mit einem vom Tempel und Opfer unabhängigem Gottesdienste sich bereits befreundet hatten. Allein trotzdem stand auch für ihn Jerusalem im Mittelpunkte seiner religiösen Gedankenwelt und das Volkstum Israels erschien auch ihm als das von Gott für alle Zeiten erwählte: er zog mit seinen Anhängern nach Jerusalem, um daselbst die Feste zu feiern und betonte zu wiederholten Malen die ewige Gültigkeit des Gesetzes[3]), namentlich aber bekundete er in mannigfachen Aussprüchen, die sicherlich älter und ursprünglicher sind, als jene, die einen universelleren Charakter tragen, dass er keinesfalls die Absicht habe, aus dem Rahmen des jüdischen Volkstums herauszutreten. Auf seiner Pilgerreise nach Jerusalem umging er den weit näheren Weg über Samaria, um mit dessen Bewohnern, die der jüdischen Anschauung jener Zeit als unrein galten, nicht in

---

[1]) Math. 6, 19—21; Luc. 12, 22—31; 33—34 u. ö.

[2]) Math. 18, 4, 20, 24, 26; 23, 8—12; Marc. 9, 34; 10, 42—46 u. ö.

[3]) Math. 19, 16—21; 5, 17—19; vgl. Jacobsbrief 2, 10—12; auch der Talmud, Sabb. 116 b, zitirt im Namen eines מין (Judenchristen) einen Satz aus Jesus Mund.

Berührung zu kommen und seinen Schülern trug er strenge auf: „Gehet nicht auf der Heiden Strasse und ziehet nicht in der Samariter Städte!" Das Heilige sollten sie nicht den Hunden und Schweinen vorwerfen; den Schweinen (d. i. den Heiden) soll man nicht Brod geben, das den Kindern (d. i. den Israeliten) gehört; ja, er weigerte sich sogar, die Töchter der Heiden zu heilen, weil er nur zu den Juden geschickt worden sei.[1]) Allerdings werden hie und da auch universellere Züge von ihm gemeldet,[2]) allein diese entstammen sicherlich einer späteren Zeit und Anschauung. Jesus trat anfangs als Lehrer in Israels Mitte auf, und erst, da der Conflict unvermeidlich war, wurde seine Anschauung naturgemäss universeller.

So sehen wir die Bewegung vollständig auf dem Boden des Pharisäismus, allerdings durch buddhistisch-essenische Ascese zersetzt, entstehen. Wie jeder Organismus nur das Gleichartige in sich aufnimmt und verarbeitet, fremdartige Stoffe aber ausscheidet, weil eine gegenseitige Durchdringung der verschiedenen Elemente unmöglich ist, also hat das Judentum den Essenismus ausgeschieden, ihn aber als Kanal gebraucht, der der iranischen Welt seine belebenden Fluten vermitteln sollte. Aber auch das Christentum, wollte es seine Mission antreten und erhalten, konnte den Essenismus nicht lange conserviren! Die Ascese, die das Fleisch abtödtet und dadurch dem Leben jeden Reiz nimmt, die socialistisch-communistischen Prinzipien, die die Gesellschaft nivelliren, jedes Streben und Schaffen vollständig lähmen, jene Grundsätze, die das Urchristentum ausmachten, sie mussten ausgeschieden werden, weil sie der menschlichen Natur zuwiderlaufen. Daher machte sich bereits im zweiten nachchr. Jh. eine erhebliche Reaktion innerhalb des Christentums bemerkbar: der Montanismus, dem das Abweichen von der ursprünglichen Grundlage nicht entging, versuchte es wieder, Sitte und Zucht zu verschärfen, eine grössere Strenge in den Bussübungen einzuführen und so die christliche Gemeinde ihrem Ursprunge, der essenischen Idee, wieder zu nähern.

Beantworten wir zum Schlusse noch die Frage:

Hat der Essenismus irgend welchen Einfluss auf die religiöse Entwicklung des rabbinischen Judentums gehabt?

Sicherlich, so verschieden auch der Essenismus schon seinem Ursprunge nach, namentlich aber in Folge seiner

---

[1]) Math. 19, 1; 15, 21 f; 10, 5; 23, 6, 7; Marc. 10, 1; 7, 25. Man vgl. damit die Freundlichkeit Gamliels gegen Heiden, Erub. 64 b; vgl. Tosefta Moëd kat. 2, 8; Jer. Pes. 30 d, namentlich das rührende Verhältnis zu seinem heidnischen Sklaven Tabi, Ber. 2, 7.

[2]) Vgl. Math. 8, 5; 24, 14; 28, 19; Luc. 13, 28.

Lebensanschauung von dem Judentum war, so ging er doch nicht ganz spurlos an diesem vorüber. Wie in der physischen Welt kein Stäubchen verloren geht, vielmehr jedes Teilchen, noch so vielfach zersetzt, in mannigfachen Verbindungen zu neuem Sein, wenn auch in verschiedener Aeusserung und Form, ersteht, also geht der Prozess in derselben Weise auch im geistigen Leben vor sich. Niemals gab es, noch wird es je eine Anschauung geben, die gänzlich verschwände, ohne irgend eine Spur nach sich zurückzulassen und ebensowenig ist anderseits ein Ideenkreis denkbar, der sich gegen das Eindringen fremder Anschauungen vollständig zu schützen vermöchte; Völker, wie Anschauungen gehen allmälig in einander, vermälen sich trotz der Gegensätze, die sie auseinanderhalten und nur, was durchaus jeder Assimilation widerstrebt, wird abgestossen und ausgeschieden. Die Einflussnahme einer jeden Anschauung auf die nächstliegenden Kreise ist daher zumeist positiv und negativ zugleich.

Zudem muss aber noch folgendes Moment beachtet werden : Der menschliche Geist rastet nicht — einem ruhelos dahinflutenden Strome gleich schafft er sich häufig mitten in seinem scheinbar für alle Zeiten festgefügten Bette ein neues Gefälle und ändert so stets, obgleich, wie es scheint, immer in festen Grenzen verharrend, seinen Lauf.

Versuchen wir es nun, uns den p o s i t i v e n E i n f l u s s, den der Essenismus auf das pharisäische Judentum, namentlich auf dessen spiritualistischen Ideenkreis hatte, vorzuführen.

Schon Ezechiel hatte, wie bereits bemerkt wurde, allerdings in rein dichterischer Absicht, durch das erste Capitel in seinem Buche den Ansatz zu der später ziemlich überhand nehmenden Speculation über die Darstellung des Himmelswagens (מרכבה מעשה) gemacht. Diese theosophischen Studien waren es nun, die zumeist in essenischen Kreisen und von hier aus die pharisäischen beeinflussend, vielfach die Geister beschäftigten. Namentlich war es das eher phantasiereiche als verstandesscharfe Galiläa, wo diese Geheimlehren mit Eifer gepflegt wurden : als einst ein Galiläer nach Babel kam, verlangte man von ihm, er möge die Theosophie des Himmelswagens vortragen. Ebenso war der Abschnitt über die Merkaba in dem Schülerkreise R. Joch. b. Saccai's ein beliebter Gegenstand der Forschung[1].

---

[1] ‏ההוא בר נליל (דאיקלע לבבל) דאמרי ליה קום דריש לנו‏ Sabb. 80 b
‏במעשה מרכבה אמר להו אדרוש לכו‏ : vgl. Ber. 21 b; Jer. Chag. 77 a
‏מעשה ברבי יוחנן בן זכאי שהיה מהלך על הדרך רובב על החמור ור' אלעזר בן‏
‏ערך מהלך אחריו: א"ל השניני פרק אחד במעשה בראשית וגו'‏

Im Mittelpunkte dieser Studien stand, je mehr die Scheu wuchs, den Gottesnamen auszusprechen und daher die Mystik mit um so grösserem Interesse sich seiner bemächtigte, das Tetragrammaton (שם המפורש), durch das man alle Geheimnisse der Kosmogonie (מעשה בראשית) ergründen zu können glaubte[1]). Neben dem vierbuchstabigen Namen, der jedem Jünger einmal (nach And. zweimal) in 7 Jahren mitgeteilt wurde, wird noch der 12-buchstabige, der ursprünglich Jedermann, später nur den Verschwiegensten unter den Priestern und der 42-buchstabige, der nur Männern, die durch ethische Vorzüge sich auszeichneten und bereits im vorgerückten Alter standen, mitgeteilt wurde, genannt[2]).

Auch die Engellehre, zu der ebenfalls, wie wir gesehen, die iranische Welt die Anregung gegeben, fand im Essenismus, der bald den verwandten Ideenkreis erkannte, reiche Pflege[3]) und von hier aus drang diese Hypostasirung der göttlichen Kraft und Weisheit, diese dem Judentum ursprünglich so fremdartige Anschauung, mit solcher Intensivität in den Pharisäismus ein, wie dieser es mit seiner Grundidee kaum vereinbaren konnte. Neben den Fürsten Griechenlands, Persiens und Israels (vgl. S. 10) erscheint in der späteren Anschauung ein ganzes Heer himmlischer Fürsten, die oben den göttlichen Hofstaat, unten das menschliche Leben regeln: Himmel und Erde, Leben und Tod, Völker und Individuen, Geist und Leib, Alles wird von ihnen bewacht, gefördert oder gehemmt, je nach des Allgewaltigen Befehl und Willen[4]). Wie weit

---

[1]) Vgl. Chag. 12 a; 13 a; 14 b; Jer. Chag. 77 c und d; Tosefta Chag. 2, 2; Chag. 11 b, Tosaf. s. v. אין דורשין; Gen. r. 1 und 12; Lev. r. 36; Midr. Sam. 5; Pes. 94 b.

[2]) Kidd. 71 a; Ber. 7 a; Succa 45 a; Jer. Joma 40 d.

[3]) Vgl. Jos. bell. 2, 8, 7: »ebenso schwören sie, die Bücher ihrer Sekte (bezieht sich wol auf die Schriften, welche die Geheimlehre tradirten) und die Namen der Engel für sich zu behalten«.

[4]) Im obersten Himmel sind die שרפים, אופנים und חיות הקו׳ Chag. 12 b; R. hasch. 24 b. Den höchsten Rang unter den Engeln nimmt מטטרון שר הפנים (Chag. 15 a; Sanh. 38 b, vgl. סוריאל שר הפנים, Joël, Blicke I, 140) der vor dem Antlitze Gottes weilt, ein; der Fürst Israels wird auch der »Grosse Fürst« genannt מיכאל שר הגדול. Chag. 11 b; Gabriel führt auch den Namen איטמון, Sanh. 45 b; vgl. ferner שר של עשו, Gen. r. 48; שר של אדום Mak. 12 a; שר של פרעה; שר של נבוכדנצר, Ex. r. 21; שר של מצרים, Jalk. Ex. 241 und Abkir, ed. Buber 18, 20; שר של אומת העילם, Jalk. Ex. 243, Abk. 18, 20; דוביאל, Schutzengel der Perser, Joma 77 a; שר העולם, Chul. 60 a; Jeb. 16 a; Sanh. 94 a; vgl. Joël, a. a. O. 124; שר הרוחות, Sanh. 94 a; שר החכמה, Jalk. Ex. 173; Abkir 16; אוריאל Num. r. 2, einer der Fürsten der Weisheit

aber der Einfluss dieser Anschauung reichte, erhellt am deutlichsten daraus, dass die Angelologie selbst in das Gebet eindrang und hier Aufnahme und Pflege fand[1]).

Gleichen Schritt mit der Enwicklung der Engellehre hielt die Dämonologie: der Glaube an den schädlichen Einfluss böser Geister, der bereits mit der Personificirung des Satan begonnen hatte, beherrschte alle Kreise und selbst die geistig Höherstehenden konnten sich seiner nur schwer erwehren[2]).

[1]) (רבני חכמחא); שר של ים, B. batr. 74 b; יורקמי, der שר של ברד genannt wird, Pes. 118 a: שר של אש ib.; בעל החלום, der Engel, der über die Träume gesetzt ist, Sanh. 30 a, vgl. Toseft. Maser sch. 5, 6 wo er איש החלום genannt wird מלאך החיים Gen. r. 9; מלאך השלום, Chag. 5 b; מלאכי, השרת Sabb. 12 b, Ned. 20 a u. ö.; מלאך המות, Ber. 51 a; דומה, der Engel des Todtenreiches, Ber. 18 b, Chag. 5 a; וגנזאל, der Name des Engels, der sich mit der Leichenbestattung Moses beschäftigte, Deutr. r. 11; הדרניאל, der Name desjenigen, der Moses den Eingang zum Himmel verwehren wollte, Pesikt. c. 20; מלאכי חבלה, der Engel der Zerstörung, Ber. 51 a, die unter den Namen חמה Grimm, אף Zorn, השחת Vernichtung und השמד Vertilgung figuriren, Jer. Tan. 65, Ex. r. 44. Am ältesten ist jedenfalls die Vorstellung der שרים, die sich enge an das biblische Zeitalter schliesst; später sind die Verbindungen mit מלאך, noch später endlich die mit dem Gottesnamen combinirten Engelnamen.

[1]) Die erste Benediction vor dem Schema im Morgengebete (יוצר אור, vgl. Ber. 11 b; Tam. 5, 1; Midr. Ps. 6 u. ö.) lautete ursprünglich, wie dieses bei allen Benedictionen der Fall war, ganz kurz, u. z. בא"י אלהינו מלך העולם יוצר אור – ובורא את הכל; המאיר – מעשה בראשית und hieran schloss sich die Schlusseulogie בא"י יוצר המאורות; alles andere wurde später der Theophanie wegen eingeschoben. Noch später kam אור חדש (im Siddur des R. Amram fehlt dieser Passus) in den Text. Unsere Annahme wird durch die Wiederholung von המחדש בטובו בכל יום תמיד מעשה בראשי erwiesen.

In ähnlicher Weise wurde auch in dem Maaribgebete bei השכיבנו, der 2. Benediction nach dem Schema, vgl. Ber. 4 b von ותקינ bis ועד עולם eingeschoben und deshalb der Passus ופרוש עלינו סכת שלו noch einmal wiederholt; vgl. auch die Benediction רצה (עבודה) Ber. 29 b; Sabb. 24 a; R. hasch. 12 a), wo durch die Wiederholung von תפלתם und רצון die Sprache schleppend erscheint. Der ursprüngliche Text lautete wahrscheinlich: רצה ה' אלהינו בעמך ישראל ובתפלתם ותהי לרצון תמיד עבודת ישראל עמך; hieran schloss sich dann die Eulogie בא"י שאותך לבדך ביראה נעבוד. Die Wiederherstellung des Opferdienstes hatte man damals noch nicht im Auge, man betonte vielmehr die Tefilla als עבודה.

[2]) Zur Entwicklung der Satanidee vgl. ob. S. 10 Anm. 2; vgl. ferner 2 Sam. 24 1 mit 1 Chron. 22, 1. In dem Buche der Weisheit 2, 24 tritt zum ersten Male der Teufel (diabolos, anklingend an die Dews im Parsismus, vgl. דיוו, Dämon, Gen. r. 74) auf, dessen Neid den Tod über die Welt

Hingegen hatten die medizinischen Studien, die in essenischen Kreisen vielfach gepflegt wurden, mochten auch die Erfolge noch so gering sein, weil die Heilung, von dem Mysticismus und Aberglauben der Zeit beeinflusst, zumeist durch Beschwörungen und Amulette vor sich gehen sollte, in günstigster Weise auf das Judentum eingewirkt. Der Talmud nennt bereits „ein Buch der Heilungen", das er wol auf Salomo zurückführt, das aber wahrscheinlich in essenischen Kreisen entstanden ist).[1] Charakteristisch für die Pflege der Medizin in jener Zeit, sowie für das Verhältnis der Juden zu den ersten Anhängern Jesus ist die Gestalt Jakobs aus Kefer-

gebracht hat. Gleich Ahriman erscheint er im n. T. als Inbegriff alles Bösen und Gefährlichen; wie Ahr. der Führer der Dewas ist, so wird der Satan der Oberste der Teufel, als welcher er Beelzebub, Fliegengott, Beelzebul, Mistgott (Math. 10, 25; 12, 24; Marc. 3, 22; Luc. 11, 15 ff.) auch Belial, der Niederträchtige, heisst. Mit Bezug auf Jes. 14, 12 wird er auch Lucifer genannt (vgl. Euseb. demonst. ev. IV, 9.) Der Teufel wohnt im Luftkreise, Eph. 6, 12; er läuft aber auch gleich einem brüllenden Löwen auf der Erde herum, 1 Petr. 5, 8, um alles Gute zu bekämpfen, selbst an Jesus wagte er sich heran (Math. 4, 1—11; Luc. 4, 1—13). Einmal soll er sogar in eine Schweineheerde gefahren ein, Math. 8, 28 f; Marc. 5, 2 f; Luc. 8, 27 f; vgl. Joma 83 b, woselbst erzählt wird, ein Hund sei von einem bösen Geiste besessen gewesen. Im Talmud wird das Oberhaupt der Dämonen Asmodai genannt, Pes. 110 a; Git. 68 a. Die Dämonen sind körperlos, Gen. r. 31, einige derselben hausen namentlich gerne in Sperberbäumen. Pes. 111 b. Zur Dämonologie im Talm. vgl. אגרת בת מחלת‎, eine Dämonenfürstin, die auf einer Merkaba umherfährt, Num. r. 12; לילית‎, eine Nachtdämonin mit wildwachsendem Haare, die es namentlich auf Kinder abgesehen hat, B. batr. 73 a, Erub. 100 b; ihr Sohn הורמיז בר לילית‎; B. batr. 73 a; בודא‎, ein Dämon der Gebärerinnen überfällt, Ab. s. 29 a; בת חורין‎, Dämon, der des Morgens auf den Händen, ehe man sich gewaschen, ruht; Git. 41 b; בת מלך‎, ein Dämon, der das Auge beschädigt, Sabb. 109 a, ארגנטין‎, Dämon, der namentlich gerne in Badehäusern haust, Gen. r. 63 u. ö.

1) Vgl. Jos. bell. 8, 2, 6 »Sie spähen, um Krankheiten zu heilen, sowol den Wurzeln nach, die heilende Kräfte haben, als auch der eigentlichen Beschaffenheit der Steine« (Frankl, a. a. O. bezog letzterer irrtümlich auf Lev. 14, 33); vgl. Jellinek, Beth hamidrasch II, Einl. zu dem B. Noa, Grätz, III, S. 52 6 ;zu den Wunderkuren in essenisch-christlichen Kreisen, vgl. Marc. 7, 33; 8, 23; Joh. 9, 6; man heilte mit Oel, Marc. 7, 13; vgl. auch M. Sabb. 14, 4; durch das blosse Wort, Joh. 5, 8, durch Beschwörungen, Math. 12, 27; vgl. noch Math. 8, 12; 22, 13, 15; 25, 20; 9, 25; Marc. 1, 32; Luc. 4, 10 u. ö. Beschwörungsformeln im Talm. s. Git. 69 a; Sabb. 67 a u. b; Jer. Sabb. 8 c unt.; Jer. Ber. 2 d; Ber. 62 a; Pes. 110 a unt. ib. ob. 112 a. »Das B. d. Heilungen« רפואת‎ ס Pes. 56 a, vgl. Jer. Sanh. 18 d; Jer. Pes. 36 c טבלא של רפואת‎.

Sekanja, der, ein Schüler Jesus, in dessen Namen Elasar b. Dama von einem Schlangenbisse heilen wollte[1]).

Solche Heilungen und Austreibungen böser Geister (מזיקין od. שדים) verschafften Einzelnen in der Mitte der Essener das Ansehen von Wundermännern, denen das Volk selbst die Wundergabe der Propheten zuschrieb[2]).

Besondere Beachtung fanden in essenischen Kreisen die Lustrationen.

Aus der Grundanschauung über die Gottentfremdung der Welt, welche die iranische Welt beherrschte, entstand daselbst die Vorstellung, gewisse Gegenstände gehörten dunklen Geistern an und der Mensch räume durch Berührung und Verunreinigung mit diesen Gegenständen den bösen Geistern Macht über sich ein; daher musste alles, ehe es in Gebrauch genommen ward, gereinigt, gewaschen werden, um die Geister zu verscheuchen. In derselben Weise sollte nun auch der Mensch von dem an ihm haftenden Schmutze der Welt sich befreien, daher die peinlichste Lustration für verdienstlich und gottgefällig gehalten wurde (Dunker III, 126). Auch der Essenismus ging von dieser Anschauung aus, auch ihm galt der Körper als Kerker (bell. 2, 8, 11) weswegen die Waschungen und Reinigungen, zumal innere Heiligkeit sich auch äusserlich darstellen sollte, stark überhand nahmen. Obgleich nun solche Lustrationen im ganzen Orient heimisch sind und auch im Mosaismus bereits bedeutende Beachtung gefunden hatten, so dürfte doch mit Recht geschlossen werden, dass ein grosser Teil dieser Satzungen (טהרות) auf essenischen Einfluss zurückzuführen sind. Nachdem sie einmal bei einem Teile der Juden Eingang gefunden hatten, nahm sie das pharisäische Judentum, zumal in dem Kampfe gegen das Sadduzäismus das Priestertum des Individiums stark betont und angestrebt wurde und dieser Gedanke nach der Zerstörung Jerusalems an Realität gewann, als allgemeine Norm auf[3]).

---

[1]) Vgl. Ab. s. 27 b; Jer. Ab. s. 40 d; Koh. r. zu 11, 8; Toseft. Chul. 2, 22—24; Jer. Sabb. s. 14 d.

[2]) Jos. arch. 17, 13, 3 berichtet von einem Essener Simon, der Archelaus einen Traum gedeutet habe; vgl. ib. 15, 10, 5; 16, 2, 1, wo von einem Menahem (nach Einigen mit dem Schuloberhaupte desselben Namens, an dessen Stelle Schammai trat, Chag. 2, 2, vgl. Jer. Chag. 77 d, Babl. 16 b, identisch) erzählt wird, er habe dem Herodes geweissagt, dasser auf dem Throne Israels sitzen werde; bell. 1, 3, 5; arch. 13, 11, 2 wird von einem essenischen Wahrsager berichtet, dass er den Tod des Antigonos, eines Bruders des Archelaus, geweissagt habe; vgl. die Gestalt des חוני המעגל, Tan. 19 a; 23 a f; Jer. Tan. 66 d; s. Frankl, a. a. O. 37 f.

[3]) Vgl. die Satzung über das Händewaschen vor und nach der Malzeit, Sota 4 b המזלזל נטי"י נעקר מן העולם; Chul. 106 a נט"י לחולין מפני:

Nicht ohne Einfluss war auch der Essenismus auf die Bestimmung der Gebetszeiten. Wie Perser und Inder mit den ersten Stralen der aufgehenden Sonne erwachten und Gebete an die Sonne richteten, so erhoben sich auch die Essener um diese Zeit von ihrem Lager, um ihre Gebete an Adonai zu richten und so bürgerte sich bald dieser Brauch auch bei den Frommen Israels ein: bei dem Aufleuchten der ersten Sonnenstralen priesen sie in der ersten Benediction, die der Tefilla voranging, Gott als den Schöpfer der Lichter[1]).

Mit puritanischer Strenge feierten die Essener den Sabbat; sie wagten es nicht einmal, an diesem Tage ein Gefäss von seiner Stelle fortzurücken (Jos. bell. 2, 8, 9). Sicherlich ist durch diesen Rigorismus auch manche Halacha nach dieser Richtung hin im Rabbinismus entstanden[2]).

Ebenso wirkte auch die strenge Anschauung über den Eid bei den Essenern auf die halachische Auffassung in

---

שנו רבותינו נטיי לפני המזון יטנ סרך תרומה; vgl. Num. r. 20; Toseft. Ber. 5, 13 והתקדשתם אלו מים ראשונים, והייתם ; s. hieng. Ber. 53 b רשות לאחר המזון חיבה קדושים אלו מים אחרונ׳'; vgl. hiezu den Grund Erub. 17 b; zu dem Baden der durch Pollution Verunreinigten (טבילת קרי) s. B. kama 82 a; Jer. Ber. 6 c u. ö.; zu dem Eintauchen der Geräte vor dem Gebrauche (טבילת כלי) Beza 17 b; 19 a; Ab. sar. 75 b u. ö. Zu dem Waschen nach Absonderung der Excremente, vgl. Jos. bell. 2, 8, 9.

[1]) Vgl. Rigveda 3, 6, 2; Manu 2, 101, 103: Vor Morgendämmerung soll sich der Brahmane erheben und Gajatri, d. i. folgende Worte sprechen: »Den herrlichen Glanz haben wir vom göttlichen Savitra erhalten; möge er unseren Verstand schärfen«; vgl. Jos. ib. 2, 8, 5 »vor dem Aufgang der Sonne kommt kein unheiliges Wort über ihre Lippen, sondern sie richten gewisse Gebete nach Art ihrer Vorfahren an die Sonne, gleichsam als wenn sie diese am Horizont anflehen wollten«. Diese Angabe weckte in Einigen die falsche Anschauung, als ob die Essener die Sonne verehrt hätten; allein die Worte werden am besten durch einer Stelle im B. d. Weisheit, dessen Verfasser wahrscheinlich ein Therapeute war, erklärt: »hiebei sollen wir belehrt werden, dass man die Sonne zuvorkommen müsse mit dem Dankgebete und dass man mit dem Aufgang des Lichtes zu dir (Gott) flehen müsse« (26, 26—29); vgl. Ber. 9 b, 10 a; R. hasch. 30, wo von den ותיקין berichtet wird, dass sie mit dem ersten Morgenstral ihr Lager verliessen, um Gott anzuflehen; vgl. die erste Benediction vor dem Schema. Zu dem Gebete vor und nach dem Essen, vgl. Jos. bell. 2, 8, 5 »sowol wenn sie anfangen, als auch wenn sie aufhören zu essen, verehren sie Gott als den Geber der Nahrungsmittel«. Dieser Brauch war schon früh auch bei den Pharisäern verbreitet.

[2]) Sabb. 120 b בראשונה היו אומרים שלשה כלים נטלין בשבת מקצוע של רביבה וומאלסטרין של קדרה ובין קצבה שעל נבי שלחן; vgl. Lewy, A. Saul, S. 18; Frankl, a. a. O. S. 37; Weiss, a. a. O. S. 122.

dieser Beziehung und schon das Wiederholen eines einfachen
„Ja" oder „Nein" wurde als Schwur angesehen[1]).

Die Anschauung, die bei den Essenern betreff der Ehe
vorherrschend war, wurde bereits erwähnt und auf ihre
Beeinflussung ist es zurückzuführen, wenn später ein stark
asketischer Zug über den Verkehr mit dem weiblichen Geschlechte im rabbinischen Judentum zu Tage tritt[2]).

Das asketische Moment war es auch, wenn die Essener,
obgleich sie Waschungen und Lustrationen hoch hielten,
das Salböl als unrein betrachteten und es, sobald es einmal
gegen ihren Willen auf ihren Körper kam, sorgsam abrieben
(Jos. b. 2, 8, 3). Auch diese Anschauung blieb am Pharisäismus
nicht spurlos: es wurde als durchaus unpassend erachtet,
wenn ein Gelehrter sich salbte oder salben liess[3]).

Allein so bedeutend auch der Einfluss des Essenismus
auf das Judentum war, so erkannte man doch hier bald die Gefahren, die der religiösen Idee, wenn jener nach mancher Richtung hin noch weiter um sich greift, drohten; man wehrte sich
daher mit aller Kraft gegen die fremden Eindringlinge, die den
alten Stamm umwucherten und hiermit wären wir bei dem n e -
g a t i v e n  E i n f l u s s  des Essenismus auf's Judentum. So betonte
man, nachdem die theosophischen Studien einen besonderen
Reiz für denkende Geister hatten, deren Gefährlichkeit und
wurde daher bestimmt, dass das Studium über die Welt-
schöpfung nur in Gesellschaft von noch zweien, das über den
Himmelswagen nur in der eines andern erlaubt sei[4]).

---

[1]) Vgl. Jos. b 2, 8, 6; »jedes Wort aus ihrem Munde ist fester als ein Eid;
unnötiges Schwören vermeiden sie; der wäre bereits verurteilt, sagen sie, dem
man nicht ohne Beteuerung glaube«; vgl. arch. 15, 10, 4, 5; s. hiezu B. mez.
49 a מדלאו לאו שבועה הן הן אין צריך; Scheb. 36 a לאו לאו תרי זמני שבועה
לומר. Nur auf Grundlage dieser Anschauung ist Math. 5, 33 ff. verständlich
—' das Evangelium lehrt dort: ihr sollt nicht schwören beim Himmel —
sondern eure Rede sei: ja, ja (הן הן), nein, nein (לאו לאו), was darüber
ist, das ist vom Uebel, vgl. 2 Cor. 1, 17, 18: Jak. 5, 12.

[2]) Vgl. Ab. 1, 5 אל תרבה שיחה עם האשה, das. auch der spätere
Zusatz aus Sirach 9, 9 (vgl. Geiger, nachgel. Schr. III, 277; IV, 289); vgl.
ferner den Grundsatz: קול באשה ערוה, Ber. 24 a; Succa 54 b u. ö.;
כל המסתכל באצבע קטנה של אשה כאילו מסתכל במקום התורפה, Sabb. 64 a;
vgl. Ned. 20 a, Jeb. 53, b, Sanh. 100 b; vgl. Frankl a. a. O. S. 37; Weiss a. a. O.

[3]) Tosefta Ber. 5 5 לפי שאין שבח לת"ח שיצא מבושם, Jer. Ber. 12 b,
schärfer in Babl. Ber. 40 b מפני שנואי לת"ח לצאת לשוק בשהוא מבו'; vgl.
hiemit Math. 26, 6, wo erzählt wird, die Jünger Jesus seien darüber böse
gewesen, dass ein Weib ihm eine Schale Salböl auf's Haupt gegossen habe;
vgl. Marc. 14, 3 f; Luc. 7, 36 f; Joh. 12, 1 f; s. Geig. Zschr. 6, 105 f.

[4]) Bezeichnend für die Energie, mit der man gegen das Ueberhand-
nehmen dieser Studien auftrat, ist es, dass dem B. Ezechiel wegen

Auch die Gefährlichkeit des stark entwickelten Engel-
glaubens für die Einheitsidee des Gottesgedankens lenkte
die Aufmerksamkeit auf sich und fehlte es zu keiner Zeit an
denkenden Geistern, die, obgleich dieser Glaube tief im Herzen
des Volkes wurzelte, ihn in mehr rationalistischer Weise
auffassten[1]).

Ebenso sollte der Wunderglaube der Zeit eingedämmt
werden; selbst gefeierte Wundertäter traf harter Tadel von
Seiten Einsichtiger; namentlich wurde das Heilen mittelst
Beschwörungen oder Speichel, ein Verfahren, das namentlich
in essenischen und später in judenchristlichen Kreisen geläufig
war, strenge verurteilt und wurden all' diejenigen, die in
dieser Weise zu heilen suchten, als Gottesleugner und des
ewigen Lebens verlustig erklärt[2]).

So sehr der Pharisäismus auch geneigt war, starke und
hohe Zäune um die Thora aufzurichten, so leicht er sich
daher entschliessen mochte, rigorose Handhabungen des
Gesetzeslebens, sobald er sie irgendwo eingebürgert vorfand,
aufzunehmen und in's allgemeine Leben einzuführen, so lag
es doch zu sehr in seinem Wesen begründet, dass er sich

seines ersten Capitels die Apocryphisirung drohte, Sabb. 13 b, Chag. 13 a.
Interessant ist der Ausspruch R. Lewy's im Namen des R. Chama b. Chanina:
מתחלת ס׳ בראשית עד ויכלו כבוד אלהים הסתר דבר, מכאן ואילך כבוד מלכים
חקר דבר Gen. r. 9; Jalk. Spr. 961. Zu ההוגה את השם באותיותיו vgl. Lewy,
a. a. O. S. 33, Anm. 81, wonach sich auch der Ausspruch Aba Sauls gegen die
Samaritaner wendet, die beim Schwur und beim Gebete das Tetragrammaton
aussprechen.

[1]) Vgl. Jer. Ber. 13 a אם באת על אדם צרה לא יצווח לא למיכאל ולא לגבריאל
אלא לי יצווח; vgl. die rationalistische Auffassung רבנן מאן מלאבי השרת? Meg.
20, b. Interessant ist es zu bemerken, wie die bedeutendsten Vertreter des Judentums zu allen Zeiten sich gegen die Engellehre abwehrend verhielten; vgl. Ger-
sonid. zu Jos. 5, 10 כי הוא רחוק ראית המלאך בהקיץ ובהשתמש החושים על
מנהגידם; A. Esra, Einleit. z. Comment. המלאך בין אדם ובין אלהיו הוא שבלו;
Maim. מזוזה ה' nennt die Ceremonie, die den Israeliten an seinen Beruf
erinnert, einen Schutzengel; vgl. Men. 43 b; Raschi zu Num. 20, 16;
Targ. zu Richt. 2, 1 und 4, wo מלאך mit נביא wiedergegeben wird. Be-
merkenswert ist die Ansicht Saadja's über den Satan in Hiob: כי השטן היה
בני אלהים גדולי, vgl. das אדם ממש והיה מקטרג את איוב מתוך שנאה וקנאה
דרך העולם שיקראו לכל מקטרג על דבר שטן – ועל פי כל הראיות השם, ferner
האלה יהיה השטן הוה אדם ממש.

[2]) Simon b. Schetach tadelte den Wundertäter Onia, Tan. 18; vgl.
Sanh. 101 a und 90 a הלוחש על המבה, vgl. Toseft. Sanh. 12, 10 wo ורוקק
hinzugefügt wird; ferner Jer. Ab. s. 2 b; Sabb. 14 b; Scheb. 15 b; s. dag.
Sabb. 67 a; vgl. Lewy, a. a. O. S. 33, A. 80. Interessant ist der Satz B. batr.
12 b מיום שחרב בית המקדש ניטלה נבואה מן הנביאים ונתנה לשיטים.

gegen alles, was das reale Leben und seine Forderungen
beeinträchtigte, abweisend verhielt.

So lehnte sich sicherlich das rabbinische Judentum
gegen die allzu strenge Handhabung des Sabbatgesetzes auf
und gestattete nicht allein alle Gefässe in die Hand zu
nehmen, sondern strebte mit aller Energie, den Sabbat jenes
düsteren Charakters, den ihm die essenische Anschauung auf-
prägte zu entkleiden und ihm einen heiteren, Lebensfreude
und Geistesfrische bekundenden Charakter aufzudrücken. Der
Frau ward das Lichtanzünden zur Pflicht gemacht, dem
Manne ward die Heiligung des Tages beim Weine geboten
— die freudige Begehung des Sabbats als Gewährleistung
für ein leidloses Dasein hingestellt[1]).

Namentlich aber betonte das rabbinische Judentum im
Gegensatz zum essenischen Pessimismus den Optimismus im
Leben und Schaffen; das lebenabtötende Nasiräertum und Fasten
wurde verurteilt und eine solche Lebensweise als sündhaft
erklärt[2]); ebenso wurde mit besonderem Nachdruck die Bedeutung des ehelichen Lebens betont und während der Essenismus das reale Sein vollständig negirte und die Ehe als die
Heiligung des Menschen hemmend hinstellte, hob der Pharisäismus die Wichtigkeit derselben für die menschliche Gesellschaft besonders hervor und verurteilte jeden scharf, der sich
den beseligenden Band des ehelichen Lebens entzieht[3]).

---

[1]) Vgl. Sabb. 122 b כל הכלים נטלין בשבת zu הדלקת הנר, Sabb.
31 b, Tosaf. ib. 25 b, s. v. הדלקת הנר; zu קדוש על היין s. Ber. 51 b, 20
b, 43 b u. ö.; Pes. 106 a; zu שלש סעודות ib. 118 a, vgl. noch das.
כל המענג את השבת נותנין לו נחלה בלי מצרים.

[2]) Vgl. Nasir 19 a נזיר טהור נמי חוטא, Ned. 10 a, s. auch אם אמר
הריני נזיר זרתי גדולה אחת Nasir 4 b, 8 a; über Fasten s. Tan. 11 a
כל היושב בתענית נקרא חוטא. Interessant ist es, dass das Fasten dem Gelehrten verboten wurde, Tan. 11 b אין ת"ח רשאי לישב בתענית מפני שממעט
במלאכת שמים; vgl. noch Jer. Kid. E. עתיד אדם ליתן דין וחשבון על כל מה
שראתה עינו ולא אבל; gegen die Askese und übermässige Trauer nach
der Zerstörung Jerusalem's, s. Tosefta Sota E., B. batr. 60 b.

[3]) Ueber die Bedeutung der Ehe, vgl. Jeb. 62 b כל יהודי שאין לו
אשה שרוי בלא שמחה בלא ברכה בלא טובה — בלא תורה בלא חומה — בלא
שלום; s. ferner Jeb. 63 b כל יהודי שאין עוסק בפריה ורביה כאלו שופך דמים
בן ב' ולא נשא אשה כל Kidd. 29 b בין שנשא אדם אשה עוניתיו מתפקקין
ימיו בהרהור עבירה vgl. Timoth. 4, 3, wo die Ehelosigkeit als von dem
Verführer ausgehend bezeichnet wird.

Ueber die Wertschätzung des Weibes, Jeb. 62 b האוהב את אשתו
כנופו והמכבדו יותר מגופו עליו הכ' אומ' וידעת כי שלום אהלך; B. mezia 59 a
אזהו עשיר? כל שיש לו אשה; Sabb. 25 b אוקירו לנשיכון כי היכא דתתעתרו
נאה במעשים u. ö.

So tief wurzelte das rabbinische Judentum in seinem Ursprunge, dass es trotz der mannigfachen Kämpfe, die das Herz des Volkes zerwühlten, dennoch weder Kraft noch Fähigkeit verlor, alles Fremdartige und seine Anschauung, weil vollständig gegensätzlich, Widerstrebende von sich zu weisen. Sein Grundzug war Optimismus und es behielt ihn, wie Angesichts aller Gefahren und Drangsale, die das Leben zu verkümmern geeignet waren, so auch gegenüber mystisch angehauchten Naturen, die das Leben nicht zu würdigen verstanden. Sein Lebenselement war das lebendige, freie und befreiende Wort, die mündliche Lehre, die, ein frischer Strom, die vielgestaltigen, mannigfach sich äussernden Lebensverhältnisse frisch erhielt. Was der Mosesgeist in Israel geweckt, was die Propheten zu lehren und zu leiden begeistert; das hat Esra verjüngt, das haben die folgenden Geschlechter, ob auch hie und da der frische Geist erstarrt zu sein schien, treu gewahrt. Und solange das lebendige Wort in frischer Kraft in Israel einherrieselt, lebt in ihm jener göttliche Geist, der den steinernen Tafel sich entrang und neues Sein schuf, da das tränenfeuchte Auge allenthalben nur Trümmer sah. Dieses Wort ist die einzige Gewährleistung für die Existenz Israels. Israel lebt, solange das Wort in ihm lebt, aber es bleibt auch ewige Bedingung für seine Existenz: nur als Träger dieses lebendigen und belebenden Wortes hat es eine historische Bedeutung, darf es in seinen Propheten die Pionniere der sittlichen Weltordnung für alle Zukunft sehen, hat sein tausendjähriges Martyrium Sinn und verdient es Anerkennung. Mumien hatten auch die alten Egypter, von banger Furcht getrieben blickten auch Babels Männer zum Himmel empor, Opfer brachten einst alle Völker des Altertums, in den schönsten Formen verehrte Griechenland seine Götter, herrliche Tempel errichten auch heute die mannigfachen Bekenntnisse und im begeisternden Liede preisen sie ihn Alle, den Unsichtbaren, — das lebendige Wort aber vom Gottesgeiste in der Menschheit und für die Menschheit! das ist die Heilsbotschaft, die Israel allein geworden, die Israel allein getragen, um die Israel allein gelitten, da es sich einer in Klassen und Rassen zerklüfteten Menschheit entgegengestellt; das ist das Wort, das durch Israel zu den Völkern gelangte, um seinetwillen allein wird Israel erhalten und durch es allein soll und wird die Menschheit erlöst werden von allerlei Knechtschaft und jeglichem Wahne.